U0095006

.

A Clinical Introduction to Freud

Techniques for Everyday Practice

Bruce Fink

在診間遇見佛洛伊德

從聆聽、對話，到理解

布魯斯‧芬克——著

郭貞伶——譯

彭榮邦——審訂

目錄

引言
精神分析、語言與話語

沈志中（國立台灣大學外文系教授）

　　若人「所說的」永遠比他「所要說的」更多，且相對地，人「所聽見的」也遠比他「所聽到的」更少，這便充分顯示了無意識知識的存在，亦即人「所知的」永遠比他「自以為知道的」還要多。

　　一般咸認為語言的功能在於「表意」與「溝通」。但正如盧梭在《論語言的起源》所質疑，若只是為了意義的表達與溝通，那麼肢體、表情就足以傳達訊息，為何人類需要大費周章地學習並使用語言？顯然語言有著比表達與溝通更大範圍的、多餘且沒有用處的功能。

　　大約與佛洛伊德同一個時代的語言學家索緒爾認為，必須排除這些語言的多餘要素，才能建立起專屬於語言科學的研究對象。他主張語言學研究的「語言（la langue）是語言現象（le langage）減掉話語（la parole）」。[*] 如此，在語言學定義下的語言從不會出錯也不會亂說。若語言出錯，必定是使用語言的說話主體的錯。因此，一門屬於科學的語言學必須排除說話主體的向度。語言學的研究對象是語言本身

[*]　Saussure, *Cours de linguistique générale*, Paris, Payot: 160.

005

而不是說話者所說出來的話語。

然而，僅將語言視為表達與溝通的工具，恐怕只是語言學的虛妄構想。語言無論如何都不可能排除說話主體。事實上，人在日常生活中的語言大多時候都不是用於傳達意義。例如，內在的獨白、聊天打屁、精神病的胡言亂語，這樣的話語從來都不在於意義的交流。那麼當語言不是被當成語言使用、當它不是用於傳達意義或溝通時，那樣的「語言」究竟是什麼？若學院語言學無法回答這個問題，正是因為這樣的語言從一開始就被排除在語言學的知識領域之外。

相較於此，佛洛伊德對我們這個時代最重要、但也最不被認識的貢獻，便是他徹底顛覆了人與語言的關係。**對佛洛伊德而言，並非人的心靈運用語言去表達意義，人的心靈就是依照語言的方式構成並且運作**。嬰兒是在語言之下誕生，也在語言當中開口說話。因此，並非先有意識主體的存在，然後他才使用語言作為其意願與意志的表達工具。而是因為進入語言、處於語言籠罩之下，人才產生了「自我」這樣的主體意識。可見語言不僅是傳達意義的工具，而是構成了人的「自我」認同的框架。

早在一八九〇年佛洛伊德從神經解剖學的研究轉入精神分析之際，便在〈心靈治療〉中指出「話語」是治療最重要的工具，並構想一種純粹以語言作用為基礎的精神治療方式。[*]而這樣一種語言治療的構想，無非預設著被治療的對象——心靈或精神——是一種只能透

---

[*]　Seelenbehandlung. *G.W.,* V: 289. 本文引用德文版《佛洛伊德著作全集》（Gesammelte Werke, Bd. I – XVIII, Frankfurt/M. 1948 ff., Nachtragsband Frankfurt/M. 1987）

過語言與文字才可被探測之物。

　　佛洛伊德在歇斯底里的治療過程中發現，歇斯底里症狀的形成機制——「轉換」（Konversion）——與語言的象徵作用密不可分。當心靈中的精神表象受到防禦、被抑制，淤塞的情感便可能滲透入身體的神經支配，導致症狀的產生。例如 Cäcilie M 女士的腳跟疼痛就和她待在國外療養機構時擔心自己無法「順利踏入」（rechte Auftreten）外國人社群有關。這顯示歇斯底里患者傾向於「以字面意義（wörtlich）去聽，將『椎心之痛』（Stich ins Herz）或『打臉』（Schlag ins Gesicht）這樣的傷害性用語感受成真實的事件，（……）使得這些語言表達（sprachliche Ausdruck）所合理化的那些感受被重新賦予生命」。[†] 如此，**被抑制的表象可說是透過身體的症狀在「說話」、「表達」，或如佛洛伊德所說，在「參與對話」（mitsprechen）。**

　　正如芬克這本書所彰顯，此種對於語言與話語之功能的體認，才是佛洛伊德為我們這個時代所打開的嶄新視野。因為，若人「所說的」永遠比他「所要說的」更多，且相對地，人「所聽見的」也遠比他「所聽到的」更少，這便充分顯示了無意識知識的存在，亦即人「所知的」永遠比他「自以為知道的」還要多。

　　事實上，佛洛伊德並非歷史上發現無意識作用的第一人。無論在哲學、神經生理學或精神病理學，無意識的發現都早有先例可循。如哲學上的尼采、叔本華，神經生理學上的狄奧多拉·梅涅特、尚-馬丁·夏科，以及精神病理學上的皮耶·賈內等人均曾論及人不自知的無意識現象。然而佛洛伊德卻首創一種利用語言去深入無意識

---

† 　*Studien über Hysterie. G.W.*, I: 250.

的實驗室，從而具體化了精神分析治療的「座次」（Sitzung）：

> 讓病患舒適地躺臥在躺椅（Ruhebett）上，而他（分析師）自己
> 則避開他們的視線，坐在他們身後的沙發（Stuhle）上。……這樣
> Sitzung 的進行猶如是兩個同樣清醒的人之間的談話（Gespräch）。*

　　佛洛伊德認為，治療不應排除能進入精神現象的最平凡途徑，也就是人自己對其精神現象的「言談證詞」：他對自身歷史的描述與敘事。以往病患的言談總是被忽略，因為它們被認為不是真的，是不具現實性的錯覺與虛構。但佛洛伊德指出，語言使精神具有一種「精神的」現實性，因此不應判斷、篩選病患的話語，而是**必須不篩選、不先入為主地判斷真假，才能像考古學一樣，從話語出現的時機，重建起有意義的記憶片段**。因此，精神分析座次的安排，首先就是為了確保所有日常且平凡的言談都能受到同等關注與重視的「自由聯想」規則。

　　相對地，聽者也必須以非系統化的方式看待言談的內容，不將缺乏條理的言談視為錯亂，而是將其當作分析經驗的基本條件，進而像對待謎題一般，賦予所有心靈現象一種意義的假定。如此，不僅是一般被視為「無意義」的現象（如夢、預感、幻想、妄想），甚至被視為「負面」的現象（如語誤與失誤行為）也都將受到同等的對待。這便是與前述「自由聯想」一體兩面的「同等懸浮的注意力」規則。

* 　Die Freudsche psychoanalytische Methode, *G.W.* V: 4-5.

　　佛洛伊德能夠比語言學家更全面地關照語言現象，是因為他認識到，語言在意指某物之前是為了某人而意指。換言之，語言在說什麼之前，首先是為了某人而說。因此，純粹只是因為精神分析師的在場，病患的話語就全是為他而說。而精神分析師坐在說話者身後、約束自己的言談，讓自己沒有什麼要說的，讓分析的言談只剩下病患對他說的話。**於是，無論這些話語是否具有內容，或甚至是緘默，作為對精神分析師所說的話，它們都像謎題一樣隱藏著某種意義。而精神分析師也不難從自己想要去回應的動作上，察覺到這個意義的存在。** 只是他必須懸置自己的回應，才能去探測這些言談的意義，進而察覺當中隱藏的意圖。例如，這些話是為了控訴、懲罰、贖罪、指示，或純粹的攻擊。

　　這類意圖通常循著佛洛伊德所提出的兩種話語模式傳遞：象徵論（Symbolismus）與否認（Verneinung）。亦即，言談會經由「凝縮」（Verdichtung）與「移置」（Verschiebung）表達出說話者自己並不了解的意圖。當說話者越是以匿名、間接述句，或事不關己的第三人稱敘述方式說話，就越容易說出比他要表達的內容更多的東西。其次，當說話者在言談中想到了某個意圖，卻隨口否認或推諉，這便顯示那是受到防禦、不被允許的念頭。如此，與一般對語言的認知相反，在精神分析經驗中，當某個意念是經由上述方式被說出來，反而顯得那是無意識的思想。反之，當它被說話者壓抑、緘默不說出口，才是有意識的念頭。顯然，若治療者未能掌握這些語言與話語的關係，那麼無論是心理學的意識與知覺理論，或臨床治療的面談與溝通技巧，都將失去用處。

　　作為唯一在場的聽者，精神分析師必然被期待甚至被要求有所

回應。但精神分析師必須不為所動——而非無動於衷。他坐在分析者背後保持沉默，既避開對方的表情反應，也不讓對方察覺到自己的表情。如此，因為聽者處於「彷彿不在場」的態度，才使得在場的聽者逐漸被替代成說話者所想像、卻是他個人記憶與歷史中更真實的對話者。而精神分析師將平靜地感受這一切意圖的波動，據以找出詮釋的根據，讓說話者所不知道的真實談話對象得以浮現。此後，精神分析師將能夠從這個被賦予的身分，擷取出能夠作用在分析者身上的行動力量。

分析師一方面透過詮釋進行理智疏導，另一方面則是利用傳移進行情感的操作。決定這些行動的時機與次序是精神分析的技術問題，而調節它們的輕重緩急則是精神分析師的技巧問題。理想而言，一旦分析者所不知道的那個對話者的影像在分析經驗中浮現並重組，他的行為舉止將停止再去揣測那個影像，他的記憶也將重獲真實的密度。這意味著分析者的症狀終結與人格的完成。此時，精神分析師的力量將不再有用處，精神分析治療即可告一段落。

由此可見，精神分析治療根本上必須從一個雙向的運動來定義。也就是**透過同一個運動，以「退行」的方式將一開始渙散又破碎的影像同化入真實當中，以便反過來，在當下的「前行」關係中，將該影像從真實中分解出來，並恢復它真正的現實性。**而精神分析臨床治療的作用就是這個現實性之成效的見證。

繼佛洛伊德之後，法國精神分析師拉岡致力於重回佛洛伊德所發現的這處語言的「另一場景」或「另一舞台」（andere Schauplatz）。他宣稱「無意識像是一種語言一樣被結構著」，並力圖將語言學所排除的說話主體重新納入精神分析對語言與話語的考量。

　　芬克不僅長年研究、講授精神分析，同時也在臨床上實踐拉岡的精神分析理論。事實上，拉岡早期的講座正是以閱讀佛洛伊德的五大經典案例 * 作為出發點，並以佛洛伊德的奠基性著作 † 作為理論參照與評論的對象。而在本書中，芬克循著拉岡的指引，以結構而非症狀的觀點重新閱讀了朵拉（歇斯底里結構）與鼠人（強迫症結構），並從當代的精神醫學、藥物治療、行為治療與心理治療的角度去反思這些案例對我們的啟發。在翻譯並撰寫多部拉岡理論專書之後，芬克這本書的寫作無疑更向我們示範了如何正確地閱讀拉岡，也就是「重返佛洛伊德」！

---

* 　這五大經典案例分別是：朵拉（Dora, 1905）、小漢斯（Der kleine Hans, 1909）、鼠人（Der Rattenmann, 1909）、史海伯（Schreber, 1911）、狼人（Der Wolfsman, 1918）。

† 　《夢的解析》（Die Traumdeutung, 1900）、《日常生活的精神病理學》（Zur Psychopathologie des Alltagslebens, 1901）、《詼諧語及其與無意識之關係》（Der Witz und seine Beziehung zum Unbewussten, 1905）。

導讀

話語的魔力：在二十一世紀重新認識佛洛伊德

彭榮邦（慈濟大學人類發展與心理學系副教授兼系主任）

在腦科學與人工智慧的時代重返佛洛伊德

二〇二四年六月二十四日，位於倫敦的佛洛伊德博物館（Freud Museum London）在 YouTube 官方網站上發布了一則不到一分鐘的短影片，慶祝《佛洛伊德心理學作品全集修訂標準版》的出版。[*] 在我撰寫這篇導讀的時間點，也就是這則影片發布後將近三個月，它的觀看次數才勉強達到三千多次，而且還是為數稀少的相關 YouTube 影片中最高的觀看次數。這對曾被稱為「二十世紀最偉大心靈」的佛洛伊德來說，似乎有點難堪；這位思想巨擘的心理學作品全集在二十一世紀的修訂問世幾乎被世人視而不見，也彷彿暗示著佛洛伊德思想應該跟著二十世紀的逝去而成為過去式。

在當代心理學的主流氛圍中，佛洛伊德思想似乎更顯得格格不入。今天的心理學教科書中，佛洛伊德的理論往往被簡略提及，僅作為心理學史上的一個里程碑。在學術研究中，實徵的量化研究方法主導了心理學的話語權。神經造影技術的進步使得研究者可以直

---

[*]　https://youtu.be/YxMr9nHbsRM?si=jYceXkn4rX1QP7vC

接觀察大腦活動，而不必依賴推測性的理論。腦化學研究的深入讓我們對神經傳導物質如何影響情緒和行為有了更清晰的認識，這似乎為許多心理問題提供了生物學解釋。遺傳學的突破，特別是在精神疾病遺傳易感性方面的發現，進一步挑戰了佛洛伊德強調早期經驗的觀點。在臨床實踐中，認知行為療法因其短期見效和易於量化的特點，亦占據了主導地位。藥物治療基於其對腦化學的深入理解，成為許多心理障礙治療方法的首選。與此同時，大數據和人工智慧的應用也正在改變心理健康服務的面貌，個體化的演算法似乎可以取代深度的個案分析。在基因檢測的基礎上，我們甚至開始談論「個體化醫療」，試圖根據個人的基因組成來預測和治療心理問題。

在這樣一個強調生物決定論、速效、可量化和技術導向的時代，佛洛伊德那種深入探索個人歷史、重視主觀經驗、需要長期投入的方法，看起來就像是一種奢侈，甚至是一種過時的做法。當代心理學似乎在告訴我們，人類心智可以被簡化為神經元的放電模式、大腦區域的活化程度，或是基因的表達模式。心理問題可以透過改變認知模式、調節神經傳導物質水平，或者針對特定基因進行改造來快速解決。在這樣的學術氛圍和研究前景之下，佛洛伊德思想似乎真的成了「過去式」，而他關於無意識、心理動力和童年經驗的深刻洞見，在這個技術至上、還原論盛行的時代，顯得更沒有立足之地。

然而，就在佛洛伊德思想看似即將被現代科學徹底淘汰的時刻，一股逆流悄然興起。這股逆流不是來自心理學界的保守派，而是來自神經科學的前沿：南非裔神經心理學家馬克・索姆斯等研究者所開拓的神經精神分析（neuropsychoanalysis）領域。索姆斯不是別人，正是花了三十年的功夫完成二十四冊《佛洛伊德心理學作品全集修訂標

準版》的編輯，他也是少數能夠同時橫跨腦神經科學及精神分析兩大研究領域的重量級學者。索姆斯對於精神分析的早期歷史有相當獨到的見解，特別是關於佛洛伊德早期的神經科學研究。索姆斯在翻譯佛洛伊德早期的神經科學論文時，用了一個饒有深意的概念——「轉折時刻」（a moment of transition）*——來描述佛洛伊德放棄神經科學轉向心理學的那個關鍵時間點。在索姆斯看來，那是一個神經科學尚未成熟到足以滿足佛洛伊德探索人類心智的雄心壯志的時刻。因此，佛洛伊德不得不暫時擱置他的神經科學夢想，轉而發展純粹的心理學理論。

　　而今天，我們似乎正站在另一個「轉折時刻」的門檻上。只不過這一次，是神經科學的飛速發展讓我們有可能重新審視並驗證佛洛伊德思想。在這個新的轉折時刻中，索姆斯扮演了一個關鍵角色。他的研究工作不僅橋接了佛洛伊德思想和現代神經科學，更重要的是，它展示了如何用最新的科學工具來重新檢視和發展佛洛伊德的後設心理學洞見。

　　索姆斯的研究路徑清晰地展示了佛洛伊德思想如何在現代科學框架下得到重新詮釋和發展。從早期將神經科學與精神分析結合，到探討情感的核心地位，再到提出革命性的意識理論，近期還進一步延伸至人工意識領域，索姆斯的工作不斷拓展著我們對人類心智的理解。這一研究路徑不僅證明了佛洛伊德思想的持久生命力，也展示了它在面對當代科技挑戰時的韌性和前瞻性。

---

*　根據索姆斯對佛洛伊德早期神經科學論文的爬梳，佛洛伊德思想由神經科學轉向的關鍵轉折時刻，約莫是在 1895-1900 年之間。

　　在人工智慧和大數據盛行的今天，索姆斯提醒我們，真正的智能和意識可能需要超越純粹的資訊處理，深入到情感和主觀經驗的層面。而這一洞察，正是源自於佛洛伊德對人類心智複雜性的深刻理解。因此，我們可以說，透過索姆斯等人的工作——亦即神經精神分析這個嶄新的研究領域——佛洛伊德的思想不僅沒有過時，反而在二十一世紀找到了新的生命力。它為我們理解人類心智，甚至為創造真正的人工智慧，提供了不可或缺的資源。在這個意義上，「重返佛洛伊德」不是一種懷舊，而是當代神經科學從索姆斯所謂的「簡單問題」邁向「困難問題」時的必要步驟。*

　　換言之，索姆斯的「重返佛洛伊德」，是重返佛洛伊德思想從神經科學轉向心理學的關鍵轉折點，並且在當代神經科學的基礎上，重拾那個被佛洛伊德暫且擱置的科學心理學計畫。在神經精神分析展示了佛洛伊德思想在腦科學和人工智慧時代的前瞻性之後，我們不禁要問：當代的臨床心理實務工作，也有必要一起跟著重返佛洛伊德嗎？

---

*　在《大腦與內在世界》(*The Brain and the Inner World*, 2002) 一書中，索姆斯借道大衛‧查爾摩斯對意識研究的「簡單問題」(easy problem) 和「困難問題」(hard problem) 的根本區分，點出了佛洛伊德的後設心理學對推動當代神經科學的重要性。「簡單問題」探討的是意識的**客觀機制**，包括注意力、學習、記憶、語言等認知功能。而這些問題之所以「簡單」，是因為它們可以用認知科學和神經科學的方法來研究和解釋，只要能闡明某個執行功能的機制，就能夠解釋該功能，並解決相應的簡單問題。「困難問題」探討的則是意識的**主觀經驗**，也就是「是什麼讓這些認知功能的執行伴隨著感受？」。困難問題所以「困難」，是因為它超越了功能的解釋，即使我們能夠完全解釋所有認知功能的運作機制，仍然無法解釋為什麼這些功能的執行會伴隨著或萌生了主觀經驗。

「重返佛洛伊德」的歷史脈絡

　　事實上，「重返佛洛伊德」這個概念本身就源自於精神分析的實踐史。只要對法國精神分析有所涉略的人都會知道，「重返佛洛伊德」（Return to Freud）是雅克‧拉岡這位讓精神分析改頭換面的思想巨人的思想旗幟。接下來，讓我先簡單描述拉岡高舉「重返佛洛伊德」大旗的脈絡，以及他「重返佛洛伊德」的做法。

　　雖然〈鏡像階段〉是拉岡最常被引用的一篇論文，也被視為他展現自己強大理論能力的開端，但是一九三六年的拉岡在法國的精神分析界還稱不上是號人物，他第一次出席國際精神分析大會只報告了十分鐘，就被當時的大會主席瓊斯打斷，並且終止他的發言，而這也成了他一輩子的奇恥大辱。我們後來所認識的拉岡，那個藉由他的教學為佛洛伊德思想帶來創新想法的拉岡，其實是在一九五〇年代初期才有了最初的樣貌。而其中最關鍵的，當然就是他的研討班。一九五一年，拉岡以自己的公寓為起點，開始舉辦研討班。這個研討班後來搬到他實習的聖安娜醫院，在這裡一直持續到一九六三年。

　　一九五〇年代初期的法國精神分析界是一個充滿衝突和張力的世界。一九五三年，一群法國精神分析界的主力二代精神分析師，因為和巴黎精神分析學會在訓練分析師上的意見不合，集體退出了巴黎精神分析學會，另外創立了法國精神分析學會。拉岡對這樣的「革命」作為一開始毫無興趣，卻因為他自己在學生中間的影響力，被控煽動學生們的反抗情緒，也只好跟著退出巴黎精神分析學會，加入了由拉加什和他的朋友們所創立的法國精神分析學會。雖然拉

岡是被迫跟著退出巴黎精神分析學會，最後甚至在一九六三年被告知失去了國際精神分析學會訓練分析師的資格，但是一直以來，他對於如何解讀佛洛伊德思想和進行精神分析實踐的看法，確實和精神分析的建置做法意見相左。就像西恩‧霍默在《導讀拉岡》一書中所說的，「雖然拉岡的著作可能最終影響了精神分析的體制，但是從其事業生涯的開端，拉岡便把自己擺在一條與精神分析體制產生衝突的路線上。」

　　拉岡的路線從他事業生涯的一開始就和精神分析的體制產生衝突，這麼說不是很奇怪嗎？畢竟拉岡之所以為拉岡，和他主張精神分析的實踐要「重返佛洛伊德」，密切相關。「重返佛洛伊德」，怎麼會和精神分析的體制產生衝突呢？關鍵當然就在重返佛洛伊德的方式。我們都知道，佛洛伊德是開創精神分析事業的第一人，但是這個事業該如何延續，不至於因為開創者的辭世而人亡政息，對於精神分析來說是個重大的挑戰。對於一個在佛洛伊德生前就已經吸引了大批追隨者的精神分析事業來說，體制化是一個不得已的、或許也是必要的手段。從一開始的只有寥寥數人的「星期三心理學研究社」，到後來成員慢慢擴大的維也納精神分析學會，最後在一九一〇年於紐倫堡成立了國際精神分析學會，佛洛伊德所開創的精神分析事業不只經歷了成員的擴大，也經歷了重要成員——例如榮格和阿德勒——的分裂背離。精神分析畢竟是一個吸引了眾人投入的事業，每一個人參與的動機、受佛洛伊德思想的啟發、對佛洛伊德思想的理解，甚至實踐精神分析的方式，都有差異。而這些差異，也構成了精神分析歷史上屢屢出現分裂的根本原因。

　　人們常說要「異中求同」，但異中求同說起來容易、做起來卻很

不簡單，尤其是對精神分析這個在理論和在實踐上，都對「常理」有很大挑戰的事業來說更是如此。國際精神分析學會維持精神分析事業的做法，是針對精神分析的訓練及實踐建立起一套標準化的模組。分析師在訓練過程中需要經過多久時間的分析、要經過什麼樣的考核和督導、要讀哪些文本、分析師進行一次分析治療的時間多長等等，都受到了標準化的規定。在這種連各種細節都要被標準化的思維下，如果有人對於精神分析的概念或理論，有了超越佛洛伊德本人的創新思維，注定會在精神分析的體制內引起紛爭。

　　舉例來說，佛洛伊德還在世時，雖然對於梅蘭尼・克萊恩在客體關係方面的創新思維並沒有多說什麼，但是在他過世後，他的指定接班人，也就是佛洛伊德女兒的安娜・佛洛伊德，卻和梅蘭尼・克萊恩進行了長達數年的論戰，主要就是針對克萊恩在客體關係理論上的創新是否偏離了佛洛伊德的教導。一九四〇年代初期發生在英國精神分析界的這場大辯論最終是以和局收場，因為爭執的雙方都不願意造成精神分析內部的分裂。但是，一九五〇年代初期的法國精神分析界還是出現了內部分裂的狀況，拉岡對於精神分析建置的不滿，他在理論創新能力上的出眾才華，都對精神分析的體制造成了嚴重的威脅，而這個威脅，無法以表面上的和諧來收場，因為分裂早就已經形成。

　　拉岡對精神分析建置的批評，在分裂情勢的助長下更顯得不留情面。比如他在一九五三年的〈羅馬報告〉裡，就把國際精神分析學會的標準化作為，稱作只注意表面、不願意承擔任何風險，而且令人失望的形式主義。他認為，精神分析在佛洛伊德過世之後的發展，雖然有一些理論上的突破，但是在實踐的層次和問題意識的偏重上，

都偏離了佛洛伊德的教誨。他在一九五三一一九五四年的研討班裡用「極度的混亂」形容當時精神分析的現況。他說，精神分析界就是一個在佛洛伊德的理論系統裡頭「圈地為王」的狀態。佛洛伊德式的語言變成彼此之間溝通的橋樑，但是這些概念、這些語言實質上是什麼意思，分析治療該怎麼進行，兩個人可能會有三種以上的想法。

「重返佛洛伊德」是拉岡在這個精神分析界處於極度混亂的處境中提出的解方，而「精神分析所為何事？」（what do we do when we do psychoanalysis?）就成了他在這片混亂中「撥亂反正」的根本問題。我們要怎麼知道精神分析所為何事？在一九五三年七月八日題為「象徵界、想像界和實在界」的講座中，拉岡第一次聲明，他的教學專注於「重返佛洛伊德的文本」（return to Freud's texts），因為「沒有什麼比佛洛伊德的精神分析更能掌握人性，我們必須回歸源頭，從各個意義上理解這些文本」。這就是「重返佛洛伊德」的第一層意涵：回到佛洛伊德的文本。在同一年九月二十七日的〈羅馬報告〉和一九五三一一九五四年的研討班裡，他也指出，我們必須要回到佛洛伊德的原生經驗（Freud's seminal experience），這個不僅屬於佛洛伊德本人，也屬於以精神分析為事業的所有人的共同資產。在這個基礎上，我們才有辦法檢視佛洛伊德作為這個根本經驗的思想者，一個把精神分析經驗「翻譯」成精神分析概念和理論的理論家，所做出的貢獻。這個是「重返佛洛伊德」的第二及第三層意涵：回到佛洛伊德經驗，以及回到佛洛伊德思想。

重返佛洛伊德的三層意涵*

　　我在上一節所描述的，是拉岡在法國精神分析界提出「重返佛洛伊德」要求的歷史脈絡。在這裡必須指出的是，「重返佛洛伊德」這種說法，在當時有一個未言明的潛台詞——對精神分析「正統」的強調。在當時精神分析的大局勢下，拉岡「重返佛洛伊德」的說法一定強烈地激怒了國際精神分析學會，因為這樣的說法，既說明了我是「正統」，因為我以佛洛伊德的思想為依歸，但同時也強烈地暗示著國際精神分析學會在精神分析訓練上的膚淺和不究竟。但對於台灣的我們來說，並沒有「爭正統」的問題，因此也沒有必要掉進「重返佛洛伊德」這個說法潛藏的政治陷阱，†拉岡「重返佛洛伊德」的做法，依然相當值得我們借鏡。下圖則是進一步說明，「重返佛洛伊德」的三層意涵對於臨床實務工作根本上的重要性。

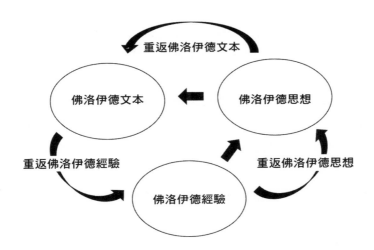

　　圖中三個橢圓形分別代表了「重返佛洛伊德」所要「重返」的三個面向：「佛洛伊德經驗」、「佛洛伊德思想」、和「佛洛伊德文本」。

　　我們先從內圈說起，亦即佛洛伊德將精神分析理論化的工作。在起點「佛洛伊德經驗」，我們首先確定了一件事情：佛洛伊德在臨床工作中實踐並體證了分析治療所產生的神奇效果。接著，由於這樣的臨床經驗，驅動了佛洛伊德將其臨床經驗理論化的慾望，也就是圖示中直線箭頭由「佛洛伊德經驗」指向「佛洛伊德思想」所代表的意思。這樣的慾望讓佛洛伊德成為一個從臨床經驗中形成精神分析概念及理論的思想者，而作為思想者的佛洛伊德一生撰述不斷，形成了龐大的文本集結，因此構成了從「佛洛伊德思想」到「佛洛伊德文本」的這個指向。

　　如果此圖的內圈描繪了佛洛伊德從精神分析經驗中蘊生思想、積累文本的創造性過程，那麼外圈所試圖捕捉的，則是我們藉由「重返佛洛伊德」，成為「如佛洛伊德一般」帶著理論化慾望聆聽受苦話語的臨床工作者的辯證性過程。然而，當代的臨床實務工作者有必要繼續肯定佛洛伊德思想、進而重返佛洛伊德思想嗎？在二十一世紀的現在，不管是對心理師、精神科醫師，還是對來接受治療的個案，都有很多的心理治療方法可以選擇，許多還比較省時省力，為什麼我們還要學習佛洛伊德思想、學習他所開展的精神分析？這正

---

*　重返佛洛伊德的三層意涵，不僅來自於筆者受教於布魯斯・芬克後對拉岡思想的領會，也受益於沈志中教授在《瘖啞與傾聽》緒論中對精神分析之閱讀策略的啟發，在此一併致謝。

†　因此，我用「重返佛洛伊德」而不是用「回歸佛洛伊德」來翻譯「return to Freud」，藉此避免「回歸」一詞可能帶有的政治意涵。

是我們現在必須面對的問題，因為只有在肯定佛洛伊德作為臨床實務的先行者、深思者之後，成為「如佛洛伊德一般思考」的臨床工作者才有其必要性。

　　或許這個問題可以這麼回答：即使目前的心理治療有各種不同的形式，但是從歷史上來看，仰賴說話為主的所謂「心理治療」（psychotherapy），它的起源其實可以追溯到精神分析歷史上最重要的零號病人：安娜・歐。安娜・歐把她的主治醫師布洛伊爾對她所進行的治療，戲稱為談話治療（talking cure）。「談話」可以有「治療」的效果，或許會引起當代讀者的誤解，以為「談話治療」就是勸病人要想開、要放下，或者是輔導病人、教他一些方法或道理。但事情不是這樣的。對於當時的精神醫學界來說，歇斯底里（hysteria）是一個難以理解、也不知道從何治療的棘手疾病，而安娜・歐正是一名歇斯底里病人。當時的歇斯底里病人多數是女性，她們常有一些臉歪嘴斜、僵直痙攣、幻覺、失語等詭異症狀，卻無法從神經學的角度找到問題所在。但這些棘手的歇斯底里病人居然會因為「說話」而被治好了！這是一項相當了不起的成就，即使在二十一世紀的現在，也是如此。布洛伊爾和安娜・歐的工作只是「談話治療」的起點，真正在理論和實踐上把它發揚光大的，正是佛洛伊德和他所開創的事業——精神分析。

　　然而，當所有的心理治療都藉由「談話」來進行「治療」時，似乎所有心理治療都可以宣稱自己是某種「談話治療」的類型時，那個與精神分析經驗密切相關的「談話治療」真正意義就變得模糊了。對佛洛伊德來說，「談話治療」從一開始就是一件神奇的事情，一個他想方設法要說明的臨床經驗。當佛洛伊德在《精神分析引論》中

說：「話語最初是魔法」，他可不是隨便說說的；而他再說：「即使到了今天，話語仍保留了許多它們古老的魔力」時，也不是在搞神祕或故弄玄虛，而是要他的聽眾，包括精神分析的學徒們，要深刻地去體察所謂「話語的魔力」（the magic of words）這件事情在精神分析經驗中所扮演的重要角色。而這件事情，至少在拉岡的眼裡，是被他當時的精神分析界所遺忘的，所以他才會在一九五三年，也就是拉岡開始被認為是精神分析史上重要身影的那個時期，以「言語及語言在精神分析中的功能及領域」（The Function and Field of Speech and Language in Psychoanalysis）為題，進行後來被稱為「羅馬報告」的這篇重要演講。

拉岡的「羅馬報告」，可以說是他在一九五○年代初期「重返佛洛伊德」的初步思想成果。從他所選擇討論的文本（佛洛伊德的經典個案），我們可以發現，他試圖在佛洛伊德經驗的基礎上細細琢磨佛洛伊德思想的萌生。而〈言語及語言在精神分析中的功能及領域〉一文，則是拉岡對話語如何在精神分析中施展魔力初步卻極為精準的界定：精神分析中的話語（words），既透過言語（speech）作用，也如同語言（language）一般運作著。

因此，拉岡的「重返佛洛伊德」，與索姆斯等神經科學家的「重返佛洛伊德」，是兩種完全不同意義的「重返」：後者是重拾佛洛伊德的「科學心理學計畫」這個未竟之志，而前者則是回到那個我們與佛洛伊德「共有」的談話治療現場，並試圖真正地認識和掌握談話治療中「話語的魔力」。反觀現在，我們真的懂得心理治療中的話語如何發揮它的魔力嗎？還是我們根本從來沒有明白過？在這個「談話治療」的面目已經變得難以辨識的時代，以「談話」為主要工作的臨床工作者，或許和一九五○年代初期的拉岡一樣，面對一個根本的問

題：精神分析／談話治療所為何事？或許我們也可以像拉岡一樣，藉由「重返佛洛伊德」，引動對這個問題的思考與回答。

閱讀佛洛伊德，在其思想中心

　　若要真的要成為一位「以佛洛伊德為師」的臨床工作者，那麼「重返佛洛伊德」的起手式就只能是閱讀佛洛伊德，因為斯人已遠，他的思想火花只能夠在文本的閱讀中找尋。然而要閱讀佛洛伊德，今年熱騰騰剛出版的二十四巨冊《佛洛伊德心理學作品全集修訂標準版》或許不是最容易、最親民的起點，那是真正有心人才會一躍而入的廣袤大海。以中文出版品來說，佛洛伊德著作的翻譯書籍，普遍有翻譯水準參差不齊的問題，既使是經過嚴格審訂或優秀的翻譯，例如由巫毓荃教授審訂、左岸文化出版的《夢的解析》、《精神分析引論》，由宋文里教授翻譯、心靈工坊出版的《重讀佛洛伊德》、《魔鬼學：從無意識到憂鬱、自戀、死本能》等，以我多年教授精神分析課程的經驗來說，如果沒有一個好的「領路人」，其實很難靠著自己的努力找到領略佛洛伊德思想的關鍵。

　　在這個意義上，《在診間遇見佛洛伊德》，對於苦於無人指路的讀者來說，就是一本難能可貴的領路書。在台灣，本書的作者布魯斯‧芬克或許還不是一個廣為人知的名字，但在英語世界中，布魯斯‧芬克卻是當代最赫赫有名的拉岡派學者之一，他不僅是拉岡思想在英語世界中最重要的翻譯者，他自己的著作，包括《拉岡式主體》(*The Lacanian Subject*)、《拉岡派精神分析的臨床導論：理論與技術》(*A Clinical Introduction to Lacanian Psychoanalysis: Theory and Technique*)、《精神分析

技術的基礎：拉岡派實踐者指南》（*Fundamentals of Psychoanalytic Technique: A Lacanian Approach for Practioners*）等，都得到學界及實務界的高度肯定，他也因此被公認為最能將複雜的拉岡思想以明晰的話語加以闡釋的詮釋者。

我們幾乎可以說，布魯斯‧芬克是在英語世界中要一窺拉岡思想堂奧時無法跳過的名字。作為當代最著名的拉岡派學者之一，芬克在推廣和詮釋拉岡思想方面做出了無可替代的貢獻，他不僅是拉岡著作的主要英譯者，將拉岡艱深難懂的法語文本轉化為英語讀者可以理解的語言，還透過自己的著作，為英語世界的讀者提供了理解和應用拉岡理論的關鍵。

芬克的重要性體現在幾個方面：首先，他的翻譯工作，特別是拉岡《文集》的完整英譯，為英語讀者打開了理解拉岡思想的大門，不至於因為以往的錯譯誤譯而以為拉岡只是故弄玄虛。其次，他的原創著作，如《拉岡式主體》和《拉岡派精神分析的臨床導論》，不僅深入淺出地闡釋了拉岡的核心概念，還將這些理論與英美臨床實踐緊密結合，為臨床工作者提供了將拉岡思想應用於實務的框架。更值得注意的是，芬克有著罕見的能力，能夠將複雜的理論概念轉化為明晰、可操作的臨床指導。他的著作《精神分析技術的基礎》就是一個很好的例子，它為臨床工作者提供了具體的指導，幫助他們在日常的臨床實踐中運用拉岡的洞見。

芬克的工作不僅僅是對拉岡思想的傳播，更是一種創造性的詮釋和應用。芬克並非試圖將拉岡的理論與英美心理學傳統直接對接（有時候他甚至明確反對這樣的作法），而是致力於為英語讀者提供一個理解和實踐拉岡思想的框架。這種對拉岡思想的詮釋和應用使

得芬克不僅在學術界，而且在臨床界都享有盛譽，被公認為是理解和實踐拉岡思想的最佳嚮導之一。

正是基於芬克在拉岡思想傳播和實務運用上的傑出貢獻，他撰寫的這本《在診間遇見佛洛伊德》就顯得格外引人注目。總的來說，這本書代表了芬克「重返佛洛伊德」的努力，書中再次體現了他將複雜理論與臨床實踐結合的一貫風格。

在《在診間遇見佛洛伊德》中，芬克巧妙地展現了如何將拉岡「重返佛洛伊德」的精神應用到閱讀佛洛伊德上，徹底體現了上述「重返佛洛伊德」的三層意涵。首先，在回到「佛洛伊德文本」這一層面上，芬克不僅仔細梳理了佛洛伊德的原始著作，更透過拉岡的視角重新詮釋這些文本，使讀者能夠在當代脈絡中重新理解佛洛伊德的核心概念。其次，在回到「佛洛伊德經驗」這一層面上，芬克特別強調了精神分析的臨床實踐，透過豐富的案例分析，讓讀者彷彿能夠在診間跟著佛洛伊德一起思考。最後，在回到「佛洛伊德思想」這一層面上，芬克的書寫展現出一種貼近經驗的思想動力，並融入了拉岡對這些理論的重新闡釋和發展，從而展示了佛洛伊德思想的當代活力。

芬克這種對佛洛伊德的閱讀方式，正是把握佛洛伊德「思想風格」的絕佳典範：在佛洛伊德的思想中心閱讀佛洛伊德。他並不滿足於對佛洛伊德理論的表面理解或簡單複述，把佛洛伊德思想教條化或平板化，而是試圖藉由臨床案例掌握佛洛伊德思想的活潑動態。不僅如此，透過拉岡的視角，芬克還幫助我們重新發現了佛洛伊德思想中那些最具洞察力、最能啟發當代臨床實踐的元素。例如芬克在本書第三章「如何處理一個夢」及「如何讓人開始對夢進行自由聯

想」這種看似僅涉及實務的段落，巧妙地引入拉岡派精神分析的語言（意符／意旨），重新帶著讀者從拉岡派的眼光詮釋對夢的理解，並給出了具體的實務指引。這種閱讀方式不僅忠於佛洛伊德思想的原初性，也展示了如何在保持理論深度的同時，使精神分析與現代臨床實踐仍有著緊密聯繫。芬克的工作提醒我們，真正的「重返佛洛伊德」不是將其思想視為一成不變的教條，而是將其視為一個活潑的、能夠與當代臨床經驗不斷對話的思想風格。透過這種方式，芬克不僅為我們提供了一本介紹佛洛伊德理論的入門書，更為我們展示了如何在二十一世紀的今天，重新發掘並應用佛洛伊德思想的精髓。

對於希望真正理解「談話治療所為何事」、在臨床實務上「如佛洛伊德一般思考」的讀者來說，芬克的這本書無疑是一本極好的領路書，它提供了一個極具啟發性的範例，展示了如何透過深入閱讀，真正掌握佛洛伊德思想的核心，並將其轉化為當代臨床實踐的有力工具。

小結：重返佛洛伊德在台灣的意義

在台灣心理學界長期以實證主義和認知行為取向為主流的背景下，本書的出版無疑具有特殊的意義。它不僅為台灣讀者提供了一個重新認識佛洛伊德的機會，更重要的是，它展示了如何在當代重新點燃佛洛伊德思想的生命力。

對於台灣的臨床心理工作者而言，本書提供了一個難得的機會，重新思考「談話治療」的本質。在一個越來越強調標準化程序的心理治療氛圍中，芬克藉由佛洛伊德思想的深刻性，提醒我們關注每個

個案的獨特性，以及語言在治療中的核心地位。這種回歸臨床本質的呼籲，對於提升台灣心理治療的品質具有關鍵的重要意義。

對於台灣的心理學研究者和教育者來說，本書展示了如何將複雜的理論與臨床實踐緊密結合。在當前台灣學術界理論與實踐常常脫節的情況下，芬克的這種整合方式無疑提供了一個值得借鏡的範例。

最後，對於對精神分析感興趣的普通讀者而言，本書提供了一個難得的機會，去重新認識那個被誤解已久的佛洛伊德。透過芬克的詮釋，讀者將發現，佛洛伊德的思想不僅沒有過時，反而在二十一世紀的今天，對於理解人性、探索自我，仍然具有無可替代的價值。

在這個意義上，《在診間遇見佛洛伊德》的出版，不僅是對台灣精神分析文獻的重要補充，更是對台灣心理學界的一次溫和而堅定的挑戰。它邀請我們重新思考：在這個強調速效、標準化的時代，我們是否忽視了人性的複雜性？在追求客觀化、數據化的同時，我們是否遺失了對個體主觀經驗的深入理解？

「重返佛洛伊德」不僅僅是一個學術口號，它代表著一種對人性的深刻洞察，一種對臨床實踐的誠摯態度，以及一種對知識傳統的尊重。在台灣這片土地上，這樣的精神尤其珍貴。它提醒我們，在汲取西方知識的同時，也要保持批判性思考；在追求科學進步的同時，也不要忘記人文關懷。這或許正是佛洛伊德留給我們的最寶貴遺產，也是本書對台灣讀者的最大貢獻。

致我的朋友們，他們在這份手稿逐漸成書的過程中提供了如此有助益的評論和批評，包括雅艾爾‧鮑德溫（Yael Baldwin）、克莉絲汀‧亨尼西（Kristen Hennessy）、德里克‧胡克（Derek Hook）、麥克‧米勒（Mike Miller）、史蒂芬妮‧斯威爾斯（Stephanie Swales）和亞當‧施梅林（Adam Szmerling）。他們的貢獻相當重大，諾頓出版社的黛博拉‧馬爾默德（Deborah Malmud）的建議也同樣寶貴。

由於我的治療方法新穎，我只看最嚴重的病例，這些病例已經被（其他臨床醫師）治療多年而毫無成效。

——Freud, SE VII, p. 21 n

　　話語最初是魔法，即使到了今天，話語仍保留了許多它們古老的魔力。透過話語，一個人可以讓另一個人幸福愉悅，也可以將他推向絕望。

——Freud, SE XV, p. 17

導論
Introduction

將心理領域區分為意識及無意識，是精神分析的基本前提。

——Freud, SE XIX, p. 13

　　除了發明及使用一系列的技術用以通達並衝擊無意識之外，精神分析的實務工作還能是什麼呢？佛洛伊德認為「抑制理論是精神分析賴以建立的結構基石」，[1] 他設想了大量用以通達無意識的技術，並藉此取消許多由於抑制而產生的不良後果。我在這本書中將會解釋及舉例說明這些技術，並且從這個角度來探討佛洛伊德的工作。

　　過去三十多年來，我在精神分析領域教書、督導，並從事第一線的實務工作，我發現，心理學及精神分析領域的學生幾乎都不再學習這些由佛洛伊德發展出來、用以通達無意識的基本方法。相反地，他們只學到用迂迴的方式去探索被抑制物（the repressed）。這種迂迴的方式其來有自。近百年來，後佛洛伊德的各家學派太著迷於接近被抑制物時所遇上的**障礙**（obstacles），以致忽略了被抑制物本身。

而這些障礙呢，是佛洛伊德在早期工作中，當他鼓勵病人去回憶那些導致症狀發作的事件時，就已經遇上的。

小如面露窘色、良心不安，覺得有些事被跳過沒說、在人前說這些「不太合適」，大至更隱伏頑強的抗拒形式——總之所有被放在「抗拒」（resistance）這個名目下的狀態都是這類障礙之一；而分析師將注意力全放在抗拒上的做法，在精神分析領域一時蔚為風尚，被稱為**對抗拒的分析**（the analysis of resistances）。[2] 還有另外一種障礙，佛洛伊德稱之為「防禦」（defense），包含許許多多的自我防禦策略，例如否認（denial）、移置（displacement）、情感隔離（isolation of affect）、妥協形成（compromise formation）、省略（omission）、轉換（conversion）、攻擊自我（turning against the self）、反應形成（reaction formation）、情感壓抑（suppression of affect）、投射（projection）及取消（undoing），這些障礙也促成了某種工作形式的發展，一般稱之為**對防禦的分析**（the analysis of defense）。[3] 第三種現象佛洛伊德稱為**傳移**（transference），它也被視為是一種障礙，[4] 而當代有許多精神分析學派，經年累月針對這個更進一步的障礙工作並進行分析，彷彿它就是精神分析的萬能鑰匙。[5]

對我來說，這三種努力方向都有個致命的缺陷，就是把障礙錯認為目標。遇到障礙，我們要繞道而行，而不是一直去關注它。試圖去理解抗拒、防禦或傳移的方方面面，並不能讓我們更有效地衝擊無意識——事實上，太過專注在抗拒、防禦及傳移上，反而會遺忘了無意識。[6] 當我們過於執著在探尋過程中所出現的障礙時，就會忽略原本在追尋的目標，亦即，判斷是哪些念頭及願望因為受到抑制而成了無意識。在追尋目標的過程中，即使有時候必須去調查障礙，並提出解釋，但是這和追尋目標本身還是有差別的。[7]

　　法國精神分析師雅克・拉岡（一九〇一一一九八一）可以說是二十世紀最認真看待佛洛伊德作品的精神分析師，他試圖拓展佛洛伊德的工作，有時候還救偏補弊，因此我在這本書中經常會引用他的觀點。例如，一九六八年法國學運時，抗議者想與重裝警力直接對陣，拉岡當時對這些抗議者發表過談話，他的這段談話同樣適用在精神分析上：「朝眼前的障礙直直衝過去的做法，有如一頭蠻牛。重點是另闢蹊徑——或者，不管是什麼狀況，都別糾結在障礙上。」8

　　對拉岡來說，傳移主要出現在精神分析的辯證運動（dialectical movement）停滯或崩潰之時，它並不是治療工作中特別有用的部分（請見 Fink, 2007, Chapter 7）。在每一段分析中，傳移反應無可避免地會在某些時間點出現，但最好的狀況是，分析師要能夠盡量減少這類反應的發生，即使有也不要接二連三出現。不僅如此，分析師會努力營造一種氛圍，讓分析者在回憶過往時盡可能不節外生枝，亦即盡量減少出現傳移的「付諸行動」（acting out）。當代常把這個名詞與「找碴」（acting up）搞混，後者意味著「不聽話」（behaving badly），然而在精神分析理論中，「付諸行動」指的是分析者透過行為表現出某件無法記得、或者覺得難以對分析師說出口的事。拉岡認為，當分析中出現傳移時，並不是聖杯現世，告訴我們方向正確；相反地，「傳移是種手段，用來中斷與無意識的溝通，讓無意識再度關閉。傳移並不表示權柄被交給了無意識，相反地，傳移關閉了無意識」（Seminar II, p. 130）。

　　在這本書中，我會把重點放在佛洛伊德用以**直搗**無意識的技術，說明我們能如何運用這些技術，或許甚至在今日繼續改良這些技術。（有些人對佛洛伊德的技術與偏頗之處提出批評，這些批評有的是最

近提出的、有的時代較久遠，讀者若有興趣了解我如何回應這些批評，請參照附錄一。）基於諸多原因，我不會在這本書中探討佛洛伊德的私人生活，不只因為我發現心理傳記（psychobiography）* 太過簡化，也因為認為，佛洛伊德作為一個精神分析實務的理論家，要比他這個人本身更有意思或更令人信服。[9] 難不成佛洛伊德的父親告訴他，他因為猶太人的身分被迫離開人行道、並且沒有提出抗議的這件事，讓他發現了「沒有表達的情緒會積鬱成疾」？對我來說，心理傳記學家的這類推測是沒有意義的。[10] 佛洛伊德當然從自身的生活經驗獲得很多，但他所閱讀過的所有文字、從病人身上聽到的所有事情，自然也豐富了他的生命。怎麼可能有人能夠確切地知道是什麼啟發了他的某個見解呢？或許連佛洛伊德自己也不明就裡吧。

　　我也不會在這本書裡詳述佛洛伊德從一八八○年到一九三○年代的思想發展特色，[11] 或是幾世紀以來，從動物磁性論（mesmerism）以降，到催眠術（hypnosis）、淨化療法（catharsis），直至自由聯想（free association）的這一連串歷史轉變。[12] 正如我先前所言，我的重點主要是放在佛洛伊德為了通達無意識而開發出來的臨床實用技巧，因此，我不會討論佛洛伊德某些錯綜複雜的抽象概念，例如快感原則（pleasure principle）、死亡欲力（death drive）、伊底帕斯情結（Oedipus complex）、陰莖羨嫉（penis envy）等等。我也不會貿然挺進社會及宗教範疇——我不會在這本書裡探討《圖騰與禁忌》、《文明及其不滿》、《一個幻覺的未來》或者《摩西與一神教》——更不會試圖釐清他從

---

*　譯註：心理傳記是一種試圖透過分析個人生平細節來解釋其思想或理論發展的方法。

哪些理論家借用了哪些觀念。我的寫法不同於尚‧米歇爾‧昆諾寶
茲的《閱讀佛洛伊德：佛洛伊德作品逐年探究》（二〇〇五），我不會
檢視佛洛伊德寫過的每一篇文章，也不會試圖詳盡解釋我所提到的
佛洛伊德文本。這本書也不同於強納森‧李爾的《佛洛伊德》（二〇
一五），我不會強調佛洛伊德作品中，可能會吸引那些相信自我覺察
力量之哲學家的部分。[13] 我關注的是凸顯佛洛伊德作品中，對我來說
與某些臨床工作者（clinicians）最直接相關的部分。這些臨床工作者希
望帶出分析者（analysand）沒有意識到的部分，藉以衝擊分析者的無意
識（比起**病人**〔patient〕，我偏向使用**分析者**〔analysand〕這個詞彙，因為
後者暗示，分析有一大部分是由進入分析中的這個人所完成的）。

　　關於佛洛伊德的作品，有多少讀者，就有多少種讀法，每人眼
中所看到的佛洛伊德也是各有千秋。對布魯諾‧貝特爾漢姆來說，
佛洛伊德是個大量談論人類「心魂」（soul）的人文主義者（Bettelheim,
1982）。對法蘭克‧蘇洛威來說，佛洛伊德是位科學家，也是「心靈的
生物學家」（biologist of the mind）（Sulloway, 1979）。還有人認為佛洛伊德是
位現象學家，而對拉岡來說，至少在他某階段的作品中，佛洛伊德
更像個結構主義者。對芭芭拉‧羅而言，佛洛伊德「作品中呈現出的
態度……幾乎可說是**喜悅的**，他的闡述展現出『深刻的情感以及抒發
情感的最大自由』」。[14] 而對其他人來說，佛洛伊德不過是個厭女者。
對赫曼‧赫塞、湯瑪斯‧曼及艾伯特‧愛因斯坦來說，佛洛伊德最
重要的身分是風格獨具的偉大作家、文學家及運用德語的大師（例如
他曾獲得一九三〇年的歌德文學獎）。

　　在這本書中，我打算把佛洛伊德單純視為一位臨床工作者，他
在治療病人大約五十載的過程中，為了處理不斷遇到的問題，而發

展出一系列的理論及實務做法。我們將會在這本書中看到（尤其是第四及第五章），身為臨床工作者的佛洛伊德跟大多數創新者一樣，多半都是透過嘗試錯誤來學習，他和病人工作時會犯錯，也跟所有人一樣有自己的缺點，很少能夠做到他那令人信服的**實務理論**（theory of practice）。無論如何，我還是得說，他留給我們的嚴謹實務理論，其價值遠超出他個人的弱點與失敗，即使是在今時今日，我們都仍獲益良多。

　　雖然我一開始是靠自己閱讀佛洛伊德的作品，但是在這本書裡，我對佛洛伊德作品的解讀有很大部分是受到拉岡多年來的研討班所影響。拉岡一九五二年到一九七〇年代晚期所進行的研討班可說比任何課程或文本都更貼近佛洛伊德的著作。一九八〇年代，我在巴黎的分析訓練時大量閱讀了這些研討班內容，至今仍覺得受益無窮（還將部分研討班內容翻譯成英文），即使一再重讀也屢有驚喜。

　　如果你曾聽人說佛洛伊德的作品已經老掉牙、過時了，他的理論已被人推翻，或根本將其稱為「變態性狂熱者」的創作，你可能一點都不想理會他的作品。但是，如果你是因為課堂需要被要求、或不得不讀這本書，我想對你——這本書的潛在讀者——說的是，在科學領域裡，若有人自以為能駁倒佛洛伊德的理論，就會有另外一個人出來為他的理論背書，並且確信自己已經為這些理論找到證據（例子可見於 Adams, Wright, & Lohr, 1996; Baumeister, Bratslavsky, Muraven, & Tice, 1998; Muraven & Baumeister, 2000; Newman, Duff, & Baumeister, 1997; Rosner, 2000; Solms & Turnbull, 2002; Solms & Panksepp, 2012; Solms, 2015）。我們比較少聽到後者，

因為攻擊佛洛伊德仍然可以登上媒體版面（Crews, 1993; Webster, 1995），但沒多少人認為肯定精神分析的研究結果有什麼新聞價值。每個科學領域的研究者都經常對於理論的有效性有所爭議，這些爭執常長達數十年，甚至百年（試想伽利略及達爾文，還有以太及弦這類理論），這是科學辯論的常態。我想請你暫時先把這些專家們爭執不下的觀點放在一旁，自己來判斷我在書裡所提出的理論及實務在臨床上是否有幫助──畢竟，用來指導心理治療實務的理論，還是要試過才知道能否通過考驗：這理論有沒有幫助到你的病人？（我不認為發明者品格可以決定一個理論在臨床上的有效性，因為這彷彿我們對於「好人」的定義有共識似的。當我們學到似乎能解釋許多大自然現象的嶄新科學理論，或是被詩文、歌曲或小說感動時，我們會急著去了解創作者是否善良、誠實、正直，再來判斷這些理論、文學或音樂是否有價值嗎？）

對於偏愛其他心理學學派勝過精神分析的讀者，我只想請你考慮以下的可能性：你或許會在這本書裡找到某些有用的技術，在個案主動述說他的夢境或性幻想時派上用場。或者，你會將書頁中發現的一些工具放入治療工具箱，在將來的某次治療中親身測試這些工具的價值（我只是打個比方，而不是說真的有個箱子，裡頭放著寫有介入或解釋方式的小紙片，雖然當今的治療界確實有人這麼做）。我希望那些**在理論上**反對佛洛伊德作品的讀者──這些人或許不接受人類真的有無意識，或者完全不喜歡辯證性思考──至少能給佛洛伊德一點尊重，就像尊重其他像是柏拉圖、亞里斯多德、康德、馬克思、海德格或維根斯坦那類知名的思想家一樣。我想請這些讀者暫且給佛洛伊德一次機會，至少花上幾天時間認真地讀他的作品，看看他為了自己的

主張蒐集了什麼樣的證據，而不是急著說他的二十四本著作盡是廢話連篇。那些駁斥某位作家的觀點、並公開提出批評的人，在真正了解那位作家的作品後所說的話往往會更具說服力。對佛洛伊德（還有柏拉圖、馬克思、維根斯坦）的作品批評得最不遺餘力、最惡毒的人，往往是知之甚少的人，這使得他們的評論帶著明顯的知識分子不誠篤的味道。他們通常甚至不知道佛洛伊德明白表示過，不是所有的夢都跟性慾有關，也不是所有的夢都必然包含童年時期的未竟願望。[15] 在試圖反駁某個理論之前，先探個虛實總是比較好的。

　　有些讀者，他們或許是受訓中的臨床心理學家、社工人員、諮商師或是精神科醫師，在剛開始接案時偏好用自己的人生經驗與直覺來做心理治療，這些人不想採用任何理論，因為他們覺得理論會曲解或誤導他們對個案問題的看法。對於這類讀者，我想指出的是，他們覺得自己「未受理論扭曲」的直覺或既有觀點，很有可能都已受到了成長過程中所見所聞的影響，無論這些見聞是來自小說家、詩人、電影工作者、詞曲創作人、脫口秀主持人，或是他們的父母親及朋友，而這些所見所聞絕大多數都參雜了心理學理論。「直覺」只不過是一種感受或猜測，源自於成長過程中未經深思、也未受檢視的想法；[16] 而且，人們其實不知道，文化中的那些老生常談本身就帶著整套的後設心理學，有一些來自佛洛伊德，其他則出處不一，源頭眾多。

　　舉例來說，人們經常會說：「他把事情全悶在心裡。」用「悶」這樣的文字來表達，其中的「智慧」很接近佛洛伊德的「能量學」——也就是他所說的「力比多的鬱積」（damming up of libido）（SE XVI, p. 408）——而其必然的結果是，我們必須透過好好地談一談、或大哭一場，把悶住的「全都釋放出來」。即使像「她彷彿潛入我的皮下，

使我搔癢難耐」（I've got her under my skin）這麼簡單的說法，便包含著好
幾個相當理論化的概念：首先，我們會被另外一個人「感染」，只要
和她在一起，就覺得既快樂又痛苦，甚至讓人受不了（就像被蚊子咬
或是碰到有毒藤蔓時的抓癢：抓了會暫時覺得好些，但之後會癢得
更厲害）；而且其次，笛卡兒有句名言：**事物彼此分開並存**（partes extra
partes），意指沒有兩個物體能同時占據同一個空間（這個哲學觀點受
到量子力學的質疑），但與這句名言不同的是，在人的世界裡，我們
能夠、並且也確實會把他人的某部分帶入我們之中，就這麼住進我
們的心裡。正如沒有所謂價值中立的語言，關於生命及人際關係的
直覺，也不會是完全不帶理論的。

　　因此，企圖避免任何理論「汙染」自己的思考，以及試圖對病人
的自發性理解，這樣的做法打從一開始就注定失敗！一個人看事件
的觀點無可避免會受到理論影響，與其雜亂無章地接受理論——換
句話說，即是無可避免地以隨意甚至可能是便宜行事的方式來看世
界（或許是看個人在當下想要怎麼想或怎麼做來決定吧）——不如好
好考量、並檢視那些理論。或許可以這麼說，當我們相信自己完全
未受任何「訛誤」理論所影響（Bloom, 1973），我們就最受其控制。

　　比起日常語言，使用理論語言並沒有讓我們更遠離所謂的現實
（或者如某些人所想的遠離現象，或者遠離事物自身），因為我們所
謂的「現實」，實則充斥著好幾個世紀以來累積的隱喻，因此也都被
理論所浸透。日常語言及明晰的理論語言都提供了我們觀看之道，
卻也蒙蔽了我們的雙眼：它們讓我們選擇性地看見某些事物。仰賴
日常語言只是訴諸未經分析及闡明的理論，而這通常會發展成差勁
的理論，充滿偏見及刻板印象。人們**總是已經**在理論中運作，或者仰

仗著大雜燴（而且彼此可能很不搭調）的理論概念。所謂的日常語言有其特色，也有其缺失。

面對一個新的理論，我們該問的是：「這理論能讓我在臨床工作上發現先前未見的新面向嗎？這個理論可以幫助我看到最初看法或已知理論的盲點嗎？」我只能期望我的讀者將會認為精神分析理論有助於他們看到及聽到先前未曾見過或聽過的事情。

◎

在第一章及第二章，我會透過佛洛伊德如何被指引去構想出無意識的存在，來討論佛洛伊德作品最根本的基礎。對實務工作者來說，無意識可說是他最重要的理論貢獻。我也會談到他（及他的朋友約瑟夫・布洛伊爾）一開始治療的那些病人。在第三章，我會解釋佛洛伊德如何釋夢，以及你可以如何詮釋你的病人的夢境。我也會在書中簡述如何處理口誤、失誤動作（bungled actions），以及其他這類「失手」（slipups）或是人們經常犯下的「錯誤」。

在第四章及第五章，我會討論兩種佛洛伊德談過且最常見的診斷結構：強迫症（obsession）及歇斯底里（hysteria），現今往往將這兩者稱為強迫症（obsessive-compulsive disorder, or OCD）及轉化症（conversion disorder），這樣的改變難論好壞，但多少有些誤導。我會採用佛洛伊德致力研究的主要案例——強迫症是鼠人，歇斯底里是朵拉——來討論每一種結構，並且凸顯佛洛伊德在當時所使用的技巧，以及他沒有達到自己後來對技術的要求之處。我會指出強迫症及歇斯底里對當代臨床工作者展現出的不同樣貌，並提出精神分析技術如何能成功地治療這兩種病症，以及即使《精神疾病診斷與統計手冊》（*Diagnostic*

and Statistical Manual of Mental Disorders, DSM）的作者們協力想要拆解／埋葬強
迫症和歇斯底里，但這兩者至今仍舊存在（請參見附錄五）。我不會
在這本書中探討太多佛洛伊德與精神病病人的工作，因為時間證明
了他經常沒有辨識出最初的精神病（如狼人的案例〔SE XVII〕），無法
恰當地將精神病的病因形諸理論，並且未能應用他的精神分析技術
成功治癒精神病。在我看來，精神病病因理論的提出，以及調整心
理治療技術以成功治癒精神病這兩項工作，是在後繼的分析師手上
完成的，其中最有成就者莫過於拉岡。

在第六章，我會總結佛洛伊德對於症狀形成之過程及原因的各
種考量，透過我個人以及前幾章討論過的案例，來說明症狀形成過
程所牽涉到的力量。在第七章，我會討論自佛洛伊德的時代以降在
精神分析及精神醫學方面的一些發展，並且提出一個問題：在這段
時間裡，我們在精神分析上是否有所謂的進步，有沒有超越佛洛伊
德，還是回到了佛洛伊德之前的理論位置（pre-Freudian positions）。

隨著章節的推移進展，我想為讀者引介精神分析的許多概念，
並舉例說明，這些概念包括：抑制、隔離、取消、傳移、反傳移、
付諸行動、抗拒、創傷、隱內容、顯內容、凝縮、移置、願望滿足、
它我、自我、超我、強迫症、歇斯底里、恐懼症、否定、否認、幻
想、焦慮、情感、矛盾雙重性、絕爽、自由聯想、身體化、失誤行
為、多重決定、重複，及更多其他的概念。我希望讀者讀完這本書
之後，對於佛洛伊德派精神分析在與神經症病人工作的基本理論與
實務上，都能有絕佳的認識。

　　細心的讀者會注意到，我在引用二十四冊《西格蒙德‧佛洛伊德心理著作全集標準版》時，經常單憑己意，就文本與風格更改原譯者詹姆斯‧史崔奇的譯文。我這麼做不是因為我將德文翻譯為英文的功力比史崔奇好，事實上，我根本不是德文譯者[17]——我只是想要讓當代讀者更容易讀懂佛洛伊德。書裡從佛洛伊德文本中引用的每一句話，後面都會附上《標準版》（簡寫為 SE）的冊數，必要時還會加上頁碼（例如，SE VII, p. 34）。《標準版》絕大部分都是按照年份排列，也就是說冊數數字越多即為越晚完成的作品。我也用同樣的方式處理成冊出版的《雅克‧拉岡之研討班》（引用處寫為 Seminar），我會標註研討班冊數及相關頁碼（例如，Seminar VII, p. 34），尚未有英文譯本的頁數會以巴黎瑟伊出版社（Seuil）的法文版為主，至於還沒出版法文版的，則會列出引用的研討班日期。集結了拉岡重要文章的《文集：第一本完整英文譯本》（Lacan, 1966/2006a），本書簡稱為《文集》（*Écrits*）。其他作者作品的引用則按照標準的 APA 形式（作者的姓氏、發表年份及頁碼）。

　　我在杜肯大學教了二十幾年的佛洛伊德，這本書裡的許多材料一開始就是從我在大學部及研究所的課程中所發展出來的，儘管如此，書裡的資料都經過大量修訂及更新，而我在進行這本書的寫作計畫時再次發現，寫作嚴格地挑戰了我對文本及理論的掌握，這是口頭講課所不及的。另一個值得提醒的是，我在這本書裡討論的，幾乎都是神經症病人，而不是精神病病人（與精神病病人工作的部分，請見 Fink, 2007, Chapter 10）。

　　有些讀者可能會想更進一步查閱我詳細討論佛洛伊德想法的其他文本，可以參考我在《反對理解》的兩篇文章，其中討論了佛洛伊

德在〈一個正挨打的小孩〉一文裡對幻想的分析（Fink, 2014b）；也可以參考《拉岡論愛》中討論了他對愛、慾望以及自戀的看法的某些章節（Fink, 2016）。我在《精神分析技術的基礎》中對於如何與夢、白日夢及幻想工作的探討，或許也會對這些讀者有些幫助（Fink, 2007）。

推薦閱讀

◎ 第一章：症狀的追本溯源

《歇斯底里研究》（SE II）。此書全書都相當值得閱讀，但第一部分由布洛伊爾及佛洛伊德合寫的〈緒言〉（Preliminary Communication），以及第二部分的第一章由布洛伊爾所寫的安娜·歐案例（全部內文約四十三頁），與我在這本書裡的討論最為相關。第二部分佛洛伊德的其他案例，還有第四部分（尤其是佛洛伊德在結尾對傳移的討論），也很值得花時間閱讀。企鵝出版社最近出版了由尼可拉·拉克赫斯特翻譯《歇斯底里研究》的新譯本（S. Freud & J. Breuer, 2004），可讀性甚高，但正確性我就無法保證了。

◎ 第二章：無意識是意識的對反

〈否定〉（SE XIX, pp. 235-239）。

◎ 第三章：夢：通往無意識的皇家大道

《夢的解析》（SE IV & V）。儘管整本書都值得一讀（例如第一章便包含了重要的歷史資料），臨床工作者可以透過閱讀下列的段落抓到重

點，這可讓這本書從六百多頁縮減到兩百六十頁。

第二、三、四章（SE IV & V, pp. 96-162）

第五章，「前言」（SE IV & V, pp. 163-164）

段落 B（SE IV & V, pp. 189-204）

段落 D，「伊底帕斯」（SE IV & V, pp. 241-267）

第六章

段落 A-B（SE IV & V, pp. 277-309）

段落 C（SE IV & V, pp. 310-330 and 337-338）

段落 D（SE IV & V, pp. 339-342）

段落 H（SE IV & V, pp. 460-487）

段落 I（SE IV & V, pp. 488-493, 498-501, and 506-508）

第七章

段落 A-B（SE IV & V, pp. 509-535）

段落 C（SE IV & V, pp. 564-568）

段落 E-F（SE IV & V, pp. 592-621）

額外閱讀

關於夢的後續評論：

〈釋夢在精神分析中的運用〉（SE XII, pp. 91-96）。

〈關於釋夢的理論及實務的一些評論〉（SE XIX, pp. 109-121）。

〈整體來說，對於釋夢的一些補充說明〉（SE XIX, pp. 127-134）。

關於口誤及失誤動作：

《精神分析引論》，第一至四講（SE XV）。

《日常生活的精神病理學》（SE VI）。

◎ 第四章：強迫症與鼠人的案例（恩斯特·藍格）

〈強迫神經症案例之摘錄〉（SE X, pp. 155-318）。路易絲·艾蒂·修伊許的新譯本（Freud, 2002）可讀性甚高，令我印象深刻，但我無法判斷其正確性。

◎ 第五章：歇斯底里與朵拉的案例（伊姐·包爾）

〈歇斯底里案例分析的片斷〉（SE VII, pp. 1-122）。我覺得安希雅·貝爾的新譯本（Freud, 2013）很優秀，但可讀性還是未超過史崔奇的譯本；我也無法保證這個譯本的正確性。

《技法篇》，尤其是以下幾篇：

〈對執行精神分析治療者的一些建議〉（SE XII, pp. 111-120）。

〈論分析治療的開始〉（SE XII, pp. 123-143）。

〈回憶、重複與透工〉（SE XII, pp. 147-156）。

〈對傳移情愛的觀察〉（SE XII, pp. 159-171）。

◎ 第六章：症狀的形成

《精神分析引論》，第十七、十八及十九講（只有二九四─三〇二頁），第二十三講及第二十八講（SE XV & XVI）。

總而言之，這裡的建議閱讀頁數大約七百頁（不包含第三章所列的額外閱讀），將這樣的閱讀量納入一學期的精神分析課程應該不是什麼難事。

第 1 章

症狀的追本溯源
Tracing a Symptom Back to Its Origin

佛洛伊德留給後世一個很簡單的技巧，但現在大多數實務工作者似乎很少傳授或使用，那就是，跟分析者一起探索症狀第一次出現時的所有細節。早在一八九〇年代中期，在他和朋友約瑟夫·布洛伊爾詳談過安娜·歐的治療，自己也試著催眠病人，讓他們敘述特定症狀初次發生的所有細節之後，佛洛伊德即宣稱，他藉由症狀（例如偶而會用舌頭發出奇怪的喀嚓或啪嗒聲）的追本溯源，也就是找出他所謂症狀的「促發因素」（precipitating cause），多次成功地緩解了病人的受苦（SE II, p. 3）。

在他與布洛伊爾合著的《歇斯底里研究》（SE II）裡，這是一個再簡單不過的技巧。此時佛洛伊德還沒看出有任何需要**解釋**（interpret）導致病人形成症狀困境的必要。看起來，只要讓病人**描述**（recount）症狀第一次發作時的每一件事就已經足夠。

不過，這種做法有一項附加條件：在晤談室裡，病人絕對不能只是呆板枯燥地說出實情而已，而是必須在心理上回到那個時刻，

如同當時一樣激動、震驚、害怕或沮喪（SE II, p. 6）。無動於衷地陳述事實不會有任何進展，但是富含情感（即情緒）的話語卻能改善症狀——事實上，佛洛伊德提過許多例子，都是用帶著情感的方式（emotionally charged）講述症狀初次出現的情景，症狀便在病人的生活中永遠絕跡。

很神奇嗎？一點也不。佛洛伊德及布洛伊爾稱此為「淨化」（catharsis），這是亞里斯多德在《詩學》中提出的概念，他認為觀眾之所以享受動人的悲劇，是因為在他們會從表演當中體驗到許多跟劇中角色相同的情緒；而觀眾所釋放的這類情感能量，若是依照佛洛伊德的說法，是他們先前強忍或抑制住的。時至今日，人們更熟悉的淨化方式，是在觀看足球賽或曲棍球賽時，想像自己是場上球員，對場上你來我往的進攻過程感同身受；在觀賞令人心跳加速的冒險電影時感到興奮異常；在看愛情悲劇、或是賺人熱淚的電影時釋放情感，「好好大哭一場」。這些廣播、電影及故事之所以抓得住我們，是因為我們體會到自己也同樣好鬥，也對熱情、冒險，或者令人心碎的經驗存有渴望，只不過，我們苦無機會表達，或是即使機會到來，我們卻沒有允許自己表達。[1]

佛洛伊德觀察到，當病人在催眠狀態下講述症狀初發的所有細節，並且在講述過程中，再次經驗到當時所感受到、卻從未表達或發洩出來的情緒時，療癒就發生了：至少症狀暫時消失了（有時候病人不僅必須講述症狀的初發狀況，還要講出一系列的這類情況）。由此，佛洛伊德形成了第一個假設：當某人對一情境產生強烈反應，卻不得不（或是迫使自己）克制這個反應，在當時不形諸於色，甚至在事後還試圖忘記整個經驗時，症狀就形成了。這會導致兩種後果：

- 強烈的情緒反應被封鎖了，需要透過治療師幫忙「解開」；而且
- 對那個情境的記憶消失了，彷彿不再屬於那人意識可及的記憶庫。

第二個後果意味著，事件本身被遺忘了。在清醒的日常生活中，那人一點也不記得。佛洛伊德發現唯有透過催眠，才能讓那人把事件記起來，從而把事件的細節以及當時的反應化為話語（put into words）。

這讓佛洛伊德提出一個非常簡明扼要的模型：

$$M1 \qquad | \qquad M2-M3-M4$$

圖 1.1　某個記憶與其他記憶之間的隔離

關於某事件的記憶，在此簡稱為 M1，與記憶中的其他事件（在此簡稱為 M2、M3、M4）之間是斷開的。在多半的情況下，生命中的事件記憶彼此之間是有連結的（在圖 1.1 中，連結是以連接號來表示），無論這樣的連結是因為它們發生在同一個地點或時間，或者是因為其中有某些重疊的參與者。但是 M1 並非如此：這個事件的記憶跟其他記憶完全沒有連結，當我們想到其他事件，即使與這個事件發生在同一地點、時間相近，或是參與者中有著相同的朋友、鄰居或家人，關於這個事件的記憶仍不會被喚起或是浮上心頭。M1 變得完全被隔離開來。

這是佛洛伊德對於「*Verdrängung*」[2] 的第一個模型，英文譯為「repression」（抑制）：M1 被排除在某個人的意識所能觸及的記憶網絡之外。關於此事件的記憶並未被連根拔除，只是去到了「別的地方」——它變成了「無意識」（unconscious）（佛洛伊德第一次使用這個名詞，可見 SE II, p. 45）。誠如佛洛伊德後來的說法，它變成了「內心的化外之境」，儘管它還存在人的心裡，但是人的意識卻覺得它似乎很陌生（SE XX, p. 57）。

佛洛伊德以有人公開羞辱我們時發生的狀況為例來說明（SE II, pp. 8-9）。遇到被人羞辱時，有人會立刻加以駁斥，並還以顏色；有人會毆打或賞對方一個巴掌；有人則是什麼也不說，事後卻一再反芻那些難聽的話，忖度對方罵的是否有理，在想想自己的優點之後，很可能會難過、生氣或淚流滿面地確定那人是錯的。在所有這些狀況裡，事件會在當下引發一定程度的身體應對（例如，賞人耳光）、或是產生隨後的內心活動，這些都會讓事件所引發的憤怒或羞辱感立即或逐漸地消退（這意味著「激動狀態」的消退或「釋放」）。我們並不會忘記這件事，不過在我們立即做出反應的狀況裡，它即使有影響也不會持續太久。如果是事後一再反芻，我們會把這件蒙羞的事和生命裡其他較為正向的事件擺在一起，把它當成我們尚稱平順的日子裡一件不足掛齒的倒霉事，（在大多數情況下）情緒緩和下來是遲早的事。佛洛伊德對此的說法是，「透過聯想（association）的過程，伴隨事件而來的情感消失了」（p. 9）——聯想，在這裡意指「某個記憶與其他許多記憶產生連結」。

然而，有些人會認為這樣的公然受辱令他們**顏面盡失**而窘迫不已。在受人侮辱時，他們措手不及，無法做出回應，並因此深受打

擊或是感到受傷，甚至拒絕再次回想對方說了些什麼。他們似乎相信，最好假裝一切都沒發生過。[3] 我們或許會感到詫異，不過就是被人羞辱一番，不管那些話多麼粗俗、有辱斯文或惡劣喧囂，為何這些人會因此大受打擊或是感到受傷？假如對方的侮辱不是直指，而是以某種方式暗指他們心知肚明而且希望隱瞞的事，他們顯然會更丟臉、更加無地自容。那些話若是根本子虛烏有，或許不會讓人耿耿於懷。說不定就像法國人說的，*Il n'y a que la vérité qui blesse*——這句話字面上的意思是「唯有真相令人痛苦」，而其寓意為「最傷人的莫過於真相」。[4] 佛洛伊德自己至少在兩處說過類似的話：「我們都知道，指責本身要有點料才能『一戳中的』；唯有這些才能夠激怒我們」（SE V , pp. 481-482），以及「沒打中要害的指責，不會讓人總想著要辯駁」（SE VII, p. 46）。然而，**正中**（或差一點打中）要害的指責、侮辱、指控、輕蔑，是可能造成創傷的；也就是說，它有可能會讓一個人努力想忘掉這件事曾經發生。

　　我有一位分析者多年來欺瞞妻子，與很多位女性有婚外情，正如經常發生的那樣，他偶而會指謫**他的**老婆亂搞男女關係。某一天，當他的老婆終於指控他對她不忠，他竟勃然大怒，無法自抑，他一直認為自己小心翼翼地隱瞞外遇，不可能會有人疑心他偷吃。他甚至試圖忘了整件事情，也讓他的老婆一起忘了這檔事，即便如此，他還是感到心煩意亂，氣了好幾個星期。

　　然而，即使我們想把真相拋諸腦後，真相也不會放過我們。無論我們多麼努力想遺忘一件事，想把它隔離開來，想跟它切得一乾二淨，它還是存在著，而且似乎想找到出口，想找到機會現身。[5] 它持續吞噬著我們，彷彿正在潰爛化膿，或是像癌症般生長及轉移（你可

以使用自己喜歡的比喻），要求我們付出越來越多的能量，才能讓它保持不見天日。簡言之，它變成了「病原的」（pathogenic）──也就是說，它會產生某些病態的東西。正如佛洛伊德所說，「受到抑制的意念，它的報復方式，就是成為病原意念」（SE II, p. 116）；也就是說，它對我們展開報復，是因為我們對它的抑制。

就像受到暴君殘酷壓迫的人民，當鎮壓越烈，一旦時機成熟，人們的反抗就會越猛烈。如果我的情緒爆發至少有部分是抑制所致，則這類情緒爆發最有可能會被周遭的人視為「不理性」，因為它看來與當下的情況不成比例──例如，多年來我抑制了對某位家人生氣的念頭，終於有一件小事觸怒了我，我的怒氣遂如火山爆發，一發不可收拾。我越是想克制自己對那個人的報復、批評或懲罰──也就是說，我越是想放棄自己去做某事的慾望，越是無視或背棄自己的意願──我的感覺就越糟，愧疚感就越強烈，[6] 內在的憤怒情緒就累積越多（SE II, p. 8），最後情緒爆發時就可能變得更極端。「在這類情況中，情感的**質**是合理的，但是在**量**上卻非如此。……這種過量，來自於那些先前仍處於無意識而且受到壓抑的情感」（SE V, p. 479）。

時至今日，對我們來說，公然侮辱似乎已經不常發生，或似乎成了不痛不癢的小事，因此也引發不了什麼需要抑制的情緒反應。這跟佛洛伊德寫書的時代顯然已大不相同，那時候的人們很在乎自己的公眾形象與名聲，不像現在的我們，早就習慣人們用騙子、妓女、小白臉罵人，連提告的念頭都沒有。不過，佛洛伊德也提供了許多其他情緒高張的處境導致抑制的例子，我們在這一章裡會進一步討論。

隔離策略的無所不在

> 沒有人想了解自己的無意識，而權宜之計就是一概否認它的
> 存在。
>
> —— Freud, SE VIII, p. 162

　　如果對我們來說，這種基於隔離的抑制模型顯得明白易懂，那是因為它在其他很多領域裡都很常見。基本的軍事戰略涉及隔離敵人，切斷敵人所有的交通線使其無法要求增援，遏止敵人所有的撤退打算，並封鎖敵人對軍需品、食物與水的補給線；若是對一座城市這麼做，即是所謂的**圍城**。刑事司法系統不只把犯人隔離在鐵窗內，還將他們置於有荷槍警衛看守的帶刺鐵絲網圍籬之中。醫療團隊試圖隔離無藥可醫的傳染病病人，使他們盡可能不與他人有任何身體接觸（雖然這樣還是無法保證醫療人員完全不被感染）。針對國家的經濟制裁通常包括抵制該國的產品或出口，以及封鎖該國的港口及其他貿易平台。宗教有時也會採取隔離做法，例如對人會用咒詛（anathematizing）、開除教籍（excommunicating）及閃避（shunning），對於書籍則是將之列為禁書或焚毀。民族學讓我們學到有些文化會將食物分為潔淨與不潔淨，人們會發展出儀式完全隔離這兩種食物（就像古早以前有時候會禁止男性與經期中的女性有任何接觸，那時候會視經期中女性為不潔的；時至今日，某些宗教仍禁止這類接觸）。[7]

　　隔離在許多人類領域裡都被當作是一種策略來運用，因此當我們發現心理領域也採用隔離策略時，應該不用感到那麼驚訝。

兩種心理狀態的存在

> 倘若我們覺得已經有更趨近未知現實的替代方案，我們得隨
> 時準備放下自己的概念框架。

—— Freud, SE V, p. 610

在一八九五年佛洛伊德做了更進一步的假設，他認為，儘管某個事件記憶與某些我們**得以觸**及的記憶斷開了連結，但它並未與那些我們**未能觸**及的記憶斷絕開來。換句話說，他假設被隔離的記憶彼此間會建立連結，並開始形成他所謂的**第二狀態**（*condition seconde*），這是承襲自夏科的說法——也就是說，這是一種「第二意識」，是某種被割裂出去、斷開連結的第二個自我，而我們往往會將其想成「非-自我」，某種根本「與我無關」的東西。當越來越多記憶被推了出去，

> 某些意念群……斷開了與其他意念的聯想關係，但是這些意
> 念群卻互相產生連結，從而形成了近乎高度組織化的第二意識
> （第二狀態）之基礎。（SE II, p. 15）[8]

被隔離的記憶所形成的網絡或鏈結成為佛洛伊德所說的無意識的基礎。通常當有人說出某個字詞或慣用語時，會觸發我們想起某個特定記憶，而既然有許多記憶是以字詞或口語表達的方式被記住——亦即，意符（signifiers）——我們也就不難了解，為何拉岡會說

無意識是「表意鏈」（signifying chain），也就是意符所形成的網絡或鏈結。

M1—M2—M3　　|　　M4—M5—M6

圖1.2　由被隔離的記憶所形成的網絡或鏈結

　　請注意，左側「高度組織化」的鏈結所包含的念頭、記憶及願望，都是讓我們感到非常困擾不安及憎惡的那些，於是我們將其拋諸腦後。它們都關乎令我們感到受傷的他人言語及行為，關乎我們拒絕接受自己的情感或慾望。事實上，左側的鏈結主要是由跟我們有關的所有「壞」事所組成，對於這些事情我們寧可不知不覺，而組成右側鏈結的部分則是我們至少還願意（或樂於）知道的那些，關乎我們自己及生活的事件。做夢、大量的白日夢以及強行闖入的念頭，通常來自於左側的鏈結。當我們進一步探討安娜・歐的案例時，我們會看到左側鏈結與我們稱之為「壞我」（bad me）的部分有關，右側鏈結則是與我們會稱為「好我」（good me）的部分有關。兩側之間的屏障越厚（或越堅固），麻煩就越可能接踵而來。

難以觸及的被抑制念頭及願望

　　　　無意識**不能**進入意識。

　　　　　　　　　　　　——SE V, p. 615（強調為原文）

　　為了凸顯日常清醒時的思慮有多麼難以觸及被隔離／被抑制的

記憶，請容我暫時用電腦領域偶而會發生的事情來加以比喻。儘管這種比喻在諸多方面都不夠精確，卻有助於讀者理解佛洛伊德所說的隔離（isolation）或斷開連結（dissociation）的意思。

當下存在於電腦隨機存取記憶體（RAM）的資料——簡單來說，就是眼前在螢幕上所看到的內容——好比是人類在當下所**意識**到的內容；且讓我們稱呼它為 M4。如果我們現在正想著、或正談到 M4，那麼 M4 就是我們可以觸及的。我們雖然沒有想著、或沒有談到 M5 或 M6，但只要它們在我們的心中與 M4 有連結，那麼我們很容易就能想到或談到它們。與其說 M5 或 M6 是我們有意識的，不如讓我們先使用佛洛伊德在《夢的解析》（SE IV and V）所發展出來的概念，把它們稱為是「前意識的」（preconscious）。在電腦的世界裡，我們可以透過點擊，將 M5、M6 與其他可以開啟和讀取的檔案連結起來。雖說它們現在並不存在電腦的 RAM 中，但只要點擊兩下滑鼠就能讓它們出現。[9]

有使用過一陣子電腦的人都知道，有些硬碟檔案儘管還在，卻無法開啟或無法有效讀取；就像無意識的材料，我們試圖清除的電腦檔案很少真的被刪除掉。近幾年來，檔案變得可以上鎖，這類檔案只能被製作檔案的人打開（假設他或她記得正確的密碼！），或是可以加密，這麼一來就只有擁有鑰匙的人才能讀取檔案。然而，對大多數人來說，最令人受不了的是不斷更新版本的文書處理軟體，例如 Microsoft Word，它就無法開啟早期操作系統建立的舊文件檔案。Mac 使用者經常收到一個令人抓狂的訊息是，他的舊文件「使用的檔案類型在此版本已經無法開啟」。過去這些年來，蘋果電腦往往會用以下這則訊息嚇唬那些粗心大意的使用者：「檔案無法開啟，建

立這個檔案的應用程式已經不存在。」

已經成為無意識的記憶、念頭及願望，就像這些檔案：我們可以說，建立這些檔案的應用程式已經不存在。然而更好的說法或許是，能夠找到、開啟並讀取這些檔案的應用程式，還有待被設計出來。精神分析實務所涉及的就是創造出一整個系列的應用程式，**可以用來**搜尋、開啟及讀取無意識的內容（「表象內容」〔the ideational contents〕〔SE II, p. 15〕），這些內容是一個名為「抑制」的**單向**應用程式的產物。「抑制」的設計是用來使事物消失，而不是讓事物再度出現，從而抵銷它自身的效果。[10]

精神分析師必須從事的，是一個約略等同於「逆向工程」（reverse engineering）的過程：將一項產品拆開，看看它一開始是如何被組合起來，使其可以如今日這般運作。分析師這麼做不是為了學習如何引發抑制，[11] 而是要逆轉被稱為抑制的應用程式所造成的效果。

當佛洛伊德透過法國南錫的李厄保、本罕，還有巴黎的夏科這些人的工作發現催眠的時候，他以為自己找到了所需要的逆向應用程式。受試者在深度催眠或夢遊的狀態下，似乎可以記得催眠師要他想起來的每一件事，不在催眠狀態似乎就完全不記得。

不過佛洛伊德很快就發現催眠並非通往所有深鎖記憶的萬能鑰匙。佛洛伊德承認，在許多情況下他無法讓病人進入深度催眠，[12] 而即使是那些成功的案例，病人也並非總是立刻想起他所要求的訊息，催眠師的等待及鼓勵是必要的。[13]「檔案」仍無法開啟，還需要多一點什麼，才能夠避開或克服看來相當大的抗拒。由於有不少案例無法達到良好可靠的催眠狀態，佛洛伊德很快就發展出其他的「逆向應用程式」，包括他所謂的「專注」（concentration）（閉著雙眼，躺在沙

發上）、暗示（suggestion），以及（以他的手按在病人前額）施予壓力（pressure），接著放鬆（relaxation）及自由聯想（free association）等操作組合（SE II, pp. 109-110 and 268）。[14] 當佛洛伊德要求病人講述關於自己的事時，而病人越不講某些記憶及願望，佛洛伊德就越常轉而跟病人的夢境、白日夢、闖入性念頭、口誤以及各式各樣的失誤動作工作，簡言之，就是轉而跟那些多數人在日常生活中通常會忽略、甚至故意不予理會的事工作，把它們當作接觸那些似乎被鎖住的「檔案」的間接管道。

如果把這個電腦的比喻再往前推一步，容我大膽地將無意識的內容比喻成電腦病毒——就像生物體內會侵蝕正常組織的腫瘤或是「異體」（foreign body）（SE II, p. 290）——它會偷偷摸摸地消除儲存在你硬碟中的數據，一點一滴逐步破壞資料，毀掉一個又一個檔案。人的記憶通常以事件發生的時間、地點，以及參與其中的人物為基礎，自動地將此事件記憶與我們熟悉的場所及人的其他記憶產生連結。因此，如果我們想要切斷某個記憶與其他記憶的連結，或是將它隔離於其他記憶之外——如果我們要成功地將其「遺忘」——我們也必須遺忘其他那些記憶，否則它們必然會把那個我們希望遺忘的記憶帶回來。換句話說，那個被我們拋諸腦後的記憶，會開始感染與之密切相關的其他記憶，令它們也遭到遺忘之災。[15]

讓我們想像一下，在我的生命中，有個發生在親戚家浴室裡的創傷事件。為了有效地忘記這件事——也就是說，為了確保我再也不會有意識地想起這件事——我必須也遺忘發生在那間浴室、甚至那間屋子裡那個區域的每一件事。如果我還記得那一天發生的其他事情，我可能會發現我也必須讓這些記憶退出意識之外，還有涉及創傷事件的那個人或相關人等，一整串記憶都必須移除。創傷越是

重大，能夠透過聯想鏈（chain of associations）或是意識流來讓我記得發生什麼事情的念頭數目就越龐大，而它們也都必須被一併丟棄。這麼一來，就會有為數不少的記憶區塊最後終得退出意識之外；也就是說，它們不再儲存在我的「前意識」（preconscious）中的記憶網絡，不再是硬碟可讀取的部分；現在，硬碟彷彿被「分割」了。[16] 如果可以這麼說的話，受到抑制的記憶就像是電腦病毒一般，會繼續在幕後工作，通常會在某個人的「資料庫」中創造越來越多的空白區塊。

　　我們平常偶而會短暫發生這樣的狀況，例如我們一時想不起某個人的名字，突然間，我們會連其他一些人名都記不得了，明明沒多久前這些人名都還話到嘴邊，我們很有把握自己會記得的。無法提取這些人名的情況可能不會持續很久，不過，在突然想不起來的那個名字與其他人名之間，已然形成某種連結，導致與它相關的任何一個人名都無法進入意識中。在這種情況下，失憶現象通常只是暫時的，但是在其他情況中，失憶的時間可能會持續更久，讓一個人「真的想也想不起來」（SE II, p. 3）。正如拉岡所言，「我們必須一直將其假定為無意識之基礎的，正是這種不可觸及性」（Seminar VIII, p. 182）。

無意識並不是一種「潛在性」

> 最複雜的思想成就可以在沒有意識的協助下達成。
> ──Freud, SE V, p. 593（強調為原文）

雖然不見得能夠了解所有人，但我們往往是透過理解最極端的個案，才開始懂得沒那麼極端的個案是怎麼一回事；在醫療上亦是如此，病情較嚴重的案例，會比病況較佳的案例更讓人看清疾病的發展過程。因此，透過跟相當嚴重的病人工作，讓佛洛伊德得出一個根本的結論：思考——亦即在不同的記憶或意念之間建立聯想鏈結——是在兩個不同的層次上運作，一個是意識**可以**接近的層次，一個是意識**無法觸**及的層次。後者這種層次的思考相當自動化，不需要我們意識的意向參與；這種思考的存在意味著佛洛伊德在《夢的解析》中首度提出的：我們並非自己家裡的主人——也就是說，我們不是自己頭腦的主人（也可見於 SE XVI, p. 285; SE XVII, p. 143）。只要我們以為自己能意識到我們所有的想法及意向，我們就錯得離譜了。「意識的分裂」（分裂成第一及「第二意識」〔SE I, p. 12〕）幾乎發生在每一個人身上。[17]

許多精神科醫師及哲學家都反對這一開始令人相當吃驚的理論。十九世紀及二十世紀初的精神科醫師往往認為歇斯底里病人是假裝的，他們只是不想記得自己宣稱不記得的事。他們還譴責歇斯底里病人在其他方面也幾乎都是裝模作樣，尤其是跟疾病有關的部分，他們認為這些病人是詐病以逃避責任。哲學家斷言這種人是出於「自欺」（bad faith），他們不願意努力活著，是因為他們刻意不想面對自己的過去或現在。這種不願意或「自欺」往往會出現在病人向治療師訴說自己的過去時，佛洛伊德自己就給過好幾個這樣的例子，當他詢問**沒有**被催眠的病人，某個狀況（例如，某個症狀）可能是什麼原因，病人**立刻**就說，他什麼都想不到。可是，在佛洛伊德按壓幾次病人的額頭，向病人保證他一定想得出來之後，病人終究承認他的

確有想到什麼，並補充道，「我本來第一次就可以告訴你了」，然後解釋他覺得自己在第一次被問時內心浮現的答案太「沒什麼」或者「太蠢了」，所以根本不值得一提。正如佛洛伊德後來告訴我們的，正是在病人說某事很蠢或沒什麼時，我們必須給予最大的關注！

　　身為分析師，我們必須經常使用自己的猜想，來鼓勵分析者說出他對夢中元素的聯想，也就是夢中元素讓他想到的東西，無論是一個字詞、一個畫面、或是一個動作，這個聯想早已來到分析者的心上，只是他或她不願意透露。[18] 人們可能會把這樣的狀況認為是不好意思、害羞、羞恥，或甚至是自欺（我們要採用沙特對「自欺」的貶抑用法嗎？我是不想），但是對分析師及分析者來說，這些狀況與第一次說出那些早已被遺忘、並且數十年來無法接近的記憶，在感受及表現上是截然不同的。

　　在經過一段長時期的分析工作後，許多分析者在某個時間點會有一種什麼東西快要見光的經驗，他們隱約感覺到自己一直知道些什麼，卻從沒有表達出來、沒有承認過；佛洛伊德寫道，有時病人會說：「事實上，我一直都知道，我只是從來沒想過」(SE XII, p, 148)。或許有人會以為這是現象學家所說的**潛在性**（latency），但容我再說一次，現象學家所說的這種情形在經驗上（我敢說「現象學上」嗎？）跟真正的無意識顯露時，分析者有時會感到震驚和氣惱的情況，非常不一樣。真正的無意識顯露時，分析者往往會一時感到混亂困惑，接著會進入一段為時頗長、有時讓人心神不寧，但卻成果豐碩的聯想工作期。所謂的潛在性跟抑制是相去甚遠的兩件事情。無意識的內容並不是那些我們隱約知道的東西——恰恰相反，它的出現就算不至於令人恐慌，也經常會讓人感到震驚，特別是在分析的早期。[19]

無意識不是人們可以從容以對的東西，就無意識而論，人們必須做大量的聯想工作，才能夠將被抑制物（the repressed）與其他的印象及念頭連結起來，也就是把被抑制的M1與M4、M5、M6連結起來。[20]

佛洛伊德的看法是，所有重要的事件都銘記（register）或鐫刻（inscribe）在心中的**某個地方**，[21] 而我們的任務是要找到通達它們的方法——也就是說，我們必須發明一些技術，能夠通往被鎖上、加密、遮蔽或破壞的意念、願望及記憶。自由聯想是我們通達它們的主要技術，正如我們在第三章會讀到的，這需要我們花時間，動用聰明才智，才能幫助分析者學習怎麼做自由聯想，並且願意進行自由聯想。

可追蹤的症狀：例如，太過刻意的努力

當布洛伊爾與佛洛伊德能夠透過催眠接近那些記憶、並查出症狀的源頭**時**，他們所減輕的是哪些症狀呢？此處有個例子，取材自愛咪・馮・N女士（Frau Emmy von N）的案例，她是《歇斯底里研究》中案例篇幅第二長的主角。

多年來，愛咪・馮・N女士在「激動」時，會用舌頭不自主地發出喀嚓聲或啪嗒聲。在催眠狀態下，這種狀況可以回溯到她照顧因重病而無法入睡的幼女之時。當她的女兒終於睡著時，這位母親「集中全部的意志力保持不動，以免吵醒女兒」。佛洛伊德又補充道，「正因為她很刻意（不吵醒女兒），她用舌頭發出了啪嗒的噪音」（SE II, p. 5）。當她在催眠狀態下，告訴佛洛伊德她第一次（還有後來一次）發出啪嗒聲的所有細節時，她那些較輕微的症狀，如今我們會稱為

「神經性抽搐」的症狀,消失了好一段時間。[22]

佛洛伊德說,她在那個場合發出的啪嗒聲是「『歇斯底里之相反-意志』(hysterical counter-will)的例子」(SE II, p. 5),也是「將對立意念付諸實踐」(p. 92),但是他沒有真的解釋這些話的意思。今天,我們傾向於假設這位母親是因為生氣、受不了女兒不肯合作,所以至少在某種程度上,她想要透過發出噪音——換句話說,至少有某部分是她想這麼做——吵醒女兒,以懲罰女兒。愛咪·馮·N女士非常清楚這麼做對自己並無好處,反而會拉長自己在女兒床邊守護的時間,令自己更加精疲力竭,儘管如此,她的內在還是有某種渴望讓她想這麼做。也就是說,我們假設愛咪·馮·N女士很矛盾、或者她有兩種不同的心理狀態(two minds):她因女兒終於安穩入睡而鬆了口氣,但是又很生氣、以及/或者很沮喪自己因為照顧女兒而累成這樣,所以想把氣出在女兒身上。

除非是她自己有意想要發出噪音,否則她為何必須如此全神貫注地不讓自己發出任何噪音?如果愛咪·馮·N女士沒有懲罰女兒的意圖,她根本無需這樣監視自己,或是刻意聚精會神地**不**發出噪音。每一個強烈的意圖(或者「太過刻意的努力」)都有一個很重要、但卻常常被忽略的面向:一個人之所以要那麼專注地做某一件事,正因為他內在想做的是相反的事情!如果我必須格外地小心讓自己不錯過某個約會,那顯然是因為我內在有不想去的部分。太過刻意的努力,是心理狀態二分的症狀表現。

在隨後的個案報告中,佛洛伊德證實了我們在還沒細讀過愛咪·馮·N女士的個案歷史前就能夠做出的假設。他告訴我們「她曾經恨自己的孩子達三年之久」(SE II, p. 63),不斷地「抱怨這個孩子長期以

來都很奇怪;這個孩子會尖叫個不停,不肯睡覺,左腿又陷入癱瘓,治癒希望渺茫」(p. 60)。愛咪·馮·N女士會對女兒懷恨在心這麼久至少有一個原因,她深愛的丈夫在她眼前猝死,那時她正因生完女兒虛弱地臥床休息。她丈夫的病連醫師也無法妙手回春,但不知怎的,愛咪相信「要不是她因為生孩子臥床休息,她就能夠照顧先生,讓他恢復健康」(p. 63)。因此,她幾乎是從女兒出生那天就開始對女兒心生怨懟了。

後來她告訴佛洛伊德,儘管她從來沒喜歡過那孩子,「沒有人從我的行為舉止看得出來,因為我竭心盡力做了我該做的」(SE II, p. 64)。她的說詞顯示她恪盡本分扮演一個她沒有感覺的角色,毫無疑問地,這會讓她對孩子更加反感,因為她得強迫自己在世人面前做一個好母親。這使得她倍加憎恨女兒。

感謝佛洛伊德,在我們的時代,這種基本的精神分析思考讓我們了解到,當人們過度強調或過度凸顯某事,是因為他們的本意恰好相反——當人們覺得你說話很無聊時,他們會說:「喔,你說話真是**太**有趣了。」或者當人們不只是想要傷害你、甚至已經開始著手進行時,他們會說:「我們連想都沒想過要傷害你。」同時,我們也了解人們經常把大量注意力投注(「集中他們的意志力」)在做 x,正是因為他們真正想做的是 x 的相反!

我有一位分析者只要遇到要交某一堂課的報告,就會出現極度嚴重的焦慮。結果原來是他認為這堂課很荒謬,教授很愚蠢,每當他開始寫這堂課的報告時他就很想說出這一點。他寫這堂課的報告之所以需要投入那麼多注意力及努力,正是因為他很刻意努力不說出這些感想,而且他一直擔心自己其實已經在字裡行間流露出自己

對這門課及授課教授真正的感受。他越想批評教授跟他的課，他就越發不安。

愛咪・馮・N女士在女兒生病之後，有十五年左右的時間，只要她一「激動」，就會用舌頭發出啪嗒聲，這意味著她在後來的場合中發出啪嗒聲時所感覺到的激動，是來自於她對某事有兩種不同的心理狀態：她既想做某件事，也不想做這件事。

無論如何，看來佛洛伊德並沒有必要為了讓病人的抽搐消失，而向病人做出我剛剛的這些解釋：佛洛伊德那時認為，幫助病人「疏通」（ventilate）她當下所感受到的情緒，就足以讓病人壓抑下來的激動消失（SE XI, p. 8）；他用來替換「疏通」的詞彙還有：化為言語（putting into words）、給出口語表達（giving verbal utterance to）（SE II, pp. 29, 30, 101）、說出來（talk out）、說掉（talking off）（p. 70 n）、說開來（talking away）（p. 35）、弭除（abreacting）及訴說（narrating）（pp. 32, 34）。無疑地，鼓勵她疏通真的有幫助，因為她的抽搐消失了一段時間，只是後來症狀又出現了；而且單純的疏通肯定無法防患於未然，無法預防她下次再出現兩種心理狀態時不會產生新的症狀（pp. 261, 264）。

如果要找到一個案例，讓我們看見病人在許多情況下的兩種心理狀態，那麼就讓我們轉向這位病人，她可以說是所有談話治療的原點：貝塔・帕彭漢姆（一八五九──一九三六），這位在歷史上以安娜・歐（Anna O）這個化名出現在我們面前的病人。她在一八八一到一八八二年之間有一年半的時間，接受了佛洛伊德年長的醫學同僚約瑟夫・布洛伊爾的治療。在佛洛伊德的堅持之下，布洛伊爾在十年之後寫下並發表了這個個案。佛洛伊德在治療過程中讓他相信這個無意間發現的治療方法甚為重要。

天字第一號案例：安娜・歐

對熟讀當代個案研究的我們來說，布洛伊爾筆下這位安娜・歐的病史似乎經常讓人感到困惑及意外。他重複敘述了這位二十二歲病人的故事：第一次是從「外在」或「客觀」的醫學觀點——包括當時的醫師第一次被找去為她看診時就會注意到的疾病發展過程——接著，他從治療時序的觀點表明，當治療追溯到症狀的「最初肇因」（first causes）時，她的治療有了怎樣的進展。但更令我們驚訝的是，布洛伊爾幾乎完全沒有解釋這女孩的心理狀態。

安娜・歐在兩年的發病過程中遭受到許多症狀的折磨，在此我很難簡短地列舉這些症狀。讓我們來看看佛洛伊德對它們的簡潔描述（Freud, 1910）：

> 她的右腿及右臂有僵直性癱瘓，伴隨著失去感覺；有時候左臂及左腿也會出現相同的狀況。她的眼球運動有問題，視力範圍受限，頭部姿勢方面有困難，還有嚴重的神經性咳嗽。她厭惡進食，有好幾個禮拜無法喝水，儘管她口渴異常。她的語言能力退化，甚至到無法說、或無法聽懂自己的母語。最後，她還有「失神」狀態，意識混亂、譫妄以及整個人格改變。（SE XI, p. 10）

我們至少還可為這份症狀清單加上頭痛、抱怨房間牆壁向她擠壓過來、好幾個禮拜完全無法言語，以及之後有段時間儘管還是聽得懂德文，但是只能混用著英文、義大利文及法文說話（SE II, p. 25）。從現代的標準來看，這些症狀相當驚人，無怪乎布洛伊爾會說她有

「精神病」(psychosis)，即使她的狀況應該是（而且很明顯是）歇斯底里。（布洛伊爾在使用**精神病**這個名詞時，似乎是指一種暫時的狀態，而非持久的臨床結構。）

　　布洛伊爾能夠幫助她的第一個症狀，是儘管她口渴異常，卻還是無法喝水的情況。布洛伊爾使用的治療技術是安娜・歐自己發明的，她會敘述症狀出現的每一個情景，從最近一次到最初出現，一個也沒有漏掉，因此是一步一步地回溯到源頭（SE II, pp. 34-35）。結果這個症狀的出現是起因於一個似乎相當微不足道的事件：她在她的英國「女伴」的臥室裡，看見英國「女伴」的狗喝玻璃杯裡的水。我們對這個事件所知十分有限，只知道安娜・歐「並不喜歡」這位女伴，還有她在當時因為想保持「禮貌」，所以什麼話也沒有說（p. 34）。我們僅知道她壓抑住任何可能的驚訝及噁心感，以及她在大約六個多禮拜後接受催眠時，對布洛伊爾表達出這些情緒反應之後，「困擾就消失了，並且不再出現」(p. 35)。[23]

　　當然，並非每一個我們壓抑驚訝以及／或者噁心感的狀況，都會產生症狀，因為我們經常會在事後回想當時的場景（像是在心裡嘲笑自己、咒罵想到的人，或是用優越感安慰自己），或是迫不及待地跟別人講自己遇到的狀況，這麼一來，無論我們當時有多麼「激動」，那些情緒也會煙消雲散。但安娜・歐似乎沒有這樣做，她反而將關於那件事的記憶與自己其他的記憶隔離開來，這種情況有以下幾個（甚至更多）可能性：她聽聞過關於狗會傳染疾病的可怕事件；她真的很討厭那位英國女伴，但是有家人告訴她必須忍耐、甚至還要她表現出喜歡這位女伴的樣子（這位家人可能是她的母親，但也可能是父親）；她私心希望這位女伴會因為人狗不分而罹患疾病；她把

那位女士跟自己的母親聯想在一起，想必她對母親有諸多怨懟，隨後我們會進一步看到，她甚至想詛咒母親去死；以及／或者每次她想喝玻璃杯裡的水時，她都會想起自己對傳染病的看法，或者想起她憎恨那位女伴以及／或者母親的願望。情況或許還有其他可能性，但因為我們的資訊太少，只能加以揣測。

看起來似乎很清楚，她在看到女伴的狗喝玻璃杯裡的水時，內在升起了某些齷齪的念頭或願望（wishes），她覺得這些念頭或願望實在是不應該，因此試圖將它們永遠忘掉。為了做到這一點，往後她就要永遠避免碰到玻璃水杯，因為玻璃杯可能會讓她聯想到那些「不可原諒」的念頭及願望。用今日經常聽到的說法來描述就是，她「碰不到」自己對朋友及／或母親的憤怒。事實上，她根本想置身事外，最好一無所悉！

當時她會產生這種幾乎危及生命的症狀，內在必定有一股強大的心理動力在運作，然而，無論是布洛伊爾（一八九五）或佛洛伊德（一九一〇）都沒有對此提出評論。只要這些動力沒有被真正闡明，即使她能夠透過跟布洛伊爾一起進行「煙囪清理」（這是安娜·歐的說法）暫時釋放情感負荷，同樣的動力還是會、也確實繼續在許多其他情況裡創造新的症狀。我們可以形成一幅她的家庭生活的圖像：十九世紀後期，孝順及義務在家庭生活中扮演的角色舉足輕重，個人的想法或感受很少會被聽見、鼓勵或容忍，而我認為這樣的推斷並不為過。

當個人的反思及感受遭到扼殺、或只好強忍著吞下，它們會讓壓抑者感到痛苦及困擾，讓壓抑者「主要是受回憶之苦」（SE II, p. 7）──也就是說，在記得及反芻過去令他們感到懊悔的痛苦情境時，他們會感到受苦。**為什麼壓抑自己的人會有這樣的懊悔？因為他**

們在那些痛苦的情境中，沒有說出想說的話、沒有做到他們想做的事。
有許多人偶而也會壓抑自己，但是我們會意識到自己的懊悔及反芻，
我們知道這些懊悔及反芻是來自於我們放棄了想表達什麼、想做些
什麼的慾望。我們經常在腦海中重播自己做了什麼、沒說什麼或沒
做什麼，用後見之明去設想，要是我們做了什麼、或是那時我們可
以說什麼或做什麼，現在我們就會好過些。佛洛伊德在此的假設是，
對於某些人來說，關於自己在某個事件當下如何做出反應或沒做出
反應——也就是說，一個並非正面的「回憶」——的懊悔及反芻不是
發生在意識中，是發生在意識之外的領域，這些懊悔及反芻「消耗」
他們，或者說使他們煩擾，甚至會毫無預期地出現在他們的夢、白
日夢，還有其他所謂的意識變異狀態之中。

當佛洛伊德宣稱「歇斯底里病人主要是受回憶之苦」(SE II, p. 7)，
他並不是在說這些人抱著懷舊之情，回想過去有多麼美好；他的意
思是，由於他們放棄了想要說些什麼或做些什麼的慾望，因此，
心中的懊悔及愧疚感讓他們深受折磨。而當拉岡說我們放棄自己
的慾望時會感到愧疚感（guilty），他只是在總結佛洛伊德已在此揭
示的內容。[24] 拉岡指出，佛洛伊德在這樣的脈絡中通常使用的詞是
「*Versagung*」，這有好幾個意思，包括喪失（被剝奪某些東西）、否定、
拒絕與駁斥（不被允許擁有某物、或做某件事）。拉岡把「*Versagung*」
解釋為放棄（renunciation），或許是根據德文中「*versagen*」作為動詞
的幾種用法而來，* 這個字在某些情況下暗示了失敗、搞砸、崩潰
或誤事，英文經常把德文的「*Versagung*」翻譯成「frustration」（挫

---

* 譯註：德文「*Versagen*」的字面意義為「說不」。

折），但拉岡不做此解（在德文中，與英文「frustration」對應的字是「Frustration」）。「放棄」（renunciation）意味著一個人想做某件事卻不去做，經常猶如在屈從他人的願望（像是在自我否定，例如有人說「閉嘴！」，你就乖乖聽話了）。換句話說，在這樣的情境中，我們任由他人的意志凌駕於自己的之上（或是任由自己**想像的**他人意志占了上風），接著我們便懊悔不已。簡言之，對於這樣的人，安娜‧歐似乎即是其中一員，**放棄往往會造成後患無窮**。[25]

◎ 因為愛上了……

> 精神分析的實務工作開始於愛。
>
> ——Lacan, Seminar VIII, p 4
>
> 醫師會運用愛的某些元素。
>
> ——Freud, SE XIV, p. 312

　　根據布洛伊爾的描述，安娜‧歐在想要悉心照顧罹患絕症的父親時病倒了，而布洛伊爾似乎也就這麼信以為真了（這可能是因為他認為任何為人子女者在那時都應該這麼做，同時他從未提到她對父親有任何怨言或矛盾情感）。但是從字裡行間讀來，我們都不禁懷疑，為什麼照顧父親的全部工作幾乎都落在她的肩頭，而不是她母親、其他手足或親戚身上（我們只知道她還有個弟弟〔SE II, p. 36〕，而且在那個時代，通常都是大家族組成），我相信這樣的懷疑並不為過。她整晚看護父親，當班的時間比母親更多，她母親甚至還在父親生病期間離家數日，讓安娜承擔更多照顧父親的責任。布洛伊爾只告訴我們安娜「強烈愛慕」她的父親（p. 22），她在家中的生活很孤

單，但我們想知道她對父親迷戀到什麼程度，有沒有覺得自己在某種意義上——或許在她父親心裡、在她母親心裡，或是她自己這麼想，或是三者都有——代替了母親為人妻子的角色。

支持她非常喜歡父親的事實在於，布洛伊爾詳述的每一個重大症狀第一次出現時，她父親都在場，或者都和她父親有關（SE II, p. 36）：

- 當其他人走進她所在的房間時，她置若罔聞；
- 當其他人互相交談時，她都聽不懂；
- 有人叫她時，她沒有聽見；
- 在很多場合中，她如同耳聾。

這個女孩對父親有強烈的情感，無疑地某些情感絕對是正面的，但也可能有負面情感（雖然布洛伊爾從沒提過這部分），這些負面情感或許來自於她覺得自己被迫得竭盡心力照顧父親。

假使她真的非常喜歡父親，我們可以很容易推斷出，她與布洛伊爾的治療讓她生平頭一遭將她對於父親的深刻情感傳移或移置到另一個人身上，而這個人就是她的醫師（在布洛伊爾出現在她身邊之前，她似乎沒什麼追求者，更別提有情人了）。因為布洛伊爾提供給我們一份類似的清單——儘管散布在案例紀錄各處——這份清單跟症狀形成無關，而是**只有在他出現時才會見到的病情減緩現象**：

- 當他走進房間，他是唯一那位她總是認得的人（p. 26）；
- 當她完全拒絕攝取營養時，卻仍接受布洛伊爾的餵食（p. 26）；[26]
- 他是唯一能讓她不再「固執」的人（p. 30）；

- 當他在場時，她就可以欣然服用安眠藥氯醛（chloral）入眠，但只要他不在場，她就很不願意服藥（p. 30）；
- 她經常要他在傍晚時用手闔上她的眼睛，再對她說要一直閉上眼睛，直到隔天一早他來打開她的雙眼（p. 38）。

　　安娜會為布洛伊爾做她不會為其他人做的事，並且只信任他一人，對此，布洛伊爾從未發表看法；他似乎也沒想過，她要他晚上為她闔上眼睛、隔天一早再為她打開雙眼，這種做法就像是他們整晚都一起度過！甚至於，他似乎沒有注意到安娜把對父親的愛傳移到他身上，事實上，安娜也因為他而變得更加健康——也就是說，是因為愛上了他才好轉。[27] 她的狀況，或許真的能理解為如佛洛伊德後來所說的「被愛治癒」（SE IX, p. 90; SE XIV, p. 10; see also SE XVI, p. 441），只是這種治癒僅會發生在醫病關係還在的時候，因為據我們所知，她內在彼此爭戰的力量在治療結束時顯然還未「透工」（worked through）。

　　然而，布洛伊爾卻是在停止治療之後，才明白安娜愛他已經到了什麼地步。他之所以明白，至少有部分是因為他終於意識到他太太已經受不了他無止盡地談論這位年輕貌美的病人，並因此變得鬱鬱寡歡。布洛伊爾與安娜朝夕共處，經常一天陪她好幾個小時，或許最終，布洛伊爾也明白自己已經迷戀上安娜。《歇斯底里研究》裡沒寫，但我們後來從恩尼斯特・瓊斯*的記述中知道，佛洛伊德告訴瓊斯，布洛伊爾向他坦承（假設這番話是可信的），就在布洛伊爾告

*　譯註：一八七九－一九五八，佛洛伊德的好友、傳記作者，也是英語世界第一位精神分析師。

訴安娜及她的家人，他覺得她的狀況已大有改善，可以結束治療的當天傍晚，他被緊急召回，發現安娜出現被稱為「假性懷孕」（hysterical pregnancy，或稱假妊娠〔pseudocyesis〕）的狀況，並且宣稱「B醫師的寶寶就快出生了！」[28]

　　布洛伊爾對於安娜之於他的強烈情感毫無頭緒，以上所述事件並非唯一。就在治療進行中的某一天（她父親過世後的十天），安娜對布洛伊爾已經產生不言而喻的信任感之際，布洛伊爾帶了位醫師同儕去訪視她，顯然是想徵詢同儕對於她這個特殊案例有何看法。但是安娜看不到這位她不想見的入侵者，顯然安娜不想要這個人在場，或者不想讓自己被當成動物園裡的動物觀察，因此對他視而不見，這卻被布洛伊爾稱之為「負性幻覺」（negative hallucination）（SE II, p. 27）。這位顧問似乎被激怒了，他對著安娜的臉吐菸，逼她感知到他——安娜後來真的看到他了，因此想衝出房間，卻在途中跌倒在地，不省人事。

　　這次事件導致安娜的病況顯著惡化（SE II, pp. 27, 29），而布洛伊爾為了重獲她的信任，吃了好一陣子苦頭。她覺得自己跟布洛伊爾合作，並且把生命裡所有私密的細節都告訴他，無疑是因為兩人之間的親密關係，但是他卻突然帶進一個客觀、外來的觀察者作為第三者。她必定感到自己被深深背叛了！

　　一個只靠讓病人喜歡上治療師才能使病人與父母分離的心理治療技術，顯然是危險的；而即使治療師能充當病人的長期愛人，病人與先前愛戀對象（love object）之間的衝突，也很可能會在後來愛戀對象的身上重複出現，最後還是什麼也沒解決（SE II, p. 304）。同樣的老問題會出現在與新的愛戀對象的關係之中，即使在世俗看法裡，

新的愛戀對象是可以被接受的——例如年紀比她大、替代父親角色的醫師。（根據佛洛伊德後來對傳移在心理分析實務中所扮演角色的了解，我們將會看到，病人與父母親的衝突會移置到分析師身上，只不過在分析中，這些衝突會得到詮釋及透工，而不只是重複。）

把對父親的愛傳移到醫師身上，或許是布洛伊爾治療安娜的關鍵，但是有許多因素顯示，安娜並不必然如我們所想的那麼愛戀她的父親，而且事實上，她感覺自己被迫擔綱妻子的角色，另一方面，比起這些，她寧可追尋自己的人生。

例如，細想她的神經性咳嗽（*tussis nervosa*）的症狀源頭，會發現什麼呢：她大部分的症狀發作時都是跟照顧父親有關，神經性咳嗽第一次發作，便是在她照顧父親的某一個晚上（SE II, pp. 304）。這天晚上，她聽到鄰居家傳來有人跳舞的音樂。布洛伊爾告訴我們「她非常喜歡音樂」，當她聽到音樂時，她「突然渴望想去那裡」與其他年輕人一起跳舞，而不是在父親病榻旁照顧父親。然而，這樣的願望與她強烈的責任感互相衝突（布洛伊爾說她「責備自己」〔p. 40〕），她顯然覺得自己很邪惡，在父親瀕死之際，還耽溺於這種只顧自己玩樂的自私念頭。

既然她一壓抑自己（當她心中浮現反駁某人無禮說法的念頭時，或是她想表達某個願望時，她都會壓抑自己），就會出現「聲門的痙攣」，布洛伊爾做出以下假設：「（當「良心譴責」〔SE II, p. 43〕讓她嚥下表達渴望去跳舞的慾望），她（在喉嚨）所感覺到的運動神經衝動，把（聲門的）痙攣轉成神經性咳嗽」（p. 44）。如果這就是症狀形成的全部經過，我們不禁要問：為什麼聲門的痙攣不會轉成打嗝、窒息的感覺，或甚至是嘔吐？這個特定症狀出現在這個情境裡，讓

我想到，這很明顯就是在**掩飾令她內在產生衝突的音樂聲**。有個事實可以佐證這一點：此後只要她聽到「任何明顯具有節奏性的音樂」（p. 40），她就會開始咳嗽，這種音樂會讓她想起她在克盡孝道與個人享樂之間的衝突。

請注意，此時所產生的神經性咳嗽症狀，是在試圖解決某個問題：要是她允許自己聆聽音樂，她就會想離開父親身邊，出去跳舞；考慮到父親的病情，她認為這樣的慾望應該受到譴責，因此她會嚴厲責備自己竟然有這樣的想法。所以，最好一開始就不要聽到音樂！只要第一個樂音迫近她，她就不禁用咳嗽蓋過音樂，就彷彿她根本沒有聽到一般（我們會說「耳不聽，心不煩」）。

咳嗽
↓
願望 ⇒ Σ ⇐ 責備自己有這種願望
↑
掩蓋音樂（這是咳嗽的目的）

她的願望再加上對這種願望的自責，導致她壓抑這個願望，並創造出一個「妥協形成」（compromise formation）：一個症狀（神經性咳嗽）。咳嗽所「訴說」或意指的是，願望及導致願望受到壓抑的譴責兩者同時存在，不過它只說給知情者（one in the know）聽，任何症狀都是如此，無論影響所及是身體、還是只影響到心理層面。

在安娜心裡，克盡孝道與想外出跟隔壁年輕人跳舞的願望有相當清楚的衝突，這會讓我們對安娜是否真的全心愛戀著父親提出質疑。而且我們也可以看到，她內在升起的衝突，使她在生活中

「無法有所作為」，也「抑制了意志」（佛洛伊德稱此為「意志缺失」〔abulias〕），[29] 她完全是靠創造出身體症狀，來找到某種解決之道。佛洛伊德稱此種方式為「轉換」（conversion）：把心理衝突轉換為慢性身體症狀（SE II, pp. 86, 147, 203-208; see also SE III, p. 49）。[30]

促發因素

布洛伊爾指出「（安娜的）每一個歇斯底里症狀都伴隨著情感出現」（SE II, p. 39）——在他的描述中，**情感**及**激動**是內在衝突的代碼——並且顯示，她有許多症狀都剛好出現在她試圖壓抑某事時（p. 40）。在此，症狀的**肇因**看來不是事件本身——例如在父親病榻旁聽見舞蹈音樂——而是試圖自我壓抑，把某股衝突的力量壓下去，直到與之相關的所有記憶都與其他記憶隔離開來。布洛伊爾及佛洛伊德當然會被這類嘗試（往往發生在幾秒內）所造成之症狀的頑強所震驚，他們評論道，「持續多年的歇斯底里症狀與引發它的單一事件，兩者之間不成比例」（p. 4）。

在絕大多數情況下，事件本身並未具有創傷性，反而是我們對事件的反應，讓事件成為創傷。身經百戰的士兵對戰況慘烈戰場的反應，與剛上戰場的菜鳥截然不同；第一次看見同排戰友浴血沙場的畫面，會讓菜鳥心靈重創，恐怖的畫面在心裡日夜反覆重播，早已見識過沙場慘況的士兵則只是和彼此談談，之後就繼續投入戰場。即使是同一個人，也會在不同時間、不同情境，對相似的狀況有大不相同的反應。一件中度嚴重的車禍就只是中度嚴重的車禍，然而，如果錯不在對方，也不是路面濕滑或像龍捲風這種保險公司所稱的

「天災」所致，如果有錯的其實是我們自己，我們會比較容易受到創傷。如果錯在我們而受傷的是他人，並非我們自己，我們就更有可能試圖完全遺忘整個事件，或者在心裡一再重複播放事故經過，想知道自己當時是否還有別的做法可以避免事故。[31]

　　許多因素都會造成創傷，引發症狀，而且會讓某個人造成創傷的因素，不見得也會讓另一個人產生創傷。所以一個症狀的「促發因素」（precipitating cause）（SE II, p. 3）並不是事件本身，而是想隔離或遺忘事件的企圖。因此，在心理上將病人帶回他企圖隔離或遺忘事件的那個時刻，好讓那個時刻作用在他身上的所有力量豐富具體起來，是非常重要的。

　　布洛伊爾及佛洛伊德在此用的是相當標準的因果式科學語言，他們的結論是，如果肇因不存在（例如想要遺忘或隔離的嘗試沒有發生），後果就不會出現——亦即，不會形成症狀。反之亦然：沒有後果（例如沒有這類症狀的人），就是沒有肇因。

　　他們還假設，心理領域也有像我們在物理學領域很熟悉的那種**慣性**（inertia）原理。物理學的慣性原理是：若在真空中對某物施力，讓它開始運動，這個運動會一直持續下去——也就是說，在同樣的方向以同樣的速度持續運動——直到有相對的力量讓它停下來為止。真實世界沒有完全真空這項特徵，阻止絕大多數物體的是摩擦力（來自於空氣、水或更多固態物質）、或是相對的力量（如重力）。佛洛伊德及布洛伊爾在此所說的可以理解為：「創傷肇因」——對某人造成創傷影響的因素——會**永遠**持續產生影響（換句話說，即是持續造成同樣症狀），直到某個對抗的力量出現讓它停下來，在大多數情況中，這股對抗的力量就是某種形式的談話治療。正如他們在標準版

第二冊中所說：

> 我們可以翻轉格言「當原因終止，其作用也終止」（cessante causa cessat effectus），並從這些觀察推斷，起決定性作用的歷程多年後仍以某種方式持續運作——不是透過中介的因果鏈間接運作，而是作為一個直接起作用的肇因，就像是在清醒意識下回憶起令人心痛的事件，還是會讓人在事發許久之後痛哭流涕。（SE II, p. 7）

因此，症狀不會「自己解決」或是隨著時間「逐漸消失」：除非透過某種治療形式解決，不然症狀會永無止盡地持續下去。一般非創傷記憶的「淡忘過程」不會發生在這些案例中（p. 8; see also SE V, p. 578），「被抑制物不會隨著時間的流逝而改變」（SE XXII, p. 74）。

這類症狀在日常生活中隨處可見證實了這一點。害怕飛機或搭電梯的人數頗為可觀，在遇到有這類恐懼的成人時，我們注意到除非他們去接受治療，否則這種恐懼往往會持續一輩子。這些恐懼對漫不經心的外部觀察者來說並沒有那麼明顯可見，因為這類成人在安排生活時會盡可能避免飛行、搭乘電梯（而逃避即是精神官能症的特徵之一）。儘管如此，他們的恐懼不會消失，直到八十歲，他們還是會跟二十歲那時一樣嚇到動彈不得（導致這些成人有時會在登機前減少進食、啜飲烈酒、服用抗焦慮藥物，或者乾脆就不搭飛機了）。

這與當代的心理學「智慧」相抵觸。當代的想法認為，病人當下的症狀通常跟當下的問題有關，沒有必要溯及既往去加以解決，短期的、「問題導向」、「焦點解決」的治療（例如認知-行為治療）就已經足夠。同時，這也違背了許多「民間智慧」，佛洛伊德似乎暗示人

類心靈很少會自我修復（這一點跟人的身體不同，即使是造成身體殘廢的創傷，多年之後至少能被某種程度地克服）；也就是說，人們不可能隨著時間過去就「克服」了這類恐懼。

無意識不會造就「深度心理學」

> 與人的一生相較，四、五年算得了什麼，更何況病人在治療期間又覺得生活變得輕鬆了呢？
>
> ——Freud, SE V, p. 437

在一定程度上，我們不需假設那些不想要的記憶是被推入某種**深淵**：我們不必把那些被隔離或被切割的記憶，設想是為沉入、或被推下某個深沉黑暗的地方。只要想像是在不同的感知及記憶群組之間有個屏障存在就夠了，例如屏障左邊是與調皮或邪惡的安娜連結——畢竟，安娜形容自己的失神或白日夢狀態是「壞我」（SE II, p. 46）——屏障右邊則是與安娜的好我連結（SE II, p. 24）。[32]

$$M1—M2—M3 \quad | \quad M4—M5—M6$$

對讀者來說，討論分裂的意識狀態若是顯得過時[33]——分裂的一邊與「壞我」（bad self）連結，另一邊與「好我」（good self）連結——可以聽聽看孩子的說法，孩子經常用同樣的話語，例如好吉姆及壞吉姆來說自己，更極端的例子可見於初期形式的多重人格（或是所謂的解

離性身分障礙症），他們甚至會給壞我不太一樣的名字：好吉姆與壞提姆。

請注意，好我與壞我恰如對反之兩面，當安娜‧歐全心全意照顧父親時，她認為自己是好女孩，當她因為想做自己人生所渴望的事，而未能全神貫注在父親身上時，她就覺得自己是壞女孩。對拉岡來說，意識與無意識像是位於莫比烏斯環（Möbius strip）上（Seminars XIV and XV），兩者各位於環的其中一面，從而說明了它們是多麼緊密相連：被認為是「好的」（good），恰巧是「不壞的」（not bad），反之亦然。

顯然，父母親、照顧者及教育者都對好與壞的分裂有所貢獻，而且有人會對孩子所謂的壞的面向格外排斥或痛責。畢竟有的家庭不僅會因為孩子對父母親表達憤怒而給予懲罰，甚至還會禁止孩子**對**父母親生氣；他們會說這樣是不理性、不道德、不公平、不正當、不合法，甚至是邪惡的，受到惡魔指使的。所以，也有孩子會不顧一切想討好父母親，他們的努力已經超越他們該盡的「義務」，而且他們還會抑制自己對父母有任何不敬的想法或感覺。

這並非是說不要有任何形式的分裂，**永遠**不要由意識（或是以前意識形式出現的潛在意識）當中分割或隔離任何記憶，就會讓我們更好，因為理論上這會導致精神病，而在這本書中，我們不會討論到這部分。有人或許會貌似合理地主張，我們雖不是精神病，但每一個人內在的分裂會產生原初症狀（primary symptom）或是一系列症狀（請見第六章）。只不過，我們通常可以跟這些症狀和平共處，不會因此抓狂或活得很悲慘（直到這些症狀可能開始讓我們變得瘋狂或活得很悲慘，此時我們最好去找位合格的分析師）。然而有些人內在的分裂

是如此全面與劇烈，形成了大量的症狀，很快就癱瘓了他們的生活。

就像是安娜‧歐，這些人會發現自己處於困境當中，強大的心理力量同時從不同方向拉扯：

力量一　⇒　　症狀　　⇐　　力量二

「壞我」　⇒　　症狀　　⇐　　「好我」

按照佛洛伊德較後期的說法，左邊是來自於「它」(it)的非個人（impersonal）力量（佛洛伊德作品的英譯本裡將「it」譯為「id」，包含了我們覺得自己無法控制的欲力〔drive〕，例如當我們說「我不知道自己怎麼了」，或者「我控制不了自己」）；右邊是來自於「我」(me)的力量（英譯本譯為「ego」，包括那些我樂於承認、或至少願意接受的部分，通常這些部分都符合社會、文化及宗教所認知的好人面向）(SE XVI, p. 360)。我們也可以按照佛洛伊德的另一種說法，把此處的衝突描述為發生在左邊的力比多（libido）與右邊的禁制力量（或超我）之間的衝突。

我們可以注意到佛洛伊德的官方英譯者詹姆斯‧史崔奇似乎經常選擇有拉丁字源的英文字，把佛洛伊德非常簡單、憑直覺就能懂的語言，翻譯成科學性更強的英文。舉例來說，德文的「Ich」——史崔奇的英譯為「ego」——指的不過就是「主詞的我」(I)或「受詞的我」(me)；例如當你按某人家的電鈴，對方會問：「誰呀？」(Who is it?)，此時你會很簡單地回答：「是我。」(It's me.)。佛洛伊德在德文中用「Es」，是如同英文中說「下雨了」(It is raining.)、「下雪了」(It is snowing.)、「有事發生了」(It happened.)時「it」的用法，史崔奇英譯為

「id」。而佛洛伊德在德文中用「*Über-Ich*」時，指的正是「在我之上」（over me）這個字面上的意思，也就是那些會監督我、給予懲戒與命令的人，就像長輩、父母親或是上司，史崔奇則英譯為「superego」。[34]

回到我們的衝突模型，我們可以想像一種情況：力量一及力量二因為某些因素相互抵去了彼此的力道，讓主體幾乎沒什麼能量做任何事情，因為所有的能量都困在這個巨大的對抗當中──抱怨憂鬱的人有時候就是掉入這樣的困境當中。[35] 有些人會認為完全缺乏能量是一種症狀，但它跟抽搐、神經性咳嗽、斜視或肢體癱瘓這些症狀又不一樣，還談不上是一個完全成形的症狀，後面這些症狀是妥協形成，它們創造出某些新的事物，讓主體在一定程度上得以從困境脫身。

例如，回想一下，安娜‧歐為了要完善地照顧父親，精疲力竭到必須臥床休息約四個月。如果她內在的主要衝突可被理解為是在克盡孝道與渴望活出自我兩者之間的衝突，那麼透過生病臥床，她找到了一個放棄克盡孝道的方法。她「出現了虛弱、貧血、厭食，情況嚴重到令她相當沮喪，她無法再照顧父親」（SE II, p. 23）。我們可能會認為，這個結果讓她從生病中獲得了「附帶好處」（secondary gain），後來佛洛伊德正是如此說明這類情況（時至今日這個概念仍廣為使用），又或者，這其實是她生病的「主要目的」，雖然是無意識的。因為正如我們在安娜的神經質咳嗽中所見，在許多情況下，症狀有效達成的（掩蓋音樂聲）正是症狀的目的。安娜病倒在床，想必迫使安娜的母親在她丈夫生前最後四個月，接管了絕大部分的照顧工作。

當然，在病榻休息並沒有讓安娜活出自我──除了間接讓一位名叫布洛伊爾的英俊年輕醫師接手治療她的工作，而她很顯然愛上了

他——但至少真的（這可再討論）有助於解決她的部分問題。（我們會在第四章更詳細地討論症狀的形成是為了解決問題。）

逼自己做不想做的事

在我們告別安娜‧歐，轉向佛洛伊德從自己病人身上學到的林林總總之前，讓我們先簡要地討論一下她生病的最一開始，亦即她二十一歲第一個症狀乍現之時。[36] 安娜‧歐的治療進展方式是從最近的症狀表現循線追溯到最早期的症狀，若考慮到這一點，那麼她**在治療的最後一天，才想起最初引發她生病的事件**，毫無疑問是重要的（SE II, p. 40）。[37] 她在最後一天的回憶內容如下：她一直坐在父親病榻邊，焦急地等待父親的醫師到來；她的母親不在家，父親正在發高燒，情況很糟糕。她把右手擱在椅背上，睡著了，然後在似夢似幻、或是某種強烈的白日夢中，看到有條蛇正滑向她父親要咬他（p. 38）。她試圖趕走那條蛇，但是手臂完全動不了。當她看向自己的手，她的手指看起來好像蛇，在指甲端像是有「骷髏頭」（亦即頭骨）。終於，那條蛇消失了，她試著禱告，但是卻說不出話來。她總算能發出聲音時，口中唸著某首英文童謠，最後她「發現自己能夠以英文思考及禱告」（p. 39）。

安娜顯然被這個夢境或強烈的白日夢給嚇到了，但是那時候還沒有出現任何症狀。不過，隔天她看到一根樹枝，此時她想起了那條蛇，手臂突然變得僵硬——也就是，僵直的伸展（SE II, p. 39）。在此之後，任何會讓她想到蛇的東西，都會使她的手臂僵硬。

當時布洛伊爾並未對這個夢提供任何解釋，現在我們可以解釋

這個夢，正如沒幾年後佛洛伊德做的那樣。他只提到房子後面的田地裡有蛇，而且她毫無疑問被蛇嚇到過。由於安娜自己從未提及此事，因此這純粹是他的假設。

今日的我們在讀過佛洛伊德對夢的豐富研究之後，會怎麼說這個夢？我們總是會問的第一個問題是，**一開始為什麼會做這樣的夢？**換句話說，為何要想像她父親快被蛇咬，而且她無法幫助他？（那些立刻就想把蛇看成陽具象徵的人，可能是被刻板印象中的佛洛伊德所影響，那種會在《夢的解析》大眾平裝版書背看到的句子，鼓勵我們回到前佛洛伊德時期解釋夢的方式，使用普遍的象徵解夢，而不是盡可能回到脈絡中用分析者的聯想來解夢。）我們都知道她父親病得很重，因此已經命在旦夕，她可能感到自己無力可回天，但為什麼會做這樣的夢？佛洛伊德教我們夢不只是現實的翻版、重播或再現，在夢、白日夢或幻想中出現的內容至少有部分是我們希望發生的。

如果有一條毒蛇咬了她重病的父親，他可能很快就會死去，這樣的推測並不困難。父親去世的結果之一是，安娜不用再徹夜不眠地照顧他。喪親的悲痛可能會排山倒海而來，讓她難以承受，但是任何曾在心愛之人罹患絕症時經年累月照顧對方的人都會告訴你，在悲痛的同時，他們也有種鬆了口氣的感受（SE V, p. 430）。她父親終於能夠離苦得樂，而安娜的人生也能夠繼續往前。

如果從這個角度來考慮這個夢，我們就可以假設，當她看著自己的手掌及手指，看到的是骷顱頭而非指甲時，她是在譴責自己是個兇手，她竟然希望自己的父親死去，她覺得是自己親手讓父親陷入如此致命的危險中。請注意，安娜跟我們一樣都有兩隻手，如果

有一隻手無法動彈（顯然在現實中是睡著了），她還有另外一隻手可以保護她父親；然而在夢中，她並沒有這麼做，顯示她並不想保護父親免於危險。因此，夢境利用這隻部分癱瘓的手臂作為藉口或理由，讓她可以不用拯救父親，或許也不會被咬傷——她並不想為了父親犧牲自己，這麼一來他的壽命可能就會更短些。回想一下，她曾經在照鏡子時，想像在鏡中的自己身上看到「她父親有顆骷髏頭」，或許她感到父親及父親的疾病可能很快就會讓自己死去（SE II, p. 37）。

從她的敘述中我們知道，當蛇消失之後，她試著禱告，卻想不出要說什麼。我們不知道她可能想禱告什麼——禱告蛇再回來咬她父親？還是感謝上天，讓他父親逃過一劫？假設是後者，我們必須留心，她想了好一段時間卻找不出話說感謝，彷彿她並不想因為神饒了父親一命而感謝祂。最後她心頭唯一浮現的是某段英文童謠；再說一次，我們並不清楚童謠的歌詞，然而這類童謠往往與禱告或感謝上蒼相去甚遠——比如像是「傑克跌倒，摔破了頭，吉兒也跟著跌了下來」！[38] 她是先想到了這樣的童謠之後才得以用英文思考及禱告（再說一次，我們不清楚她禱告些什麼），這或許與她後來生病發作時，有好一段時間只會以英文說話有關。

安娜照顧父親，讓自己累到不成人形，我想很少人會因為她期望父親的絕症早點結束而譴責她。但是，她譴責自己有這樣的想法，我們也在很多時候看到她有這樣的行為：她發現自己在「空想國」裡做白日夢，想跟年輕人一起跳舞，聽不到父親要她做什麼——她越不想關注他，就越是強迫自己專心，並且把全部的注意力都放在違背自己部分意願的事情上（因為她認為自己想尋歡作樂的願望是輕浮

的）。我有很多分析者不想再跟自己的另一半在一起，卻強迫自己對她好，做她想要的事；他越是不想跟她在一起，他就越努力，並且也越容易弄巧成拙，因為不想跟她在一起的那部分的他總是會出來插手管事。

這正是發生在安娜身上的狀況：她越是認真傾聽父親對她的要求，她就越聽不見！她在父親病榻旁越是戰戰兢兢，就越容易失神，也越少注意到他真正需要她或想要她做的事。正是因為她厭倦了照顧他，遂認為自己對父親的照顧永遠不夠好。

她反覆嘗試把自己「輕浮」的慾望置之腦後，構成她許多症狀的促發因素。

意識的變異狀態

談到安娜·歐強烈的白日夢，請注意布洛伊爾及佛洛伊德提到被隔離的抑制物可以出現的第二種方式：在一九六〇及一九七〇年代，人們會將被隔離之抑制物出現的第二種方式，稱為「意識的變異狀態」（altered state of consciousness）（SE II, p. 214）。他們把這種意識的變異狀態稱為「類催眠狀態」（hypnoid states），因為這種狀態就像人們被催眠了（他們也用了法文的「失神」〔absences〕來形容），儘管人們是自願「墜入」這樣的狀態，並沒有催眠師的協助或介入。

今天許多人並不十分熟悉這樣的意識狀態 —— 就像歇斯底里早期許多外顯表現形式，包括心理引起的身體攣縮、癱瘓、無法言語、耳聾、目盲等，如今已讓位給其他種類的外顯表現形式 —— 對我們來說，最接近這種狀態的時刻是強烈的白日夢。現在眾多實務工作

者似乎都會忽略這類白日夢，但布洛伊爾及佛洛伊德早在一八九五年就已經提到（SE II, p. 13）。有時候，做白日夢會占據一個人全部的注意力，令我們暫時忘記周圍發生的一切事情，直到老師很生氣或語帶諷刺地叫我們在一屋子等著看好戲的同學面前說出來，我們才會從白日夢中驚醒。我們可以用好些說法來描述這類狀態，例如「恍神」、「放空」、「發愣」、「神遊」、「魂不守舍」、「恍惚狀態」（SE II, p. 4）、「發呆」，或是如同法國人所說的「在月球上」（*dans la lune*，意指心不在焉）；當代心理學家與精神病學家則常稱之為**解離**（dissociation）。

對某些人來說，在這種時刻發生的幻想似乎栩栩如生到他們不再能判斷這些幻想是否真的發生過。在做過那種似曾相識又十分鮮明的夢境之後，絕大多數人都會對這種狀況感到很熟悉：我們無法確認自己是否在一個重要的約會中從頭睡到尾，也不知自己是否是跟一個真的不應該同床共枕的人上了床。有時候我們張開眼睛看到自己還在床上，明白自己一定是在做夢之後，真是不禁感到寬慰！

這樣的意識變異狀態經常從日常的意識狀態中被移除及切割開來，許多人因此很難回想夢境或白日夢中發生了什麼；而且，我們對於發生在這種意識狀態裡的幻想事件的記憶，會持續從清醒時的記憶中被隔離及「解離」（SE II, p. 12），做夢狀態與清醒狀態之間繼續維持著巨大的鴻溝。往往需要經過很多練習，才能阻止自己不去忽略、或甚至不主動忽視（SE II, p. 68）我們在這類做夢狀態中的想像；至少，那些還持續戮力以佛洛伊德風格工作的精神分析師，仍會鼓勵人們做這些練習。[39]

有位男性病人告訴我，他在舉行婚禮的那一天嚴重解離，他幾乎記不得婚禮上發生了什麼事，也想不起自己有說過「我願意」。他

可以輕易地推論出那天自己可能做過些什麼,但是有好長一段時間,他對那天一點記憶也沒有。(《太空仙女戀》有一集很有趣,女主角珍妮沉迷在自己的幻想中,想像完美的婚禮場景,結果每當她要與準新郎走上紅毯時,她就消失了。)

在人們瞪著虛空發呆、怔坐在地下鐵中、或甚至走在街上時,會有各式各樣的闖入性念頭閃過腦海,佛洛伊德將這些闖入性念頭稱為「不自主意念」(involuntary ideas)(SE V, p. 523)。然而,即使是善於記得夢境的分析者仍經常無法回想起這些念頭。當人們真的記起這些闖入性念頭,他們往往覺得這些念頭是不可原諒地下流、殘酷與暴力。例如,伊莉莎白小姐(Elisabeth von R.)在姊姊過世時,腦海閃過的念頭是:「現在他(她的姊夫,她為之著迷)再度成為自由之身,我可以成為他的妻子了」(SE II, p. 156),她立刻將這樣的念頭推開。回想起這樣的念頭便已是第一步,讓它們能與其他念頭及記憶聯繫起來,使它們脫離被隔離及解離狀態,與我們生命的其他部分連結起來(見圖1.3)。這並不是說如此一來,我們便可以立刻願意接受它們作為我們的一部分!然而,承認它們的存在,承認我們擁有這樣的念頭(亦即,它們並非被某種外來的陌生力量植入我們心裡),便是重要的第一步。

M1——|——M2—M3—M4

圖1.3　將記憶從與其他記憶的隔離狀態中拉出來

事實上,這種大致上可稱之為「否認」(denial)的狀況,至少需要兩種不同的形式:

1. 首先，我們否認任何這類事件（例如，暴力幻想）曾經發生過。

2. 一旦我們感到必須被迫承認它發生過，我們會否認它跟我們有關，並且大聲宣稱這種應該受到譴責的願望是離我們心靈最遠的事物；也就是說，當某事的存在不容爭辯，我們仍可辯解它跟我們有任何可能的關聯。

這些年來，我聽到心理學課堂上的學生說，這類闖入性念頭及幻想無疑是來自於大腦神經元的「隨機放電」。他們經常主張一時失言、筆誤、鍵盤輸入錯誤也是這樣，簡言之，所有佛洛伊德說「失誤動作」（bungled actions）或「失誤行為」（parapraxes），都是大腦神經元的「隨機放電」。[40] 他們似乎覺得，相信這類念頭及幻想是「隨機」出現的，要好過接受這類念頭及幻想可能跟他們有關，而且事實上這類念頭及幻想正道出了他們是誰！許多決定去看治療師的人也是處在這樣的否認狀態，只是在面對壓倒性的相反證據時，只好勉為其難地放棄了否認的兩種次形式（亦即接受了念頭的存在，並承認念頭與自己有關）。

另一種我們熟悉的「意識的變異狀態」（不是被藥物誘發的）來自於意外事故的發生，無論是我們不小心割出一道血腥的傷口、騎腳踏車或開車出車禍，或是發生不幸的空難或出了火車意外。在這些情況中，我們經常會經驗到時間像是慢了下來，事件以不可思議的慢動作展開，我們似乎無法真的記錄下正在發生的事情。我們似乎呆住了，往往要費很大的力氣，才能在事後記起到底發生了什麼，先後順序又是如何。我們當時的感受常常似乎是完全不可知的，彷

佛我們身陷其中，可以說我們因太過靠近而無法去分辨說明。[41]

公開的侮辱（如這章開頭時所提到的）及車禍（儘管有時只是輕微受傷）會成為創傷，是因為人們把這段經驗的記憶隔離開來，無論他們是主動忘記，還是在經驗發生時，某種意義上，他們「心不在焉」。

後遺性

遺忘會導致症狀形成，佛洛伊德企圖理解人們遺忘的機制與原因。安娜・歐的神經質咳嗽可以追溯到當她坐在父親的病榻前，從鄰居家傳來的音樂聲，讓她感受到在善盡孝道與個人享樂兩者之間的衝突，導致她壓抑了想去跳舞的願望，完全不把它表達出來。在此，她的症狀可以找到單一的「促發因素」，而這構成了科學解釋的經典形式。

不過，這不是佛洛伊德最廣為人知的因果解釋模式，也不是解釋許多症狀起源或來源的最佳模式。佛洛伊德在他未發表的「科學心理學計畫」，討論了一位八歲的小女孩，他用化名艾瑪來稱呼她（Freud, 1895）。艾瑪到店裡買糖果，老闆隔著衣服抓了她的下體（SE I, pp. 353-354）。艾瑪在這次事件之後沒有形成任何症狀（她又再回那間店，只為了讓被抓下體的行為再次發生），但是到了十二歲，在她進入青春期之後不久，艾瑪到另外一間商店購物，看到兩名店員（她被其中一位吸引）似乎聚在一起嘲笑她的穿著；她出於驚嚇衝出店外，此後她就苦於無法獨自走入商店的強迫性行為。

兩名店員的笑聲，讓艾瑪無意識地想起第一次事件中，店老闆

抓她下體時臉上露出的笑容。她將這兩次事件連結在一起，並從**現在已知的性知識**重新解讀第一次事件。（佛洛伊德也假設十二歲的她被其中一名店員吸引，可能伴隨著性「釋放」，也就是伴隨著某種力比多、或隨後會轉變成焦慮的性慾）。換句話說，後來的事件與早期事件有相同的特徵（商店、笑容及衣服），使得她在回溯理解早期事件時會認為其中含有性的意義，想必她在八歲時不會意識到這一點。在八到十二歲之間，她獲得了性知識，也經歷青春期荷爾蒙的變化。因此，唯有與晚期事件連結，早期事件才會造成症狀。

於是，後來的事件（稱為 E2）將先前的事件（稱為 E1）轉變成與一開始不一樣的事件。圖 1.4 有個簡單的時間軸：

圖 1.4

在圖 1.5 中，後來的事件會賦予先前的事件意義：性意義，這在十九世紀晚期的維多利亞（Victorian）時代背景下，是一種創傷意義（T）。

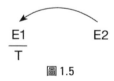

圖 1.5

E1 單獨存在時，並不是艾瑪的症狀（亦即無法單獨進入商店）的促發因素，唯有在與 E2 結合時，E1 才會是促發因素。由於並非總

是能夠只隔離出一個促發事件，而且有時候會同時隔離兩個或更多個相連結的事件，這讓佛洛伊德得出一個結論。

佛洛伊德稱此為「*Nachträglichkeit*」，我們可以翻譯為「後遺性」（deferred action）、「回溯行動」（retroaction）或「有溯及力的行動」（ex post facto action）。在這樣的狀況中，E1顯然要到很久以後才會產生影響——也就是說，要到E2發生之後才會出現影響。要是E2沒有發生，就不會有症狀形成。但是我們可以把E1想成是一個等著要發生的問題，因為艾瑪在幾年之內就會進入青春期，遲早會出現某個情境使艾瑪想起E1。

拉岡將事件一及事件二替換為意符一及意符二，將此模式化為概念，因為事件經常被我們以語詞或意符的方式記住，創傷意義T則以s表示，代表意旨（signified）（*Écrits*, pp. 681-684）。[42]

這類回溯性的因果關係只有在強調語言及意義的領域中才會看到，例如精神分析，或許是因為意義是透過人類的話語及書寫創造出來的。[43]

佛洛伊德與布洛伊爾也談到了創傷事件的累積（SE II, p. 6），許多事件都是透過累積或加總一起作用，才產生影響；加總作用的形式也可以在其他領域中發現。例如：煙霧是大氣中好幾項元素加在一起的產物。無論如何，在艾瑪的案例中，產生影響的不只是加總的結果：只要兩者之間有心理上的連結（例如：商店、笑聲以及／或者

衣服），第二個事件可以出現在第一個事件發生四年後，因果關係是
事後才出現的。一旦兩個事件及兩者當中的關聯曝光，艾瑪的症狀
大概就會消失。

如今透過追溯症狀源頭可以減輕什麼

> 關聯（或連結）是無意識的。
>
> —— Freud, SE XVI, p. 278

　　即使今時今日，我們仍能透過追溯症狀的源頭來減輕症狀嗎？
對某些案例來說，是的 —— 尤其這些症狀還在我所謂的微型症狀
（microsymptoms）時，就像感到內疚或焦慮、或是剛出現身體上的抱怨
時。有時候分析者已長期深受其苦，也可以獲得症狀減輕。

　　我曾幫助一位成年的分析者消除長年感到身體寒冷的感覺——
之前這樣的症狀即使曝曬在南加州的陽光下、沖熱水澡，並持續飲
用冒著熱氣的熱食與熱飲，都無法獲得改善。她的症狀可以追溯到
孩童時期，當時她聽到父母親的房裡傳來像是打鬥的聲音，她透過
門縫偷看房內狀況。她站在走廊上冷到令人受不了的瓷磚地板上，
看到她的「父親在（她的）母親上面，陰莖勃起」。上述的所有細節
並非一次到位，因為我使用的是談話治療而不是催眠，所以不是我
直接問她，妳從什麼時候開始覺得很冷，然後浮現了場景的記憶；
這些記憶是以更迂迴的方式出現的。不管怎麼說，症狀溯源解決了
現代的歇斯底里病人所抱怨的這類心身症狀，[44] 然而這並非總是意味

著回到第一次發生症狀的時候，因為這個女孩在偷看爸媽臥房時感受到的寒冷並非受到心理的影響──而是冷冰冰的磁磚地板的真實效應（請見Fink, 1997, Chapter 8）。因心理而使身體感到寒冷，是三十多年之後才開始的。[45]

另一個案例，則是克服持續約一個禮拜的焦慮，當時我的分析者所追溯出的症狀源頭就沒有那麼遙遠。這位分析者很討厭他的上司，他的上司要他去說服同部門的年輕醫師，他們應該更滿意現在的工作班表。這位分析者有好些年的時間一直未能擔任部門的領導職，他很高興終於有這個機會，但是，他很不想去說服別人接受連自己都不相信的事。他越是拖延，不去跟年輕醫師們談這件事，他就越焦慮。儘管他不想做這件事，但他又擔心自己會與擔任領導職角色的機會擦身而過，如果他現在不跟上司合作，上司以後就不會再找他了。在認清自己不想參與這件事之後──打從上司向他提議時他就強烈抗拒，但是他一直不想正視這個感受（換句話說，他將這種感覺隔離開來）──他決定不去做上司要求的工作，與這難題有關的焦慮便隨之消退。

我的想法是，不是所有症狀在詳述來由之後就一定會消失，但**若是沒有仔細地討論來龍去脈，會消失的症狀少之又少**。現在，找出症狀源頭的主要障礙在於，治療師經常聽到病人說的第一個粗略版本就滿足了，他們忘了故事幾乎總是會比第一次的述說內容更加複雜詳細。佛洛伊德經常提到他必須「再一次堅持」，病人才會把故事說得完整（SE II, p. 98）；他開始「假設（被他催眠的）病人知道每一件有病原意義的事，唯一的問題是強迫他們說出來」（p. 110）。現在很少臨床工作者這麼做了，他們忘了病人需要被大大**鼓勵**（要遠遠超過如

佛洛伊德所說的「強迫」），鼓勵他們去克服自己的抗拒，深入自己覺得很微妙或者道德上要受到譴責的話題；同時更重要的是，病人「要（讓自己）習慣**任何故事沒說完整，不會帶來改善**」（p. 79，強調為我所加）——在我看來，這是絕佳的經驗法則！

我從擔任臨床工作者督導的經驗中發現，抱怨病人的夢境、白日夢或幻想讓治療工作無法繼續下去的治療師，會想當然耳地認為除了病人一開始的敘述之外，這些心靈產物就沒有更多的了。然而，病人在描述時會刻意保留許多面向，或許還會不經意地審查自己述說的內容，病人通常會評論某些細節「太不相關」、「沒什麼」，或者「這很明顯就是佛洛伊德的想法」，不值一提。病人還會遺漏這類心靈產物的細節或聯想，因為他們不想承認它們，一旦我們猜到他們略去不說的部分，他們會回應：「沒錯，我是有想到，但我希望不是這樣」（也就是說，希望它們不是最重要的聯想或記憶）。

有一位分析者告訴我一個夢，夢裡他舉步維艱，走過及膝的泥濘來見我。我問他：「那泥巴呢？」對於這個問題，他默不作聲。「什麼都沒想到？」我問。「沒有。」他回答。「是咖啡色嗎？」我試著用這個問題刺激他多說一點——真的，說什麼都好。就在這時候，他爆出笑聲，並且承認他覺得自己來接受我的療程，像是得在及膝的泥濘中跋涉前來，此時他心裡想到的是「狗屎啦」。他覺得這很不禮貌，所以不想說出來，直到我刺激他多說些。

如果我們不鼓勵分析者多說些過去重要的故事，還有現在（甚至先前）的夢境及幻想——有時我會說這是「四部和聲」（four-part harmony），意思是盡可能說出全部的細節，並包含他們所有的聲音（換句話說，即是說出那時他們所有互相衝突的想法及情緒）——我們就

不可能找到真相。這需要我們相當確信我們的技巧是有用的——正如佛洛伊德所說，重建病人的過去是很費力的工作，「需要我對自己的技術有全然的自信」（p. 114 n）。我的想法是，一個人唯有在自己接受分析時，體驗到全面探索過去事件及夢境的價值，才會獲得這樣的自信。今天我們陷入的惡性循環是，越來越少受訓者在訓練分析（training analyses）中被鼓勵去探索如四部和聲的記憶，因此他們在隨後與分析者的工作中，也就缺乏自信去相信這麼做的價值。[46]

即使我們試著去找出讓分析者長期困擾的症狀源頭，它也很少會完全消失。為什麼？因為隨著時間的進展，它已經從分析者生活中其他無數的事件，獲得了多重意義與支持。我們還是必須查出最初的事件與隨後及更早之前事件的連結，並徹底詳盡地探索。然而，我們並非總是能夠做到這麼徹底，甚至或許常常無法刻意這麼做，因為分析者常常隔了一段很長的時間，才記得與症狀相關的某些事件——例如某次在談一個夢時想起來，另一次則是在某個名字飄過心頭時想起。在這樣的情況下，只有在探索過所有相關的連結之後，症狀才會消除。

佛洛伊德在討論露西·R小姐的案例時提到，儘管病人在把症狀及症狀出現的時機告訴佛洛伊德之後，病情獲得了某種程度的改善，

但是整個情況的關鍵在於透過分析所碰觸到的最後症狀。

這個案例的治療過程包括促使已經被分裂的精神群組（psychical group）〔M1—M2—M3〕再次與自我意識〔M4—M5—M6〕結合起來。奇怪的是，治療的成功並非隨著投入的工作量漸次累積。病人完成了治療工作的最後一部分，就突然復原了。（SE II, p. 124）

　　我們可以說，即使已經充分探索了 M2 及 M3，但一直要到發現 M1，症狀（憂鬱、疲倦、覺得自己像是聞到燒焦的布丁味及雪茄菸味）才立刻消失。就跟許多分析師一樣，我有許多案例在密集工作多年後，似乎也沒有多大的進展，然後突然間，病情就在很短的時間內出現大幅改變。不管是不是有用催眠（佛洛伊德有催眠露西‧R），治療工作的本質經常是這種狀況。

　　理論上，一旦被隔離的記憶與主體能接觸的記憶產生連結，這個記憶就會停止產生症狀；實務上，這個記憶與其他被隔離記憶所建立的諸多連結也必須被一併闡明，才能停止症狀形成。

　　這並非說每一個孤立記憶都能變得不再孤立，或是完全脫離無意識；因為這麼一來，就必須假設意識與無意識之間的屏障會從先前有此屏障的人身上消失。但是，長期身為分析師——我們許多人自己也接受長年累月的分析——的經驗讓我們很清楚，被隔離的記憶無法全部由無意識中清空，被隔離的記憶也從未全部被我們可觸及的意識所吸收。總是有我們無法意識到的動機，讓即使是經驗最豐富、受過最完整分析的分析師在日常生活中——甚至在治療室中——做出原因不明的事。換句話說，儘管經過了許多探索，意識與無意識之間的屏障仍舊存在。

　　不過值得期待的是，在經過長時間的分析之後，通常我們會變得比接受分析前更容易碰觸到最近被隔離的記憶，與督導或其他同事一起工作，也可讓我們看到先前未見之處，而不必回到沙發上，再經歷一次漫長的個人分析。曾經經驗過大量分析工作的我們，經常能在夢醒後沒多久就明白夢的意涵。然而，無論我們是多麼有經

驗的分析師，都不應該低估我們會自欺的程度，誤以為自己知道內
心所有的想法！

第 **2** 章

無意識是意識的對反
無意識如何出現在言語及症狀中

The Unconscious Is the Exact Opposite of the Conscious
How the Unconscious Manifests Itself in Speech and Symptoms

　　對反的念頭總是彼此緊密連結，並且經常以下列的方式配對：
某個念頭受到過度強烈的意識，與之對反的念頭就受到抑制、
且不被意識到。

——Freud, SE VII, p. 55

　　要通達被抑制物（the repressed），很少一蹴可及。總是需要有中間
步驟，彷彿必須要先軟化、或是逐漸滲透M1及M2—M3—M4之間
的屏障。儘管這會讓實務工作者的工作更加困難緩慢，卻能讓分析
者更容易接受結果；因為突然面對無意識中的內容很可能會讓分析
者感到害怕，或是產生困惑，甚至是斷然拒絕。

　　在不做催眠的情況下，要如何鋪路，逐漸觸及被抑制物？有各
式各樣的方法，包括對夢、白日夢、幻想、口誤、失誤動作等等的
深度討論。我們會在研究佛洛伊德作品的過程中接觸到以上這些方
法，但是接近被抑制物，可能有更簡單的管道，而我們會從這裡著

手，首先從否定（negation）開始。一九二四年，佛洛伊德寫了一篇標題為〈否定〉的論文，這時候他已經寫過很多關於夢及失誤動作的文章，而這篇文章儘管只有五頁，卻扼要描述了他曾發展過的最基本的技巧。這並非是說他在這篇文章中的討論僅僅是入門，事實上，這篇文章很複雜，因此有無數關於這篇文章的詮釋（例如拉岡及哲學家尚・希波利特）。但是在此，我們不會深入這篇文章的理論複雜度，而只關注它的實際應用。

從否定的主張中刪除「不」

> 受到抑制的影像或意念，可以用否定的方式進入意識中。否定是一種注意到被抑制物的方式。
>
> —— Freud, SE XIX, p. 235

想像一下，如果我們請一位對精神分析還不是那麼熟悉的分析者描述她媽媽是什麼樣的人，她的回答是：「嗯，我不能說她是個很糟糕的媽媽。」

我們會這麼回她：「『不能說』？可是你想到她時，第一個想到的詞似乎是『糟糕』。」

接著分析者很可能會用以下的方式反駁：「沒錯，但她也有她好的一面，所以我不能那麼說。」

「可是，或許你在某方面覺得『她是個很糟糕的媽媽』？」假設她的語氣並未全然拒絕這個意念，我們或許可以一字不差地用她對

媽媽第一個反應的後半段話來接腔（亦即，「嗯，我不能說『**她是個很糟糕的媽媽**』」）。

透過這樣的方式——當然，實際的互動情形可能跟我在這裡提供的例子很不一樣——我們強調的是她在回應問題時，浮現她心頭的形容詞（「糟糕」），這是她對母親的形容，而不用去理會她如何修飾這個形容詞。換句話說，我們不從表面上去看她可能會在形容詞前加個是或不是、更多或更少，或是表示程度的量詞，也就是不管她接著說她媽媽並不糟糕、總是糟糕、從不糟糕、偶而糟糕、糟糕透頂、相當糟糕或是只有那麼一點糟糕。因為佛洛伊德在這篇文章的重要貢獻正是指出，當我們鼓勵分析者做自由聯想——也就是要分析者在回應問題時，說出第一個浮現的念頭——分析者經常在經過考量之後，哪怕只是半秒鐘的思量，都有可能會想要否認浮現的念頭。假設浮現他們心裡的念頭有連結（透過或長或短的連結鏈），他們則只有用否定的方式，才能將這個念頭帶入話語中：「我**不能說**『她是個很糟糕的媽媽』。」只要這個想法是被否定的，分析者就**能**提出這個想法，因為他們從這樣的否定中看不出任何可疑之處；換句話說，他們並不認為自己在說出這樣的負面主張時有特別透露出什麼。

確實，在日常生活中，除了精神分析師之外，很少人會從這類負面說法中看出任何端倪。至少，在事關緊要之前看不出來。例如，當某位高官說，「我不能說中東戰爭戰局惡化」或者「我不會說經濟表現不好」，聽眾當中有人會開始產生疑惑：如果事情順利發展，為什麼政客不說些正面的話？像是「我很高興告訴大家，經濟發展非常蓬勃」，而要用這麼負面的說法呢。當一位執行長說：「我們上一

季的績效沒有很慘。」有些投資人可能就會開始想，如果公司發展得很好，為什麼企業的頭頭要講出「很慘」這樣的話。同樣地，如果你問你的另一半，今天工作如何，她回：「我一整天都沒有離開我的桌子。」你可能會猜想她為什麼要這麼說，假設你從來沒暗示過你懷疑她一整天除了在桌前工作之外，還有做些其他的事情。事實上你可能會開始自問，一整天可以說的事情那麼多，為什麼她會覺得自己有需要**這麼**回答，你又沒有指責她在工作上打混，也沒有懷疑她背著你偷人！當事關緊要時，人們似乎本能地就變得像精神分析師一樣多疑。

佛洛伊德的天才之處在於，他好奇分析者對於母親可以說的事情有那麼多，她卻挑了這個形容詞：「糟糕」。一位母親可以溫暖、冷淡、關愛、惡毒、有趣或陰沉；她也可以是公平或不公平的，會偏袒或忽視自己的孩子；她也可能在不同時間點有著各式各樣的樣貌。為什麼分析者會單單挑出這個詞？她為什麼做了這個選擇？**佛洛伊德的做法是把分析者說的每一件事都看成極度重要**，而分析者平日完全不會這樣看待自己說話的內容。例如，在被問到她用來形容某人的某個詞時，她可能會立刻改變用詞、換個比較緩和的說法、或甚至撤銷原本所說的。**佛洛伊德教我們不要接受撤銷**（對於喬叟著名的「撤銷」，亦應如是看待！）。[1] 當分析者說了什麼——即使她急於修飾或緩頰——我們也必須讓她所說的保持原樣。

否定是種想要更進一步的嘗試——嘗試一言既出之後收回覆水。[2] 佛洛伊德對這種狀況的想法是，分析者只有先抹除對於母親的某個念頭，才能把這個念頭說出口——也就是，在「~~糟糕~~」這個詞上畫上一個大大的 X，把它抹去。「她媽媽很糟糕」這個念頭只有經過

偽裝，讓分析者的意識認不出來，才能浮現心頭，只有在她認不出這個念頭透露了她的真實感覺時，她才說得出口。（我們很快就會看到，不只用否定，念頭還可以用其他方式加以偽裝。）她相信用這種否定的主張——「我不能說她是個很糟糕的媽媽」——她沒有洩漏自己的心緒，相反地，她說的是真話——換句話說，她說的是肺腑之言。

當分析者在訴諸語言時，她企圖說明真相，分析者經常會這麼說：「我知道**我**認為我媽媽很糟糕，但是她總是說自己是個好媽媽，我姊姊跟我哥哥也認為她很好。」當病人這麼說時，她把自己對母親的感覺打了折扣，因為她不確定那是不是「客觀的真相」；她想那或許「只是主觀的」想法，是她對母親的誤解或不實陳述。佛洛伊德用他所謂的「判斷」（judgment）[3] 功能來討論這種想法：我們想確認心裡的意念（idea）——佛洛伊德在德文中用的是「*Vorstellung*」這個字，史崔奇英譯為「presentation」（表象）或「representation」（再現）——是否符應於外在世界的「真實」（real）（SE XIX, pp. 236-237）。

在此，分析者似乎相信，她母親糟糕與否的問題就像獨角獸是否存在那麼簡單：在我們的心識中，對獨角獸有個意念及圖像，但是人類的經驗及研究顯示沒有人曾經看過一隻真的、活的、會呼吸的獨角獸（儘管這尚未構成未來也不會有人遇見獨角獸的絕對證據）。因此，這似乎顯而易見——世上沒有獨角獸，並且獨角獸「只存在我們的腦海裡」。[4]

然而，在心理領域，要確定某事是否為真，是個更加棘手的問題：如果我的兩位手足認為媽媽是好媽媽，他們的想法會比我對媽媽的感覺更加正確或真實嗎？會不會他們搞錯了？或許他們只是買

帳了媽媽自吹自擂說自己是好媽媽的講法？或者，她對他們或許真的比對我更好，更偏愛他們勝過於我？（或者是我身上有些什麼，讓她對我很刻薄，例如我的長相或行為讓她覺得很討厭？）分析者經常會在乎要給出一個他們認為對父母、手足、配偶及朋友的「正確寫照」，尤其是在我們剛開始跟他們工作時，他們希望自己對這些人的主觀經驗不要渲染到這樣的「正確寫照」，或者至少不是「過度渲染」。

　　然而，身為分析師，我們所關心的不是評估有多少人認為病人的母親是好母親、多少人認為她是壞母親，然後得到某種可能是客觀的評級；我們所關心的是，盡可能從每一個可能的角度去了解分析者與母親相處的經驗！要做到這一點，我們經常必須努力阻止分析者尋求某種客觀的衡量標準來評量現實，而且相反地，我們要鼓勵她專注在她自己的——如佛洛伊德所稱——「心理真實」（psychical reality）。[5]（這裡是精神分析與認知行為治療分道揚鑣之處，認知行為治療師宣稱人能夠直接且客觀地認識現實，並且能夠教病人做到這一點。）所以，當分析者陷入沉默，我們問她心裡想到什麼，她回答：「我在想我們是怎麼說我媽媽的，再想過一遍之後，我認為她畢竟沒有那麼壞。」——又一個否定——我們可能會想堅持她對媽媽的每一個想法本身都很重要，而且即使她對媽媽未必只有這一個想法，它也不該受到忽視。

　　用否定方式表達的念頭（「我不認為 x」或「我認為她不是 x」）不見得會帶我們直接觸及無意識，但是在尋找正確方向時，它們通常非常有用。當分析者越來越能調整頻道，去聽到自己的拒認及否定，並且好奇背後隱藏了些什麼時，無意識與意識之間的屏障就越可能被滲透。[6]

偽裝無意識念頭

我不想承認那感覺很好……

——一位分析者

用抹除的方式呈現心裡浮現的念頭——也就是說，用否定它的方式——只是偽裝一個念頭的許多方式之一。讓我們來看第二種偽裝方式。

想像一下，有一位已經跟你工作一段時間的分析者，他夢到一位女性，你請他在談這個夢時也說說這位身分尚未明朗的女性。他（立刻或停頓一會兒之後）回答：「我確定你認為那是我表妹。」[7]如果到目前為止的分析都一直圍繞著這位表妹，那麼他的反應就不足為奇；但萬一這位表妹是他生命中的重要人物之一，可是在分析當中，她卻只是跑龍套的角色，那麼，他表妹浮現他心頭的事實就應該受到注目。

他說這個念頭是**你的**——亦即，是出現在你心裡，而不是他心裡——這個事實就像我們先前看到的是或不是、更多或更少、或是量詞，對於念頭本身影響不大。這個事實告訴我們，他的表妹只能在他把這個念頭推給你的情況下浮現腦海（也就是，出現在意識中）；又或者，他一想到表妹，就立刻心神不寧，所以他認為自己之所以會有這個念頭，或許跟你有關，是你存心可疑或心有邪念！對於前一種狀況，佛洛伊德的假設是關於他表妹的念頭通常會受到「檢禁」（censored），也就是被位於無意識與意識之間的屏障擋住，但當他把這

個念頭推到你身上，它就能浮現腦海。在後面這種狀況，檢禁機制（censorship）是在事實發生之後（也就是說，在他想到表妹之後）才發揮作用，這麼一來投射到你身上的或許更可能是前意識的、而非無意識的念頭。[8]

在這兩種情況下，令分析者覺得反感的念頭——用佛洛伊德的術語來說，是受到分析者的自我或超我反對的念頭——之所以能夠浮現腦海（前者），並且能被說出來（後者），是因為分析者與它們斷絕關係：「我不可能想到這種事情。」而且分析者似乎認為，「但這就是**你**會想到的那種事。」佛洛伊德指出他的病人有時候會說出以下這種話，「現在我想到了某件事，很顯然是你讓我想到這個蠢念頭」，或者「我知道你期待我回答什麼，你當然認為我已經想到這個或那個」（SE II, p. 280）。

投射（projection）是偽裝無意識念頭極度重要的方式，我們可以在無數人們對身邊其他人的指責中看到。最積極指責太太偷吃的丈夫（請見第一章），通常是最持續不斷欺瞞自己妻子的人，或者至少不斷幻想這麼做；透過指責妻子，他希望避開或減輕對自己的自責。他把自己的妻子想成「賤人」，並這樣對待她，這樣他就可以不去想自己的放蕩行為，並試圖說服自己，他在道德上比她優越——即使在他內心深處，他或許認為自己遠遜於她。最奮力指責老闆專制令人難以忍受的員工，自己通常更專制，卻拒絕接受自己是這樣的人。

就跟拒認的例子一樣，**分析師一點都不在乎投射的念頭是誰的，而是念頭本身的內容**。分析者的表妹浮上（某人的）心頭，所以我們就鼓勵他談這件事。腦海裡有欺瞞的想法，不管分析者說是誰做了欺瞞這件事，我們就鼓勵他討論欺瞞。

可疑的說法

> 真不敢相信我剛剛這麼說！
>
> ——一位分析者

　　人們經常不知道自己在無意間透露出自己的意圖。當某人對你說：「我不是故意無禮，但是……」你可以相當確定他或她要對你不客氣。當某人說：「我不是要批評你，但是……」你可以相當確定他或她正要開始批評你，只是程度或輕或重。[9]

　　一般人似乎相信只要為自己的意圖加上免責聲明，就足以消除自己話中的無禮或批評，然而，這其實只是宣告他清楚自己想表達的話可能會被視為無禮或批評。他想用拒認的方式減輕或消除人們的觀感——某種程度上，即是在一開始就阻止人們這麼去想——然而，正是他自己把這話說在前頭，讓我們注意到他接下來要說的話很重要。他不明白他越是努力輕描淡寫，就越引起我們的注意，讓我們的耳朵豎得更尖。

　　值得注意的是，這類**免責聲明**並非總是以很清楚的否定形式出現。我的一位分析者有時會告訴我，她做了「一個無傷大雅的夢」[10]或是「一個小蠢夢」，她有意識地淡化夢的重要性。但是企圖減少夢的重要性，很少是毫無理由的：這類企圖通常表示，分析者意識到夢境有些令人困擾或困窘的事實，他們希望引開我們的注意力、或暗示我們不應該在這個夢上著墨太多。更常見的狀況是在分析者有點陷入沉默時，我們問他們心裡在想什麼，他們通常會回答：「沒

事。」如果我們持續問下去，或者用疑問的語氣重複「**沒事**」，他們經常會說：「對，沒事，只是個愚蠢的想法。」或者「只是隨便亂想。」（佛洛伊德指出他的病人經常會說：「我剛剛想到一件事，但它跟主題無關」〔SE II, p. 279〕）。如果我們鼓勵他們說出「愚蠢的」或「隨便亂想」的想法，而這是我們應該做的，我們通常會發現，事實上，這會是整個療程中他們所說最重要的事！這種情形讓拉岡說出「我們正是在分析蠢事」（Seminar XX, pp. 11-13）。第一個在他們腦海中跳出來的念頭——也就是，自由聯想——經常看似毫不相干、突如其來或前後不一致，而且儘管許多分析者的第一個傾向是完全漠視，好像他們從來沒想過這個念頭，但它卻是分析要取得進展必須被說出來的關鍵。[11]

我還有位分析者在治療過程中某段時間經常以「抱歉我遲到了」做開場。在日常生活中，當一個人遲到是例外、而非常態時，向人道歉是在請他人**原諒**自己遲到；這種話是有目的的言語（換句話說，這是一種「言語行動」），[12] 也就是在為自己不尋常的晚到而**致歉**，並且**傳達出意圖**：未來我會更注意準時到。然而，我的這位分析者反覆表示道歉，這意味著他在道完歉之後根本沒打算改善，因為他還是持續遲到。

這種公式化的道歉持續一陣子之後，當他又說：「抱歉我遲到了。」我回問：「真的嗎？」我對分析者日常言語行動的不尋常反應讓他大吃一驚，所以我繼續說：「你確定你真的感到抱歉嗎？如果你真的抱歉，為什麼不試著讓自己不要經常這麼晚到呢？」這促使我們展開一段很長而且大有斬獲的討論。我們討論到，他似乎認為他不在時，我會想著他，所以他在明知這樣做可能會遲到的情況下，

還是會讀點什麼或查些資料──他藉由讓我等待，偷偷享受著某種祕密的快樂。[13]

於是，似乎用以掩蓋人們真實意圖的免責聲明，可能是肯定句（「我很抱歉……」），也可能是否定句（「我不是故意要這麼過分……」），但是受過精神分析訓練、細心的對話者，不會只看到表面的說法。因為事實上，每一位分析者都有自己獨特的表達方式，以便輕描淡寫、轉移注意力、或是隱藏意圖，分析師必須熟悉每一個人的修辭風格，好明察秋毫，並闡明話中有話的部分。

還有些分析者習慣一再重複同樣的說法──例如有位分析者最初來找我做分析時，在某次療程裡連續說了三次「我的家人什麼都很棒」──我們不禁會想，像這樣的話，他們是想讓誰相信呢？是要讓他們自己相信，還是讓我們相信？如果他們那麼相信自己說的話，為何會覺得有必要經常重複？是要說服自己還是說服我們？一直重複肯定的主張，會開始讓人覺得有否定的意味，而這似乎是某些分析者慣用的拒認方式；亦即，他們並非真的相信什麼都很棒，而是希望家人真的如此。

每一個恐懼（或擔憂、或掛念）都掩蓋著一個願望

有些分析者經常表示他們擔心某人，但事實上他們想要的是對方受到傷害。記不清有多少次，我聽到分析者說他們「擔心」或「害怕」父親（或是某個親近的人）心臟病發，然而，他們的父親根本沒有心臟病，甚至家中也沒有心臟病的家族病史！在這些例子裡──**不是**那些父親真的病重而感到巨大壓力的案例──分析者希望壞事降

臨在父親身上，或者他乾脆消失不見，這樣的願望（wish）幾乎都會
自動偽裝成擔憂、掛念、焦慮或恐懼。這並不是說，這些分析者意
識到自己希望父親死去，但覺得公開表達這種願望是不被接受的，
所以刻意用不一樣的方式表達；相反地，他們意識到的只有擔憂、
壓力、掛念或恐懼——換句話說，就像希望身邊的人被如此矇騙一
般，他們也被自己的情感經驗給矇騙了。

　　我盡可能再說明白一些，這些分析者有種無意識的願望，希望
父親死去（或者至少受到嚴重傷害），所以，他們或者是在意識上完
全不去想到父親，或者他們若是想到，也只會用扭曲或偽裝的形式
去想（SE IV, pp. 259-261, 266-267）。很顯然地，被抑制的不是父親這個人
或是「父親」這個字，而是他們對於父親的特定願望或念頭。在圖2.1
（還有其他地方），我將被抑制的願望放在橫槓或屏障之下，表示這
個願望是被抑制的；再把進到意識中那個截然不同的感受放在橫槓
或屏障之上，表示它是被意識到的。

我擔憂我父親可能會死
_____
我希望我父親死掉

圖 2.1

　　這也可以換成我們在第一章用來呈現抑制（隔離）的方式：

我希望我父親死掉　|　我擔憂我父親可能會死

　　在此，我們看到某個與我父親相關的念頭及情感，只有在兩者

都經歷變形之後，才能浮現心頭（亦即，被察覺或進入意識中）：「願望」被「擔憂」取代，我對父親的怒氣使我希望他死掉，則變形為焦慮或掛念。我的情感強度仍維持不變——換句話說，在屏障兩邊的情感強度是一樣的——但是比起氣到想要父親死掉的憤怒，恐懼及焦慮對我來說令人反感的程度要小得太多。

這種將願望轉型成擔憂、掛念、焦慮或恐懼的變形非常普遍，普遍到**在精神分析中這確實是一個很有用的經驗法則，幾乎分析者的每個恐懼、擔憂、掛念或焦慮，都至少可能掩蓋著一個願望**。[14] 之後我們在探討症狀形成時，會再回到佛洛伊德對這一點的討論，因為佛洛伊德提出一個關鍵假設，即**每一個被道德顧慮視為不恰當或不合情理的感覺，都會被轉化為焦慮**。事實上，焦慮是情緒的通用貨幣（SE XVI, pp. 403-404），所有情緒在被自我批判能力（自我或超我）抑制時，都能轉換成焦慮。因此，絕不能只從表象去理解焦慮，焦慮永遠暗指著其他被自我檢禁過的情緒（請見 SE IV, pp. 266-267, and SE X, p. 162）。

在《鼠人》的例子中，佛洛伊德發展出一條幾乎是普遍性的原則——事情與表面所見正好相反：「無意識是意識的對反（亦即，有如硬幣之正反面）」（SE X, p. 180）。這個原則與我們習以為常的世界觀相悖，許多分析師一開始要接受這一點也深感困難（那些熟悉政界操弄思想手法的人反而比較容易接受這一點，他們知道政府對他們的行動所給出的官方說法，經常是跟非官方的真正原因恰好相反）。當人們在說他們的動機及意圖時，我們太習慣只聽到表面說詞，以至於似乎很難領會精神分析內建的「懷疑邏輯」（logic of suspicion）（這是我的說法；請見 Fink, 2007, pp. 14-17），也就是考慮以下的可能性：人們說的每一件事即使不是徹底的謊言，也只道出部分真話。

「無意識是意識的對反」意味著，在進入個人分析時，幾乎每一個我們對自己的認定，終究都必須徹底改觀。這句話同時也意味著，身為分析師，我們必須不被分析者一開始訴說的自我認識與生活遭遇所欺弄，而是永遠都要考慮真相（我們或許以為真相只有一個，但事實上很少如此）經常會更接近分析者最初說法的相反面。寧願相信大多數人都對自己很了解的人，將會發現這一點很難下嚥，但那些親身經歷過被徹底分析的人便很能了解，當一個人領會到自己是「滿嘴屁話」──引用我一位詼諧的分析者所說──之時，便來到了個人分析的轉捩點。

文雅些的說法是，如果分析者及分析師都能夠不把每一件事視為理所當然，並且認真考慮分析者在分析工作剛開始時說的每一件事，幾乎都可能掩蓋了另一件事，那麼他們就是做好了分析工作。

掩飾攻擊性

不是每一個被抑制的願望都必然以恐懼、擔憂、掛念或焦慮的形式表現出來。我們內在有些東西會極力譴責某些被抑制的願望，甚至認為最好不要提到跟這些願望有關的主題或人物，因為害怕真實的感覺或願望有可能會爆發出來；這些被抑制的願望最後經常形成症狀，無論是抽搐、恐懼症、嘔吐、害怕搭飛機、重複檢查門有無上鎖或瓦斯有無關閉，諸如此類。然而，一旦人們開始理解這些症狀是偽裝，便可以從這些典型的偽裝（恐懼、擔憂、掛念或焦慮）發現許多被抑制的願望。

分析者用以掩飾他們對某人的強烈憤怒還有另一種常見的方式，

就是表達出他們有必要**保護**這個人。如果我們信以為真，就會經常沒發現到，事實上，他們想保護的人完全有能力保護自己，而且根本沒有任何明顯的危險。所以，想保護那個人的念頭到底是什麼呢？我們往往會發現，他們希望那個人受到傷害，並且感到自己對那個人構成威脅；於是他們覺得自己有必要保護那個人不被自己傷害！他們滿心想著希望那個人受到傷害，這也讓他們變得很焦慮，要保護對方不被自己傷害。常見的狀況是，分析者會把自己的母親稱為「我可憐的母親」、「那個可憐的女人」，或是把愛人稱為「那個可憐的傢伙」、「那個可憐的女孩」，分析者可憐他們的唯一理由是，分析者自己對他們恨之入骨，以及／或者分析者要傷害（至少在思維上）他們！

假想的啟發價值

佛洛伊德在〈否定〉中提供我們一個方法，能讓分析者在不知不覺間洩漏無意識的念頭及隱藏的意圖，我們不需要努力推**翻**分析者所說的一切，也不需做出在他們看來似乎是不太可能的詮釋。這種方法不是試圖直接軟化或戳破無意識與意識之間的屏障，這種方法是繞著屏障進行迂迴戰術；就像在美式足球中，球員會繞到離對方防守線較遠的那一端，而不是企圖穿越防守線，或強迫進攻：

　　有時候，我們可以透過一種非常便利的方法，獲取一些我們想知道的關於無意識抑制材料的訊息。我們問：「你認為在這種情境中，最不可思議的事情是什麼？你認為在那時候，對你來

說最不可能想到的是什麼？」如果病人落入陷阱，說出他認為最難以置信的事，他幾乎總是做出了最正確的自白。（SE XIX, p. 235）

在此佛洛伊德沒有明確地描述「情境」，所以讓我來提供一個例子。想像一下，有位分析者告訴你，她做了一個夢，在夢中她正在讀一封信。儘管做夢時一切都非常清晰，但一覺醒來時，她想不起來這封信是誰寄來的、也不記得信的內容。當我們問她，關於這封信她有沒有什麼想法，不管是最近收到的任何信件，或者是過去收過的任何重要信件都好，但這些問題引不出任何聯想。佛洛伊德的方法，或者在這種狀況下的「錦囊妙計」，就會問以下這類問題：

- 「既然你想不起來是誰寄的信，那你覺得最不可能寄這封信的人是誰？」
- 「你不記得這封信的內容，那你認為這封信最不可能跟什麼有關？」
- 「你認為最不可能寫信給你的人是誰？」或者
- 「你最不想讀到的信的內容是什麼？」

在此佛洛伊德的概念是，當我們詢問一位病人她最不可能想到或最不可置信的事時，我們讓她得以自由地告訴我們，實際上她心中最靠近真相及最有可能的事。當我們問她，她心中覺得最不可能的事時，我們讓她得以透過這種表達方式，輕鬆地說出她心中第一件想到的事。要是我們劈頭就問，關於信她心裡想到什麼，為了回答這個問題，她可能要有意識地跑過一連串名單，有哪些女性朋友

或男性朋友可能寫信給她；相形之下，這個假設性問題可能突然間就讓她想到她收過一封信，跟父母或祖父母的死亡有關、跟遺產有關、或是跟某親戚的致命性疾病有關。在她剛醒來時，她或許不會想到這些，甚至在療程中，當我們鼓勵她對夢做聯想時她也不會想到；可是當我們讓她去想最不可能的寫信人以及最不可能的信件主題時，便是在讓她自由地帶我們朝最有成效的方向前進。

為何這樣的花招會奏效？因為它鼓勵她說出沒有任何「切膚之痛」的事情——也就是說，沒有什麼明顯的風險。這樣的技巧是設計來繞過檢禁制度的迂迴戰術，因為當她只是說出心裡最不可能想到的事時，又怎麼會受到道德譴責呢？

最不可能想到的事其實是最容易想到的事，腦子裡最後才想到的事其實是第一件想到的事，這個事實符合上述佛洛伊德提出的主張，「無意識是意識的對反」（SE X, p. 180）。正如佛洛伊德後來提到的，無意識像是意識（或自我）無法理解的「外國語言」（SE XIX, p. 112），無意識的內容出現在意識中時，是扭曲的、偽裝的及顛倒的：我（意識到）的恐懼代表（無意識的）願望，我認為最不合理的是最合理的，我認為自己最渴望保護的人是我最想傷害的人等等。在分析師自己的個人分析中，他們慢慢學到如何閱讀這種「外國語言」，如何把意識的掩飾「翻譯」回原本的無意識念頭或願望，他們所做的是某種「解翻譯」（untranslating）的活動，以解開因檢禁而帶來的扭曲「翻譯」。[15] 在某種意義上，分析師會教每一個新的分析者也一起這麼做。

技術之旅

當分析師提出如前一節所述的那種假設性問題時，為的就是免除分析者的任何責任，畢竟那是她「最不會想到」的念頭，我們顯然絕對不能突然要她為這個「離題的念頭」或是「荒謬的想法」負起責任。我們絕對不能抓住這個念頭，大喊「就是它！」，畢竟我們曾經暗示她不會因為這個念頭而被追究責任，也絕對不能立刻就要她看出這個牽強念頭的真實價值。

相反地，我們必須謹慎地延伸這個「荒謬的想法」，問出類似以下的問題，這一點對於那些尚未跟我們進行過一段時間分析的人尤其重要：

- 「你的祖父怎麼了？」（在她夢中的那封信上說的可能是祖父過世了），或者「談談你的祖父吧」。
- 「那份遺產怎麼了？」（在她夢中的那封信上提到的可能是這個消息）。「你聽說過這筆遺產嗎？你有期待這筆遺產，或是你有可能繼承嗎？」
- 「胰臟癌怎麼樣了？」（在她夢中的那封信上提到的可能是這個致命疾病）。「你聽過這個病，或是你有認識的人得到這種病？」（我的一位分析者在聯想中提到蘋果電腦的史蒂夫・賈伯斯，接著帶出了一大段關於名人罹病的討論，以及他如何也想成為一個名人）。

我們不是透過這些問題理所當然地影射這個牽強的念頭與分析者

有直接關係，而是以它為跳板，對分析者、她的處境、她的家庭、她的疾病經驗等等有更多了解。跟隨著這些不同的線索，透過一系列有點長的聯想及相關鏈結，我們可以與她共同發現她心中最意想不到的事與她的生活之間的關聯。當我們能夠與分析者一而再、再而三地這麼做，她才可能開始了解她腦海裡那些最奇怪、看起來最不可能的念頭，其實與她相關，而且這麼做通常能讓分析者放鬆無意識與意識之間的屏障，在彼此的合作中讓我們也做好分析師該做的工作。

念頭與情感之間的斷連

> 在各式各樣強迫神經症的形式中，遺忘主要是關於念頭連結的消失、無法得出正確結論及記憶受到隔離。
>
> ── Freud, SE XII, p. 149
>
> 我不打算讓我爸媽稱心如意地看著我畢業，我要把事情搞砸，好氣死他們。
>
> ── 一位分析者

在分析者夢中的那封信上提到有位親戚死了，當我們發現分析者有理由對那個人生氣時，並不表示分析者就會立刻全然感受到她對這位親戚的憤怒，並且哭著說：「沒錯，我真想殺了他！」或者：「我希望他像賈伯斯那樣病得不成人形！」佛洛伊德經常發現，對分析者來說，在**理智上**接受自己有理由對那些在他們夢中似乎死過千百遍的人生氣，要比真的對這些人發脾氣──也就是說，真的去經驗

到自己對他們的憤怒——要容易得多了。事實上，他經常發現，儘管已經出現某些非常特定的連結，他的分析者似乎變得對每一個人（包括佛洛伊德）都感到憤怒，就是不會氣那位有問題的親戚。

身為分析師，我們把分析者帶到這個點，她了解或想起她有理由對這位親戚生氣，可能是因為這樣，她的憤怒往往是先針對我們，但更可能的是她把憤怒從這位親戚移置（displacement）到我們身上。畢竟，分析者想要這位親戚死掉的願望若是無意識的，她對這位親戚表達憤怒就會有很大的障礙，或許是（一）因為她感到自己若是生他的氣，就會有很大的損失，或許是失去敬佩、愛或者遺產；又或許是（二）因為這位親戚讓她感到畏懼，在面對這位親戚溫和的外表、拒絕、抗議或暴躁的脾氣時，她必須武裝自己，生氣地捍衛自己也不明白的事情。相形之下，把氣出在分析師身上，是不是比較容易？分析師似乎不太可能對她大發雷霆，或是懲罰她的怒氣爆發。在療程結束後的返家途中，對著高速公路上不替人著想的駕駛破口大罵，會不會也比較容易？還是對超市收銀員發脾氣？把氣出在上司、丈夫、鄰居或小孩身上？司機、收銀員、親戚跟鄰居通常不太能轉移或減輕她的憤怒，因為他們對她為何發火毫無頭緒；但是在許多情況下，分析師可以透過溫和、敏感的問題及答案，來避免分析者會氣到讓治療無法持續下去，而不是給出殘酷的詮釋及防衛性的否認說法（例如，「我從不會像你的親戚那樣可怕地對待你」，這種否認方式真的一點用也沒有）。

雖然我們可以很有把握地假設，在日常的生活經驗裡，念頭與情感最初是在一起的——例如，我對叔叔（讓我們稱呼他鮑伯）苛刻或負向的念頭，伴隨著我對他的厭惡——但是，佛洛伊德發現這類

的念頭及感受之間經常會斷了連結。讓我們透過下圖，呈現念頭與
情感互相連結的最初狀況：

念頭　↔　情感

佛洛伊德假設，抑制經常透過破壞念頭及情感之間的連結而起
作用、或產生影響；讓我們將因為抑制而使念頭及情感失去連結的
狀況圖示如下：

念頭　‖　情感

從這種方式來理解，抑制可能會導致各種各樣的後果：

1. 我對叔叔的負向念頭可能被遺忘了，但我對他的厭惡感還存
   在；我討厭他，但我並不真的知道原因，我已經忘了讓我厭惡
   他的事件（或許他曾經因為我打破了不該打破的東西，而嚴厲
   地懲罰過我）。

在第一個例子中，念頭遭到抑制，但是相應的情感卻仍存在意
識中。我們可以將這種狀況簡單地呈現如下圖，在橫槓（或是類似分
數線）之下是無意識，在橫槓之上則是意識：

念頭
———————
情感

在這種情況中，我對自己的情感感到難以理解，我可能會抓住
一些小事或不相關的事情，來向自己及他人解釋自己的情感。事實
上，我可能會開始覺得他的宗教信仰、政治理念、職業或生活形態
都令人作嘔，並且激烈地批評所有支持或實踐它們的人。我會用各
式各樣的理由來批評這些信仰及實踐，甚至會形成一整套跟我叔叔
對立的思想系統，可是我卻不明白自己這麼做的原始動機——也就
是說，我因與叔叔有關的早期事件所產生的感受，已轉嫁或者轉移
到他的信仰系統或生活形態。我們可以把這種狀況圖示如下，以念
頭$_1$代表我因為過去事件而對叔叔產生的負向念頭，念頭$_2$代表我對
某些宗教信仰、政治理念、職業或生活形態的負向念頭，一開始我
是從他那兒得知這些宗教信仰、政治理念、職業或生活形態，但我
可能甚至不再有意識地知道這些原來與他相關：

$$\frac{念頭_2}{念頭_1} \leftrightarrow 情感$$

順著同樣的邏輯，除了鄙視我的叔叔鮑伯，另一個可能的情況
是我開始鄙視我的哥哥鮑伯（讓我們假設，他是以叔叔的名字來命名
的）。讓我忘了我跟叔叔之間發生的事的那個內在衝突，並不在我跟
哥哥的關係裡，所以我先前對某位鮑伯的情感，如今變成附著在另
一位鮑伯身上。我們可以將此歸類到佛洛伊德所說的「言語橋」（verbal
bridge）或「轉撤詞」（switch word）（SE V, p. 341 n. 1），[16] 或者乾脆就稱之為
「錯誤連結」（false connection）（SE II, p. 67 n）——感受從叔叔傳移到分析
師，也是另一種錯誤連結——或者我們可以說，這是用一個鮑伯替

換另一個鮑伯（或者說用意符 S_2 代替意符 S_1）：

$$\frac{鮑伯_2 \leftrightarrow 情感}{鮑伯_1}$$

$$\frac{S_2 \leftrightarrow 情感}{S_1}$$

請注意，情感的質與量（此處的情感是極端厭惡）都仍維持一樣；只是我厭惡的對象改變了。

現在，回想一下，**遺忘不是抑制的必要元素；抑制可以在不讓任何事件或念頭成為無意識的狀況下，透過破壞念頭及情感之間的連結而發揮作用**。因此，以下即是抑制所產生的另一個可能後果：

2. 我記得讓我覺得鮑伯叔叔很惡劣的事，但我無法厭惡他——因此我厭惡他太太，我說不出原因，或者我只能提供與我的嫌惡感不成比例的理由。

在此，沒有東西被迫放到橫槓（或是分數線之類的）下方，但是我對鮑伯叔叔感到的嫌惡感漂移、轉移或是傳移到另一個人身上——這一次不是到另一個跟他同樣名字的人身上，而是到另一個因為很常跟他在一起、所以被聯想在一起的人身上。換句話說，這一次不是用一個在某方面相像（例如名字及性別）的人來代替，在此我們可以稱之為滑動或是「轉喻」（metonymic），從一個人滑向另一個人，這

兩個人在我的許多念頭與記憶中都密切相關。我們可以用以下這兩種方式來呈現：

第一個人　→　第二個人　↔　情感

或

第二個人　↔　情感　‖　第一個人

還可以更簡略地示意如下：

$$S_1 \rightarrow S_2 \leftrightarrow \text{情感}$$

或

$$S_2 \leftrightarrow \text{情感} \ \| \ S_1$$

如果我們想要描述**有東西**被迫放在橫槓下方，我們可以把念頭（或是人、或是意符）及情感之間的原始連結本身視為是被遺忘了：

$$S_2 \leftrightarrow \underline{\text{情感} \ \| \ S_1}$$
$$\leftrightarrow$$

我猜，我們每個人都很熟悉被壓抑的怒氣想要尋找某種出口的

傾向，無論怒氣的原始來源有多麼遙遠：一位父親在工作上受到上司訓斥，回家後為了些芝麻小事就找理由斥責兒子，找鄰居麻煩，或者最後還踢狗出氣。正如佛洛伊德在《夢的解析》中的提醒，情感一直在尋求「釋放」（discharge）的方式──某種表達它自己或現身的方式（SE V, pp. 552-553）。當某條路被阻擋，它遲早會找到另一條路。

　　抑制還可能會以下列這種方式發生：

3. 我不記得讓我討厭鮑伯叔叔的事件，但我只要在他身邊，就會感到焦慮，或者我變得害怕單獨與跟他年紀差不多的男人共處一室。

　　在這種情況下，念頭已經被遺忘，為了確保它們不會被記得，與這些念頭連結的原始情感（厭惡感）變形成沒那麼明確或清楚的東西：焦慮。

$$\frac{\text{情感}_1 \quad \rightarrow \quad \text{情感}_2}{\text{念頭}}$$

我們還是可以把念頭及情感之間的連結視為是被推到橫槓下方：

$$\frac{\text{情感}_1 \quad \rightarrow \quad \text{情感}_2}{\text{念頭} \qquad \leftrightarrow}$$

我們可能會假設從一種情感變形為另一種情感（以單向箭頭表

示）的情形，恰好發生在念頭並未被完全抑制，而且想起當初讓我厭惡叔叔的事件似乎會有危險的情況下。還有極少數的情況下，情感的轉變甚至大到從厭惡他變成開始喜歡他，這實在非常奇怪；但這很顯然是最完美的偽裝，不只是他跟我，可以說任何人都無法看穿這種偽裝。

抑制可能還會導致另一種結果：

4. 我什麼都不記得，我也不會生氣或討厭任何人，但只要我靠近會讓我想起鮑伯叔叔的人，我的眼睛或嘴巴附近會開始抽搐，或是以一種奇怪的方式移動我的頭部或手臂；或者，只要我身邊有人讓我想到他，我就會胃痛、嘔吐。

請注意，至少在一定程度上，許多很奇怪的身體動作跟人們一開始預期某人就快要把脾氣發在別人身上有關，無論那是口頭或肢體上的發怒。我的下巴肌肉緊張到出現神經抽搐，跟我想大喊或啃咬卻又受到壓抑有關；或者我可能變得結巴，因為我想要表達憤怒，卻又在找到話講之前就受到了壓制。兩股力量在我內在交戰著——攻擊的慾望，以及我對這個慾望的自我譴責——這兩股力量結合在一起，創造出「妥協形成」（compromise formation）（SE V, pp. 517, 596-597, and 676, SE XV, p. 66），很少人——如果有的話——能夠解讀出這種身體動作代表我的憤怒。

另一方面，我可能開始擠弄一邊或兩邊的眉毛，在外部觀察者看來，我似乎是在眨眼，但這很可能是我瞇眼注視某人的第一個動作，我想攻擊這個人、但同時間我也拒絕讓自己這麼做。如果我們

仔細觀察某些我們看到的臉部抽搐動作，會發現它們和我們有時看到動物發出咆哮的第一個動作很接近；由於這些動作同時遭受到反作用力的抵制——某種檢禁、某種禁止主體發動攻擊的作為——所以才會呈現出這麼奇怪的樣子（如果你曾經跟狗狗打鬧，看到狗狗用打噴嚏代替咬你的動作，你就會知道我的意思）。整體來說，頭部的某些動作，可能跟一開始、或許還很生澀的攻擊動作有關；其他則可能是跟躲避或防禦姿勢有關；也有的可能是搖頭像是在說「不！」時被中斷的動作。還有些手部或手臂的古怪或抽筋動作，也可能同樣在表明想揮打某人的願望，或是要保護自己不被打。正是這些動作古怪且重複的性質，強烈地指出了有抽搐動作的人內心存在著不同力量的交戰。

這種情形似乎較難用之前的圖示方式加以描述。在這種情形裡，有兩種不同的情感在一較高下：想攻擊鮑伯叔叔的願望，以及不想這麼做的意圖。不想這麼做的原因可能有很多種：或許我至少在某個程度上還是喜歡他的，因此會想要保護他不被我的憤怒波及；我可能不想表現出他在我的生命中有任何重要性可言（我覺得他要是知道我對他的感覺如此強烈，他可能會很爽，儘管這些感覺完全是負面的）；我可能擔心爸媽若是發現我攻擊叔叔、或聽到我這麼做，我就會失去爸媽的愛；我可能認為出手打人就是不道德的，我應該避免發怒，並完全不表現出憤怒等等。在這種情形裡，我的對立情感似乎沒有哪一方占了上風。這跟那些似乎很容易就對別人發飆的人不一樣，這種人的怒氣很快就發作完畢，發作完就會對身邊的人和顏悅色多了。我們認為後面這種人是不穩定的、或許也是不可預測的，但他們卻很少會像那些從一開始就不允許自己發飆的人一樣容

易形成症狀。

那些會在內心交戰的人最後都會耗費大量能量與自己的內在傾向對抗，他們外表看起來似乎死氣沉沉，彷彿沒有情緒，當代的臨床工作者經常會將他們描述為「情感平板」，而忽略了他們的內心其實有相當大的情感力量在交戰著。無論如何，他們內在累積的張力是相當具有自我毀滅性的，會導致高血壓、肌肉及骨骼問題，以及——或許也是最常見的——磨牙。（事實上，與這些自我對抗的人所接觸的第一批專業人員經常是牙醫。）畢竟，自我毀滅（self-destruction）無異於某種妥協——是摧毀另一個人的願望以及試圖阻止這種暴力活動，兩種對立力量的妥協。我沒有摧毀其他人，卻摧毀了自己；但是我這種做法，對自己、或對他人都非明智之舉。因此，抽搐及白天的磨牙是貨真價實的「妥協形成」（晚上的磨牙比較是憤怒的直接表達）；噁心與嘔吐也是「妥協形成」，表面上看來，我只傷害到自己，沒有傷害到其他人。

在這種情形中，我討厭鮑伯叔叔的原因看起來可能會、也可能不會變得無意識，關鍵在於兩種情感之間的衝突，後來佛洛伊德將其中一種情感連結至它我（id）（例如，有攻擊願望的情感），並將另一種連結至超我（superego）（禁止任何這類攻擊的情感）。這些對立的力量造成了症狀，而此症狀令人費解的屬性（在此縮寫為希臘字母希格瑪，Σ）讓我討厭鮑伯叔叔的原因被遺忘了，在原因與症狀之間——也就是說，在念頭與 Σ 之間——沒有明顯的關聯。

$$情感_1 \rightarrow \underline{\quad \Sigma \quad} \leftarrow 情感_2$$
$$念頭$$

　　念頭與情感當然還有其他可能的背離方式，各有各的路徑——念頭或是遭到隔離、或是仍持續存在於意識中；情感或是被移置到另一個人身上，或是轉換成焦慮、恐懼、噁心或是神經質抽搐。但是現在，讓我們對情感再多做些探討。

情感會漂移，但不會受到抑制

　　　抑制（可以）運用另外一種機制。創傷不是被遺忘，而是被剝奪了情感負荷，以至於仍存在意識中的只有創傷的意念內容，完全失去了色彩，也被判斷成是不重要的。

　　　　　　　　　　　　　　　　　　　　　　——Freud, SE X, p. 196

　　今天似乎已經只有很少實務工作者還會記得，根據佛洛伊德的看法，沒有所謂的無意識情感。念頭可能會受到抑制，但感受不會。感受會經歷移置、壓抑等等轉變，但從不會變得無意識。[17] 正如佛洛伊德所說：「嚴格說起來……沒有無意識情感」（SE XIV, p. 178）；而且，「我們不能像主張無意識意念存在那般，主張無意識情感的存在」（SE XVI, p. 409）。換句話說，儘管有時候我們會在佛洛伊德的作品中看到他提及抑制的感受或無意識的情緒，但佛洛伊德很清楚地表明這些說法有些草率或只是個大略的說明，最終會產生誤導。當我們盡可能清楚地闡述事情時，「沒有無意識情感這回事。」[18]

　　既然念頭會受到抑制，佛洛伊德在情感方面教了我們什麼呢？他說：「（與被抑制意念連結的）情感，其立即的轉變是變形成焦慮」

（SE XVI, p. 409）。換句話說，當我們碰到焦慮時，經常會發現是因為有念頭（帶著某種願望的念頭）受到抑制，而與它連結的情感，無論其原始感受為何，可以說已經任其漂流；在分析者的心靈中，它似乎不再與任何事件、情況或念頭有所連結，而是變形為焦慮，焦慮是「通用貨幣，**任何**情感衝動在其所伴隨的意念內容受到抑制時，都成了、或都可以被兌換成焦慮」（pp. 403-404）。

在《夢的解析》中，對於「不帶著適當情感」（inappropriate affect）這個概念荒謬地遭到廣泛運用，佛洛伊德提供了一個有效的糾正，他說：

> （神經症的）情感總是適當的，至少在質的方面是如此，雖然我們必須考慮到它們的強度會因為移置而增強……精神分析能透過辨識出這個情感是……合理的，並且找出原先屬於這個情感、卻遭到抑制或被替代品取代的意念，而使病人回到正常的軌道上。（SE V, p. 461）

這樣的陳述幾乎在佛洛伊德的作品中持續了近二十年，[19] 我們可以清楚地看到在他的觀點中，情感可能漂移、附著到其他對象上（與它們形成「錯誤連結」）、變形成焦慮，或甚至變成相反的情感，但是情感本身不會受到抑制，不會變成無意識的。假設我們知道如何尋找情感，我們總是會在人們生命某處看見它的蹤影。但是，情感一開始所伴隨的念頭就不是這樣了。

人們經常注意到，強迫症病人會想起許多過去的重要記憶，並且能一五一十地告訴你許多細節，但他們的敘述卻不帶一絲情緒；

相反地，歇斯底里病人遺忘了許多過去的重要記憶，但是與這些記憶相關的初始感受至今無疑仍存在於他們的生活或身體上，並且因為脫離了原先引發這些感受的念頭及記憶，所以出現時會顯得「瘋瘋的」，令人難以理解。對於強迫症病人，我們想知道情緒去了哪裡——很可能移置到所愛或所恨的對象上，或者可能變成症狀；對於歇斯底里病人，我們知道其記憶受到抑制，情感則是已經任其自由漂流。

因此，身為臨床工作者的目標之一，便是找出讓念頭與情感再度連結的方法，這也是消除症狀必須做到的。我可以毫不誇張地說，幾乎所有的精神分析技術都是為了做到這一點而設計的。讓分析者鉅細靡遺地講述生命中的痛苦事件是我們的最佳對策，可以將令分析者痛苦／煩惱的情感與引發這些情感的初始事件、還有隨後所有的相關念頭連結起來。還有，幫助分析者針對過去及現在的事件、闖入性念頭、令人費解的反應、夢、口誤及幻想做自由聯想，也讓我們得以藉此把分析者生活裡「難以理解」的經驗，和參與其建構的情感關聯起來。

第 **3** 章

夢
通往無意識的皇家大道
Dreams
The Royal Road to the Unconscious

無論我們想像的事物多麼荒謬、複雜或異常,都有可能出現
在夢中。

——西塞羅,《論占卜》II,LXXI,第 146 頁

　　佛洛伊德的巨作《夢的解析》(SE IV and V)第一版出版至今,雖然
已逾百年,夢依舊是精神分析工作的樞要。今日絕大多數精神分析
的實務工作者幾乎肯定從未仔細讀過這本書,他們在釋夢時所做的,
也可能不及佛洛伊德建議的一半,儘管如此,接受過精神分析的人
們還是常說,在分析中最重要的是夢,還有跟分析師一起討論夢。

　　在二〇〇〇年代,巴黎有個拉岡學派的精神分析機構發表了一
項針對培訓分析師(analyst-in-training)所做的長期研究成果,這些分析
師已經完成課程要求及個人/訓練分析(personal/training analyses),[1] 並
且申請了某些拉岡學派機構所採用的「通過」程序(讓他們有資格成
為學派成員、或是具有特殊位階成員的程序)。幾乎所有分析師候選

人都提到了夢對他們的重要，以及夢的解析有助於分析的進展與完成。對當時的許多分析師來說，這項研究成果頗為出人意表，對拉岡學派的精神分析師來說更是意外，因為他們並沒有固定的釋夢方法（即使他們都相當熟諳佛洛伊德的作品）。拉岡學派分析師在釋夢時的做法各自不同，其他精神分析學派的分析師亦是如此。

　　因此，在我們進入佛洛伊德對夢的解析所提出的理論與做法之前，且讓我們從病人自身的回應，先肯定夢在精神分析工作中無與倫比的重要性，並探討夢之所以如此重要的可能原因。

夢帶給我們的學習幾乎無所不包

　　　夢是一個（受壓抑的或被抑制的）願望的（偽裝的）滿足。
　　　　　　　　　　　　　——Freud, SE IV, p. 160（強調為原文）
　　　在分析中，藉由夢所揭露的被抑制物遠比其他方法更多。
　　　　　　　　　　　　　　　　　　　　——Freud, SE XIX, p. 117

　　佛洛伊德在《夢的解析》中告訴我們的第一件事宣告了夢最重要的特色，這一點在今日依舊為真：「夢中可自由支配的記憶，在清醒生活中不能憶及」（SE IV, p. 12）。換句話說，有無數「超出我們清醒記憶所及範圍」（p. 11）的事物，都會出現在夢中，在夢中被表現出來。在我們的時代，夢的解析在很大的程度上已取代了催眠，因為夢能提供許多先前只有在催眠狀態下才能觸碰到的材料。

　　因此，許多不同學派的精神分析師至少有個共識：讓分析者談

夢、並針對夢進行自由聯想，可以獲得非常多分析者的背景資料及童年經驗。因夢而浮現的記憶，會透露許多在分析者清醒時的念頭、感受與症狀中無法說明的事情。

而這並非意味著分析者的早期生活事件與經驗會在夢中如實重現。事實上，童年事件很少在夢中忠實重演，夢裡出現的經常只是事件中微不足道的部分，間接暗示該事件。正如佛洛伊德所說，「夢中再現的記憶，很少不加刪減和變動就構成了整個夢境」（SE IV, p. 198），過往的場景往往僅是被召喚出來，或是在夢境中被大幅改寫。佛洛伊德並繼續說，「童年場景確實通常只以暗示的方式表現在夢的顯內容中」（p. 199）。[2]

總之，正是因為對夢進行思考、並與分析師一起討論夢，才讓我們憶起了多年來從未想起的事──如果我們曾在事發後想過的話──這是在一開始分析師請我們說出生命故事時，我們不會提起的事。我們當然不會想說那些讓我們感到丟臉的事，不過許多其他的我們也不見得會提。事實上，在分析剛開始進行、甚至進行了一段時間之後，許多事情我們並不會想到要說給分析師聽，但是這些事會出現在夢中，然後在我們跟分析師討論夢時被帶入對話之中。這類我們沒想到要說的事情甚多，多到可以說，一開始我們對分析師講述的成長歷程只不過是副骨架，還需要血肉才得以充實具體。事實上，初期那些談話內容絕大部分都不是因為想要遺忘（或至少是掩飾）真實發生的過往而故意這麼說。而是我們傾向「粉飾」過往不得體或不愉快的經驗，並改寫生命故事，從更有利的角度看待自己。此後我們便習於告訴他人，我就是這樣的人──甚至我們自己也這麼相信了──可是，這樣的故事不適合帶入分析中，也是讓我們看

不透眼前困境的部分原因。這種故事抹除了許多關鍵事實,並且成了一種官方說法。

因此,討論夢有助於補充及更正這樣的官方說法,有時甚至會推翻官方說法。這絕對有助於將症狀放入更完整的脈絡中——也就是說,放回經驗的整體脈絡中,而非只是見樹不見林。儘管拼湊出「整體圖像」是永遠無法達到的理想,只能隨著時間而逐漸逼近,但若沒有認真地增補官方說法並予以修正,就不可能找出症狀的源頭及發展過程。正如我們在第一章所討論的,找出症狀的源頭,是減輕症狀非常重要的第一步。

佛洛伊德研究夢的時代背景

> 夢的解析是通向理解無意識心靈活動的皇家大道。
> ——Freud, SE V, p. 608(強調為原文)

佛洛伊德最早期的病人有時會在催眠或放鬆狀態下主動把夢說給他聽,這讓佛洛伊德試著去理解病人的夢與他們所抱怨的症狀之間的關聯。他針對在他那個時代所能找到與夢有關的文獻進行了相當詳盡的探討,範圍涵蓋了聖經時代及古希臘羅馬時期用夢作為預言,再到十九世紀關於夢的醫學論述。十九世紀的醫學認為夢只是由生理刺激所引發,這些刺激在白天時因人們太過忙碌而未加留心,直到睡覺時心思鬆懈下來才受到注意。即使到了現在,幾乎所有我們聽到有關夢的理論,在佛洛伊德的時代就已經存在,包括夢什麼

都不是，它只是心智的「高階功能」在夜晚停用後的胡言亂語；夢有
助於清除清醒時心智所積聚的「垃圾」，特別是那些在日間生活中未
曾或無法注意到的細節；夢能釋放白天累積下來的張力或精神壓力
（SE IV, p. 80）；夢只是我們睡覺時被來自外在或內在的輕微噪音或是其
他感官刺激（例如過往車輛的聲音、鐘聲、消化困難、過熱或過冷，
或是需要小便）所引發的現象；以及夢能預言未來。佛洛伊德指出，
比起他所生活的可悲年代（十九世紀下半葉），十九世紀**早期**提出的
理論更能欣賞夢的想像力及創造力，十九世紀下半葉盛行的理論特
色是化約式的科學論述，把夢看成是愚蠢、無用、沒腦的東西。

　　佛洛伊德在回顧夢的既存文獻時發現，有刻意記錄並研究自己、
家人、朋友及同儕夢境的哲學家及心理學家（在那個年代，當面或透
過信件向他人述說夢境是很常見的事），通常會認為夢與現實生活是
有關的，無論是直接或間接相關。有些人主張夢會持續處理白天心
裡所想的事情；有的人則認為夢讓人好好休息，不被白天的問題操
煩；還有人說夢注意到了他們清醒時幾乎沒意識到的平凡細節；也
有人說夢有創造力地呈現或再現了生活中的重要議題及衝突。儘管
每一位作家都會認為他在自己（以及他那一小圈朋友及同儕們）夢中
發現的事，對所有人皆為真，但是讀者在闔上書本時還是會留下一
種印象，覺得自己對夢的理解不見得跟作家一樣，或者至少是感到
每一位作者所關注的只是跟自己夢境有關的那部分。有些人在日常
生活中不見得比較有創造力，但或許是更有想像力的做夢者；[3] 有的
人會比其他人在夢中解決更多白天的問題；還有的人持續做著無聊
的夢。

　　在這裡有個更重要的事實，那就是這些哲學家及心理學家通常

相信，夢中那些悖德、有時候甚至是犯罪的行為，對他們來說並不全然陌生，他們感覺腦海中多多少少都閃現過與這些行為相關的念頭。因此，他們願意——不像佛洛伊德那年代的「醫學研究者」——為夢境裡的作為負起某些個人責任，儘管夢境反映出的不見得是他們本身的道德品格。

佛洛伊德認為希爾布朗特對夢的研究是「形式最為完整、思想最為豐富」的貢獻（SE IV, p. 67），他曾說過，「夢中的任何行動，若其原始動機不曾以某種方式（願望、慾望或衝動）出現在我們清醒時的心靈，這是難以想像的」（引自 Freud, SE IV, p. 69）。希爾布朗特相信，「夢有時能使我們瞥見自己深沉、幽微的本性，這是我們在清醒時通常無法觸及的」（引自 Freud, SE IV, p. 70）。佛洛伊德提到的另一位作者拉德斯托克也說「夢向我們顯示的，往往是我們自己不想承認的事情」（引自 Freud, SE IV, p. 71）。艾爾德曼評論道：「夢從未告訴我應該對一個人抱持什麼樣的看法，但夢不時就會讓我明白我對某人真正的看法及感覺，這令我感到驚訝」（引自 Freud, SE IV, p. 71）。哲學家費希特則說：「比起清醒時的自我觀察，夢的本質更能真實地反映出我們的整體性情」（引自 Freud, SE IV, p. 71）。

法國作家莫瑞進一步提到，當我們做夢時，

是我們的習氣在說話及推動著我們行動，我們的良心阻攔不了我們，雖然它有時還能示警。我有些個性上的缺點和邪淫的衝動，在清醒時我竭力抵抗著它們，不向它們屈服，並往往能獲得成功。但是在夢中我總是向它們屈服，或是在它們的壓力下行事，既不害怕也不後悔……那些在我夢中展開的場景，顯

然是由我所感覺到的那些衝動引發的，而我的意志，由於在睡眠中缺席，也無法加以抑制。（引自 Freud, SE IV, p. 73）

因此，早在佛洛伊德之前，希爾布朗特及莫瑞就主張，夢放任了我們的某些衝動——在日常生活中，我們或許清楚、也或許不知道這些衝動的存在，但通常我們會壓抑這些衝動——此時，我們的道德良心被掃到一旁。平日受到壓抑的衝動會在夢裡上演，而道德感至少有部分是睡著了（SE IV, pp. 72-73）。

所以，夢與生活裡的其他部分密切相關，夢甚至可能呈現出我們在清醒時寧可不知道的自己，這樣的想法並非佛洛伊德發明出來的——正如林克斯所說，「不管是醒著還是做夢，都是同一個人」（引自 Freud, SE IV, p. 309 n. 2）。然而，在我們的年代，科學家還在戮力尋找某種夢的純粹生理解釋（請見例如 Jouvert, 1993/1999, and Hobson, 2015），他們或是亟望證明佛洛伊德所有作品的錯誤，或是把少數他們以為還能挽救的部分放在嚴格的生物學基礎上。我認為，說「那些參與所謂夢的『研究』的人」（SE IV, p. 93）是回到了**前佛洛伊德的立場**（pre-Freudian positions）也不為過，他們讓我們再度看到「厭惡學習任何新事物的優秀榜樣，這是（許多）科學家的特徵」（p. 93）。因為儘管他們贊同「在**軀體**與精神之間存在著因果聯繫」——亦即承認身心之間的關聯性——但是對他們來說，這樣的聯繫似乎只有一個方向。也就是說，即使到了今日，在醫學的現況上，仍有絕大部分心靈活動找不到其生理基礎，但他們依舊確信「有朝一日，也許更深入的研究可以進一步發現，（每一個）心理事件都有其生理基礎」（pp. 41-42）。《精神疾病診斷與統計手冊》（第五版）的作者群也相信，**將來有一天**，「我們（將）

會找到毫無爭議的病因或病理生理機制，以完全確認特定的精神疾病或精神障礙類群」（American Psychiatric Association [APA], p. 20）。

　　雖然佛洛伊德偶而會對這種「科學終究萬能」的傲慢信仰說些好聽話，他還是反駁道：「既然我們目前還無法（從其生理基礎）超越心理式的理解，我們就沒有理由否認心理層面的存在」（SE IV, p. 42）。然而，還是有大量的當代研究前仆後繼，把心理領域視為只是生理的附帶現象；而既然心理領域只是一種附帶現象，它既無法讓身體產生變化，更別提有什麼有意義的心理現象值得去加以解釋（對於正念的研究或許是個例外）。早在一九〇〇年，佛洛伊德就已經強調，心理產物本身就是有意義的，必須加以重視；換句話說，他要我們考慮一下這樣的想法，亦即，**念頭或願望等的心理現象都可作為症狀的肇因**，無論症狀是出現在心理層面，還是出現在身體層面，或者身心都出現症狀。然而，儘管絕大多數當代的「科學」研究者（尤其是醫學及精神醫學領域）承認工作或家庭的精神／心理壓力會導致生理疾病，但他們似乎還是相信幻想、白日夢及夜夢只是附帶現象，講這些有的沒的，對任何人都不具治療效果。他們唯一承認的療效只來自像是手術、開藥之類直接的生理介入。討論幻想及夢，就能讓人的意念及感受獲得轉化——這跟人的意義創造及言語的影響有關——根本不在他們的考量之中。

夢是什麼？

　　　　又像飢餓的人在夢中吃飯，醒了以後，仍然覺得飢餓；又像

口渴的人在夢中喝水，醒了以後，仍然覺得口渴。

──《以賽亞書》，29：8

正是對於夢的敘述──口述材料──可以作為詮釋的基礎。

──Lacan, 1976, p. 13

夢很顯然是一種感官經驗──對大多數人來說主要是視覺的，但也有聽覺、觸覺、味覺及嗅覺──並且也常是一種情緒經驗。然而，一旦我們試圖回憶夢境，我們便開始用一種說話的方式，將夢中的感官及情感經驗翻譯成話語（words）；也就是說，我們開始告訴自己一個關於這個夢的故事，這個故事描述了夢裡發生的事。當我們對自己說了這個故事之後，相較於原先在夢裡經驗到的景象及感受，有些人對故事內容記得比較清楚，而且到了早上，能記得的大約就只有故事了。那些在半夜寫下自己夢境的人或許很熟悉這樣的經驗：他們不記得原來在夢中經驗到的一切，只有夜間的塗鴉提醒他們，自己曾做過一個夢以及夢中發生的事情。有些分析者會在半夜醒來時錄下對夢境的口述（用手機或其他錄音設備），他們經常告訴我，當他們聽到自己的聲音說出一些他們根本沒有記憶的事情時，都感到非常驚訝。

當我們**能夠**回想起一個夢，我們可能會感到自己的口頭敘述是不夠充分的，夢境發生時是如此栩栩如生，我們根本沒有合適的語言可以描述夢裡的感覺、印象或感受，並且我們所能記得的也極為有限。然而，這並未改變一個事實：當我們向另一個人述說夢境時，那個人唯一能接近我們的夢的方式，就是我們對夢的敘述。跟我們對話的人永遠不會跟夢中的我們一樣感同身受，他永遠看不到同樣

的景象，也不會有同樣的感覺（除非我們是完美的電影導演，至少能夠重現夢中的視覺及聽覺經驗，但我們也還無法用電影重製嗅覺及觸覺經驗），更不會跟我們有相同的情緒。跟我們對話的人只能透過我們的敘述來想像。

換句話說，**當我們在分析中跟夢工作，並試圖解釋夢時，夢是一堆話語（words）——簡言之，就是文本（text）。**分析師依著分析者提供的文本工作，而且，當分析者開始對夢做自由聯想之後，這份文本（如佛洛伊德所稱「夢之文本」或夢文本〔請見 SE XXII, pp. 9 and 13〕）就會開始增加。分析者可能會修改文本——佛洛伊德提醒我們，不要只注重「修改」版本，原始版本及修改版本都要慎重以對；分析者也可能會批評文本有所不足，沒有充分傳達出夢境，似乎遺漏了夢的某些部分，所使用的語詞不足以完全把夢呈現出來，也不確定夢的場景順序是否正確，或是夢裡那塊布到底是綠色還是藍色等等。

縱使文本可能不夠完美，但它是分析師及分析者處理的主要材料。夢本身若不是消失無蹤，就是只記得片段，甚至可能不再栩栩如生；無論如何，分析者無法直接把夢「傳送」給分析師，彷彿有某種心靈之間的「視訊串流」，或是仿照《星艦迷航記》中史巴克的「瓦肯人心靈融合」（Vulcan mind meld）方式。就算夢可以被直接「傳送」，分析師對視訊「串流」的體驗，也不必然會跟分析者經驗到的一模一樣——畢竟，同一部電影或短片帶給每個人的體會都不一樣！即使分析者是藝術家，能夠畫出似乎能傳達出部分夢境的畫作，分析師還是必須請藝術家解釋這些畫作，因為儘管一幅畫勝過千言萬語，還是很難不言自明。每一個人都會從畫作中看到不同的東西，因為畫作可以帶出豐富的心理投射（因此在投射測驗中使用圖片很有效）；

但是，分析師主要感興趣的還是**分析者**對畫的詮釋，而不是分析師從自己的人格及生命經驗所做出的投射。也因此，**對精神分析實務來說，夢就是分析者對夢的口述文本（oral text）或是言語（speech）**（多少可以被準確地謄寫下來）。[4]

　　當然，這份文本不是死的文本：它並不是僵化的語言文字，而是至少由兩個人——也就是分析者及分析師——說出的活生生的語言文字。而且這份文本是由生氣勃勃、會呼吸的人類說出的，他在大聲說出這些話時會深受其影響——當他在治療過程中說出來時，他會變得激動、悲傷、惱火、煩悶或是氣憤，或者他在敘述、做聯想時，會出現停頓以及／或者口誤。因此，分析者在對分析師**闡述**夢時，會對這些話語本身又增加另外一層內容：在講述夢的某些部分時似乎有情緒，而結巴及嘟噥則似乎是與夢的其他部分有關。我們無須從表面上來看待這些，但是它們能為分析師提供更多訊息。

　　綜合以上所述，我們可以總結，在分析中，夢的角色已經是某種翻譯：它將起初是視覺及情感的經驗呈現或翻譯為話語。而在精神分析中，我們主要是和言說的話語（spoken words）工作。

　　或許有人以為，我們的目標是從分析者的言語反推回分析者做夢的原初經驗；我們可以用以下的圖示來表達這一觀點（圖中箭頭指出的是翻譯過程）：

說夢：視覺／情感經驗 ⟶ 文本／言說

分析夢：文本／言說 ⟶ 視覺／情感經驗

若是我們能夠「抵消」（undo）翻譯，或者逆轉翻譯過程，想必就

能讓其他人經驗到做夢者的夢境——也就是說，跟他做同一個夢。然而，就像看電影一樣，儘管我們在電影院裡並坐同看一部電影，我們對電影的體會還是各自不同，因為我們的背景、認同、慾望、幻想等等各自不同，我們對於電影的各個角色及處境就會有不同觀點。而**即使我們能跟他人一樣對他的夢境感同身受，我們也不會因此更懂得詮釋他的夢境**——事實上，我們很可能還是跟做夢者一樣對夢的意義感到滿頭霧水！並不是把自己放到跟做夢者相同的位置上、跟做夢者對夢有同樣的感受，我們就能夠找到解釋夢的關鍵。

在此，佛洛伊德的基本論點是，要詮釋夢，我們需要的不是跟做夢者的原初視覺／情感經驗幾乎完全吻合的圖像或複製，相反地，我們要獲得的是**建構出夢境的初始無意識念頭及願望**，是它們讓夢出現這些視覺／情感經驗。換句話說，比起回憶夢境，更重要的是一開始導致夢如此形成的原因。佛洛伊德的假設可以圖示如下（同樣地，箭頭指出的是**翻譯過程**）：

初始念頭／願望　⟶　視覺／情感經驗

視覺／情感經驗通常令人感到困惑及晦澀不明，但是以日常標準來看，並不全然是荒謬的；就佛洛伊德的觀點，產生視覺／情感經驗的念頭及願望並沒有那麼令人困惑或晦澀不明。佛洛伊德將視覺／情感經驗稱為夢的**顯內容**（manifest content）——這是一覺醒來時我們能記得的部分（隨後敘述夢境的文本或言語，也可納入顯內容中）。而推動夢境建構的初始念頭及願望，佛洛伊德就稱為**隱內容**（latent content）。[5]

在討論隱內容的本質之前，我們要注意到，佛洛伊德假設了兩種轉化歷程的存在：（一）念頭轉化為影像（我們見證到「抽象思考變成圖像」〔SE V, p. 341〕），以及（二）隱內容轉變成顯內容。這兩種歷程同時發生，而且顯然彼此重疊，但我相信這兩者至少在理論上可以被區分開來，前者相當接近視覺和造型藝術的創造過程，[6] 後者則與某些文學形式密切相關（也許最重要的是寓言文學，佛洛伊德在《夢的解析》中經常提及，我們隨後也會再進一步討論）。佛洛伊德用來稱呼這種雙重轉化的名詞是「*Übertragung*」，在德文中這個名詞同時表示「翻譯」及「轉移」，佛洛伊德也用同樣的這個名詞來稱呼精神分析意義上的傳移，亦即分析者將自己對父母或配偶（舉例來說）的懷疑或擔憂轉移或移置到分析師身上（**傳移**在精神分析中有許多種意義，我們會在第五章討論到其中幾個）。《夢的解析》最重要的章節或許是第六章，佛洛伊德在這章一開始便寫道：

> （潛在的）夢念（dream-thoughts）及（外顯的）夢內容（dream-content），像是同一個主題用兩種語言呈現出來的兩種版本。或者更嚴格地說，夢的顯內容像是夢念被轉錄（或翻譯：*Übertragung*）成另外一種表達模式，我們的任務就在於比較原版及翻譯版本，以求發現其字詞（characters）及文法規則（syntactic laws）。（SE IV, p. 277）

因此，做夢者可說是某種翻譯者或轉錄者，分析者及分析師必須一起努力破譯「外國語言」（以視覺呈現的顯內容），找出被翻譯之前的夢念為何。而儘管他們可能都知道需要被翻譯的「來源語言」

（source language），亦即，他們熟悉表達潛在的夢念及願望的語言，他們卻不了解譯成的「標的語言」（target language）。

夢是微型症狀

> 不要以為夢的解析是一件輕而易舉的事。
>
> ——Freud, SE V, p. 522

對佛洛伊德來說，假設有轉化過程（夢從隱內容到顯內容）的存在，只不過是延伸他在試圖解開歇斯底里症狀之謎時所學到的概念。以安娜・歐為例，她有六個禮拜的時間無法喝水（請見第一章），儘管她經常渴到不行、甚至脫水，但每當她嘗試把水杯舉到嘴邊，她又會厭惡地拿開水杯。試想夏天的酷熱，她需要喝水，更何況水杯跟水本身根本是無害的，並且有益健康，不要說是旁人，連她自己都不明所以（SE II, pp. 34-35）。布洛伊爾跟安娜・歐追溯症狀源頭，他們在回到第一次症狀發生的場景時發現，一杯水對她產生了前所未有的重要性（這種狀況可以說歷史上罕見）：她的女伴養的狗在女伴房間裡喝了水杯裡的水，這種水杯及水本身在安娜心裡，與狗及女主人之間在身體上的親密性、狗會帶來的疾病、對女伴以及／或者母親的詛咒，或者其他可能的想法連結起來。對安娜來說，用水杯喝水會讓她想起對女伴以及／或者母親的詛咒，她認為這樣的想法應該受到譴責。

我們還差一小步就可得出以下結論：安娜・歐在看到狗從水杯

中喝水之後，每當她想要喝水，就等於這個念頭：「我希望我的女伴（或母親）受到傷害。」而推開水杯等於是：「我希望我的女伴（或母親）受到傷害是沒良心的想法。」用另外一種方式來說即是，在願望出現的同時，個人對自己竟有這樣的願望做了自我批判，於是就有了對願望的阻礙或抑制。症狀性行為（或是症狀性的無法作為——在這個案例中，是無法喝水）是種**翻譯**，把願望以及同時發生的對願望的阻礙或抑制，**翻譯成另一種銘記（register）、媒介（medium）或「表達模式」（mode of expression）**（SE IV, p. 277，強調為我所加）。[7] 當我們討論某種臉部抽搐就是把憤怒（伴隨著想出手打人的願望）及同時間對憤怒的抑制，轉移或翻譯到生理領域時，我們看到的也差不多就是類似的事情。

因此，讓佛洛伊德能對夢的詮釋取得進展的事實是，他想出以下這個假設，並且檢驗了這個假設：**夢就像症狀，夢的結構類似症狀，夢其實就是迷你症狀**。正如每個症狀都有一個祕密的意義——一個症狀患者及身邊的人都不知道的祕密意義——夢也是一樣，結果證明，每個夢都有個祕密的意義，那是做夢者或是做夢者身邊的人都無法輕易猜出來的意義。正如佛洛伊德總是發現在每一個症狀背後都有眼睛看不到的部分，他假設在任何夢境背後也有耳目所不及之處：夢工（dreamwork）將隱藏的念頭及願望，轉化成難以辨認的表現方式，讓清醒意識認不出來。

值得一提的是，我認為在精神分析中所謂的症狀，是病人發出抱怨、並且表示他無法理解的狀況——這種狀況打垮了他，不然就是對他的生活造成了妨礙，讓他苦不堪言。精神科醫師及心理學家經常會以一種大師的姿態出場，根據某種據稱是「正常行為的客觀

標準」來評斷病人的行為，並告訴病人，你這個或那個行為——無論是酗酒、嗑藥、暴飲暴食、嘔吐或任何舉止——是一種症狀；但是精神分析師不這麼做，或者至少不應該這麼做（在精神分析理論中，沒有支持這種立場的根據，儘管還是有些分析師會走偏了）。在分析中，**症狀是分析者認為自己生活中出了問題的地方**，而不是分析師認為分析者生活中顯示出症狀之處。[8]

這並不只是觀點上的微小差異，因為病人的生活唯一可能會對改變敞開的面向，就是那些病人自己認為有問題、難以承受，而且無法理解的部分。正是因為那些有問題的部分讓病人無法理解，它們才構成了症狀，才成為精神分析治療得以著力之處。

同樣地，對於不關心夢的人來說，夢就只是夢；對這些人來說，夢跟症狀無關。但是有些分析者會講述夢境（有時候我們必須反覆鼓勵他們去記得夢，並把夢講出來），他們會用例如「古怪」、「令人困惑」或「令人百思不解」之類的形容詞來描述夢，他們會告訴我們，這些夢對他們來說就是症狀——或許是迷你或微型的症狀，而分析者越是對這些夢感到困擾迷惑，我們就越有理由把它們視為是成熟的（儘管也是短暫的）症狀。這些夢看來令人百思不解，令我們可以合理地假設夢境背後還有另一層意義存在。例如在夢中，某人讓我們感到有難以解釋的吸引力或厭惡感，但是在日常生活中這個人似乎無關緊要，這會讓我們假設，我們或是完全誤解了自己對這個人的真實感覺，不然就是這個人代表了另外一個人出現在夢中。

就像對蜘蛛有恐懼症的人，經常說不出蜘蛛為何令他們感到害怕，一旦對這個恐懼進行分析，我們會發現在蜘蛛背後還有其他東西——事實上，通常是**某個人**（父親或母親，或是某位至親）。出現

在我夢中的鮑伯也是如此，我只有在工作場所中跟他有幾面之緣，他卻可能在我的夢裡代替了某個人：例如我在第二章中提到的那位討厭的鮑伯叔叔。某些人對蜘蛛感到的緊張及焦慮，跟蜘蛛本身幾乎沒什麼關係，而多半是跟他們的父母親或至親有關，在他們不知情的狀況下，蜘蛛在他們的心裡代表了這些人。同樣地，這樣的現象讓佛洛伊德宣稱，「夢中經驗到的情感是來自隱內容，而非顯內容」（SE IV, p. 248）；這也是當我們試圖找出夢中的厭惡感以及顯內容中讓我們感到厭惡的人（這個人往往是我們在清醒時無動於衷、或不會被吸引的人）之間的關聯時，會一無所獲的原因。

隱內容的本質

> 每一個人內在都有嗜欲恐怖、野蠻與無法無天的傾向，即使是正人君子亦復如是，這一點在睡夢中明顯可見。
> —— 柏拉圖，《理想國》，第 572a 頁

夢的隱內容中，通常會有些念頭及願望令做夢者覺得若是就這麼直截了當地出現在夢中，會顯得太過淫穢、危險或不道德，這使得它們往往是以偽裝的方式間接出現在夢中。尋求滿足的不只是我們所謂的據稱「實際」或容易實現的願望；我們的祕密以及／或者「不切實際」的願望也想在夢中上演，並且是以一種我們在日常的清醒生活中很少容許的方式出現。然而，如果私密的願望就這麼光明正大地在夢中得到實現，讓我們的某部分「察覺」到夢中正在發生些

什麼（而我們的這個部分似乎在清醒之後仍能清楚的記得夢境），我們很可能會相當倉皇失措，甚至深感震驚，而就此醒來。

佛洛伊德假設祕密的願望會在夢中獲得實現或滿足，但只能透過偽裝的方式。為什麼？為了讓我們繼續睡覺。要是我們會有一丁點意識到夢中實現的願望那不道德的本質，可能幾乎每一個夢，我們都會做夢做到一半，就因為大受震驚或深感恐怖而醒了過來，[9] 並且這會產生兩個相互關聯、適得其反的效果：

1. 我們的健康會在短時間內會受到傷害。眾所皆知，人若在睡眠循環中被剝奪了做夢階段（做夢階段有絕大部分發生在當代心理學文獻所謂的 REM 階段、或快速動眼期中），很快就會變得煩躁不安、偏執多疑，最後會開始出現幻想。[10] 正如佛洛伊德所說，「從某種意義上來說，所有的夢都是舒適自在的夢：它們所服務的目的是延長睡眠，而不是為了醒來。**夢是睡眠的守護者，而不是干擾者**」（SE IV, p. 233），因此它們會偽裝自己的本性，這樣就不會驚擾我們，讓我們不斷醒過來。夢的偽裝是為了讓我們能繼續睡覺；有時候，夢的偽裝做得不夠——也就是，太過一目瞭然——我們就會醒過來。

2. 這會打斷夢中願望獲得滿足的過程。若是我們能夠一直做夢，讓夢發展到「合理的」結局，我們便會感到滿足並且神清氣爽，中斷這個過程，就不會有這樣的效果。我的大多數讀者都曾經在他們覺得正做著「好夢」的過程中，被某件事或某個人給吵醒，那時他們都會試著立刻再度進入夢鄉，好完成那個夢。當我們在夢結束之前就被喚醒，我們就沒有享受到夢

想要提供給我們的滿足！

　　佛洛伊德認為夢的隱內容包含了不道德的材料，如今我們不需輕易接受他的說法；但我們可以說，任何人只要對一個夢的所有元素做自由聯想（或是讓病人對夢中所有元素做自由聯想），就會明白那些人在清醒時通常不想承認的念頭會出現在佛洛伊德所謂的夢的「背景思想」（background thoughts）中——換句話說，就是這些念頭形成夢的背景。同樣地，人們並不需要相信這樣的念頭及願望是受到抑制的，只是仍要理解到夢的背景思想經常包含我們並不真的想讓其他人知道的部分、在絕大多數友伴面前提起時會令我們認為「不恰當」的部分，以及我們自己甚至可能也不想知道的部分。

　　我會認為，佛洛伊德並不是因為先得出「每一個人都充滿著淫穢的念頭及願望」這樣的結論，才假定在所有夢的建構中都必定存在著淫穢的潛在念頭及願望。相反地，正是因為他對自己的、以及病人的夢（根據引發病人對夢的聯想）做了大量研究，他才開始相信夢的顯內容及隱內容之間有著相當大的落差。今天任何人都能進行同樣的實驗，然後決定是否會得出跟佛洛伊德同樣的結論。我們無需把這看成是信仰問題。事實上，我想，絕大多數實務工作者在花時間跟夢工作，也就是說，請病人敘述夢境、並對夢做大量聯想之後，也很快就會得出許多跟佛洛伊德同樣的結論；同時，大多數在自己的分析中學到記住夢境、敘述夢境並對夢做聯想的分析者，也會很快就明白，他們能從夢中了解很多自己的動機、幻想及衝動，並且比他們在其他地方學到的要多更多。

　　佛洛伊德假設隱內容透過複雜的翻譯過程產生顯內容，念頭及

願望被翻譯為圖像是我們到目前為止已經談到的一個明顯面向（我們很快會再探討其他面向）。這種將意念（ideas）翻譯為圖像的方式，也可見於畫謎（rebus），這種遊戲最早見於羅馬時代，羅馬人很喜歡在用餐時破解畫謎。佛洛伊德建議我們可以把夢看成是畫謎（SE IV, p. 277）：正如我們看到如下圖的畫謎時，我們必須從圖像回推出一個詞語或一個句子（對於此圖，一般人的答案是「鑽石戒指」），在面對一個夢時，我們也必須從顯內容（圖像）推回到隱內容（念頭及願望）。

◊ O

　　一個出現在夢中的簡單畫謎，例如出現在門上，或是車牌上的「B10」，當我們把它大聲唸出來時，可能會唸成「bee-ten」——也就是「beaten」（被毆打）——並喚起做夢者一個曾經看過或親身經歷的暴力場景。另外一個圖像是某個東西下方有好幾呎深；當我們問是多少呎呢，做夢者回答六呎，他很可能是想到了「六呎之下」當中所暗指的死亡意涵。*

　　夢所做的工作（稱為「夢工」）是將潛在的念頭及願望轉化為視覺經驗，分析的工作則是將（透過文本描述的）視覺經驗翻譯回潛在的念頭及願望。因此，精神分析所做的事正好與夢工相反，「抵消」了夢工所做的事情。夢工所做的，精神分析抵消之；夢工掩飾的，精神分析便將之揭露（見圖3.1）。

---

* 　譯註：六呎約是墓穴深度，引申為人死後入土之意。

圖3.1　精神分析的「逆向工程」

　　在此我們又看到一種逆向工程的形式，[11] 事實上，佛洛伊德對於隱內容產生夢的顯內容這個翻譯過程的全部研究，可以理解為是在弄懂如何分解心靈產物，以看出原先的組合方式。無論如何，他的目的不是自己能夠創造新夢，只是學習在看到最終產品時能分辨出原來的組成元件。

如何處理一個夢

　　我們必須要注意的對象並不是夢的整體，而是夢內容的各個部分。

　　　　　　　　　　　　　　　　　　　　── Freud, SE IV, p. 103

　　佛洛伊德是如何處理一個夢的文本呢？換句話說，他著重的是夢的哪些部分，以及他如何判斷什麼構成了夢的「部分」？他提供了許多不同處理夢的方法，好誘出夢的背景及潛在內容，其中之一，是直接問做夢者在做夢的前一天發生了什麼？另一個方法，是從夢中「真正說出的話開始」(to start from phrases that are spoken)(SE IV, p. 184)，

去看那些話確實的來源是來自於最近的經驗，還是要回溯到做夢者更早以前的過往；因為他認為「夢中明顯出現的言語，可以追溯到做夢者曾經說過或聽過的真實內容」（SE V, p. 420；後續會再進一步討論他建議或他自己使用的其他方法）。這類言談材料經常是對於他人話語的直接引用，再插進截然不同的夢境脈絡中，「並且往往只暗指這段言語發生時的情境」（SE IV, p. 304）。

然而，讓我們來討論一個沒有這類言談材料的夢境，藉此研究佛洛伊德如何處理自己的短夢「植物學論著」：

> 我曾寫過一本關於某種植物的論著。這本書擺在我面前，這時候我正翻閱到一頁折疊起來的彩色插圖（亮面印刷的圖片）。這本書的每一冊都釘有一片乾燥的植物標本，就像植物標本冊一樣。（SE IV, p. 169）

分析一開始，佛洛伊德告訴我們關於這個夢**他腦海中閃過的第一個念頭**（有時候，這是一個很好的解夢方法）：前一天早上，他在一間書店的櫥窗看到一本關於某種花──仙客來（cyclamens）──的專書；仙客來是他妻子最喜愛的花；他覺得自己沒有經常送仙客來給妻子；幾年前他治療過一位女士，他太太前兩天遇到這位女士，她很難過她先生在她生日時竟然忘了送花給她，她覺得這表示對他先生而言，自己不再像以前那麼重要了。

這已經是個相當好的開始，尤其是佛洛伊德又接著說，他最近向一群朋友提起這件事，以說明在「遺忘」這個行為中暗藏的無意識目的（儘管一般常識認為遺忘的本質並非故意的）。[12] 即使佛洛伊德

在此並未繼續深入（他在《夢的解析》中好幾個地方告訴我們，為了不透露太多關於他自己及家人的隱私，他沒有在這本書中寫出所有的聯想），[13] 我們或許可以有把握地做出以下這個結論：這個夢提醒了佛洛伊德，**他自己經常忘記送花給太太的具體原因！**

接下來佛洛伊德繼續做的事是將夢文本**分成很多小部分**——包括「植物論著」、「乾燥的植物標本」、「植物標本冊」、「擺在我的面前」、「折疊起來的彩色插圖」等等（SE IV, pp. 169-173, 282-284）——然後對每一個小部分都盡可能進行聯想（縱使他曾說「由於某些在此不須提及的原因，我就不再**繼續**解釋這個夢了」，想必這是為了不再透露更多會讓他尷尬的事情〔SE IV, p. 173〕）。他如何判斷什麼是一個值得進行聯想的重要片段？他提供了幾點指示，但在我看來，這些指示並沒有走得太遠。[14] 屠夫解牛時，通常會根據動物骨架本身的關節位置，來決定要把刀落在哪裡（謹向素食讀者致歉），分析師要如何知道怎麼拆解文本呢？用以進行聯想的夢的重要部分，其組成又為何呢？

根據我的經驗，剛開始學習精神分析的臨床工作者會對於解夢明顯缺乏指導方針特別感到困擾。對於這一點有個方法，就是直接針對夢的內容逐字詢問所有細節，不過你可以想像一下，當你請分析者對「在這時候」、或甚至是對「這個」做聯想，會得到的結果！任何人都能在夢中找出主要名詞——例如，**論著、植物、書籍、插圖、標本及植物標本冊**——有些形容詞也可能很重要，例如**折疊起來的、彩色**以及**乾燥的**。但是誰說動詞（例如**寫過及釘有**）跟方位指示詞（**在我面前**）不會通往有用的聯想？事實是，**關於哪些才是夢的關鍵部分，並沒有牢不可破的規則**，做夢者對於夢中的每一件事幾乎都可進行聯想，甚至連分析者對你敘述夢境的說話風格都可以。有很

多人在敘述夢境時會對我說，「我對自己剛剛跟你說的時候的說話方式感到很震驚，因為那讓我回想起當我⋯⋯」或者「那讓我想到某某人最近提到某件事的口氣」。

要將夢分解成許多部分（然後請做夢者對每一個部分加以聯想），如果有任何經驗法則可以應用的話，那個法則會是如下：**分解出來的字詞應該可能有不只一種意義**，並且這樣的字詞在脫離夢的脈絡之後還能夠讓做夢者聯想到其他脈絡。如果我們分解出「植物」（plant）這個名詞，請佛洛伊德加以聯想，假設他跟我們生活在同一個時代，以英語為母語、做夢時也是用英語，他可能會聯想到某種特定植物、茄子（eggplant）、栽種植物、各種植入物、製造工廠（factory）*，或甚至是由執法單位安插到一個組織中的臥底（又名「密探」〔a plant〕）。英文中的「plant」有許多種不同的意義，我們的假設是：**雖然「plant」這個字是以一種視覺的方式出現在夢中，但是對夢念來說，這個字的其他潛在意義可能更加重要。**

這就是佛洛伊德在《夢的解析》第六章「表現力的考慮」（considerations of representability）這個小標中所說的。儘管聽起來很神祕，但其實就如以下所述這般簡單：例如說我的夢念跟一個願望有關，我希望身邊的同事會相信我是個「臥底」（plant），也就是說我是由公司的競爭對手或是某國的特勤局安插到組織中的（這或許會讓我感到自己比現況更加受人重視）。在這個特定意義下的「plant」（臥底），要如何以圖象呈現呢？我認為，這個困難度很大，也就是說這個概念若是要出現在夢中，它就必須以某種移置的方式出現——例如，如果在我

---

* 譯註：英文的 plant 有工廠之意。

看過的某部電影裡，有個演員扮演組織中的臥底，這個演員就可能會出現在我的夢中——或者是透過文字遊戲，例如出現製造工廠、花園植物或某種植入物的描述。許多抽象的概念，例如「正義」，很難直接呈現在夢中，於是它可能會透過諸如「天平」——「正義的天平」——這樣的典型圖像加以暗示，或甚至夢中的餐廳菜單上只列出甜點，隨後做夢者會把這張菜單描述為「只有甜點」（just desserts）†。做夢者也會將一隻貓從某種袋子裡被放出來的圖像，描述為某人「讓貓從袋子裡出來」（letting the cat out of the bag）‡。

　　當然，並非只有獨特的名詞才是複義的（polyvalent）或是多義的（multivalent）——也就是說，有超過一種以上的意義——並且可以有效地被加以強調。例如，在瘋狂大採購的夢境中出現「我之前沒有買它」這句話，當分析師把「你之前沒有買它」唸給做夢者聽時，這個夢很可能會召喚出做夢者最近或先前沒有「買帳」——意思是「不相信」——的某件事。在英語中，有許多慣用語不只一種含義（很可能大多數其他語言也有類似情形），至少在字面意義或象徵性上皆是如此，例如「斥責他」（give it to him）、「退回」（take it back）、「看招」（take that）、「報復她」（get her back）等等。而且，即使通常清楚明白的表達，也往往會因為上下文變得意義曖昧，舉例來說，簡單的一句話「我關上了」（I closed it），很可能同時意指做夢者正說到的一筆交易，§或者是做夢者才剛提到的那扇門。此時分析師只需要回應：「你關上了（You

---

†　譯註：在英文中，「just deserts」經常被誤寫為「just desserts」，意指某個人得到他該得到的，也衍生為正義與公平。

‡　譯註：這個諺語有揭開先前隱藏的事實之意。

§　譯註：這裡的 I closed it，還有「我完成交易了」、或「我結案了」的意思。

closed it）？」，做夢者就足以了解她剛剛說的話有模稜兩可之處。

　　若是以更貼近拉岡學派的方式來說明如何將夢分解成可以進行聯想的片段，我們可以試著將夢文本拆成**意符**（signifiers），並且意符不必然只是單獨的字詞，而經常是一群具有一個以上特定意義（也就是**意旨**〔signified〕）的字。「鑽石戒指」是一個單一的意符，即使其中每一個字本身也都是一個意符。同樣地，「拐彎抹角」（to beat around the bush）也是一個意符；它是一個固定的或不變的說法，具有特定的意義，一般來說是無法任意改變的（儘管英國人通常會說「**轉彎抹角**」〔to beat *about* the bush〕）。[15] 以下這些詞語都包含了好幾個字，例如：「認輸」（throw in the towel）、「百依百順」（have someone wrapped around one's little finger）、「永不知足」（The grass is always greener......）、「事已成定局」（That's the way the cookie crumbles）、「入境隨俗」（When in Rome...）、「怎麼樣，我厲害吧？」（How do you like them apples？），卻只構成一個意符，而且經常無法從字面上明顯得知它們的意義；它們的意義來自於更大的脈絡，孩童及非母語人士往往要花更多時間才能理解這些表達方式。

　　因此，分析師的目的是，分離出夢中模稜兩可以及／或者有多重意義的意符，**以去脈絡的方式唸給做夢者聽**——例如，在做夢者敘述完一個夢，並且開始做自由聯想時——看這些意符是否能帶來任何其他意旨。只試圖「理解」分析者所說內容的分析師，也就是說只想聽出他們認為是分析者想表達的意義的分析師，他們很難往後退一步，從分析者的話語內容中聽出可能的歧義及語帶雙關之處。對某些臨床工作者來說，在兩個不同層次上聆聽人們的話語——一個層次是我們認為對方想表達的可能意義，另一個層次是對方實際說出的話語，無論多麼語意不清、曖昧不明——可能是個容易掌握的

技巧，但是其他人卻需要付出努力才能學到。我們可以在聽廣播或電視時，練習這樣的雙重聆聽（或是「多工」）技巧，在聽的時候不要只專注在「內容」，而是更關注表達形式，尤其是說話時的停頓、口誤、含糊不清，以及有意或無意的雙關語。上課或參加研討會，覺得內容很無聊時，也可以做同樣的事，注意說話者的表達形式，可能會讓聽到昏昏欲睡的人覺得有趣些。

　　請注意，無論是在廣播、電視或網路上聽新聞播報員說話，練習聽出除了內容之外的口誤、停頓、結巴及雙關語時，或許最好先從沒那麼有興趣的節目開始聽起，才不會讓節目內容占去所有的注意力。如果是看電視或網路節目，剛開始練習時也許最好不要盯著螢幕，因為看著講者很可能會干擾聆聽——許多分析師都提到，當他們在聽病人說話時，病人坐在沙發上時的聆聽品質會比坐在他們對面好。不是因為這麼坐的身體距離比較靠近，而是因為如此一來分析師才不會因為病人的長相及臉部表情之類的事情分心。一旦能夠從沒那麼有興趣的題材中，習慣性地聽到講者的口誤與含糊帶過的狀況時，就可以轉向自己更感興趣的題材，盡可能練習專注地聽播報員發出的聲音，在此同時，仍繼續聽取話語的意義，卻不要陷入其中，或是試圖做出任何反應，例如，與先前聽到的其他事情做比較，或者揣測話中另有所指。

　　當臨床工作者掌握到這個技巧，並且能輕鬆的既聽到對方似乎要表達的意義（意旨）、又聽到實際上可能截然相反的表達形式（意符）時，事情就會不一樣了：無論是在跟朋友、家人及夥伴聊天，或是在聽政治演講、講座及紀錄片，臨床工作者在生活的每一個面向必然都會聽到這兩種不同的表達層次。這樣的能力一旦開啟，就

不會輕易消失！可以在詮釋夢境（將某些意符去脈絡地回覆給分析者，看看會有什麼回應）及進行精神分析時，更加廣泛地善加利用這種能力。

先前我提到佛洛伊德提出好幾種可能的釋夢方式，包括詢問做夢者做夢當天或前一天發生過什麼事，以及詢問做夢者夢中某人清晰說出的話語或句子，以找出這些話語或句子的可能來源。他提供的第三種釋夢方式，是要留心夢文本中的猶豫不決及搖擺不定：

> 在分析夢時，我堅持那一整套用來評估確定性的標準必須棄置不用，並且堅決主張，不論大小事，若是它有那麼一丁點出現在夢裡的可能性，就要當成它確定出現了……懷疑會使分析中斷，由此可看出懷疑是心理抗拒的產物及工具。精神分析會這麼揣測，是恰當的。精神分析的規則之一是，**凡打斷分析工作進展者，皆是抗拒**。（SE V, pp. 516-517）

佛洛伊德在此所說的這種懷疑，並非由有意識的抗拒所造成的，分析者無法應分析師的要求說不要懷疑就不去懷疑。無意識與意識之間的屏障導致這種抗拒的出現，分析者是真的感到不確定。那我們要如何處理這種狀況呢？

例如，當做夢者無法確定某個顏色——無論是油漆、眼睛、地毯，或夢中任何東西的顏色——是綠色還是藍色時，**這種猶疑不決就是我們認為的重點**。在這部分的夢背後，夢念彷彿充滿了令人不快的記憶以及／或者意義，儘管只是在回憶這部分的夢也必須要些花招，好讓現在已經醒來的做夢者失去線索。我們拒絕因分析者不確定顏

色是藍或綠而分心，我們會非常認真地看待這兩者，並請分析者對這兩種顏色都做自由聯想（SE IV, pp. 317-318）。

我有一位分析者曾經想起一個非常重要的場景（他宣稱他有很長一段時間沒有想到這件事，或許在二十五年前事情發生之後就沒再想過），而他只是對夢中某個物體的顏色做了自由聯想。夢境中，他在商店裡挑選筆記本，一開始他描述這本筆記本「是藍色的，但也可能是綠色的」。儘管分析者覺得他最早的描述（「藍色」）可能是錯的，應該是後者（「綠色」）才對，我鼓勵他對兩種顏色都進行自由聯想；最後他得出結論，夢中物品的顏色跟他童年時家裡餐廳的地毯顏色一樣，都是「粉藍色」。就在此時，他突然想起某一天他躺在地毯上，聽到隔壁房間傳來聲響；他站起來，朝餐廳及家庭娛樂室之間的門走去，透過門上的百葉窗，他瞥見他的母親及哥哥正在地板上做愛，一條條的百葉窗所造成的視覺效果，像是將他們的身體切割成奇怪的水平切片。

還好我們對這個夢進行了自由聯想，讓他回想起這個場景。那段期間，他進行性行為時，一直被腦中浮現的殘破身體影像所困擾，此後這些困擾他的影像就逐漸淡去。這個夢元素（「藍色或綠色」）所暗示的場景，很難從夢的顯內容猜出來（一剛開始，似乎跟佛洛伊德那個「植物學論著」的夢一樣無聊）；不過，童年早期的場景似乎是建構這個夢的潛在夢念之一。[16] 若是我中了圈套，因為顏色不確定，就被勸阻，不再往下追問，這個記憶就可能要花更長的時間才會曝光，隨之而來的不舒服影像就會持續困擾分析者好一陣子。

還有另一位分析者，她在夢中拿著一個箱子，她說那可能是「文件整理箱」（某種塑膠箱子或桶子，可以存放紙張及檔案），或是「釣

魚用具收納箱」（放釣魚設備）。這兩個描述在自由聯想後都有豐碩的
成果：「文件整理箱」讓她想起某個檔案箱，箱裡保存了跟一個研究
計畫有關的學術論文，她後來很討厭這個計畫；「釣魚用具收納箱」
讓她想起小時候跟父親及哥哥去釣魚旅行時的衝突動力，她無法把
自己的釣魚用具收納箱中的釣餌、鉛錘等整理歸位，以及目前她幾
乎在所有領域上都還很難保持條理。[17] 結果她對夢中手上拿的箱子的
兩種說法，都是重要的。

　　因此，我們有好多種方式可以分析夢，並且也會很想在日常的
分析工作中使用其中幾種方式（或者可以全部都用）：

（1）首先，我們可以詢問做夢者關於這個夢，他第一個想到的是
　　　什麼；
（2）我們可以注意分析者對夢的敘述中，有兩個或多個意義（換
　　　句話說，即是模稜兩可或多義的）的字及／或詞；
（3）我們可以從夢的脈絡中取出慣用語（例如「我沒有買它」），
　　　看看這類句子是否會使做夢者聯想到現在生活裡的任何事
　　　情；
（4）我們可以詢問做夢者在做夢當天或前一天發生過哪些事情；
（5）我們可以留意分析者猶疑不決及感到懷疑的地方——也就
　　　是，分析者宣稱他對夢境沒把握之處（是綠色還是藍色？），
　　　或者是他企圖收回先前說過的話（「不對，不是綠色，是藍
　　　色」）。
（6）在跟分析者討論夢時，我們可以注意他第一次敘述夢境時沒
　　　講到、之後才想起來的事情；

（7）我們可以詢問分析者，夢中場景發生在什麼地方，那些地方
看起來是否熟悉，如果是，能否回想起在那些地方發生過的
任何事情。

如何讓人開始對夢進行自由聯想

我們應該忽略夢元素彼此之間明顯的連貫性，把它看成是非
本質的假象，然後去追溯每一個夢元素的來源，恢復其本來面
目。

——Freud, SE V, p. 449

儘管聽起來有點奇怪，但是對分析者、甚至對剛開始執業的分
析師來說，什麼構成了「聯想」，並非總是清楚明晰的。對分析師來
說，**如何**鼓勵分析者進行自由聯想，也並非總是那麼顯而易見。

舉例來說，我們如何鼓勵一個相對來說沒有經驗的分析者，針對
「藍色」做聯想呢？我們可以簡單地問「藍色？」或者「什麼樣的藍
色？」或甚至「關於藍色，你想到什麼？」。面對分析者聳肩回應或
者回答得平淡無奇「天空是藍色的」，我們可以追問那是不是某種特
別的藍色，如果是，可以請做夢者進一步描述。在他用以描述的字詞
中，便可能通往一個有用的方向，但如果分析者無法給出任何細節，
我們也可以請他回憶，是否曾在任何地方看過這種特別的藍色。

若是鼓勵做夢者對藍色進行聯想這條路沒有進展，還有其他同
等重要的途徑可以探索，例如「藍色」可能意味著鬱悶、沮喪、或輕

微憂鬱——也就是說,「藍色」是個有許多個意旨的意符,可以作為佛洛伊德所稱的「轉撤詞」,或是「言語橋」,從視覺影像轉到意念、或是從一個(通常有點簡單的)意念轉到另一個意念(SE V, p. 341 n. 1; SE VII, pp. 65 n, 82, and 90; SE X, p. 213)。「藍色」也可能表示一個團隊(例如藍隊,而不是紅隊);它也可能是某些說法的一部分,例如「青一塊紫一塊」(black and blue)、「晴天霹靂」(out of the blue)*、「浩渺的藍色遠方」(the wild blue yonder)†、「蔚藍深海」(the deep blue sea)‡;也有可能分析者想到的是「the blues」,無論是指一種音樂流派、一種情緒,還是參與某次戰爭的軍隊§(甚至可能是指英國的「憂鬱藍調」樂團〔The Moody Blues〕、或者「藍調兄弟」樂團〔The Blues Brothers〕),或者是跟以下這些詞彙有關:藍鈴花(bluebells)、藍帽花(Blue Bonnet)(一種奶油替代品「藍帽奶油」的品牌名稱,也是美國德州的州花)、嬰兒藍(baby blue)(可能暗示生小孩的主題)、天空藍(sky blue)、「小男孩布魯」(Little Boy Blue)(一首童謠)、藍蛋蛋(blue balls)(一種令男性感到疼痛的情況),或者是「我搞砸了」(I blew it)中同音詞「blew」——這份名單可以一直延伸下去。端視分析者而定,這些詞彙任何一個都可能會是極為有用的聯想,舉例來說,可以讓分析者想起前一天、前幾週或前幾年發生過的事,之前沒提到的人生時光,或是早已被遺忘的性經驗。

---

* 譯註:完整的表達是「like a bolt coming out of the blue sky」。

† 譯註:是美國空軍軍歌,也是德國導演荷索的一部電影片名,並且有未曾涉獵過的新領域之意。

‡ 譯註:是一部英國愛情片的片名;英語的慣用語中也有「caught between the Devil and the deep blue sea」,意指進退維谷、左右為難。

§ 譯註:例如十七世紀英國內戰時由克倫威爾組成的騎兵隊,至今英國仍有「皇家藍軍騎兵團」;美國南北戰爭時北方聯邦軍也被稱為「藍軍」。

　　分析師不可能事先知道某一種意符的聯想方式能否在某人的分析派上用場；然而，在跟某位分析者工作一段時間之後，我們可以判斷出某種聯想方式對他來說會不會有用。有的分析者可能會習慣從任一意符當中所包含的字母開始聯想（例如，「blue」會讓他聯想到英語中的「lube」及「lube job」〔添加潤滑油〕，或是法語中的「bleu」及「cordon bleu」。「bleu」可能會再連結到生肉的概念，因為這個字在法語中是用來描述一分熟的肉，而不是五分熟或全熟的肉，「Cordon Bleu」指的是知名的料理學校或是聖靈騎士團的藍色勳章，不過「cordon」¶或許暗指臍帶〔umbilical cord〕），而且，這可能會帶來有用的分析工作。我們還記得，莫札特（Wolfgang Mozart）在寫信給他姊姊時，會用各種方式重新排列組合自己的名字，多半時候他用的是「Gnagflow Trazom」。（當夢中某人的臉上露出明顯的**笑容**〔smile〕，做夢者的名字又剛好是邁爾斯〔Miles〕，我們可能會想指出這兩者在字面上的關聯，「smile」跟做夢者的名字字母都一樣，卻是不同的排列組合；請見佛洛伊德對〈音節的分析與綜合〉的註解〔SE IV, p. 297 n〕。）但是，另一位分析者可能玩味一個單字中的字母，卻完全沒發現任何跟夢境或生活經驗相關的事物。一位老派的詩人（或是喜歡押韻俚語的粉絲）對於「blue」可能會很熟練地聯想到「slough」、「brew」、「flu」、「stew」、「chew」、「hew」或「loo」，因為這就是他平常的思維方式，然而對於其他絕大多數的人來說，這類的押韻聯想就會走不下去。有的分析者可能會很有成效地想起他在海軍服役時，身著藍色軍服那段充滿壓力的時光；其他分析者可能會說出一連串跟最近幾週穿

¶　譯註：有繩索之意。

藍色衣服上班有關的聯想，但似乎都跟夢本身沒有關聯。

　　有些分析者似乎把做自由聯想的邀請當成是恣意揮灑想像的許可證，從夢出發後，就順著某種永無止盡的「意識流」一直聯想下去。因此，分析師必須莫忘初衷，聯想的目的是要廓清夢的背景，而且必須把分析者拉回到夢的其他部分，停止徒勞無功的思路，並看看對其他意符做聯想是否會有更多斬獲。

　　當分析者在夢中直接聯想到某個特定的人，但最初對這個人的描述卻是長相不太清楚時，面對這種狀況的分析師經常需要進一步探索，以確定這個夢中角色事實上是否是一個集合的、或「複合形象」（SE IV, p. 293），包含了許多不同人的特徵；此時分析師可以簡單地詢問，分析者會如何描述夢中那個人、他或她跟現實生活中他想到的哪個人有同樣的特徵，以及他們有哪些特徵是不同的。夢中出現的人物經常是合成的。當分析者指出夢中某個人看起來像她的母親，但這個人的眼睛其實是黑色的，而她媽媽眼睛是藍色的，此時我們會追問分析者，她認識的人裡頭有誰的眼睛是黑色的，而分析者經常會想到另外一個人。[18] 這是很典型的「凝縮」（condensation）產物，最初的例子是來自於佛洛伊德自己做的夢「伊爾瑪的注射」（SE IV, pp. 106-118 and 292-293）。在這個夢當中，伊爾瑪是大約半打婦女的凝縮，其中包括了佛洛伊德自己的女兒及妻子！在許多人的夢中，他們所成長的家屋扮演了重要的角色，夢中的某些場景經常發生在這些家屋的某些地方，但是在此同時，這些房間看起來也跟現實中的房間略有不同，因此也暗指了其他房子或地方。在這樣的例子中，做夢者的人生中兩個或更多個地方或人物被合併成同一個；這裡頭的每一個都需要被加以闡明，而且後來會發現，他們很可能共享同一個特徵，

使得他們在一開始時能被凝縮在一起。（佛洛伊德假設夢中凝縮在一起的兩件事物，總是具有某種共同的特徵。）

在對夢中的人或地方做了第一個或第二個聯想後，我們如何知道這樣是否足夠了？我們無法百分百肯定，請回想，如佛洛伊德所指出的，我們永遠無法「確定一個夢已經被徹底解釋了」（SE IV, p. 279），分析者總是有可能在某年某月的某一天，出現更多的聯想。[19] 我們的經驗法則是，沒有必要鼓勵分析者前進到夢境的其他部分，除非我們已經有所發現，並且似乎能從目前由分析者那裡聽到的人生及歷史對此發現做出詮釋（「它讓分析者一連串的念頭變得清楚起來，而且分析者自己也認同這樣的詮釋」〔SE V, p. 360 n 〕），或者我們發現了某個線索，似乎能**顛覆先前的理解**，讓我們對分析者的人生及歷史因為這個線索而有了新的觀點。

分析者立刻認出夢中的女人就是她在工作中認識的那位泰絲（Tess），但她對於這位泰絲很陌生，對於她的長相、聲音、位置或其他事情也說不出所以然，此時似乎值得追問，「妳認識其他叫泰絲的人嗎？」「嗯，當然有，我阿姨就叫泰絲。」分析者可能會這樣回答，而且在她的人生中，這位泰絲阿姨很可能比工作中認識的泰絲要來得重要得多。在此，夢中的檢禁作用用了一個簡單的伎倆，把泰絲換成另一個人，為的是掩飾夢的實際內容——這是佛洛伊德稱為「移置」的完美例子，一個泰絲代替另一個。**凝縮**（正如佛洛伊德的「伊爾瑪的注射」夢，伊爾瑪代表了很多不同的女人）和**移置**是夢工／檢禁作用所使用的兩種重要方式，以確保無意識的夢念（亦即，願望）不會公開顯示在意識中。[20]

為何夢中的願望經常這麼反直覺？

夢將有所願望的念頭「實體化」（objectified）：夢將念頭呈現為一
種情境，或者對我們來說，念頭被我們經驗為一種情境。

　　　　　　　　　　　　　　　　　　　　　——Freud, SE V, p. 534

夢跟症狀一樣是妥協形成（compromise formation）：換句話說：某種
程度上，它們是（一）無意識的願望及（二）夢中某種窹夢意識（就
是我們自己在夢中知道發生什麼事情，醒來後也還記得經過的那個
部分。因此許多無意識的願望若是沒有任何偽裝形式，就這麼出現
在夢中，並獲得實現，將會使窹夢意識受到驚嚇）兩者妥協出來的
產物。我們參與妥協形成的第二部分——我們自己會關注夢中情節，
並充滿是非評斷的那個部分——正是佛洛伊德會提出偽裝無意識願
望的「檢禁作用」之原因所在。檢禁作用的做法是讓無意識的願望
（沒有任何道德感或良心）變得讓第二部分的窹夢意識辨認不出來。
因此，在夢的建構中，檢禁作用就成為仲裁者、中間人或第三方。

　　因此，佛洛伊德的人類心智模型並非是一個整體，而是有許多
層次，包括意識、前意識及無意識（或是意識、檢禁作用及無意識，
因為在他關於夢的作品中，傾向於把前意識等同於檢禁作用）。為了
描述精神結構，佛洛伊德用他那個時代的郵政系統及出版世界的狀
況，去類比做夢者的狀態。當時的郵政檢查的進行方式，是寫信者
在信中寫下想講的話，但是官方的**檢禁者**會在信件送抵收件者之前先
閱讀信件，把他認為有煽動性或當權無法接受的地方用筆塗黑（SE IV,

p. 142 n. 3）。為了避免信件被毫無保留的審查，寫信者或是新聞記者經常被迫偽裝他的想法，透過——

> 以暗喻代替直接指涉，或者以某種置身事外的方式掩蓋會引起反對的看法：例如，他可能會描述中國有兩個官吏發生爭執，但他心中所想的其實是自己國家的官員。（p. 142）

作家因此被迫使用暗喻、寓言及置換，好把訊息傳遞給讀得懂的人。這種情形出現在佛洛伊德的時代，也出現在強納森·史威夫特（請見他於一七二六年所寫的《格列佛遊記》）的時代，即使到了二十一世紀，某些國家（例如中國）也依舊如此。

這種情況可以如下方式呈現，我們看到檢禁者位於作者及讀者之間：

讀者
——
檢禁者
——
作者

當無意識是夢的「作者」，前意識遂扮演執行過濾工作的檢查者的角色，它先扭曲了作者的原始訊息，再讓訊息進到做夢者的注意力當中（因此，前意識本身並沒有創造能力，它是一種防禦機制）。

讀者	**意識**
檢禁者	**前意識**
作者	**無意識**

　　佛洛伊德使用這個類比只是為了闡明他的心智模型，還是事實上多少因為他那個時代的審查制度，才得出了一個用以說明不同精神審級運作的理論（「審級」在德文中是用「*Instanzen*」這個字，也可以翻譯為心理「情境」；佛洛伊德也稱它們為「系統」，這個稱呼或許更為恰當〔請參見 SE V, pp. 537, 568, and in general the whole of Chapter 7〕）？

　　我們也可以問一個相似的問題，物理學家拉塞福及波耳是憑空想出原子的組成是電子圍繞在原子核外，還是借鑑了太陽系的結構（也就是說，在原子中，原子核之於電子，正如太陽之於繞著它轉的行星）？

原子核	太陽
電子	行星

　　無論答案是哪一個，類比式思考（analogical thinking）在許多領域都很常見，而儘管拉塞福-波耳模型在許多方面都已被取代，它在當時肯定有助於推進物理學的思考。就佛洛伊德的例子來說，郵政或其他公開檢禁的形式可能對於他在形塑精神結構的思索具有決定性的影響，但也可能只是提供了一個有用的類比，好讓他能向讀者展示他的心靈模型。

　　回到我們在第一章討論的模型，我們可以把在兩組記憶（M1—M2—M3 及 M4—M5—M6）之間的屏障，視為位於無意識願望（位於左邊）及寤夢經驗（位於右邊）之間的檢禁作用，而被允許通過這個屏障的，是經過凝縮及置換的失真夢境：

M1—M2—M3　　|　　M4—M5—M6

　　就夢來說，它跟失誤動作或症狀一樣，都是妥協形成（SE V, pp. 517, 596-597, and 676; SE XV, p. 66），我們也可把夢視為兩股對抗力量或兩個衝突自我的產物，檢禁作用是調停雙方的必要條件（可以說，就像是某種複雜的和平協定，右手不知道左手在做什麼[*]）：

（無意識願望）力量一 ⇒　　夢　⇐ 力量二（道德良心）

「壞自我」⇒　　夢　⇐「好自我」

　　佛洛伊德在檢禁作用的政治比喻中加入的是：我們每一個人都扮演了這三個部分，因此我們都參與了自我檢禁！在做夢者的印象中，自己（在寤夢意識下）對於夢中發生的事情只是單純的觀眾或目擊者，然而佛洛伊德的主張與這樣的印象相悖，他說我們必須了解到，根本上，所有**這些不同層次**——作者、檢禁者及讀者；無意識、前意識及意識——**都是我們自己**。對於不得體的願望，我們無法逃避責任，也不能說「**我永遠不會夢到這樣的事情！**」，因為事實上，我們就是夢到了這樣的事情，而且（想必）沒有人把這樣的事情放進我們的腦袋中。

　　在佛洛伊德的思路中，主體性（subjectivity）包括所有這些不同層次。主體是以下所有這些部分：（一）衝動，（二）不想知道這些衝動的我們，以及（三）如果不幸聽聞這些衝動、在道德上會嚴屬譴責這

---

*　譯註：此處的典故出自於聖經馬太福音六章三節：「不要叫左手知道右手所做的。」

些衝動的我們。許多來做分析的分析者都認為他們與夢的形式無關；對於夢裡發生的事，他們是無辜的旁觀者，或者是在做了惡夢或「不好的夢」時的受害者。正如一位分析者所說，「夢只是恰好發生在我身上——跟我一點關係都沒有。」還有另一位分析者這麼說，「我是夢的受害者。」事實上，我們的日常用語就體現了這樣的觀點，在英語中，我們經常說：「我有一個夢。」而不是像法語中所說：「我做了一個夢。」

對許多人來說，這種只是夢的目擊者的感覺，是他們拒絕相信夢（以及許多夢魘）滿足了他們的願望的原因，因為他們並不認同這個似乎在夢裡得到了滿足的願望——舉例來說，他們做了一個夢，夢裡公然上演某人的死亡，但這個人是做夢者認為自己很喜歡的人——他們覺得自己絕不可能會願望這樣的事情。然而，佛洛伊德在許多不同的文本中都證明了，我們每一個人都**認同**著過往生命裡的、以及現在生活周遭的許多人（SE IV, pp. 149-150 and 323; SE XIX, pp. 28-33），我們接受了他們的衝動及慾望，彷彿那就是我們自己的衝動及慾望。粗淺說來就是，他們說他們渴望的消費商品、時尚社區、「頂尖」大學、精緻餐廳及經驗，我們都想要照單全收；我們甚至可能會被他們喜愛的人所吸引，儘管一開始我們根本對那些人毫無感覺。這種動力如此真實，以至於我們可以說，**有時候我們夢中實現的願望，並不是我們自己的，而是身邊那些人的**。[21]

拉岡接續佛洛伊德對認同（identification）的研究，把這一點說得更加直白，他說「人的慾望就是大他者的慾望」（man's desire is the Other's desire），他的意思是，至少在某部分，我們每個人所渴求的許多東西，終究都跟身邊人們的慾望是一樣的，甚至於最後連我們渴求那

些東西的方式，也跟身邊其他人一模一樣。彷彿我們就是身邊這些人，以某種重要的方式；彷彿我們跟他們一模一樣，或者我們就是他們。當我們夢中所滿足的慾望似乎不是我們自己的，而是身邊其他人的慾望，我們便可以推斷，我們吸收了他們的慾望——也就是說，**那些慾望已經成為我們自己所不知的慾望**。[22]

　　既是如此，這對夢中實現的慾望，以及症狀中的衝動（有時候這兩者甚至彼此衝突）來說，都是真的：這些慾望及衝動對我們來說似乎是陌生的，因為我們沒有意識到自己認同了這些慾望與衝動的原始擁有者，而且我們甚至可能會害怕自己竟有可能會認同這些可憎之人！這種狀況相當常見，因此我建議當我們試圖詮釋夢及症狀時，要牢牢記住古老的拉丁文說法：「是為了誰」（*cui bono*）及「對誰有利」（*cui prodest*），這對警探及其他破案者也十分有用。「對誰有利」是「*cui prodest scelus is fecit*」（**誰從案件中獲利**）的縮寫，這句話出自於塞內卡的古典戲劇《美狄亞》（verses 499-501），意指有罪的人經常是從案件中獲利的人。「是為了誰」則是指犯案者即是受益者。[23] 這些內在衝動對我們來說似乎很陌生，但它們還是出現在我們的夢裡、並獲得了滿足，這樣的內在衝動很可能是來自於其他人——如果我們仔細一想，這些人很可能就是會替代我們享受夢境的人（他們竟敢這樣！）。

　　只要我們的許多症狀很明顯地是不利於自己或是自我毀滅——不論是持續上班遲到、對自己的作為漠不關心、反覆「意外地」傷害自己（有時候，人們會婉轉地說這是「笨拙」）、開車飆速、飲酒過量、刻意割傷自己、過量服用可能致命的藥物、拒絕營養食物、過勞傷害健康，或是兼有以上多項行為——**我們應該總是去尋思我們身**

邊有誰，可能會對於我們的自毀行為感到高興、或是一直都很高興（我並非說對方有意識到自己很高興、或是明顯地表現出高興），這類自毀行為例如：失去工作、浪費人生、服藥過量，或是刻意罹患可能致命的性傳染病或其他疾病。

父母、手足或是其他家庭成員，經常在我們人生的某一刻（或許是在很多年前），直接或間接地對我們說，他們希望我們滾開，我們的存在干擾到他們，讓他們綁手綁腳、施展不開，或是會讓他們抓狂。對我們許多人來說，過去有一個或不只一個人在某一刻讓我們留下深刻的印象，讓我們覺得他們寧願我們的努力不會成功（或至少不會超越他們、或是讓他們落後），寧願我們過得很悲慘、不會成長、甚或乾脆永遠消失。（我們自己有時也會希望其他人失敗或消失，從這種情況來看，我們不應該驚訝自己會從其他人那裡感受到同樣的事情！）因此當我們認為自己最偉大的願望在夢裡頭受到挫敗時，我們應該總是要去細想，身邊有誰似乎想要扼殺我們，並且考慮以下的可能性：我們有可能認同了對方明顯想扼殺我們的慾望，無論這是好或壞。找出這樣的慾望是誰的，並不會讓問題迎刃而解，但我們至少要先認清自己是活在誰的慾望中，問題才可能會有轉圜，畢竟那個慾望就在我們之內，是我們的一部分。

奇怪的是，我們經常會認同這些人希望我們生病或去死的願望，我們也確實會在夢及症狀中表現出這些願望。我們也會認同這些人不時對我們大發雷霆、毫不讓步的批評，以及他們為了我們的缺點以及／或者不順從，而想懲罰我們的意志。我們以「超我」的形式承接了他們的批評及懲罰我們的意志，佛洛伊德在他所稱受虐狂的「懲罰夢」（punishment dreams）（SE V, p. 476; see especially n. 2）及某些症狀中，看

到這種願望獲得了實現。佛洛伊德評論夢中所實現的願望──

> 必定會帶來滿足；接下來的問題是「滿足了誰？」，當然是滿足了有此願望的人。可是，正如我們所知，做夢者與他的願望之間的關係相當獨特。他否定、且檢禁這些願望──簡而言之，他並沒有喜歡它們。所以願望的實現不會帶給他滿足，而是恰恰相反；經驗顯示，這種恰恰相反的情形會以焦慮的形式出現……於是做夢者──與夢的願望的關係──可以說是混合了兩個不同的人……（而如果）兩個人並未同心，其中一人的願望實現只會讓另一個人不愉快。（pp. 580-581 n 1）

　　表面上看來似乎是自我毀滅的夢境、以及似乎是不利於自己的症狀，有可能是**用來使我們身邊人們的願望受挫**。佛洛伊德提到他有個病人的夢似乎是要讓她朋友的願望不能實現，而這位朋友希望能受邀去病人家中參加晚宴（這個由「肉商妻子」口述的夢，相當複雜，因此有相當多評論〔SE IV, pp. 146-151〕）。這個病人自己在夢中的感受，還有她對佛洛伊德說這個夢時，都是在講自己（想舉辦晚宴）的慾望不能實現。然而，我們可以說，她在夢裡以讓自己的慾望受挫的方式，讓朋友的慾望無法實現，或者說她讓自己的慾望受挫，也就是讓朋友的慾望受挫。[24]

　　我有一位分析者，他會試著很努力把工作做好，他因此睡得很少，但到頭來，他的表現只是差強人意。他在一個自己並不喜歡的領域裡，為了出人頭地，累到不成人形，但一點也不令人意外的是，他認為自己這麼做是因為他的親戚們對他的期望，他們認為他相當

適合這份工作，天生注定做這一行。甚至於，他們還動用自己的影響力來幫助他在這個領域裡獲取成功，但他覺得自己根本不值得他們這麼做。他的症狀（對於工作的相關細節極度焦慮，讓他睡不著）似乎就是在證明他們的想法是錯的，並讓他們的願望無法得逞，以重新奪回對於自己人生的掌控權，即使這意味著他會做不好目前的工作。他的行為就是一種症狀，困擾了他自己，他也想不通自己為何會如此；不過，看起來他的作為最想達到的目的是讓那些將他推入目前行業中的人無法稱心如意。我們可以說，這滿足了他的一個願望——他不想讓他們如願以償——儘管在此同時，這也會妨礙到其他願望。

分析者往往會覺得，在這種症狀及夢境中所呈現出來的願望，是違反直覺的，甚至在一開始他們也幾乎沒有意識到，對於那些將他們推往某些生命方向的人，他們是深惡痛絕的。在意識層次上，他們經常有的不是怨恨，而是認為自己欠這些親戚一份感激之情，當他們發現某種程度上，自己（在夢境及症狀中）的自我傷害竟是為了讓他們的親戚感到懊惱，他們都甚為驚訝。

無意識的願望是以完整的句子來表達
（或者，無意識就像語言一般被結構著）

> 夢的建構受到以下條件的限制：夢只能呈現願望的滿足，並且，夢只能由願望獲得精神上的動力。
>
> ——Freud, SE V, p. 487

我們很容易就忘記，一般來說，夢（的願望）只不過是個念頭。

—— Freud, SE XIX, p. 112

夢中所實現的無意識願望經常以完整的句子形式來陳述，要介紹這個概念，最現成的例子是心懷惡意與自我懲罰的夢，例如以下列舉的這些句子，可以適用於做夢者本人或是夢中描述或暗示的人：

- 「希望他丟人現眼，徹底失敗！」或「我希望他一敗塗地！」
- 「希望他跌進地下水道裡，永遠消失不見！」或「要是他人間蒸發那該多好！」
- 「希望他心臟病發死掉！」
- 「但願有人出手打死他！」
- 「要是有海嘯把她家沖走，連她一併帶走該多好！」
- 「但願激流把他沖到海裡去！」
- 「她在性上面那麼放蕩，真希望她染上性病，死狀淒慘！」
- 「我真想殺死我爸跟我哥，這樣我就可以獨享我媽跟我妹！」（這是一位分析者得出的結論，一字不差，他夢見自己在一個場景中殺了第一位士兵後，又殺了第二位，接著在下一個場景裡，他發現自己在某個女人的懷抱中，這位女性在某方面跟她母親很像，他最近跟她及一位年輕女性進行「集體擁抱」。）

這些願望都是來自於分析者告訴我的夢——這樣的清單我可以永無止盡地列下去——我們看到這些原先是無意識、被否定的願望，

用日常語言表達出來，就像意識中的念頭及願望一樣。這些無意識
願望的語言表達方式，就跟某些意識中的願望一模一樣（句子開頭都
是用「希望……」、「但願……」），舉例來說：

- 「希望我能贏得樂透！」
- 「希望老師不會注意到我的報告有一半是抄書的，另外一半是
  抄網路的！」
- 「但願他還是會注意到我，約我出去！」
- 「但願我可以進入我最想上的大學……」
- 「我希望警察沒有注意到我在那個號誌前沒有完全停下來。」

　　在詮釋夢時，我們要找的就是一個或更多個這類願望的表達，
這類願望進入夢的建構中，可以用句子結構大致完整的日常語言來
表達。（有時候，這樣的表達方式會是簡單如「想成為 x」──無論 x
是「有錢人」、「名人」、「好看的人」、「再年輕一次」、「像某個人」、
「雄風再現」，或者任何你想得到的──這意味著分析者其實很喜歡：
「喔，可以重新再來！」）這需要分析師做某種綜合式思考（畢竟分析
式思考是把夢拆解成許多片段，再就各個片段做自由聯想），我們必
須試著看到整座森林，而不是見樹不見林。正如拉岡在一九五八年
就已提出的評論（Seminar VI, p. 71），分析師不再知道如何解譯夢中的願
望，這使得分析師不再對夢感到興趣。解譯夢的願望是一個創意性
過程，有時候，這過程確實相當具有挑戰性！當我們無法以願望的
形式來說明夢裡的任何人事物時，我們需要鼓勵分析者繼續對夢進
行聯想，更努力重建夢的願望，或者，先放過這個夢，希望下一個

夢會更有收穫、更清晰易解,或是能讓人產生更多靈感。[25]

　　在許多情況下,我們**可以**從一個夢(還有白日夢、口誤以及其他症狀)找出一個或更多個願望,這個事實讓拉岡主張「無意識就像語言一般被結構」(例如,請見 *Écrits*, p. 737),[26] 因為無意識的念頭及願望,與意識裡的念頭及願望,是由相同的材料所組成的——也就是「語言」(包括語言的意符及語法)。也是這一點,讓佛洛伊德提出了在他那個時代令人震驚的主張:思考能夠、也確實發生在意識之外的層次,意念及願望會在我們毫無所悉的情況下成形,成為我們的一部分(SE V, p. 613)。

　　雖然至今都還有哲學家對這一點感到震驚與沮喪,不過從古早的俗話來看,人們早就知道這件事了;在英語裡,人們面對難題時會說,「讓我們帶著它入睡」(Let me sleep on it),在法語中,人們通常會說:「夜晚會帶來忠告」(*La nuit porte conseil*)——按照字面的意義即是,夜晚會帶來好的建議,更象徵性的說法則是,在你睡覺時,答案或解決方式就會出現。

如何「不這麼」處理一個夢

> 我想發出一個明確的警告,不要高估象徵在夢的解析中的重要性,不要把夢的翻譯工作侷限在翻譯象徵,不要放棄運用做夢者之聯想的技巧。[27]
>
> —— Freud, SE V, pp. 359-360

佛洛伊德詮釋夢的方法，不是以往的「象徵法」（symbolic method），這種方法將夢視為整體，從夢境創造出故事，尤其是關於未來的預言；這種方法可見於舊約中對法老夢見七頭肥牛與七頭瘦牛的解釋，這些牛被視為意味著七年豐收及七年飢荒的到來。對今日絕大多數人來說，夢並未預言未來，除非夢可能讓我們意識到了某些我們想要、但我們卻不清楚自己想要的東西，而讓我們可能會在未來採取行動。

佛洛伊德也沒有使用「解碼法」（decoding method），舉例來說，在解碼法中，月亮對每一個做夢者（不管年紀、文化、身分或任何背景），都具有同樣的意義，是某種普遍的象徵。理論上，任何持有正式解碼書的人就能為相信這種方法的人查出每一個象徵的意義，並建構出對夢的合適解釋。解碼法暗示著如果兩個人的夢裡大部分的元素都相同，則它們的夢的意義就大同小異。解碼法也意味著，不同的解夢者所得出的詮釋應該是一樣的，畢竟他們用的是同一本解碼書。於是，唯一的問題是，我們拿的解碼書是否合適，以及是否有哪一本解碼書比其他本優秀。[28]

佛洛伊德徹底、也完全打破了傳統，他主張某人夢中月亮的意象的意義，跟這人的聯想有關。儘管來自同一個文化的許多人可能會對月亮有同樣的聯想，但實情不必然如此，有些人會聯想到藍色月亮（一個天文事件，或相關的小說、歌曲或電影），有的人想到文牧師（Reverend Moon）[*]，還有的人聯想到尼爾・阿姆斯壯（Neil Armstrong）[†]、

---

[*]　譯註：原名為 Sun Myung Moon，為韓國統一教創始人文鮮明。
[†]　譯註：登月第一人。

狼人、吸血鬼、殭屍、月經、歌曲「月河」（Moon River），或者是亮出屁股（mooning）。

再者，正如佛洛伊德所建議的，所謂的聯想**不是**我們對某人夢中元素的個人聯想，而是做夢者自己對它們的聯想，至少在理論上，不同的解夢者對那個夢的意義所得到的結論應該還是會大致相同。如果釋夢主要、或者單單只靠詮釋者的聯想，每一個詮釋者都會想出不同的東西。幾乎完全只用做夢者自己的聯想來工作，可以去除我們在詮釋分析者夢境時**獨斷的**成分。因此我們會問開放性的問題，例如：「『月亮』讓你想到什麼？」、「那『月亮』呢？」，或者「你認為月亮為何會出現在你的夢裡？」。在實務上，不同的分析師顯然多少都會花時間與分析者針對某個夢一起工作，對夢中任何一個意符進行聯想，由於最終他們所帶出的聯想材料不一樣，因此他們對夢的解釋也很有可能會不一樣。然而，至少他們的工作主要都是針對同一個夢文本及大致上相同的聯想。[29] 無論如何，重建夢的那一個、或好幾個願望是深具挑戰性的，需要分析師有豐沛的創意思考，有些分析師顯然更具有天分。一旦引出了許多聯想，最好（至少不獨斷）的工作方式無疑是詢問分析者，現在他或她能否看出夢有任何願望。

佛洛伊德在受到某些同僚的影響之後，[30] 開始主張我們可以根據象徵在文化中的普遍意義來詮釋人們的夢，我認為這對他是種傷害。這部分可見於《夢的解析》第四章第E節「夢的象徵表現」，這一節幾乎全是在一九〇九年之後才加入的，佛洛伊德在這裡承認「我們會很想根據解碼原理來寫一本新的『夢書』」（SE V, p. 351）。[31] 對於精神分析的嚴苛批評，絕大部分是因為分析師的簡化傾向，跳過病人的

聯想，把每件事都解釋成某種普遍象徵：「所有細長的物體，例如筷子、樹幹及雨傘；還有所有長且尖銳的武器，例如刀子、匕首及長矛……都代表男性器官」（p. 354）。這讓梅蘭妮・薩芙卡在她一九七〇年反精神分析的民謠《榮耀、榮耀，心理治療》中寫出諷刺的歌詞：「如果它的長大於寬，它就是陽具象徵。」[32]

　　有時候，佛洛伊德也會陷入某種解釋類型中，尤其是在《夢的解析》第一次出版之後才加入的這一段裡。這種解釋類型認為，當分析者對夢元素得出跟性有關的解釋，或是在對夢的某部分做聯想時連結到父親或母親，分析工作就大功告成了——彷彿性、媽咪與爹地是夢中萬事萬物的「終極意義」（雖然佛洛伊德確實告訴過我們一個夢，在這個夢裡，儘管「夢在表達對某人的反抗時，背後隱藏的通常是做夢者的父親，但這個夢的情況卻正好相反」）（SE V, p. 436）。夢中出現的灌木（bush）並不總是、甚至通常不是在暗示女性的陰毛；躲在灌木後某處的可能是喬治・布希（George Bush）或傑布・布希（Jeb Bush）*，也有可能是指澳洲內陸（Australian outback），「一鳥在手不如二鳥在林」（a bird in the hand is worth two in the bush），或者指「拐彎抹角」（to beat around the bush），甚至可能是部分同音的相關字，如「tush」（屁股）、「mush」（軟糊狀食物）、「push」（推）、或「Bolshevik」（布爾什維克黨）。同樣地，所謂的陽具象徵，像是美國華盛頓特區的華盛頓紀念碑，可以引發出恐怖主義的聯想，而不是跟性有關的主題（或者至少還能與性以外的主題相關）。[33]

　　佛洛伊德在《夢的解析》中所詮釋的夢，有許多似乎並未朝性或

---

*　譯註：前美國佛羅里達州州長。

伊底帕斯的方向發展,至少就他為我們所展示的釋夢來看是如此(例如,請見SE IV, pp. 127-130, and SE V, p. 510),這表示對於分析師用簡化方式來釋夢的刻板印象可能多是來自於後繼者,而非佛洛伊德本人。關於性在夢裡的角色,佛洛伊德寫到如下:

> 成人的夢絕大部分都跟性題材有關,(因為)從童年開始,沒有其他欲力像性欲力受到那麼多抑制……;也沒有其他欲力殘留那麼多強大的無意識願望,準備在睡眠狀態中產生夢境。(SE V, p. 396)

過去幾十年來對於睡眠的研究可說證實了佛洛伊德在此處的觀點,快速動眼期(REM)是與做夢最緊密相關的睡眠階段,正如在此階段所看到的,通常女性會經驗到陰蒂興奮,而男性會經驗到勃起。不過,佛洛伊德又補充「當然,我們也應該避免過度誇張,把全部的重要性都擺在」性欲力上(SE V, p. 396)。在下一頁,一九一九年增加的段落中(在前面的註解中提過),他觀察到「批評者不斷怒斥我主張所有夢都需要一個性的解釋,但這說法並未出現在我的《夢的解析》中」(p. 397; see also SE XXII, p. 8),相反地,我們可以在此書中看到有許多夢的解釋都跟性毫無關聯(例如請見SE IV, pp. 127-130, and SE V, p. 510)。

同樣地,儘管佛洛伊德認為「當我們對夢的分析越深入,我們就越常發現童年經驗的蹤跡,並且在夢的隱內容來源中扮演重要角色」(SE IV, p. 198),「越常」(more often)這兩個字指的是「並非總是」(not always),佛洛伊德所討論的許多夢也並未追溯到童年的源頭(例如請見SE IV, pp. 248-250, and SE V, p. 510)。然而,在《夢的解析》的最後,他更加明確地提出每一個願望都可追溯到童年願望(SE V, pp. 553-554),無視於

他自己在整本書中所證明的那些。

佛洛伊德最重要的觀點——也是我個人覺得在臨床上最經得起考驗的觀點——是每一個夢元素的意義對每一個人來說都是不同的，而且在進行自由聯想之前，我們無法事先知道那個意義是什麼。儘管如此，在特定文化中使用相同語言的人們可能會對特定象徵聯想到相同的事情。例如，對大部分歐洲人來說，納粹黨徽可能至少有某部分相同的含義。每一種語言都有自己的夢語言，就此意義來說，如果有件傢俱，例如「stool」出現在以英語為母語的人的夢中，它總是可能至少有兩種意義，分別是糞便、以及吧檯凳或踏凳；如果夢中出現木釘（wooden stud），它還會有其他五種可能的意義。一個使用英語的人在聽到自己在夢中描述某人「leaned over backward」* 時，很可能會想到「為某人竭盡心力」（to bend over backward for someone）的說法，但是，這樣的聯想不會出現在非英語系的法國女人身上。對法國女人來說，與「leaned over backward」意義多少相近的慣用語是「*se mettre en quatre*」，這幾個字就字面上來看是把自己分成四等分的意思。

佛洛伊德建議，最好只有在做夢者自己產生不出聯想時，才根據「象徵」來做詮釋（SE V, p. 360 n. 1, and p. 372）；而且佛洛伊德的詮釋主要是基於維也納人的慣用語或是諺語，與他一起工作的人也幾乎都熟悉這些語詞（就像是幾乎所有具有一定年紀及教育背景的美國人都知道諸如「開苞」〔deflowering〕以及「暴發戶」〔filthy rich〕這種婉轉說法〔請見 SE IV, p. 200〕）。這令佛洛伊德建議我們「採取一種組合技巧，一方面仰賴做夢者的聯想，另一方面則透過釋夢者對象徵的了解填

---

* 　譯註：有向後彎腰之意。

補（做夢者的聯想）缺口」(SE V, p. 353) —— 然而，值得注意的是，夢
的象徵「時常具有一個或甚至更多個意義，而且就跟中文字一樣，正
確的解釋只有每一次從上下文脈絡中得知」(p. 353)，我們也能看到當
佛洛伊德在詮釋病人似乎沒什麼聯想的夢時，他對夢的猜測通常是
建立在對病人的背景、成長經驗及目前生活處境的詳盡了解之上，
而非基於普遍的象徵。[34]

　　我自己有位病人嗜讀羅曼史，她夢見一隻貓「拱起背部」。雖然
一開始她對這個夢沒有任何聯想，但是當我將「拱起背部」這幾個字
挑出來唸給她聽時 —— 也就是說，不再與夢有任何相關 —— 她立刻聯
想到性高潮（很顯然，女人拱起背部是羅曼史小說中女性有性高潮時
的常見意象，這就是佛洛伊德所謂的「已確立之語用」〔SE V, p. 342〕，
至少在這個脈絡裡是如此），接著她就告訴我性伴侶帶給她的挫折
感，隨後夢裡的其他事情也讓她想起那位令她沮喪的伴侶。[35]

多重決定：一個簡單的案例

> 夢工作的作品……**不是為了讓人理解而產生的。**
> —— Freud, SE V, p. 341（強調為原文）
> 夢跟所有精神病理結構一樣，經常都有一種以上的意義。
> —— Freud, SE IV, p. 149

　　有位分析者告訴我以下這個非常短的夢：「我的表妹意外地殺死
了她丈夫。」當我詢問她除此之外，她是否還記得任何細節，她又說

了：「她是在浴室裡殺死他的。」

這個簡單事實的第一層意義是我的分析者不喜歡她表妹的丈夫，並且想要他滾開（因此，是希望他消失不見的有意識願望）。第二層意義來自以下這個事實——當我問起夢中角色的名字時，這一點就變得很明顯——我的分析者的名字跟她表妹一樣。在我的分析者做這個夢之前，有一段時間她曾很痛苦地抱怨自己的丈夫，這表示這個夢同時滿足了她想殺死自己丈夫的願望（一個比較沒有被清楚意識到的願望），夢中的兇手凝縮了兩個人物——她表妹及她自己，被害者也是由表妹的丈夫及分析者自己的丈夫凝縮而成。

第三層意義來自於兇案發生的地點。當我問到浴室，分析者告訴我那很像她在青春期之前住的那間房子的浴室。在那裡發生過什麼令妳難忘的事件嗎？我問道。分析者回想起來——二十多年來頭一遭——她父親在那間浴室賞了她母親巴掌。為什麼？她一開始想不起來，但後來她想到是因為她的大姊用了父親的刮鬍刀剃腳毛。

我們因此開始很長的討論，探討她父親的怒氣、她對父親的恨意，還有她母親對父親的憎惡。「要是我媽媽在那間浴室（用刮鬍刀）殺了我爸，」那個夢似乎是這麼說著，「我姊姊跟我就不用在他手下、在像他那種男人的手下，吃了那麼多苦頭。」在此，我們偶然發現了一個還沒那麼有意識、很可能是無意識的願望。

這三個願望似乎都在這個非常簡短、高度凝縮的夢中得到實現，夢中的兇手代表了三個不同的女人，被害者也代表了三個不同的男人。因此，兇手及被害者是顯內容的「結點」（nodal points）（SE IV, p. 283; see also SE II, p. 290），有好幾個隱內容的不同夢念在此匯聚。我們可以說這個夢有終極意義嗎？為什麼我們要這麼說，既然這三個意義似

乎全都與分析者有關，並且分析者也都有共鳴？這證實了佛洛伊德的主張，夢就像其他症狀一樣，經常包含好幾種意義——換句話說，它們是「多重決定的」（overdetermined）（SE V, p. 569）。

釋夢的工具

> 夢念中任何兼具正反兩面意義的元素，不可能一看就決定它的意義是正面或反面。
>
> ——Freud, SE IV, p. 318

佛洛伊德提供了各式各樣的工具來找出夢中的願望，他的基本原則是夢中所實現的願望之所以無法辨認，是因為它們受到了偽裝。為了不被顯內容蒙蔽，我們必須追溯到隱內容，而要做到這一點，我們必須以不一樣的方式來理解夢元素，不能受限於它們原本呈現出來的樣子：我們可能需要用圖像的方式、而非文字的方式來看待它們；假設一個元素所代表的是它的對立面（例如，一群人代替的是沒有人或者只是一個關鍵的見證者，或者愛是代替恨）；對於字詞本身（字詞的形式、或是可能的排列組合）進行聯想，而不是對字詞通常所代表的意義做聯想等等。正如佛洛伊德所說：

> 夢從不告訴我們它的元素是要按文字、還是圖像的意義來解釋，或這些元素是與夢念的材料直接相關，還是有某些插入的詞語作為中介物。在詮釋任何夢元素時，我們通常並不清楚：

（a）要從正面還是反面來理解它……，

（b）要不要從歷史的角度（作為回憶）來理解它，

（c）要不要用象徵的方式來解釋它，

（d）應不應該根據它的措辭來解釋。（SE V, p. 341）

　　我們可以將以上這段視為思考啟發策略（heuristic devices）清單，透過這些方法對夢境做出詮釋（還可以再加上一點，對做夢者來說，夢境最明顯的部分很可能是個掩護，事實證明在詮釋夢境時，夢境中最明顯的部分要比其他元素或場景的重要性更低〔請見 SE IV, p. 305〕）。但是我們也可能會想知道，在明顯缺乏必須遵守的硬性規定下，該如何解釋每個夢的元素——也就是說，我們會想知道要如何運用那些工具與方法。

　　身為一位分析師，我認為每位分析者傾向於在夢裡一次又一次的使用相同的偽裝方式——例如，把某件事物變成它的對立面——因此我們會學到，要詮釋某一位分析者的夢，凝縮、置換、轉成對立面或字謎，究竟哪一種解釋方式會最為適當（別忘了，當這樣的偽裝一再被看透，時間一久，檢禁作用也會改用不一樣的新偽裝；這意味著人們的夢不見得會因他們進入精神分析的時間較長，就較容易被破解）。首先，我們注意到那些研究文學、詩詞、電影，以及其他人類創造性產物的人也會使用相似的解釋工具，例如隱喻（metaphor）、轉喻（metonymy）、類比（analogy）、寓言（allegory）、象徵（symbolism）、誇張法（hyperbole）、寓意劇（parable）、迂迴（periphrasis）、倒裝（hyperbaton）、省略（ellipsis）、懸念（suspension）、預期（anticipation）、收回（retraction）、否定（negation）、離題（digression）、反諷（irony）、詞語誤用（catachresis）、

反敘（litotes）、換稱（antonomasia），以及生動描述（hypotyposis）（請見 Lacan, *Écrits,* p. 433），因為不會事先規定具有創造性的藝術家（有意或無意）使用哪些方法（如果有的話），解釋者或者文學、電影或藝術評論家就必須嘗試各種方法，看哪種方法會得到成果，在此，成果指的是針對創意作品提出一個令人興奮的、甚至是令人信服的解讀。

在比較沒那麼理論的層次上，我們可能會想如何試著——以一種粗糙卻可行的方式——看穿我們身邊的人，不管是朋友、熟人、同事或政治家，他們在日常生活中偽裝想法及願望的企圖。有些朋友會說我們看起來很疲倦或沮喪，但其實是他們自己很累、很沮喪，這裡就涉及了**投射**作用。（有位分析者曾說她「擔心這對他來說只是一時情迷」——這個他是她的新伴侶，但其實當時她正困惑於自己是否只是一時情迷。）還有人在狀況不佳時會說「還好」（狀況越不好，他們就會越常且越堅持說他們「還好」）；或者他們「很高興看到我們」，但其實他們根本不想見到我們，把自己真正的想法隱藏在反面的話語背後。還有些人激烈地抱怨政治家及政府的政策（這肯定有許多可以抱怨的），但其實真正令他們苦惱的是家庭生活，這裡涉及的是某種千篇一律的置換作用。

以下是幾個我認識的人的例子。有一位是音樂家，她經常埋怨由於丈夫偏愛住在鄉下，讓她的人生卡在**他**想住的地方動彈不得，**她**說她想住在大城市，要是能住在大城市裡，她一定可以在音樂界大獲盛名。有意思的是，當她有機會每週有部分時間去大城市時，她卻沒有採取行動。在我們的某次聊天，話題跟住處無關，是在聊一位我們共同認識的朋友，她說只有極少數的音樂家可以真的闖出一番名堂，而我們共同認識的那位朋友不確定自己是否真的具有成

名所必須的才華。我開始納悶,她是不是其實害怕若搬去大城市,**她**可能無法成為一名出色的音樂家,所以還不如打安全牌,留在鄉間,這樣還能把自己無法成功的事怪罪在丈夫身上,總比自己付出一切卻換得灰頭土臉要好得多。畢竟,這世界上多得是把自己的失敗與不滿足怪罪到他人頭上的人。不然我們要怎麼解釋當她有機會每個禮拜去大城市時,她卻裹足不前呢?

還有一位朋友向我抱怨她的某個媳婦,這個媳婦嫁給她最喜歡的兒子。她一直說沒有人喜歡這個媳婦——而且,她還真的給了我一份名單,上面列出不喜歡她媳婦的人,名單上人數眾多,彷彿她需要證明(而且很可能過度證明)她不是唯一一個不喜歡她媳婦的人。後來,這位朋友告訴我這個媳婦對自己的女兒非常壞,而她的女兒跟我朋友非常相似。我朋友不喜歡媳婦,會不會至少有一部分是因為她認同了孫女,她覺得孫女受到媳婦的虐待——就像我朋友覺得自己的母親虐待她?在此,或許我們可以看到她將對自己母親的感覺,某種程度**投射**到她的媳婦身上。

有一位跟我一起工作兩年多的分析者,他因為與教會的關係而有一段慘澹的童年,在某一刻,他承認他寧願可憐自己(並且在成年時選擇將大量時間花在向教會請願),而不是好好發展自己早慧的藝術才能。他還表示,自己寧可哀嘆平凡的婚姻及不夠完美的老婆,也不想弄清楚,跟他人生中真的能鼓舞他的那位女性一起努力是否就能做出改變。在這個例子中,我們同樣能看到,當人們將對於生活的不滿移置到他人身上,就掩蓋了內心的恐懼。這種扭曲的真相,經常愚弄了朋友與家人,有時候甚至就連說出這種故事的人自己也被矇騙了,他們開始相信自己經常掛在嘴邊的個人歷史版本。

政府及企業經常為某些行動提供利他及／或愛國的理由，然而
事實上，這些行動是出自於不值得說嘴的利益，他們所給出的理由
是為了讓我們不去注意到他們真正的動機。有時候小小孩會在媽媽
離開托兒所或學校時大哭大鬧，等媽媽走了之後，她就安靜下來，
開始玩耍；她覺得自己必須要演這場戲給媽媽看，她認為媽媽希望
看到孩子在她離開時感到傷心欲絕（或許是要讓媽媽相信自己在孩子
生命中的重要性）。[36] 正如我們在第二章看到的，擔憂某人的真正意
義經常和表面上的表現相反：擔憂代表的是攻擊衝動，而非愛的衝
動（請見 SE IV, pp. 260 and 267）。同樣地，在夢中**恐懼**離家時衣衫不整、
或是一絲不掛，很可能指的是相反的想法：想要赤身裸體讓別人看
到，孩子時常透過裸體跑來跑去，自然而然的滿足了這樣的**慾望**。

佛洛伊德建議我們在解釋夢境（及症狀）時能去尋找偽裝及扭
曲，我希望以上這些例子某種程度上能證明在日常生活中，也充斥
著同樣的偽裝與扭曲。在生活舞台上，就跟夢中世界那「另一個舞
台」（the *andere Schauplatz*）一樣（例子請見 SE V, p. 536），事情往往跟表面所
見不同，人們一直在欺騙別人與自己！

這仍然不能直接告訴我們，在具體的情況下使用了哪一種偽裝
形式，因此精神分析方法有點是視情況而定：有時候我們需要尋找
移置（責怪配偶、而非責怪自己），有時候是投射（在媳婦身上看見
母親的影子），有時候我們必須注意人們在分離時用絕望掩飾高興
（受到過度關心的孩子被送去學校）。有時候我們必須把某個元素轉
成對立面，才能了解它的意義；例如，在夢中我哥哥對我非常生氣，
可能是掩飾了我自己對他的憤怒。但是在其他時候，跟真實情況剛
好相反的夢境，意味著「事情會不會是反過來的」——換句話說，這

意味著我們所願望的可能是發生相反的事情。「如果夢一直不肯透露其意義，此時若將顯內容中的某些元素顛倒過來，看看這麼做的效果，將會大有斬獲，整個情況經常就會立刻變得豁然開朗。」（SE IV, p. 327; see also p. 288）。如果在某個夢中，我對某人十分氣憤，但是在日常生活中我想不出任何我會對他生氣的理由，或許我們應該考慮夢中的怒氣，是愛與吸引力的偽裝（另外一個可能是，怒氣可能反映的是如果我向他示愛，卻被他拒絕，我可能會出現的反應）。年輕的男孩子面對中意的女生，經常表現得頗具侵略性，而在工作場合中有時候我們會對自己十分厭惡的人表現得格外有禮貌。如果我們在日常生活裡偶而都會這樣假裝，為什麼我們在夢裡遇到他們時不會這麼做呢？

因此，很明顯地，夢的解析並非我們可以把同樣的方法應用到每一種情況的抽象科學（abstract science）。我們無法在每一個個案身上使用同樣的工具，但我們的目標是在心裡記得足夠的思考啟發策略，好讓我們對夢的解析可以做到：

- 至少在某種程度上有內在的一致性（然而，可能會有**好幾個可供選擇或互補的意義**前後一致，正如我們在表妹在浴室中殺死丈夫的夢所看到的）；
- 就以下的**脈絡**來看是有說服力的：做夢者的人生、以及分析進行到目前為止所說的每一件事（SE V, p. 353）；[37]
- 至少會與分析者的其他念頭及**願望**相關，儘管會出現令人驚訝的嶄新元素；
- 會符合我們的某些理論**概念**，例如羞恥、厭惡及恐懼暗示受

到抑制的慾望，恐懼是願望的掩飾等等（SE V, p. 341）。

因此，佛洛伊德提出了一種「詮釋學」：這種解讀夢的方法，需要能達到、或者獲得某種「主觀的確定性」，而且這種確定性的本質是要放到脈絡裡來看（「唯有考慮脈絡裡的每一個條件才能獲得正確的詮釋」〔SE V, p. 353〕）。當我們對範圍廣泛的不同夢元素所進行的聯想，都把我們帶到同樣的幾個人及重疊的主題上時，這表示我們走在正確的道路上，這些聯想是彼此互相支持的。[38]

不過，我懷疑時至今日有幾個分析師或分析者會像佛洛伊德那樣在意對夢的詮釋，找出可說是完整並且徹底一致的解釋（當我們在第五章談到佛洛伊德對朵拉的分析時，會再來討論他的考量）。在最好的情況下，我們希望得出的詮釋，可以引起做夢者的**共鳴**，幫助他們的分析能有進展，並產生有用的新材料。夢的詮釋是不是好的，端視分析是否有進展；事實證明，儘管夢的詮釋做得多麼完整和看似詳盡，若是未能帶來任何改變或是新鮮的思考材料，這樣的詮釋仍是完全無用的。因此，**對夢的工作必須從屬於整體分析的進展**。

或許我們在分析中以特定的方式與某人的夢工作，會影響夢之後的形成方式，因為夢參與了分析者與分析師的對話。當分析中開始解夢，夢終究會變成給分析師的訊息，夢開始對分析師說話，既隱藏訊息、也揭露訊息。象徵及／或意象會在夢中重複出現，與先前的治療形成連結，這有助於建立起一種在分析者及分析師之間的共通語言。然而，這樣的語言從來就不是透明的，當佛洛伊德說「這就是夢的核心，夢從這一點延伸到未知的深處」（SE V, p. 525）時，他所指出的是夢的可讀性是有限的，在夢的某一點上布滿了錯綜複雜的

聯想網絡，抗拒我們解開這團複雜網絡的努力。

我有一位分析者相當關注實體場所與空間，這在他的夢裡是很突出的。我在早期的分析中經常問他，他是否記得在夢中場景讓他想到的那些場所裡，發生過任何特別的事件（正如先前指出的，這是一個好問題，可以用在對許多夢境的提問上，或者也可適用於所有的夢），在我看來，他的夢開始以這樣的方式帶出各種生命經驗，是因為他內在有某件事想要透過暗示事件發生的地點進入討論。隨著分析的進行，他關於某些特定場所的夢，幾乎總是會讓他講出他早已遺忘或是從未告訴過我的事。

每一個夢都絕對會滿足願望嗎？

> 夢代表願望的滿足，這確實是夢的祕密意義，這個事實必須在每一個案例中重新驗證。
>
> —— Freud, SE IV, p. 146
>
> 就我目前所見，關於夢是願望的滿足這條法則，唯一真正的例外是創傷性神經症的夢，懲罰夢只是表面上看起來像是例外。
>
> —— Freud, SE XIX, p. 118

我想，很少人會不同意，**我們的夢至少有些是帶著願望的**——也就是說，滿足了一個或更多個願望——因為正如我先前說過的，幾乎每一個人在「做好夢」的時候醒過來，都會不太高興，甚至會試著再去睡個回籠覺，好繼續完成那個夢。在英語中，有些關於夢的

說法歷久彌新（其他語言也會有自己對於夢的說法），例如「美夢成真」、「我連在最瘋狂的夢裡也想像不到會發生這種事情」及「繼續做夢吧！」，意味著我們想像在夢中會發生讓我們覺得不可思議的事情，就算是不太可能的事情也會出現在夢中。佛洛伊德也提到一些類似的慣用語，還有關於動物的諺語或格言：「鵝會夢見什麼？玉米」；「豬會夢見什麼？橡實」（SE IV, pp. 132-133）。

不過，在《夢的解析》中的幾個地方，佛洛伊德提出了一個普遍性主張，他認為**每一個**夢都是願望的滿足（例如請見 SE IV, p. 121）。在面對「有些夢似乎沒有滿足做夢者能辨認出來的願望」的反對意見時，佛洛伊德採取了幾項回應方式，其中之一是我們之前看到的，他將辨認不出的原因歸諸於夢的扭曲（包括移置、凝縮等）。此外還有，例如他說夢中滿足的是**無意識**的願望，至少最初做夢者總是拒絕承認這些是自己的願望。然後，他又將做夢者在做夢結束時充滿焦慮的狀況，解釋為檢禁作用的孤注一擲（通常檢禁作用的角色是「**避免產生焦慮或其他形式的痛苦情感**」，但有時它未能恰當地扮演好它的角色〔SE IV, p. 267〕），檢禁作用在夢結束時仍未能充分偽裝夢的內容。檢禁作用在夢醒之前帶來焦慮，像是臨去秋波、虛晃一招，目的在於掩飾事實上夢中的內容有部分是做夢者的願望；[39] 待做夢者醒來，他就會被焦慮矇騙、或是因焦慮而獲得確認，認為自己並不希望夢中內容真的發生（通常這種夢就會被認為是**惡夢**）。同樣地，佛洛伊德認為做夢者在夢中受苦或受到懲罰，也是願望的滿足：滿足了做夢者懲罰自我的願望。他說這種夢是「懲罰夢」。

換句話說，佛洛伊德似乎總是能從他的魔術帽裡變出慾望，也就是說：無論夢中滿足的慾望看起來多麼違反直覺，佛洛伊德似乎

總是能找出原因來解釋，那真的是屬於做夢者某部分的慾望（例子請見 SE V, p. 557）。如果夢不屬於做夢者在清醒時認為是自己的那部分（亦即，如果夢不屬於她的自我，或是無法符合她對自己的認知，也就是說，如果夢沒有「與自我同調」〔ego syntonic〕），那麼那個夢就屬於她的無意識；如果那不屬於她的無意識，那麼或許就屬於她的超我（儘管超我也有很大一部分是無意識的）。[40]

因此，佛洛伊德在此處的主張似乎有些自我證成（self-confirming），不管我們提出什麼樣的反例，他永遠都能找到方法，將之納入他的理論中。這使得他的理論是不可能被否證的（unfalsifiable）──換句話說，他的理論似乎不可能被證明是不正確的。知名的科學哲學家卡爾·波普主張「**經驗性科學系統一定有可能被經驗駁斥**」（Popper, 1959, p. 41，強調為原文）。就他的觀點，我們必須至少能夠想像得到存在著某些可能的事實或實驗，能夠反駁理論、或至少能限制理論的應用場域。

無論我們是否接受波普的可否證性（falsifiability）標準（哲學家及科學家對可否證性的效度仍有爭論），我們應該注意到佛洛伊德最後修正了自己關於「每一個夢都是願望的滿足」的理論。在寫作《夢的解析》二十年後，他跟許多從第一次大戰槍林彈雨中歸來的士兵工作，他逐漸接受有些人的夢就是不斷反覆重現相同的創傷性戰爭場景，並且，儘管他努力嘗試，他還是無法從這樣的夢中找到任何可能的願望，無論是有意識或無意識的。他開始意識到（在他一九二〇年的《超越快樂原則》中有很長篇幅的討論），在面對某些形式的創傷時，心靈中有些部分會發生可怕的錯誤，變得一片混亂、功能失調：心靈只會在夢中一次又一次重播創傷性場景，做夢者則是反覆從恐怖的夢境中醒來。

　　正如佛洛伊德開始意識到，抑制基本上是會有功能失調或過度的狀況——因為抑制有可能會無止盡地持續下去（這似乎經常與引發抑制的原因很不相稱），再加上抑制以症狀的形式在生活中一再復返的特性（「被抑制物的復返」）——佛洛伊德得出的結論是，創傷具有破壞性效果（destabilizing effect）。起初抑制是用來解決某種問題（亦即解決一個人內在的衝突：想做某件事，卻又因為其他原因，被迫去做另一件事，正如我們在安娜・歐的例子所看到的），抑制往往會因為太超過變得失去作用，並創造出無數的新問題：「雖然一開始抑制是有用的，但最後抑制卻造成損害，人不再能克制（自己的衝動）及做到心理控制」（SE V, p. 617）。同樣地，佛洛伊德也注意到，創傷情境有些狀況會抵觸他在《夢的解析》第七章中所描述的心靈運作法則，他認為心靈總是在願望的基礎上運作，並且願望是尋求釋放的張力累積。[41] 然而，夢裡反覆出現的創傷場景並不會釋放張力，反而是不斷累積張力（還值得注意的是，在這種夢中，來自於現實的場景經常是按照記憶中的樣子**原封不動地**出現，而不像在大多數的夢境中會經過創意性加工）。這種狀況與快樂原則背道而馳，但這並不代表它就是所謂現實原則不可或缺的部分。相反地，這種狀況似乎指出心靈出現某些根本的差錯、功能失調或是失靈。[42]

　　在動物界也有類似的精神異常狀況嗎？動物會反覆夢見曾經經驗過的創傷性場景嗎？就我們所知，他們似乎不會（請見Jouvet, 1960），[43] 這意味著這顯然是人類特有的異常狀況。這種精神異常的狀況之所以可能，是因為我們是說話存在者（speaking beings）嗎——換句話說，到目前為止就我們所知，我們是唯一天生就會使用語言的生物，是因為這樣嗎？有人可能會以人類大腦的大小、或自我意識的存

在來試著解釋這種精神異常狀況，但或許更直接相關的原因是，我們是有語言的生物，這是我們與動物界其他生物最根本的差異之一。

　　無論造成這種根本性功能失調的原因可能是什麼，這種功能失調是造成如今被稱為**創傷後壓力症**（PTSD）的根源，佛洛伊德最後也接受了對於他所提出的「每一個夢都是願望的滿足」這個普遍性主張，創傷後壓力症確實是個例外。

> 　　但是關於創傷性神經症，情形就不一樣了。在創傷性神經症中，夢結束時通常都會出現焦慮。我想，我們不應該害怕承認，夢的功能在此失效了。我不會引用諺語「例外證明了規則的存在」：這句諺語的意思對我來說似乎很有問題。但是無疑地，例外並沒有推翻規則……（我們）仍然可以說，夢**試圖**滿足願望……在某些情況下，夢只能很不完整地實現它的某部分意圖，或是必須完全放棄。（SE XXII, p. 29）

　　這至少打開了一種可能性：**不是每一個夢都是在滿足願望**，對於分析者所敘述的每一個夢，我們也不應該過於極端地試圖重建出一個願望。相反地，我們應該把在每一個夢中尋找有意識及無意識的願望視為經驗法則，而不是把它當成絕對真理，認為只要我們嘗試得夠久夠努力，就必然會找到願望。事實是，沒有找到願望並不代表夢的源頭沒有願望存在；而是，基於我們的能力有限，我們無法指望能發現**所有的**願望，尤其是有許多願望是想不到的、偽裝的很好，只有隨著治療的進展慢慢出現。

　　無論如何，我們不應該只因為分析者說她一再做同一個令她困

擾的夢，就認為她的夢必定是佛洛伊德規則的例外情況。首先，在
大多數分析者宣稱反覆做同一個夢的情況中，那些夢其實都有許多
變化，而且那些變化通常都相當重要。[44]（這也同樣適用於那些據稱
從分析者童年就反覆出現的夢。）其次，一個被反覆表達的願望經常
會導致一系列夢境，就像是音樂主題的變奏；而且就算這些夢是一
模一樣的，它們也不必然就是創傷事件的複製品——我們還是必須
探問這些夢的情感特徵。[45] 如果那是全然的恐怖或震驚，那麼是的，
我們極有可能是在面對規則的例外情況。

白日夢、幻想、口誤及失誤動作（失誤行為）

> 所有思想活動都只是構成通往願望滿足的迂迴路徑……畢竟，
> 思想不過是幻覺性願望的替代物（經驗教會我們，若要滿足願
> 望，思想是必要的）；夢必須滿足願望，這是不言而喻的，因為
> 只有願望能使我們的精神裝置（mental apparatus）開始運作。
>
> ——Freud, SE V, p. 567
>
> 真相終將大白。[46]
>
> ——莎士比亞，《威尼斯商人》，第二幕第二場第645行
>
> （思想被）排除在意識之外，並力求機會得以表現……無意識
> 願望總是處於警戒狀態，隨時準備現身。
>
> ——Freud, SE V, pp. 546 and 553

雖然佛洛伊德寫了大量關於白日夢、幻想、口誤及很多種失誤

動作的文字（請見他的《精神分析引論》第一到第四章，以及《日常生活的精神病理學》），在此我只會稍做討論，因為我在其他地方已做了很多探討（請見Fink, 2007, 2014a, 2014b）。許多白日夢、幻想及口誤，就像夢一樣很快就能理解（很多時候人們一出現口誤，我們所需做的就只是「從字詞去理解他說的話」﹝take the speaker at his word﹞，以捕捉他無意間流露出來的意圖﹝SE XV, p. 40﹞），而且在經過聯想之後，會更看得出道理在哪裡。它們也跟夢一樣，是「完全有效的心理活動」（SE IX, p. 73），而非像某些人說的是神經元的無的放矢。我有一位分析者，他本想說他似乎喜歡生氣（enjoy getting annoyed），但結果他說成「我似乎討厭快活（annoy getting enjoyed）」。他發現這與他本來想說的截然不同，但是在我稍做提示之後，他就能夠談到他自己很討厭別人從他身上取樂的感受。還有一位分析者在要說「在某一點上」時說成「在槍點上」，這個口誤帶出她覺得自己在人生中被不同的人「威脅」或「被迫」去做她並不想做的事。

佛洛伊德明確地指出，白日夢及幻想在結構上跟夢是相似的（SE V, pp. 491-493），所有這些現象都能理解為像夢一樣，是以願望為基礎，儘管它們所滿足的願望有時候是違反直覺的，並且擁有它們以及／或者受到它們影響的人，在一開始沒有辨識出它們，或是無法接受它們。

> 我們可以說一個生活幸福美滿的人從不會幻想，只有不滿足的人才會。幻想的動力是沒有被滿足的願望，每一個幻想都是願望的滿足，對不滿足之現實的修正。（SE IX, p. 146）

　　白日夢及幻想跟夢一樣，是以現在式展開的：我們想像自己的願望是在此時此刻獲得滿足（SE V, p. 535）。白日夢及幻想也跟夢一樣，它們有意義，表達出意圖，具有自己的目的，讓真相（truth）說話。尤其是在失誤動作中，「無意識的願望滿足衝動顯然也想在白天發生作用……；它們努力……獲得對於行動力的控制」（p. 567）。拉岡甚至還說「失誤動作是唯一一總是能成功的行動」（Seminar XVII, p. 58）。[47]

　　讓分析者認真看待自己的口誤與失誤動作，並針對它們做聯想，很像是在鼓勵他們回憶夢境，並與夢工作。所謂的口誤與失誤動作可以想成是**誤失**（miss）標的與目標的言語行為或肢體動作，導致各式各樣的**誤擊**（*mis*-takes），包括誤聽或誤解他人的話語、把東西放錯地方、誤讀以及／或者誤記指示、錯誤引用他人的話、算錯簡單的算術題等等。只在治療初期提到希望分析者能留心自己的失誤行為，好知道如何處理或理解失誤行為，並能在整個治療過程有成效地與失誤行為工作，是不夠的。有些分析者打從一開始就發現口誤及失誤動作命中要害，並且具有意義，它們其實是迷你症狀（mini-symptoms），也就是說，為時短暫的症狀，涉及至少兩種互相衝突、彼此「干擾」的意圖（SE XV, p. 42）。[48] 其他分析者則必須逐步相信口誤及失誤動作對分析是有用的，通常分析師很容易讓分析者相信這一點，分析師可以用「最平常、同時也是最容易注意到的口誤類型：人們說出口的話跟心裡想說的話剛好相反」（SE XV, p. 33）作為例子，而不是用「兩個或多個字混合成一個字的口誤」來取信分析者（某天我在廣播中聽到一位女性播報員在要說「傳票」〔subpoenas〕時說成「下陰莖」〔subpenises〕，令我大笑出來）。分析師也可能也透過口誤在早期獲得很多成功的經驗，儘管分析者一開始會感到違反直覺，但這些口誤很

容易理解，就像我有一位分析者本來想告訴我，他不禁感到「直男想踢（他的）屁股」，但是他卻把「踢」說成「親」；還有另一位分析者說，他想繼續走向「本能棄絕」（instinctual renunciation）的道路，結果他卻說成「本能宣言」（instinctual enunciation）。

　　跟釋夢時一樣，分析者應該鼓勵分析者自己解釋口誤，首先是在發生口誤時立刻詢問他們，口誤的當下心裡想些什麼。有些分析者會想到兩個不同的字，例如，從「光」（light）想到「左」（left）及「右」（right），或是從「螞蟻」（ants）想到「詢問」（ask）及「答案」（answer）；或者在混合字的例子中，分析者聯想到的是一連串互相抵觸的念頭，因而創造出一堆混亂的單字或聲音，例如，某人同時想著「全知」（omniscience）及「全能」（omnipotence），結果說出「全屎」（omnishitence）；還有從「包括」（include）及「圍住」（enclose），變成「括圍」（incluse）；有些人則是說先前他們試著壓抑心頭浮現的某個字或念頭（SE XV, p. 66），他們懷疑這就是它會在口誤中「脫口而出」的原因；有的人則是在話從口出時，發現說出的話與原本想說的完全不一樣，就立刻笑了出來。後者有時候可能還會贊同佛洛伊德所說的：「讓真相在不知不覺中脫口而出的人，其實很高興可以不用假裝了」（SE VIII, p. 106）。

　　對於某些分析者，分析師必須相當努力，才能讓他們克服對於思考自己的心理狀態及動心起念的抗拒，而且每一個新出現的口誤，都必須根據口誤出現的脈絡、方式，以及到目前為止分析師對分析者生命的了解，試著提出口誤的可能意義。像是可以提出如下列的問題，「你會不會覺得某部分的你可能想要 x？」此處的 x 即是口誤所說出的字詞。在混合字的例子裡，當分析者說他什麼也沒聽出來時，

分析師可能需要根據分析者所發出的字音，提出混合字可能是由哪些字凝縮而成，期待分析者會願意考慮一下，或者甚至試著採納分析師的建議。我發現對大多數分析者來說，這樣的鼓勵最後會看得到成果，分析會會自己繼續這麼做。不過，還是有些分析者需要分析師指出，如果口誤是隨機的或只是「草率的說話方式」，為什麼他們不總是或每次都這樣說話？為什麼特別是在提到媽媽及爸爸時才會出現口誤，在討論遠房親戚或很少見到的同事時卻不會口誤呢？還有，如果口誤是隨機出現的，為什麼分析者明明有許多其他事可說，卻把「我可以親他」說成「我可以殺他」？[49]

　　另一方面，假設分析師幾乎在所有狀況下都聽得出口誤，在面對很少出現口誤、以及似乎從來不會使用口誤的分析者時，分析師必須慎重考慮精神病（psychosis）這個診斷，因為精神病結構並沒有努力想要表達、以失誤行為形式不時突破的無意識（關於這個複雜的理論觀點，請見Fink, 2007, Chapter 10）。但是，在我們還未能很熟練地掌握其他大多數病人的口誤前，對於某個特定分析者的診斷，我們必須小心謹慎，不能妄下結論（佛洛伊德認為，奇怪的是，「我們經常沒有注意到自己的口誤，卻從不放過別人的口誤」〔SE XV, p. 68〕。但是，我在督導分析師的經驗中所看到的卻正好與他的說法相反）。[50] 病人習慣性出現口誤的事實，以及最終能夠由口誤中得到領悟（不只是同意分析師對口誤所做的詮釋），是分辨精神病及神經症的重要關鍵，在我的經驗中，現在絕大多數的臨床工作者完全忽略了這一點。《精神分析引論》是佛洛伊德到一九一五年之前所有工作重點的總結，我們應該牢記在這本書的第一頁，佛洛伊德指出「精神分析是治療神經症病人的方法」（SE XV, p. 15）——在那個時間點，精神分析還未能調整

到可以與精神病者一起工作——在這本書中,佛洛伊德討論到關於失誤行為、夢及症狀形成的每一件事,都是建立於我們在神經症上看到的意識及無意識之間的動態衝突上,而我們**並未**在精神病上看到這樣的衝突。[51]

夢與記憶

> 神說一次、兩次,世人卻不理會。人躺在床上沉睡的時候,神就用夢和夜間的意象,開通他們的耳朵,將當受的教訓印在他們身上。
>
> ——《約伯記》,33:14-16

先前我提到過,根據佛洛伊德所說,夢及幻想不一定會如實重演過去的記憶(「夢鮮少是簡單的回憶」〔SE IV, p. 245〕)。這一點對佛洛伊德早期的理論——被稱為「誘惑理論」(seduction theory)——至關重要,近幾十年來關於這部分,有相當多資訊錯誤的討論(特別可參考Masson, 1984)。

在佛洛伊德剛開始了解歇斯底里,並且還未對夢進行研究之前,他曾提出一個假設:所有神經症都肇因於性創傷——也就是,孩童在經驗到的某些早期性接觸形式造成了創傷。在《歇斯底里研究》書末,或者差不多是在該書出版之際(一八九五),佛洛伊德提出兩個具體的診斷:(一)強迫症(obsession),涉及了早期的快感(pleasure)經驗隨後導致自責與愧咎感,以及(二)歇斯底里,涉及了

孩童早期因被動或無助所經驗到的不快（unpleasure）導致自我的不知所措（overwhelming）、過度興奮的張力釋放及噁心感。當時的佛洛伊德認為，強迫症及歇斯底里的起因，都是一個明確的事件：父母、親戚、鄰居或照顧者對孩子的「誘惑」──也就是，孩童與成人（或青少年）的某種早期性接觸，通常是由年長的一方發起（今天通常會說這類接觸是**性虐待**，有點過於一概而論），而這會令強迫症病人產生愧咎感，歇斯底里病人感到作嘔。愧咎感的產生推測是因為強迫症病人在誘惑過程中有主動參與，而歇斯底里病人則是被動的。（佛洛伊德後來稍微修改了這個立場：在他的觀點中，這類性經驗令強迫症病人感到厭惡與內疚，歇斯底里病人則是會覺得噁心；第四章及第五章會詳細討論強迫症及歇斯底里。）

　　一八九五年，佛洛伊德告訴我們，他希望透過理論層次的推進來直接處理這類創傷所造成的問題。然而，他卻是在實務層次，在對夢的解析上，得到了新的發展。對夢的分析實務使他放棄了誘惑理論，因為他發現夢展現出多重情節：在一個夢中，某個場景以這種方式呈現，到了下一個夢又用另一種方式呈現，有時候甚至會以相反的方式呈現（SE IV, p.198）。佛洛伊德因此認為，他不能對人們的夢境（或白日夢）中的每一件事都信以為真（亦即，把夢境當成描繪真實生活的歷史事件），夢來自於人們對所發生事件的幻想、或者人們原本對於事件的期望，也來自於事件真正發生的經過。這使佛洛伊德得出一個結論，某種意義上，**現實必須被放入括弧**，或是被擱置，因為我們無法根據夢中所透露的狀況確定真正發生的情形是什麼。這不只是關於性的議題，每一件事都是如此：我們無法知道夢中呈現的任何場景是否指涉做夢者生活中真正發生的事件。

雖然佛洛伊德之前經常試著拿病人夢中所見，去詢問病人的家屬與身邊其他人士，以確認某些事件是否真的發生過（如果有，又是何時發生的），但他逐漸發現家人經常不知道有這些事情，或者家人對事件發生經過的想法跟病人不同（每一個人都從自己的角度來看事件），或者他不信任他們是可以和盤托出真相的人（有時候他們會想掩藏自己所做的事，才不會受到責怪）。最後，佛洛伊德下了一個結論，關於**事件發生真正經過**的全部問題——如果，真的有發生任何像性接觸這樣的事——並沒有比真實或幻想事件對病人目前人生的明顯影響更加重要。

當代有許多臨床工作者在遇到病人有一丁點幻想或夢的內容是跟親人或鄰居發生性或暴力關係時，就立刻自動假設這類遭遇發生在病人的過去。此時，夢、白日夢及幻想不一定是如實地重現往日回憶的事實，便至關重要。這曾導致各式各樣跟所謂「復原的記憶」（recovered memories）有關的問題，這些記憶的出現根本不是從病人的記憶中「失而復得」，而是**治療師自己的幻想以及／或者投射所創造出來的**（我的一位同儕克莉絲汀・軒尼詩稱這種態度是臨床工作者在「追獵創傷」〔trauma hunting〕）。許多病人被這類治療師引導去「質問」親人過去的「惡行」，但至少根據親人的說法，這些惡行未曾發生過；這也導致許多家庭發生不必要的衝突（足以在家人之間挑起事端的真實原因已經夠多了，不需要再節外生枝！），並且有許多慫恿病人的治療師因此吃上官司。（請注意，有些病人也會為了毀壞孩子的名聲，反告自己的小孩，無論虐待發生與否。）

我們的記憶有時非常鮮明，有時則模模糊糊的；許多讀者或許曾有造訪某地的經驗，但是關於那裡的視覺記憶卻被他們曾看過的

照片或家庭錄影帶覆蓋了，並取而代之；他們也會有做過或看過某事的經驗，但是相關的記憶卻幾乎被病人對於那次經驗的敘述抹除或改寫。孩童、甚至許多大人，都相當容易受到暗示，有時候，他們對某些事情根本沒有真實的記憶，卻相信那真的發生過！

分析者經常在分析過程中想起遺忘許久的往事，這些記憶的出現經常與夢或幻想中的某事相關，卻不是以那件事情的形式**直接**出現在夢或幻想中。我有位病人，他的性幻想包括受到他人在肉體上最不堪的支配與羞辱，但他在成長過程中即使經常感到自己做錯事，並且**認為自己應該為這些錯事受到懲罰與嚴厲的批評**，卻很少因任何事情而遭受到處罰。夢及幻想所上演的，經常是我們渴望發生的事，或是曾經有過的渴望，而不是真實發生的事情。

正如佛洛伊德在《夢的解析》中所寫道（大部分是寫於一八九八年）：「歇斯底里的症狀並不依附於真實的記憶，而是依附在建立於記憶基礎上的幻想」（SE V, p. 491）；以及「（夢的）分析只能告訴我們夢念的**內容**，其真實性則有待我們去決定。真實及想像的事件出現在夢中……彷彿它們具有同等的效力；這種情形不只在夢中如此，在最重要的精神結構的產物中也是如此」，前述提到的精神結構的產物，即是症狀（SE IV, p. 288）。[52]

我們不應該認為這意味著，根據精神分析看來，實際上並沒有人受到早期性創傷：在很多社會環境及社會階層，很明顯地存在著對孩童的性剝削及性虐待，並且造成了多重的後果。儘管精神分析告誡我們不要根據孩子的幻想、夢的產物（或遊戲），太快對真實狀況做出結論，但這並不假設孩童的記憶**全**都必然會因為他們的幻想而受到扭曲。孩童在他信任的治療師的辦公室裡遊戲時，拿著大娃

娃對小娃娃施暴,或者在用娃娃扮演性行為時說爹地在家一直對他這麼做,這些舉動都值得嚴肅以對;孩子在還未超過某個年紀之前,很少會算計要在遊戲中對治療師說些什麼,儘管他們在父母親的堅持之下已經學會要守口如瓶,只要「聊聊」就好。此外,即使政府當局要求治療師要回報每一件身體虐待與性虐待案例,分析師還是必須在某種程度上,持續將「現實」放入括號,隨時準備好聽取與孩子一開始所說相反、或更複雜的內容。嚴格來說,分析師的職責並不是去斷定真實為何;這件事應該留給病人來做。

第 4 章

強迫症與鼠人的案例（恩斯特・藍格）
Obsession and the Case of the Rat Man (Ernst Langer)

（未經過分析）無法消除抑制的影響。

——Freud, SE VII, p. 241

在精神分析史上，很少案例研究能夠像鼠人的案例這樣，吸引那麼多人進入治療。或許其他案例的描述沒有像佛洛伊德對恩斯特・藍格（Ernst Langer）[1] 的生活及行為描述那樣，讓人從中看到自己思考及行為的特徵，人們在一方面閱讀鼠人的病理，一方面也對從中看到的自身病理本質及程度感到震驚。

恩斯特・藍格生活最大的特色是**優柔寡斷**（indecisiveness）及**不確定**（uncertainty）：他幾乎什麼事都做不了主，尤其是不知道到底該娶誰。即使是看來極其瑣碎的事——例如，還錢給替他在郵局的貨到付款包裹先墊錢的人——他也會感到左右為難，來來回回一直想個不停，連要如何還錢都是，甚至有時還會懷疑自己到底該把錢還給誰。這種優柔寡斷、不確定及**充滿疑慮**的狀況，正是強迫症（obsession）——

211

或者我會稱之為**強迫型結構**（obsessive structure）──的正字標記，即使到了今日，精神分析仍是這麼稱呼，而現在的精神醫學則將之命名為**強迫症**（obsessive-compulsive disorder, OCD）。[2] 恩斯特（我在本書中會這麼稱呼他）擔憂他自以為愛著的人可能會出事，並因此深受折磨。他時常想像，由於自己做了什麼或沒有做什麼（例如，粗心、疏忽或遺忘），就會有恐怖無比的事情，像是意外、疾病、羞辱等，發生在他的未婚妻、祖母、姪女（艾拉）及父親身上。這些想像畫面是種闖入性念頭（intrusive thoughts）──也就是飛快閃過他腦海的強烈念頭（SE X, p. 167）──令他感到慌亂且困擾。對他來說，這些念頭似乎突如其來，而且這些念頭也的確如此，[3] 並且會傷及他認為自己「深愛的人」）（例子請見SE X, p. 226）。他對人充滿憤怒，甚至連他自己都不敢承認這一點，他覺得他的道德和智力幾乎優於每一個人（SE X, p. 177；S. Freud, 2000, p. 69），但私底下他卻視自己為失敗者、騙子、懦夫及卑鄙的壞蛋（SE X, pp. 206 and 209）。在我們這個時代，大部分的人都對憤怒、自傲又自卑這些特徵（S. Freud, 2000, p. 141）深有同感。事實上，相信自己比所有人都強、又害怕自己其實一文不值，或許是現今精神分析晤談中最多人同時具有的信念與恐懼。

鼠人案例另一個讓許多成人感到共鳴的特點是，他在年紀還很小時便已經相當神經質，某些迷信（像是現在我們會說「裂縫踩一腳，媽媽摔一跤」〔Step on a crack, break your mother's back〕）與恐懼對他影響很深，他對自己在性與暴力方面的邪惡念頭及願望，不斷發誓下不為例。他在某個時刻形成一個信念，就是如果有厄運降臨到他身上，例如父親過世，那麼他喜歡的女孩就會更加關注他（SE X, p. 178）。[4] 像很多人一樣，他在童年早期就已表現出性衝動；他還甚至向他母

親抱怨過自己的勃起（pp. 161-162），[5] 他也模糊意識到，勃起與自己想看裸女的願望有關。我們可以從佛洛伊德的原始筆記中看到，他偷窺女性的裸體（包括他媽媽）、觸摸女傭，甚至與他的眾多手足進行性探索，尤其是其中一個妹妹奧嘉（Olga）（S. Freud, 2000, pp. 141, 151, 237-239）。

從恩斯特的生命早期開始，他所有的重要關係都具有強烈的矛盾雙重性（ambivalence）特質，包括在清楚的恨意中帶有未被辨識到的愛（以及／或者欽佩），或者是在很清晰、強烈的愛意中伴隨著未被辨識到的恨（SE X, pp. 237-239）。對英語系讀者來說，他的姓（Langer）裡頭就嵌有**憤怒**（anger）。這種矛盾雙重性的特徵在當代社會各階層廣泛可見，在今日，像美國這些國家，憤怒與恨意尤其受到譴責與壓抑，甚至比性慾的某些面向更受到打壓。

在此我不會對鼠人的案例做出完整的說明（如果有的話，那就是一個強迫性任務！），但我會盡力凸顯其中能教給我們關於精神分析技術的面向。

成年時期鼠人疾病的「促發因素」

> 我們試圖複製一個分析，是多麼愚蠢；我們把大自然在心靈領域創造出的偉大作品撕裂成碎片，又多麼可鄙。
> ──佛洛伊德在致榮格的一封信中提到鼠人的案例，
> 引自 Jones, 1955, p. 264

在面對像鼠人這麼繁瑣複雜的個案史時，[6] 最重要的是能夠分辨重點何在，在這個個案中即是要能分辨（一）令個案終生苦惱的強迫症的普遍性結構；（二）佛洛伊德所稱的「生病」（illness）——恩斯特在開始做分析之前，多年來皆因這樣的「生病」深受折磨（這點是佛洛伊德的功勞，即使他的許多神經科專家同僚立刻認為這是器質性因素，他仍花費時間仔細探究，發現源頭是心理因素）。[7] 普遍性結構只能一次次慢慢地削弱，隨著時間過去，減輕其嚴重程度，但無法完全消失（下一章會再多討論這部分）；相形之下，正令某人生活飽受摧殘的特定疾病則更容易透過分析治療立即觸及。

　　佛洛伊德所說的恩斯特成年後的病是什麼呢（他第一次去見佛洛伊德時還差幾個月就三十歲）？儘管對恩斯特的神經症以及某次嚴重（卻為時短暫）的危機來說，老鼠有其重要性，然而，是不是這次與「殘酷上尉」及老鼠有關的危機促使恩斯特去見佛洛伊德，仍存在著爭議；因為，儘管恩斯特宣稱「這次經驗是直接原因」，促使他去見佛洛伊德（SE X, p. 165），但我們仍應注意到，危機發生的時間是一九〇七年八月，而恩斯特似乎是在兩個月之後才第一次接觸佛洛伊德。[8] 第一次與佛洛伊德碰面時，病人告訴佛洛伊德，儘管他並不是明顯缺乏聰明才智，但是「他浪費多年時光」（p. 158），無法工作；病人自己認為他的病是莫名其妙地無法讀書，無法在他選擇的職業上有所進展，而這可能是他真正想要去見佛洛伊德的原因，或者至少是讓他在危機的急性期過去之後，還持續想要面對問題的動力。

　　這是從什麼時候開始的呢？這是一個極為重要的問題，但是卻不容易回答。恩斯特在一九〇七年十月五日跟佛洛伊德進行的療程中說，自己的工作能力開始變得嚴重受損是在父親過世一年半之後，

也就是大約一九○一年五月左右（S. Freud, 2000, p. 65）。十月七日，恩斯特告訴佛洛伊德從一九○三年初期開始，他就會週期性的出現沮喪念頭，每次持續大約八到十天，但是最近這些念頭越來越頻繁（p. 73）。到了下一次療程，他說大概十二歲時，他就對父親有很糟糕的想法，讓他很困擾，然後在二十歲時又出現，二十二歲之後這種念頭就不斷打擾他（p. 81），讓他無心念書。[9] 如果我們仔細閱讀佛洛伊德的敘述，並如佛洛伊德本人的做法，將鼠人生命中的主要事件及關鍵轉折點建立起時間軸（SE X, p. 195），我們會發現恩斯特在工作上的困難出現在一八九九年「他父親過世之後」（p. 198），在那時候，他母親告訴他，她和扶養她長大的那個家族（薩博斯基家族）中的一位親戚討論到讓恩斯特迎娶一位薩博斯基家族女性後裔的可能性，這位女性「可愛、富有，並且有很好的人脈」（p. 198）。（她的名字可能是麗茲〔Lizzie〕〔請見 S. Freud, 2000, p. 181〕。據說一九○七年她是十七歲〔p. 179〕，因此當這項婚約被首度提及時，她的年紀大約僅有十或十一歲，恩斯特則是二十二歲上下。）[10] 他媽媽告訴他，**一旦病人完成學業**，那位親戚就會同意這樁婚姻。恩斯特在告訴佛洛伊德這件事時，並未意識到自己已經說出了某件重要的事實，不過他肯定從未遺忘這件事。總之，佛洛伊德注意到儘管在那之前，病人在學業上至少還有些進展，但突然間他就變得無法工作，並且在考試時節節敗退。

在此我們可以注意到——正如經常發生的情況一樣——病人沒有意識到自己在學業上難以專注的起始時間，與他得知**一旦完成法律學業**，他的親戚就要他迎娶他的女兒的時間恰好吻合。由於病人很少注意到自己的問題確切是從哪一刻開始的，佛洛伊德似乎總是很密切關注這類細節，並試圖在他的腦海裡建立時間軸（如果沒有寫在紙

上的話），這樣就能理解可能導致病人生活發生問題的事件為何（另一個例子可見他推測朵拉的「盲腸炎」的形成時間〔請見SE VII, pp. 87-88〕）。建立這樣的時間軸，在判斷症狀的原因跟源頭上往往至關緊要，然而今日似乎很少臨床工作者會花時間及精力來做這件事。關於某件事，我們可以輕鬆地詢問分析者，「那時候你幾歲？」或者「你記得那是發生在什麼時候？」；在分析過程中一點一滴聽到分析者的重要生命事件及轉捩點時，我們顯然也能把它們寫下來，整理出條理，出現新線索時再添加進去（我個人的經驗是，每個個案每個月大約只要花五分鐘時間），儘管做到以上兩點，可說是舉手之勞，毫不費力，但真的很少分析師做到。

　　為何恩斯特突然間就變得無法工作了呢？是因為他母親及薩博斯基家族親戚的提議，讓他裹足不前？在此，有兩件事實相當關鍵：第一，在過去十年來，絕大部分時間裡鼠人心中多少仍對一位名為吉莎‧阿德勒（Gisa Adler）的女子存有愛意（S. Freud, 2000, p. 12），在治療過程中幾乎總是稱呼她為他的「女士」（約有兩個月的時間，他都拒絕告訴佛洛伊德她的名字，佛洛伊德在發表的案例史中，為她取的名字是吉瑟拉），[11] 他至少曾當面開口向她求過一次婚；吉莎的社會地位不高，也沒有什麼社會資源，但是薩博斯基家族卻關係良好，家境富裕。

　　不管是誰，要在兩個可能的婚姻對象中做出抉擇都很不容易，但對恩斯特來說，第二件事實使得他的處境更加複雜：病人曾經聽聞他的父親在娶他母親之前，打算娶一位屠夫的女兒，但這位女性財力不豐、人脈不佳（「出身卑微、身無分文的美人胚子」〔SE X, p. 198〕）。根據佛洛伊德發表的個案史，他母親來自家境富有的高社經

地位家族；但是根據佛洛伊德的筆記，她的家庭背景「條件中等」（很可能是今日我們所說的「中產階級」），並且他母親其實**是他父親的大表妹**（S. Freud, 2000, p. 165）。[12] 因此，鼠人的父親海因里希・藍格是為了錢、或許也為了社會地位而結婚，並不是為了愛，他的家族成員似乎相信唯有藍格家的人才是高尚的人（S. Freud, 2000, pp. 165 and 193）。儘管他父母親的婚姻據稱是「非常幸福的婚姻」（SE X, p. 198），他父親的選擇卻是有點出於自身利益、「貪圖錢財」（憑良心來說，鼠人很難怪他這一點，因為他父親若未做出這個抉擇，他自己就不會來到這個世界上），同時鼠人發現自己陷入兩難：他也面對幾乎同樣的抉擇，他得在「貧窮但值得」、年紀大些的女性，及年輕貌美的女子之間做出決定，對於後者（來自養育他母親的同一個家族），他相信幾乎任何男人都會很樂意將她娶回家。[13] 吉莎經常對他很冷淡這一點則使一切變得更加複雜。一九〇〇年十二月，他第一次向吉莎求婚，一九〇三年則是第二次暗示性的求婚，兩次都遭到吉莎的拒絕，並且，當他父親注意到兒子花很多時間在吉莎身上之後，也對這份感情不表贊同（SE X, p. 201）。但是讓病人最氣餒的似乎是，他意識到命運令自己處於與父親相同的位置上，他只不過是命運的玩物。他如何面對這個困境呢？於是他生病了，不是身體上的病，是心理疾病。這能為他做些什麼呢？**這能解決他的問題**：生病能讓他的學業永遠不會結束，因此他永遠不用做選擇。只要他還沒讀完書，他就不能跟麗姿結婚，可以說他因此永無止盡地停在假死狀態（SE X, p. 237）。他還將父親身後自己合法繼承的遺產交給母親（只要求母親定期給零用錢），這可能會讓他無法與任何一位女性結婚。[14]

「命運」令人無能為力

記不得過去的人注定要重複過去。

——喬治‧桑塔耶納

　　雖然有人可能會想這是一種很不尋常的困境，沒那麼容易碰上，但我自己至少與半打以上這樣的男人工作過，這些人對於要不要結婚、要娶哪個人，感到躊躇不前及猶豫不決，他們遇到的狀況幾乎完全重複他們的父親或母親的婚姻狀況。我曾詳細描述過這樣的案例（請見 Fink, 2014b, Chapter 11），這位病人來找我，是因為他在向某人求婚前感到恐慌，而這個人是他的父母親經常說他應該娶的對象。有的案例中，病人更徹底認同的是不是父親、而是母親，母親的婚姻困境以及後來的婚姻關係，似乎是病人在成年後與伴侶的長期關係中遇到困難的關鍵。

　　我治療過的案例就跟鼠人的案例一樣，沒有人意識到他們在自己的生命中幾乎完全重複了父母親的困境，我稱之為「象徵界座標」（symbolic coordinates）。在他們身上發展出與上一代幾乎一模一樣的情節，卻彷彿不是出自於他們自己的行動與意志；似乎破壞了他們的人生，但他們卻不清楚為何如此。拉岡認為，佛洛伊德能在鼠人的案例中嗅出這種重複的情節，至少有部分是因為他曾經發現自己也陷入相似的困境，他也曾思考過自己要娶誰（*Écrits*, pp. 249-250）。[15] 雖然許多人似乎希望有種感覺，自己注定要和某個人（而不是其他人）結婚，他們會哀嘆生命的不確定，也會覺得自己的選擇有點武斷，我

們還在許多案例中發現，被迫跟某個特定對象結婚是有如夢魘般的經驗。

　　佛洛伊德並未告訴我們，他讓鼠人**意識到**自己在重複父親的困境這個事實之後，便能免於這樣的重複。相反地，他暗示他是透過探索並闡明鼠人父親的處境及決定中的各項因素，再去看鼠人自己的處境及決定中的各項因素，從而改善了他的病情，使他能夠再度工作（這可稱為症狀的**透工**）。我們不知道他的愛情生活後來如何發展（例如我們並不確定，最後他娶了麗茲還是吉莎），[16] 但他似乎能夠超越剛開始令他來做分析時那種無能為力的狀態。

　　我想今天很少分析師會去尋找這種不知情的重複（這點很令人好奇，畢竟重複應是精神分析的關鍵概念之一），[17] 因為他們似乎對病人的過去越來越不聞不問。然而，這種強迫性的重複狀況，很顯然影響了很多人的愛情與工作關係——他們毫未察覺自己複製了他們在父母親生活中親耳聽到或親眼目睹的種種關係——若是沒有追溯過往去闡明這些關係，就無法理解及影響他們的所作所為。所有這些都必須透過言語表達出來（put into speech），才能讓他們不再過著連自己都不清楚的人生。

沒有工作，他在做什麼呢？

　　抗拒是衝突存在最可靠的徵兆。那裡必定有一股尋求表現的力量及另一股阻止它表現的力量。

——Freud, SE XXII, p. 14

我想跟你抬槓，跟你鬥嘴。

—— 一位分析者

現在讓我們來看看讓鼠人無法工作的原因，因為當他來見佛洛伊德時，這是他最在乎的事。佛洛伊德認為病人抱怨無法工作是主要的疾病或症狀，而在他應該要工作時攻擊他的那些念頭則是次要的，我認為佛洛伊德是對的。因為唯有前者需要時，後者才變本加厲。他這一生大半時間都被闖入性念頭干擾（很有可能從六歲就開始了），但這些念頭卻未曾像後來這般令人難以承受。

正如我們先前所見，不工作對他來說是重要的——因為他要是能工作，他就完成了學業，也有資格可以娶薩博斯基家的女兒。某種程度上，沒有工作，他在做什麼並不重要，因為**他可以做的事多得不得了**。在當代生活及臨床實踐中，我們可以看到，人們覺得自己不得不做以下這些事：

- 大小新聞都不放過（或是追蹤某些類別的新聞），不時檢查某些報紙或雜誌的首頁或網站——經常告訴自己看完了就會開始工作——東看西找，不知道在看什麼（例如，看看有什麼新聞提到的大災難或疾病會降臨到他們認識且討厭的人身上？）；
- 看電視時不在乎自己在看什麼節目，只要有看就好，甚至會在十個不同的頻道間一直轉台（有些人會說他們只是在工作前放鬆幾分鐘，甚至還有人說他們是在參與重要的社會學研究）；
- 打電動（有時候會說服自己，打電動是在學習有用的技巧，將

來在工作中派得上用場）；

- 在各種社交媒體上東找西看，不知在找什麼，不管是臉書、推特或任何社交媒體（同樣地，是在找他們討厭或嫉妒的人生病的新聞嗎？）；

- 在開始讀該讀的書、或寫該寫的論文之前，讀完了某位作家的所有作品，但這位作家跟自己該研究的領域關係很小；

- 經常自慰（老樣子，他們會對自己說，這是讓他們放鬆或消耗過多能量的好方法，之後他們就能更加專心）；族繁不及備載。

　　鼠人做的事即是最後一種，尤其是在深夜時分，正好是他一天當中主要用來讀書的時間，他選擇這樣的時間，似乎是要說服自己及父親（順帶一提，此時他父親已經過世多年，死亡時間正好差不多就在午夜時刻），他真的「焚膏繼晷」——換句話說，他在書房一直工作到晨光熹微之時。[18] 上方列出的所有拖延行為，都構成了叛逆的形式，是針對某個人或某些人的叛逆。拖延者認為是這個人或這些人要他工作、或逼他工作。拖延者自問，既然這些人要為他在生命早期的許多樂趣受到剝奪而負責，為什麼他還要做這些人想要或命令他做的事情呢？恩斯特認為他的父母在許多方面都很令他掃興，他花了很多時間及能量在思考怎麼無視他們的要求，並想像他們死掉的狀況，甚至要他們來世都繼續受苦（尤其是他父親），相形之下，對於他們希望他讀書、好達成他們為他設定的目標，他就不怎麼費心了（例子請見 S. Freud, 2000, p. 145）。[19] 然而，當他發現自己正想像著父親死亡或受苦的時候，他會覺得自己應該受到懲罰，於是，他祈禱神保守父親的靈魂，並發誓自己不再自慰（S. Freud, 2000, p. 97-99），

還把父親留給他的遺產全交給母親（因為，如我們所見，他曾希望父親死去，這樣他就會有足夠的金錢可以迎娶他父親並不贊同的吉莎）。**他越是渴望父親死亡**（例如十二歲時，他認為父親過世可以讓他喜歡的女生為他感到難過），**就越是強迫自己要確定父親永保安康。**他對於其他令他既愛又恨的人也是如此，例如吉莎（由於她對他很冷淡、並拒絕他的求婚，他就想像她受到傷害，但是他越是這麼想，他就越要為她禱告一切平安，然後在他禱告時，就越有可能有念頭闖入，把他的禱告變成詛咒）。事實上，很清楚的是，他在某種程度上知道這些人最大的危險就是他本人，他們最需要的是避免被他傷害！

強迫症症狀的結構

> 無論我們想抵禦的是什麼，它終究會回歸，並滲透到我們用以抵禦它的方法中。
>
> ——Freud, SE X, p. 225

讓我們用第一章的方式來討論恩斯特的症狀。他早期觀看女性裸體的衝動，顯然屬於性欲力（**偷窺癖**〔scopophilia〕——即是字面上的意思，「很愛看」），而他希望他父親永遠別礙著他、讓他可以滿足這種衝動的驅策，很明顯屬於侵凌欲力（aggressive drive）。這兩者都算是力量一的元素，這是與「壞我」（力比多或它我）相關的力量，然而自我懲罰的衝動也會出現——或是出現在他感覺到性衝動或侵凌

衝動時，或是出現在他至少得到部分滿足後不久——這可能跟力量
二相關，就是他的道德感，他的「好我」，或者是佛洛伊德後來說的
「超我」。[20]

力量一 ⇒　　症狀　　⇐ 力量二

「壞我」⇒　　症狀　　⇐「好我」

我們注意到就歇斯底里來說，力量一與力量二之間（也就是說，
在它我與超我之間）的衝突，造成了「妥協形成」：一個單一症狀（像
是神經性咳嗽或無法喝水），結合了兩股衝動，或是作為兩股衝動的
偽裝，讓出現症狀的人或他周遭的人認不出來。然而，在鼠人的案
例中，我們發現的卻是在力量一及力量二之間的擺盪：從這一端到
另一端不斷地來回循環。當性衝動或侵凌衝動出現，他會在心理上
懲罰自己（例如，在內心「制裁」自己或是「命令」自己，並感到一
股想割自己喉嚨的**衝動**），同一股衝動會復返、或者另一股衝動會出
現，然後他又會為此懲罰自己（請見附錄三，會詳細探討讓他開始做
分析的症狀結構，亦即跟他要為新買的夾鼻眼鏡付款有關的症狀）。

他的性衝動及侵凌衝動明顯可見，他之所以會認為自己是個有
罪的人，這至少是原因之一。就歇斯底里來說，我們看到這類性與
侵凌的衝動在症狀中偽裝得很好，讓病人認不出來；強迫症病人往
往會很痛苦地意識到自己的性與侵凌的衝動，即使一開始他向分析
師描述時的表達方式是否定的，就像我們在第二章看到的——例如，
「不是我希望我父親過世，只不過……」——但是，即使如此，他自
己也經常沒有意識到這些衝動的原因。無論如何，有時候，強迫症
病人雖然能意識到自己的**性**衝動，卻只能變成以偽裝的形式意識到

侵凌衝動，就像我們在鼠人身上所看到的，他的強迫症在六歲時便已完整成形，我們可以有系統地表達如下：

1. 他有想看女性裸體的願望（性衝動）；
2. 他想起父親禁止性行為（進一步討論提到的童年場景）；
3. 他想殺了父親（這仍是無意識的，被偽裝成第四點）；
4. 他害怕父親會死去（這是他意識到的）；
5. 他採取保護措施，想防止父親受到傷害（SE X, p. 163）。

在這樣的案例中，強迫症病人只意識到他**害怕**自以為深愛的某人會發生可怕的事情（他也意識到自己必須採取某些步驟，才能確保這些可怕的事情不會發生）。值得注意的是，佛洛伊德是在撰寫強迫症案例時才第一次明白提到，每一個恐懼都掩蓋著一個被抑制的願望（SE X, p. 180）。

病人經常會這麼想：「要是我的小孩有個什麼萬一，我會殺了我自己。」這類念頭的形式會使病人誤以為自己只是在表達關心。他們並不了解，**壞事會降臨到某人身上的想法本身，遠比這個念頭以什麼形式表達出來更加重要，也透露出更多訊息**。[21] 病人也不了解，這種念頭省略了幾個步驟（就像修辭中的省略手法），一旦把這些省略的部分放回來，事情就變得清楚多了。例如，鼠人的闖入性念頭或強迫性念頭，省略了「如果我娶了我的女士，我父親就會發生不幸的事。」佛洛伊德告訴我們：

中間步驟被跳過了，但我們可以從分析中得知這些步驟，假

使把這些中間步驟加回去，我們可以發現以下的思路：「如果我父親還活著，他一定會對於我打算娶吉莎火冒三丈，就像小時候（我咬了護士時）那樣；我一定會再度讓他氣到跳腳，我希望他受到各種傷害；由於我的願望都會實現，他一定會受到傷害。」（SE X, p. 226）

鼠人要是得悉中間的這些念頭，就不會覺得這類闖入性念頭很費解。[22] 在此我們看到**抑制的運作方式之一即是透過省略，透過刪去有連結的念頭**。

從鼠人的案例中我們可以看到，力量一及力量二之間的循環並非總是跟自我懲罰有關；有時候是跟取消（undo）自己的作為有關，例如他試圖「取消他父親已死的事實」（SE X, pp. 235-236），但這根本不可能。我們可以說在這個循環中有個元素是恨，另一個元素是愛；對歇斯底里來說，這兩股力量會凝縮成同一個行為或症狀，但是對強迫症來說，有時候某股力量暫時占上風，獲得表達，接著就會有另一股力量回來報仇（p. 192）。例如，某天鼠人得知吉莎將會坐著馬車行經某條路：他在那條路上踢到一塊石頭，他馬上聯想到吉莎的馬車會撞上這顆石頭，於是他將石頭移開，這樣她就不會受到傷害；可是他在進一步考慮之後，又把石頭擺回原來的位置。他的第一個舉動展現出愛與關懷（儘管他想像她的馬車撞上石頭，可能是惡意的），第二個舉動則是憤怒與侵凌（p. 190），兩者彼此互相取消。第一個衝動（愛）先獲得滿足，再換另一個（恨）得到滿足。

當然，不是每一個強迫症都是這麼照章演出。在許多案例中，不同的對立力量多半時候是同等強烈的，以至於有很長一段時間什

麼都沒有發生。就像我們在第二章所見，內心交戰的人耗費巨大的能量在自我對抗，但是在外在的觀察者眼中，他們像是死氣沉沉，彷彿缺少情緒——當代臨床工作者經常把他們描述成「情感平淡」，忽略了他們內心正彼此交戰那可觀的情感力量。當某股力量突然占了上風，爆發不相稱的行動時，他們會被嚇到——無論是求婚的提議（是突如其來的一時衝動，因為在那當下，彼此的關係沒有這種可能性），或是暴力相向（往往立刻反悔，並過度補償，企圖「取消」暴力行為）。力比多與禁止的力量兩者越是旗鼓相當，這種突如其來的行為一旦出現就會越極端。因此恩斯特「害怕自己盛怒之下的暴力行為」（SE X, p. 206）。

　　對強迫症來說，力比多及禁止的力量兩者幾乎旗鼓相當，病人不管在愛情或工作上，都無法做出任何決定，把**每一件事都留待命運**：病人如果什麼都不用做就有工作神奇地掉到自己頭上，那他就會接受；病人如果可以不費吹灰之力就有一段穩固的關係，那他就會留在那段關係中。要是被迫做任何決定，他會用丟銅板決定，那是來自上天的「徵兆」（不管看起來是否迷信），或者會聽從他人的建議；無論如何，他會盡可能拖延做決定的時間，能拖多久是多久，直到兩個選擇中的其中一個已經失效，再也不用選擇為止！**畢竟，迴避（Avoidance）是神經症的明顯特徵**：強迫症病人避免做選擇與決定（例如他們會說自己想做 X，可是 Y 可能更好，但接著又會想或許 X 才是最好的選擇，如此這般**永無止盡**地想下去）。恐懼症者會避免引發焦慮的情境、以及／或者動物或昆蟲；歇斯底里會避免承認自己想要什麼。

　　強迫症的內心風景以懷疑為主，這懷疑「在現實中，是對自己擁

有的愛的懷疑」（SE X, p. 241），這樣的懷疑會將他的整個世界染色，或是瀰漫他的整個世界，結果是「更加不確定、失去能量，以及自由受到限制」（SE XVI, p. 260）。應該最確定的事情卻變得不確定了，每一件事都因此被質疑。每一件他以為自己知道並記得的事情，都成了問題：「我有把門上鎖了嗎？」「我有記得關掉瓦斯嗎？」（然後反覆不斷地檢查。）透過省略一連串或長或短的中間念頭，這些問題幾乎總是跟他既愛又恨的人相關。例如，「我有記得關瓦斯嗎？如果沒有，下一個進我公寓的人可能會是我『所愛的人』，如果她點燃一根蠟燭或一根香菸，可能就會陷入火場」；某種程度上，他一直是想讓瓦斯開著的，這樣她就會死於爆炸。

愛與恨的動力相當時，力量一及力量二總是停留在念頭的層次，從未能付諸行動。並且，只要這些力量帶有大量的投資（cathexis）——也就是，能量或是興奮—— 思考過程本身就會有高度的能量灌注，更確切地說是「力比多化」或性慾化。在兩種想法間不斷地來回循環（就像我有一位分析者說的：「我愛她，我恨她，我愛她，我恨她」），變成了某種「精神自慰」，這通常會令人感到痛苦或折磨，但似乎又帶來某種滿足（這種滿足感是種替代品，代替了滿足的行動〔satisfaction action〕通常會提供的滿足）。

強迫症的絕爽

　　我（向恩斯特・藍格）提到我們都很清楚，病人會從他們所受的苦中獲得某種滿足，也因此事實上，他們或多或少都會抗拒

康復。

——Freud, SE X, pp. 183-184

這應該能讓我們想到，當恩斯特對佛洛伊德提到某些東方國家有種特別的酷刑（跟飢餓的老鼠鑽入某人肛門有關），佛洛伊德注意到的事情。這種酷刑是奈姆柴克上尉告訴他的，在已發表的個案史中，這位上尉被稱為「殘酷上尉」：

> 在他敘述故事的這些重要時刻裡，他臉上的表情很奇特，五味雜陳。我只能將之解釋為**他對自己沒有意識到的快感覺得毛骨悚然**。他幾乎語塞地繼續往下說：「在某一刻，那個念頭閃入我的腦海，這件事（鼠刑）發生在我最親愛的人身上。」（SE X, pp. 166-167；強調為佛洛伊德所加）

鼠人顯然在想像吉莎受到酷刑的恐怖畫面時獲得了某種快感（結果，他也想像他父親發生同樣的事情），然而他無法容許自己承認他有這種快感。這正是法國人所說的**絕爽**（*jouissance*）——某種侵凌衝動（念頭）所產生的滿足感，同時也是難以承受的（即使只是念頭），對他的道德感來說，光是想到這種事就會讓他很不舒服。很明顯地，想像這樣的事情發生在他心愛的人身上，會讓他很興奮，然而在此同時，他的快感又讓他自己感到恐懼（他說：「這些念頭對我來說是完全格格不入的，而且我對它們感到很厭惡」﹝SE X, p. 167﹞）。[23]

這個例子很極端，但我們也經常觀察到，當病人敘述發生在自己或他人身上那些本來應該是很糟糕、很恐怖的事情時，他們卻露

出微笑、傻笑，甚至會大笑，這讓我們知道不能光看表面，而且可以看出病人有某些願望存在，只不過他們會否認有這些願望存在。病人無意中透露了，力量一在故事中找到了某些滿足，即使力量二（在此，是以良心的形式出現）試圖板著一張臉，或者維持正經體面的樣子。他們在敘述故事時的語氣複雜微妙、神情飄忽不定，感覺矛盾衝突。他們用來描述絕爽狀態的語彙差異性甚大，從「那真的讓我很興奮」（或者「激奮」、「賁張」、「惹毛」、「上緊發條」、「飆升」、「興奮」、「跳起來」、「氣沖沖」、「激動」、「血液沸騰」等等），到「那真的讓我火大」（「氣死」、「煩死」、「受不了」、「氣炸了」等等）；最終我們要看的不是他們對這經驗的描述是正向還是負向的，而是其中所帶有的能量（或是力比多）強度。

　　鼠人似乎對跟肛門有關的各種感覺都感到很矛盾，部分原因是他小時候長過寄生蟲，但無疑地也跟他被父親毒打過有關。體罰經常會在打人者與挨打者之間造成一種身體上的親密性及充滿挑釁的強烈情感；而這類懲罰經常是打在屁股上。恩斯特的父親在處罰孩子時會變得相當激動——有時候他會打到忘我，已經不知道自己在幹麼，失去控制，一發不可收拾（「他父親脾氣暴躁，打起人來有時候會不知何時停手」〔SE X, p. 209〕）——而孩子則是經常被自己有能力讓父母陷入這種激動狀態感到興奮。這對他們來說有點不得不然。我們在此會看到為何佛洛伊德說，愛與恨經常如此密不可分。即使是被父母親責打或批評也帶有激情的性暗示，孩子可能會開始想方設法，讓父母親勃然大怒，為的是能一而再、再而三地感受到那種興奮，特別是在缺少父母親的其他關注時。青少年經常會明知故犯那些父母親會處罰的事情，尤其當他們唯一能從父母親那裡得到關

注就是做錯事時。

在鼠人的例子中，這樣的體罰導致他的性慾有很大部分（如果不是全部的話）是與他的父親緊密相連。流行文化喜歡描寫母親與兒子的性慾交纏相繞──以《伊迪帕斯王》中的伍迪‧艾倫為例，他要跟未婚妻做愛時，他的母親出現在紐約市上空，彷彿神祇；還有名為《精靈》的電影，片中主角才正開始要跟追求很久的女人做愛，突然在她的臉上看到自己母親的臉。在這些例子中，跟異性做愛便是背叛了母親，這是喜劇的素材。無論如何，我們很少看到電影中有跟父親有關的描述；但是，父親經常出現在許多強迫症病人的愛情生活及幻想中。對鼠人來說，性交意味著背叛父親；我們可以注意到他第一次與人交媾時，他對自己說：**「這真是爽極了，一個人足以為此殺了自己的父親！」**（SE X, p. 201；強調為我所加）。[24]

鼠人的童年神經症

> 我把性行為都外包給自慰了。
>
> ──一位分析者

恩斯特對父親的恨意始於何時？就他的記憶所及，他告訴佛洛伊德，大約是在六歲左右。在這之前，他似乎能相當坦誠地表達他對家中女性的情感，但是到了六歲，他想觀看女性裸體的衝動總是伴隨著父親會發生某種慘事的念頭，而這種念頭又伴隨著某種程度的自我懲罰。佛洛伊德假設在某段時間──也就是說，大約是在三

到六歲之間——一定發生過什麼事情。然而，鼠人無法回憶起任何可能發生過的事情，直到佛洛伊德做出一個相當明確的假設或「解釋」：這個男孩一定因為某些「不檢點的自慰行為」被父親責打（SE X, p. 205）。佛洛伊德推測，「這終結了他的自慰行為，卻……使他對父親產生難以抹滅的恨意。」

佛洛伊德的解釋似乎至少某部分受到病人的證實，病人想起某件他母親時常提起的事情：他曾經意外地咬了某個人，他父親為此毒打他一頓。在被父親毒打時，「他突然陷入狂怒中，對父親厲聲叫罵」——狂喊著像是「你燈！你毛巾！你盤子！」之類的話語——在這麼年幼的時候，他還不會使用任何真的侮辱人的字眼，他或許認為用這麼平凡的家庭用品來稱呼某人就是在罵人（SE X, p. 205）。[25] 儘管病人本身並不記得這件事，但他似乎知道從那之後他就變得很懦弱，「因為他害怕自己生氣」——換句話說，彷彿他突然感覺到自己可能會因為生氣時說出的話而摧毀了某個人，而他最好保護他們不被自己的怒氣所傷（pp. 205-206）。

我想，即使病人在性情或個性上的明顯轉變導致需要提出這類假設，當代也很少有分析師會這麼做。有人可能會刻意等待這類能解釋性格明顯轉變的事件出現在分析歷程中（或許有人會認為佛洛伊德等得不夠久），但是就我的經驗，若是在一段時間之後沒有出現這樣的解釋，就值得大膽提出一個不正確的假設或解釋，以鼓勵分析者糾正我們。例如我有個案例，分析者不了解自己在童年時對某個創傷事件的反應（看見舅舅打母親時，自己沒有介入），所以我提議是不是某種意義上，他覺得自己的母親應該得到這樣的懲罰，因此他沒有想要幫助她（他經常抱怨她要他做的事情讓他很痛苦）；結果

證明這個提議過分簡單，然而，這個提議讓分析者展開了很豐富的
分析工作。就恩斯特的例子來說，佛洛伊德假設他童年時一定做了
某種**自慰**行為（他之所以會做出這樣的假設，或許是因為在鼠人的青
少年及成人期生活中，幾乎沒有自慰行為存在，並且他不斷發誓下
不為例的情況都沒有跟自慰有關），這個假設似乎是錯的，但是咬人
（**很可能是咬他的「褓母」**）很可能既是攻擊行為，同時也帶有性的意
味（SE X, p. 206）。換句話說，儘管佛洛伊德可能詮釋錯誤，但他至少
提出了假設，而且是往對的方向去。

傳移及一個個的傳移

這把我們帶到下一個主題：佛洛伊德當時所使用的技術。儘管
佛洛伊德宣稱，他跟鼠人的工作是他頭一遭真的依循自由聯想的方
法，讓病人在療程的進展及談話內容上自由發揮，不過他還是很積
極地參與其中。[26] 因為我們可以看到，之前佛洛伊德的做法比較越俎
代庖，在分析者的某些問題出現時，一個接著一個處理，而不是讓
早期的童年事件、家庭成員敘述的故事，以及關於親人的事實，在
長時間的分析工作中逐漸出現。對分析師來說，後面這種做法顯然
是種挑戰，分析師必須記住自己知道什麼、還有哪些事情不知道，
而且最好能寫下詳細的事件紀錄。這些事件在療程中出現的時間可
能相隔甚遠，有紀錄才能對分析者的人生有更完整的圖像。

讓我們思考一下，是什麼事情導致了傳移的發生。恩斯特開始
告訴佛洛伊德，他在一九〇七年八月參與一項軍事演習時開始陷入
嚴重的危機，並且提到了奈姆柴克上尉（S. Freud, 2000, p. 55），奈姆柴克

說的鼠虐酷刑對他造成很大的衝擊。在這個故事的某一刻，發生了
以下狀況：

> 病人就此打住，他從沙發上起身，請求我饒了他，別要他再
> 講那些細節了。**我向他保證，我不是個性好殘酷的人，自然也不
> 想折磨他**，但是當然，**我無法給他我沒有能力給的東西**。他還不
> 如要我給他月亮跟太陽。克服抗拒是**精神分析治療的法則**，無論
> 如何都無法免除……我接著說，無論如何，我會竭盡所能，就
> 他給我的任何線索去揣想完整的意義。（SE X, p. 166；強調為我所加）

　　佛洛伊德的第一個「猜測」與釘樁的懲罰有關，第二個「猜測」
是肛門。佛洛伊德堅持要知道病人覺得很難說出口的事情是什麼，
而他立即得到的回應之一是，在那一次療程中，恩斯特開始稱呼他
「上尉」（SE X, p. 169），想必病人認為佛洛伊德在這麼早期的療程就堅
持他要克服抗拒是件相當殘酷的事！佛洛伊德宣稱：「我向你保證，
我不是個性好殘酷的人。」但他的堅持證明了這句話是虛假的，是一
個很典型的不值得信任的否定（S. Freud, 2000, p. 43）。[27] 毫無疑問地，病
人知道佛洛伊德大可以等上一個禮拜或一個月，才知道虐待的確切
形式是什麼，而佛洛伊德話中聲稱所謂的「法則」，其實是他自己制
定的（畢竟恩斯特也讀過佛洛伊德的作品）。
　　佛洛伊德在他的作品中，將恩斯特稱呼他「上尉」的這種時刻
稱為一個個的「傳移」（individual "transferences"）（S. Freud, 2000, p. 187），強調
這些時刻的暫時性（momentary nature），以及它們會在治療的特定時刻
發生。然而，在鼠人的分析歷程中，像這樣的時刻出現的次數非常

多——例如，佛洛伊德要恩斯特帶一張他的女士的照片，並且堅持恩斯特要告訴自己她的名字——次數多到病人在心中一直把佛洛伊德連結到「殘酷上校」以及會懲罰病人的父親。

這種情形造成的結果是，有好幾次，鼠人並未想起過去發生在自己身上的事情，而是把各式各樣他對父親（還有其他妨礙他感到愉悅的人）的負面情感傳移到佛洛伊德身上，並且出口辱罵佛洛伊德、佛洛伊德的女兒、他的太太，還有他認為他知道的佛洛伊德的其他家人！療程中他會在診療裡走來走去，並且與佛洛伊德保持距離，彷彿等著他因為對佛洛伊德及他的家人說的那些很難聽的話而隨時遭到毆打（SE X, p. 209）。就這樣，他們走的不是一條耗時、卻容易忍受的回憶之路（pathway of memory），而是一條痛苦的傳移之路（path of transference），沿著這條路，許多事件曝光了。正如佛洛伊德在之後的作品中所說，無法記得的事最終都會在治療中以傳移及行動化的形式重複，某些經驗，尤其是非常早期的童年經驗，若是以其他方式或許永遠不會出現。不過，很顯然地，對分析者（儘管這需要他極大的耐心）及分析師來說，他們寧可是以幻想、夢境及其他主題回憶出這些早期經驗，而不是透過傳移，傳移很可能會危及接下來分析的進行。

事後諸葛的討論

當前精神分析的科學結果，只是其治療目標的副產品，這是為何絕多大數的發現，經常都是來自於治療失敗的案例。

——Freud, SE X, p. 208 n

佛洛伊德告訴我們，鼠人的治療持續將近一年（SE X, p. 155），而且我們知道佛洛伊德通常一週會跟病人會面六次，也就是說，總共進行了大約三百次療程。現在很少分析師願意一週工作六天，並且，以今日大多數分析師的收費，絕大多數病人也無法負擔每週進行這麼多次療程；但是我們可以看到恩斯特及佛洛伊德能夠在很短的時間內完成相當多工作，儘管佛洛伊德指出，他覺得恩斯特由於工作狀況獲得改善（SE X, pp. 220 and 249 n），離開了分析，許多關於他的神經症的線索因而未能全數闡明。

在這個案例、以及其他的案例中，治療所帶來的快速緩解（這是佛洛伊德所致力的），或許容易使病人在其他許多長期問題獲得處理之前就結束治療。換句話說，短期成功阻礙了長期的成功；或者，我們可以說，早期的治療效果太好，意味著病人會沒有完全走完分析所需的動機，如果分析真的有「完全走完」這麼一回事的話。

我們可能也會揣測，儘管佛洛伊德的明顯目標是讓病人在每次療程都採取主動，進行自由聯想，但若佛洛伊德沒有在治療中窮追猛打要病人提供資訊，或者他沒有堅持恩斯特的不記得一定是因為某種情況，也許恩斯特會持續做治療。佛洛伊德試圖說服恩斯特快速地揭露許多事情，探問他隱晦的往事，這可能也從病人手中拿走了分析的主導權，恩斯特（跟朵拉一樣，我們在下一章將會看到）**逐漸覺得這是佛洛伊德的分析，而不是他的**。儘管這可能加速解決了某些問題（例如「老鼠情結」〔SE X, p. 220〕），卻不利於解決其他問題。在病人陷入急性危機或焦慮來襲時，試圖快速闡明某個問題可能會為病人帶來很大的幫助，讓病人冷靜下來、獲得休息，然後繼續進行

後續的分析，但是一旦將此作為每一次分析及每一次療程的固定策略，終究會適得其反。[28] 從好的方面來看，我們可以說恩斯特的童年創傷（小時候因為咬了某人而與父親發生衝突），與他人生中其他經驗、念頭及事件發生了關聯。能做到這一點，至少有部分是因他透過與佛洛伊德的互動——他嚴厲地指責佛洛伊德、辱罵佛洛伊德及他的家人，並期待佛洛伊德給予他懲罰——重新經歷了這樣的衝突。在分析情境的安全環境下，鼠人能夠透過佛洛伊德表達、並闡明他對父親的憤怒，佛洛伊德既沒有被他的憤怒打垮，也沒有惡意報復恩斯特。在這段傳移中，恩斯特在它我（攻擊）及超我（對於攻擊性感受的道德譴責）之間的衝突，從與父親有關的症狀，被重新引導到佛洛伊德身上，他的衝突至少有部分因此得到透工。就在治療進行後的一年之內，鼠人大概就覺得他不再需要像之前那樣壓抑恨意。在當代的許多案例中，要達到這種程度，似乎需要更多時間……

強迫症的一些當代現象：無所事事及「不幹了！」

> 我受夠了打發人生。
>
> ——一位分析者
>
> 我絕不會投資此生！
>
> ——一位分析者

現在讓我們來看看今時今日常見的強迫症樣貌。我們會注意到，現代人常會在日常對話中說某人工作時像是有「強迫症」，尤其是像

讀書、烹飪、藝術、音樂、建築、寫作、企劃這類需要投入大量心神、甚至注重細節的活動。對於那些不眠不休投身這類工作中的人，我們會說他們對工作內容及工作成果過分執著。然而，就某些人的狀況來說，他們或許只是更有**熱情**，而不是真的「有強迫症」。只不過，在當代的說法中，還是常會說這些人還在**肛門期**（anal）或是**有強迫性格**（obsessive-compulsive）。

　　或許有某類人更適合被視為有強迫症，鼠人就是其中之一：這種人忙著「無所事事」，成天想的都是「不做事」。正如我的一位分析者曾說，「什麼都不做就是我的全職工作。」這個自相矛盾的說法完美地指出了在這個時代，**人們經常忙著不做事**（事實上有些人很致力於不做事！），這些人並不是因為出身優渥、有錢有閒，不用為五斗米折腰，終日奔波無事忙（這讓人想到知名英國幽默作家伍德豪斯筆下的博弟·伍斯特），他們的不做事，其實是對某件事的**抗議**、某種聲明或是某種衝突下的產物。對某些人來說，一概說不（saying no）就是一種生活方式——甚至是一種職業選擇。[29] 我的另一位分析者曾說：「謀求生計不是我待辦清單上的急項，」接著他又補充，「事實上，我的待辦清單上根本沒有謀生這件事；它是在我『永遠』不做的清單上。」確實，這似乎很清楚，他決心**不賺錢謀生**，不自己動手做點什麼，並且吃了秤砣鐵了心，昭告父母[30] 及任何對他有期待的人：「**我啥都不做！**」（我們在第六章會看到，絕大部分症狀都是在祕密或無意識地「刻意」傳達訊息給某一個或一個以上的人，通常都是他們的父母。）總而言之，他的意思就是他不會讓他們稱心如意的，他不可能會滿足他們的想法，他不會成為偉大的作家、股票經紀人、教授，也不會做這些年來他們提過的任何職業。可以說，他永遠都在

罷工，很積極地罷工，只要跟工作沾上一點邊的，他就故意什麼也不做——像是付帳單、打掃房子，或是研究某天可能會讓他獲得有薪工作的事情。前面提到的那位分析者（就是說「什麼都不做就是我的全職工作」的那位），他曾經告訴我，他有位伴侶抱怨過他在做愛時，讓她統包所有事情；他接著說，「我的陰莖沒有工作倫理。」他的陰莖拒絕發揮功能，不讓他的性伴侶得到快感，他又補充說，**他的陰莖在「罷工」**（這個說法很適切地描述了在所謂的勃起功能障礙中的主觀成分）。[31] 別忘了，對我們所有人來說，我們的主要照顧者（通常是父母親或近親）在人生中許多時刻扮演的都是令人掃興的角色；當雙親都投入教養工作，我們通常會認為其中一人比另一人更掃興。嬰兒期吃母奶的人，總有一天會斷奶，對很多人來說，斷奶是個困難的經驗。首先，母乳是我們早期的營養來源，通常也會讓人感覺受到安撫（奶瓶哺乳也有同樣效果，因為父母親餵奶通常會伴隨著親密感）；其次，在當代，許多西方國家，斷奶經常發生在孩子還很年幼之時，但是在其他文化及地區，斷乳時間通常會持續二到五年。如果我們開始以吸吮拇指或其他指頭作為乳房或奶瓶的替代品，最終則會因為這樣而被父母親斥責，並且經常因此陷入要不要放棄的掙扎，會有類似狀況的還包括像是安撫毯（或是「小被被」）、填充玩偶，或是其他通常拿來作為替代物的柔軟織品；有些爸媽甚至更過分，他們會把辣椒塗到小孩手上，或是只要小孩把手指放進嘴裡就給孩子一巴掌。餵母乳或用奶瓶餵奶以及斷奶，顯然都對應了佛洛伊德所說力比多發展的「口腔期」，在這個時期，口腔是嬰兒得到滿足的主要來源，也是親子發生衝突的重要源頭。

眾所皆知，如廁訓練是小孩跟父母親發生大量衝突的領域，父

母親經常會過早開始嘗試訓練小孩使用便盆（在孩子熟悉括約肌的控制之前），而孩子往往會覺得，對爸媽來說接受如廁訓練比其他任何事都來得更加重要。有時候孩子會有個印象，認為照顧者是因為自己很討厭清理尿液及排泄物，所以無所不用其極地訓練孩子不再亂大小便——包括恐嚇孩子、羞辱孩子，給孩子灌腸。如廁訓練很明顯對應著佛洛伊德所說力比多發展的「肛門期」，在這段時期，控制大小便會引發親子之間相當多的對抗。

請注意，絕大多數心理學教科書在提到佛洛伊德的口腔期、肛門期及性器期時，都很少討論親子之間發生的衝突，甚至根本沒提到有這回事；換言之，心理學教科書寫到這三個階段時，彷彿這只是孩子的生理發展階段，跟社會化和／或父母的要求及慾望完全無關。[32] 拉岡在講座中多次強調，在口腔期及肛門期，親子之間錯綜複雜的關係（特別是 Seminar VIII, Chapters 14 and 15），他也指出在這兩個階段，在父母跟子女雙方的願望間，可能充滿了既緊張又具破壞性的互動。

我們還小時經常會沒穿衣服跑來跑去，父母親會阻止我們在親朋好友之前裸奔，也經常禁止任何他們察覺到的自慰跡象（有時候他們會用難聽的話罵人，有時候僅僅是告訴我們這種事只能私下做）。在某些時候，他們通常會開始讓我們更難跟我們最心儀的那位家長摩挲、廝混（也就是說，**伊底帕斯情結**是他們開啟的）。並且，他們經常打斷我們在孩童時期常進行的性探索（扮演「醫師」及其他這類遊戲），還強烈批評我們在童年或青少年時的初戀對象，說他們不適合我們（某種程度上，自慰及性探索對應於佛洛伊德所說力比多發展的**性器期**）。他們也不算一下，日復一日，他們對我們做了多少要

求，這個要做、那個不要做——在某個時間起床、穿衣、刷牙、這個要吃、那個不能吃、這樣拿刀那樣拿叉、坐著不要動、坐直身子、打哈欠或咳嗽時要摀嘴、在公共場合不能放屁、上學讀書、做回家功課，規定我們怎麼穿衣服、怎麼看、怎麼說話、怎麼聽、怎麼站，以此類推。這麼說毫不誇張，有太多我們不想做的事，爸媽會要求我們去做，又有太多我們真的很樂在其中的事，爸媽卻不准我們做。

於是，爸媽強迫我們做出真正的犧牲，或是令我們失去樂子——也就是，絕爽——之後，我們往往因此痛恨他們一輩子（我指的是真的做出犧牲的人，而不是那些小時拒絕讓步的人——從來不肯接受如廁訓練，根本不說話，或者不照父母親教的方式說話，不太吃東西，當然也不會吃父母親要我們吃的東西等等）。儘管我們順從了父母的許多要求，也犧牲了諸多童年享受，許多人得到的回報仍相當稀少——也就是父母親的愛以及／或者肯定——當然更不足以值得我們花時間費心獲取。我們覺得自己受到了最不公平的對待，我們被虐待、被欺騙、被坑了、上當了、被唬了，被愚弄了，連我們最珍貴的東西——母親的乳房、我們的拇指、我們的小被被——也被搶走了。有許多人在某一刻決定劃清界線，表明立場，不再妥協了。「我犧牲得夠多了！」我們似乎這樣吶喊著。現在你們要我們用功讀書，不要參加派對；埋頭苦幹，不要閒晃、喝酒或抽菸；做一份一點也不感興趣的工作——「不幹了！」「上帝禁止我們給你們這種樂趣，不要讓你們覺得自己一直是好爸媽！」「別想叫我做！」

我在這裡所描述的似乎是個有意識的過程——也就是說，我們好像很清楚自己已經決定劃清界線，也明白自己在抗議些什麼——但是，情況當然並非總是如此。有些人是不知情的抗議者，他們相信

自己真的想工作，只是**無法**工作（例如，「有」所謂的注意力不足／過動症、強迫症、讀寫障礙），體質上就做不到。而且，我們也有著無意識的願望，想讓對方感到失敗、受挫，畢竟他們剝奪了我們的許多東西，強迫我們犧牲很多，要我們做了超多不開心的事。就跟鼠人一樣，他「擔心」親人的健康、手淫、假裝工作（例如坐在教科書前面，反覆閱讀相同的句子，或是做白日夢），透過這些作為，我們破壞了他們對我們的工作及婚姻期待，浪費了他們付出的學費，還毀了他們用心良苦的計畫。除此之外，還有什麼會令我們感到莫大的滿足？！（我有個分析者說他拒絕聽從命令，並且是「核武級否定」，他認為這是他所擁有最強大的武器。）

我們毫不在乎在這樣的過程中，我們也浪費了自己的人生，我們「揮霍人生」、「把生命沖進馬桶中」，因為我們的主要目的──無論我們知情與否──就是不讓父母親對我們的期待能稱心如意。（舉例來說，恩斯特・藍格認為他母親要他迎娶麗茲，他的回應是「別想！要我遵從你的旨意，我寧可拿不到法律學位，也永遠不要結婚！」）儘管這種態度會令我們自己元氣大傷，**我們從他們身上得到的滿足感遠大於任何事情**。這無法阻止我們抱怨自己的人生一籌莫展，或是哀怨自己一事無成，因為我們有所謂的障礙──遺傳缺陷、荷爾蒙失調、神經傳導物質缺乏──當今的醫學好心地讓我們得以怪罪父母的基因缺陷以及／或者母親懷孕時的生理狀況不夠理想。抱怨這些、可憐自己本身變成了一種樂趣，相形之下，人生最甜美的莫過於此。我有某些強迫症病人會向我詳細描述他們從自怨自艾中所嘗到的美妙滋味！[33]

虛應故事：做事像在交差了事

> 我每晚熬夜，好能多給自己一點什麼。
>
> ——一位分析者

不是所有強迫症病人都在持續罷工——有些人採取的方式是「怠工」。就像進行罷工的員工有時候仍持續提供一些有限的服務（在某些歐洲地區可能特別常見），卻阻撓了營運服務的順利運作——無論是地鐵、巴士、火車、垃圾清除、鏟雪，或是其他任何形式的服務——某些強迫症病人會繼續工作，但他們也知道自己的工作方式效率不佳、徹底沒有效率，或者甚至是適得其反。通常，他們會用自己的方式來加快速度，他們會跳過一些步驟，從經驗中他們學到這些步驟對工作來說至為關鍵，於是這樣的做法就會讓他們得回頭重做之前省略的步驟，也讓他們最初的工作有很大部分都是在做白工。在很多事情上，他們就是這樣做了、沒用、重來，**彷彿他們被迫得完成某項計畫，但他們又做不到**。工作完成日被推遲，有時候幾乎是無限期延後。他們經常給的藉口是還不夠「完美」，這些人有時會被稱為**完美主義者**、或是**肛門滯留人格**（譯註：俗稱龜毛）。

這跟之前討論的拖延，有點不一樣，真正的拖延是從未真的開始工作。無論如何，這兩者有點難以區分，因為那些心不甘情不願、不想做的人通常表面上還是會做點事，只不過他們做的都是枝微末節的小事，到頭來，就跟用看電視及查看社交媒體來逃避工作一樣，都是沒有生產力的。在這兩種情況中都可以相當清楚看到：在想做

某件事（或至少表現得像是很想做）跟拒絕去做之間的衝突。拖延的人會導致什麼事都沒做；做很多的人，所做的都無助於工作的完成。

對於那些做很多的人來說，他們經常覺得自己是為了別人而活，他們所做的每一件事都是為了生命中的重要他者（配偶、小孩、老闆等等），然後，在夜深人靜、或是加長的午餐時間裡，就會看到他們試著給自己偷渡一些「非法享樂」（illicit jouissance），無論那是嗑藥、看色情影片、酗酒，或只是在網路上閒逛。這些活動通常都會減損他們下午或第二天的工作能力，然而，他們覺得有必要在白天或晚上擠出這麼一點快樂，就「只為了自己」，而不是為了別人。他們通常覺得自己幾乎完全為了他者而活，就像拉岡在研討班六中所說，**活在他者的時間裡**（à l'heure de l'Autre）：我們可以說，他們是按照他者的行程而活，或是聽著他者的鼓聲前進。[34]

對於父母形象（不論是父母親、老師、上司或其他權威人物）所提出的明確要求或期待，會拒絕接受的人當然不止強迫症病人。恐懼症者可能會發展出對飛行的恐懼，阻撓父母親的旅行計畫；歇斯底里病人會暴飲暴食、或是變得厭食，以逃避家長希望他們在生活中扮演的角色（例如「可愛的模範女兒」），或是抗議父母的願望，父母可能希望他們成為選美冠軍、模特兒、演員、歌手等典範人物；而精神病者則可以理解為是對父母親的禁制及懲罰做出更徹底、意義深遠的拒絕（拉岡稱之為「除權棄絕」〔foreclosure〕）；某些被歸類在自閉症的孩子甚至可能是在拒絕使用語言，因為父母是透過語言發出訓諭及禁令（請注意，像貝特爾漢姆這樣的精神分析師所說的自閉症〔Bettelheim, 1967〕，並不必然等同於DSM-5中的「自閉症類群障礙症」〔APA, 2013〕）。所有這些拒絕及抗議，都可被理解為在某些方面是弄巧

成拙的,甚至也會破壞了拒絕者生活中的某些關鍵部分,然而,至少在一剛開始時,這些拒絕及抗議是用來保護自己的方法。只不過,它們所旨在保護的「自己」(self),最終經常是極其有限的。

其他的都無所謂

我只想要我不能擁有的。

——一位分析者

這是我的人生嗎?這不是我的人生。

——一位分析者

舉例來說,正如我們在強迫症所看到的,抗議似乎意味著我們所失去的(例如作為提供我們早期滿足之「失落對象」(lost object)的乳房,或者是隨地大小便的自由)[35],要比我們現在可能得到的要好得太多,以至於甚至不值得我們再努力去獲得任何東西。與那些可怕的人(爸媽、老師等等)要我們放棄的東西相比,現在我們有可能為自己得到的東西既微不足道,也不值一哂。我們為了獲得或實現某樣東西所做出的任何努力,都注定不會成功,因為我們再也拿不回我們覺得被剝奪了的那個對象(例如,媽媽),或是那份舒適、溫暖及絕爽。世界爛透了,我們打從心裡感到不對勁,人生就是少了點什麼,再也不可能彌補了。

這種想法一點也沒錯,我們再也回不了家了,我們無法像過去那樣擁有我們的主要照顧者跟心愛的對象,我們認為我們曾經擁有

她或他 —— 也就是說，我們曾感到彼此之間是沒有分別、沒有界限的，你泥中有我、我泥中有你 —— 一旦我們長大，成為個體或是主體，就不可能再跟另一個人有這種跟對方融合在一起所帶來的圓滿、完整的幸福感（也許，除了服用某些迷幻藥物之外）。因此，我們注定總是在某方面感到分離、不完整、或是缺乏。精神分析可以減輕這種感受的強度，但不可能完全根除；在最好的情況下，精神分析會讓我們不再關注這種不完整感，也不再為之所吸引，眼前正在做的其他事情更值得令人投入。

　　儘管沒有人能夠回到與父母分離之前的狀態，有些人覺得（即使沒有經過分析），當我們願意斷奶、接受如廁訓練及接受各種社交規則，我們從父母那裡得到的愛與肯定，整體來說，並沒有那麼糟糕，畢竟，生命似乎應許了我們一些滿足感，或許這樣的滿足永遠都不足夠，但至少是必要的（引用米克・傑格 * 的歌詞來說，即使我們無法總是稱心如意，只要試試看，我們還是有可能得到我們需要的）。我們持續感到生命中缺少了什麼，總是有什麼還沒獲得、還沒達成，或還沒實現，這種感受讓我們不斷轉換生涯跑道，從這群朋友換到另一群朋友，最喜歡的作者或導演換來換去，從一個情人換到另一個情人、從某個小玩意換到另一個小玩意，之類的這些事。我們失去的是無價之寶，而我們在每一件事物上發現的都只是相對價值，這當中的差距，讓我們永遠都在探尋更多、更新、更不一樣的東西，以更接近那失去的無價之寶。拉岡說這種狀況是「慾望的轉喻」（metonymy of desire）（*Écrits*, p. 534）（他在這裡所說的轉喻，意思是指慾

---

*　譯註：美國滾石合唱團主唱。

望不斷從一個物體到另一個相關物體的滑動或移動），因為我們永無休止地尋找更新、更不一樣的東西，以縮小這個差距。

　　但是，極端的強迫症病人最常有的抱怨是：「這有什麼意義？」他們早就預設了自己不可能找到任何滿足感可以與他們失去的事物相提並論，或是可以讓永無止盡的追求、也就是所謂的人生變得有意義。分析師若是嘗試告訴他們，只要他們願意，他們就可能找到有意義的事物，這種話說給他們聽像是對牛彈琴。對他們來說，好像什麼都太遲了！不管現在他們找到了什麼，不管現在他們可能達成了什麼，不管現在他們是二十、三十、四十、五十、六十或七十歲，永遠都是不夠的，因為他們已經**落後了好多好多年**，要是能夠早點開始就好了（要多早呢？確切的時間總是相當模糊的）。他們永遠無法「趕上」，所以嘗試又有何意義呢？強迫症病人總是進度落後，趕不上其他人，他們已經到得太晚——晚了那麼久，所以，甚至沒有必要出席。[36] 在最糟的狀況下，這種情形會導致「重來」這種於事無補的願望（就像小小孩在遊戲或運動中，剛開始時沒搞清楚狀況、滑了一跤，或是犯了錯時會說的話），彷彿時間之手可以扭轉乾坤，讓遊戲歸零，從頭開始。我有一位分析者不斷表達他想「更換人生」，這個新的人生會從他覺得自己犯了大錯的地方重新開始。像他這樣的分析者（而且人數眾多！）從不覺得自己真的像身分證上的年紀那麼老，因為從某個歲數之後，他們就沒有真的長大過——他們通常都停留在青少年時期，在那時他們頭一遭開始感到如此不滿。他們常常覺得，他們所活著的人生不是自己「真正的人生」，他們真正的人生必定還在某個地方等著他們。有時候，這種想法會伴隨著一種感覺——佛洛伊德早已指出這一點（SE IX, pp. 237-241），但不只針

對強迫症病人——養大他們的爸媽必定不是他們真正的爸媽：在某個地方，一定有更加優秀、社會地位更高的人是他們的父母親（這是「家族羅曼史」的必備部分，對家族歷史的小說式改寫）。

有位五十多歲的男士來找我，向我抱怨自己無法成為一個成年人——他的行為舉止與自己的年齡不符（這不是他唯一的抱怨）。儘管他在自己選擇的領域裡是個很有成就的專業人士，但他覺得自己無法扮演他被賦予的角色，也無法勝任當個權威人士該有的嚴肅姿態。在分析中，他覺得多年來自己的心裡還是個小孩——不是正向意義上的——直到好幾年之後，他才開始感到自己跟真實年齡相符，開始能夠優雅地老去，並且承擔起在他的在地文化中指派給年長人士的角色。

我有個強迫症的病人表示，他如果沒有投入日常生活，不跟他人為了獲得肯定而競爭，那是因為（一）他不會輸，以及（二）勝利者永遠無法確認自己比較強，因為我的病人要是真的跟勝利者比賽，一定會打敗他。透過這樣的方式，這位病人讓那些他眼中的勝利者不確定自己是否真的是贏家，並且以這樣的方式多少感到自己贏過了他們。

這些病人因為執著或固著於早期的各種失落，導致他們無限期擱置自己的人生。他們覺得家人、或整個世界都虧欠他們，這種基本的感受必須先「透工」之後，他們才有可能繼續自己的人生，並嘗試獲得他們**可以**獲得的滿足。對於所謂的強迫症（obsessive-compulsive disorder），當代有許多人認為認知行為療法（CBT）是「首選療法」。然而，認知行為療法所關注的是現在，強調改變當前的想法，甚至傾向於不處理在精神分析觀點中被視為是強迫症病人（obsessive）的深層

受苦源頭：被敲竹槓、被剝奪了唯一值得他們付出心力的東西的基本感受。

第 **5** 章

歇斯底里與朵拉的案例（伊妲・包爾）
Hysteria and the Case of Dora (Ida Bauer)

> 從一開始就是為了科學目的、也按照科學方式來進行治療的
> 個案，都沒有好下場。最成功的案例是一開始就無心插柳者，
> 永遠帶著開放的心胸，不做任何預設，任山窮水盡，看柳暗花
> 明。
>
> ——Freud, SE XII, p. 114

　　鼠人的案例使精神分析的讀者們前仆後繼成為分析者，但佛洛
伊德對十八歲大的朵拉所做的治療卻令人們打退堂鼓，對精神分析
治療敬而遠之。（我在附錄一會提到許多批評，是針對佛洛伊德與朵
拉的分析工作而來，由於聽過這類批評的讀者可能會認為這個案例
很糟糕，因此根本不想研究這個案例；我會鼓勵這些讀者在繼續讀
下去之前，先去看附錄。）佛洛伊德對朵拉的治療，代表早期形式的
分析技術，後來佛洛伊德在一九一一到一九一五年所寫的《技法篇》
中，堅定地否決了早期的方法（「不幸的結果讓我放棄早期的方法」

〔SE XII, p. 111〕），佛洛伊德甚至在治療朵拉的時候就宣稱放棄了這些方法。朵拉（Dora）的真實名字是伊妲・包爾（Ida Bauer），在這一章中，我都會用伊妲來稱呼她。[1] 無論如何，佛洛伊德很明顯覺得要打破自己的陋習是不容易的：他總是試著儘速**自己弄懂所有事情**，甚至極度**渴望自己是對的**，即使這麼做對病人沒什麼好處。

佛洛伊德在治療中作為催眠者時，他所扮演的是一個十全十美、無所不精的角色──這種情形跟與他同時代的許多醫師跟精神科醫師（「神經學家」或「神經專家」）並無二致，儘管他們的醫學知識很不充分，尤其是沒有兩個醫師給出的意見會是一致的，他們給出的建議也時常受到小說家（例如大仲馬）跟劇作家（例如莫里哀）的嘲笑──佛洛伊德在早年的「分析」實務中，有好些年都致力於扮演一**個完美的知識大師**角色。在前一章他和「鼠人」（一九○七－一九○八）的工作中，我們看到一些例子，證明這種實務做法在佛洛伊德的晤談室裡停留的時間，某種程度上比他自己以為的時間還要更長。

讓我們來看看他在朵拉案例研究的「前言」當中是怎麼說的：

　　熟悉《歇斯底里研究》中所描述的分析技巧的讀者，或許會感到驚訝，應該不可能在三個月（朵拉治療的大約時間長度）當中，就找到一個完整的解決方法，至少就朵拉的症狀來看是如此。當我解釋精神分析技巧從那時（一八九五年）之後已經過徹底的改革，這種情形就變得可以理解了。在過去，分析工作是從症狀出發，並企圖一一清除症狀。我後來放棄了這種技巧，因為我發現這種做法完全不適合用來處理更細緻的神經症結構。現在，我會讓病人自己選擇當天的工作主題，這麼做的話，無

論當時病人的無意識浮現什麼引發他的注意，那就會是我的工作起點。然而，這種做法會讓每一件跟清除症狀有關的事都是零散地出現，各自交織在不同脈絡中，所分布的時間點相隔甚遠。儘管有這種明顯的缺點，新技術還是遠遠優於舊技術，甚至於，毫無疑問的，這也是唯一可能的技術。（SE VII, p. 12）

儘管佛洛伊德這麼說，我們還是一再發現佛洛伊德似乎**指導**伊妲繼續討論某個夢（例如，他們在前一次療程中已花了一段時間討論的夢），並且幾乎詮釋了夢的每一個面向，而不是鼓勵伊妲自由聯想、並自己做出詮釋；[2] 他會要求伊妲告訴他，在他打開治療室大門前，她在等待室裡讀的那封信的內容是什麼，而不是停下來等等看她自己是不是會告訴他（p. 78）；他也迫不及待地做了每一件事，就唯獨沒有耐心地等待某個症狀的關鍵「零散地出現，各自交織在不同脈絡中，所分布的時間點相隔甚遠」。而且他似乎不時就會踢開深鎖的大門，催促伊妲揭露內情，彷彿她是在告解室裡（pp. 74-76），並且過早地做出結論，再逼著伊妲確認（pp. 58-59 and 69-70）。

當我們拿他跟伊妲工作的方法——至少是在他的案例寫作中呈現的——與隨後他在《技法篇》所做的評論相較，他在文中寫道，**分析師不應該做出詮釋，要等到分析者距離自己得出相同的結論只有「一步之遙」時才能道出真相**（SE XII, p. 140，強調為我所加），我們看到在一九一三年時，他意識到自己早期做法的愚蠢。他對於伊妲所處困境做出的詮釋，或許精彩無比或錯得離譜，但對伊妲的心理健康來說，只有一定程度的影響而已（據我們所知），因為她自己幾乎並沒有想出及闡述那些結論——大致上我會這麼說。

我們應該要知道的是，無論佛洛伊德在《技法篇》建議我們不要做什麼，他自己至少都做過一次以上！某種程度上，他透過嘗試錯誤來學習，並探索許多種不同的路徑，最後才採用了他在《技法篇》所呈現給我們的那些做法。而就像所有道德家一樣，他在文本中所寫出的警告，通常都是針對他自己所提出的，因為那些正是他（及其他像他一樣的人）時常受到的誘惑。他其實是在要我們「照我說的來做，不要跟著我做」。回想一下，人們若是沒有受到誘惑去做某事，就沒有必要發出警告或制定規則。例如，如果實務工作者從來沒有跟分析者發生羅曼史或性關係，就沒有理由規定治療師絕對不能與病人談戀愛或發生性關係！[3]

結果，佛洛伊德在一九〇〇年對伊姐所做的分析，與其說是伊姐的分析，不如說是佛洛伊德的分析：

- 在某一刻他把她的治療說成「我的治療」（SE VII, p. 120），他提到「我的結論」（p. 95），還有他把「（他）得出的結論」告訴伊姐的事實（p. 100）。

- 他說對於她的第一個夢，他「決心要做一個特別謹慎的探究」，他還說他「對那個夢被澄清的期待自然是很高……，但是（他）首先想要發現的是刺激它反覆出現的原因為何」（p. 64）；這顯然暗示他有自己的計畫，也就是透過實際的臨床案例，證明他在《夢的解析》所傳授的理論，像是夢是願望的滿足，以及夢會實現童年的願望等等（pp. 68 and 71）。

- 他告訴我們，他想要「對這個『輕型歇斯底里』（petite hystérie）的案例給出完整的解釋」（p. 24）；他還告訴我們，由於這個案例

過早中斷，無法被視為是一個完整的分析，所以它的空缺就必須由「其他曾經過周密分析的案例」（p. 85）加以填補，這不禁令我們疑惑，為什麼他寫了這個案例，而不是其他案例（表面上的答案似乎是跟他在這個案例中分析的兩個夢境有關，但至少可能還有其他因素，我們隨後會再探討）。[4]

- 在他認為成果格外豐碩的療程結束時，他向伊妲表示了他的「滿足」（有鑒於就在下一次療程，伊妲便中斷了治療，這一點尤其重要〔p. 105〕）。

- 在案例研究的結尾處，我們讀到，在十五個月後，她回來找他再度接受治療，佛洛伊德並沒有重新開啟治療，而是立刻認定「她不是認真的」（p. 121），並且表明他「承諾會原諒她，因為她曾經剝奪（他）可以針對她的困擾，給她更徹底治療的滿足感」（p. 122）──換句話說，「就在（他）覺得可成功結束這段治療的希望達到最高點時」（p. 109），她粉碎了他的希望，他原本希望能對她生命中的每一件事給出完整的解釋，並把分析帶向光榮的結局。

在那時候，對佛洛伊德來說這顯然太重要了，透過伊妲的分析，他可以對世界展示他的心理治療方法簡直是太了不起了，並且也證明他在《夢的解析》中所發現的夢的詮釋方法，相當於絕對真理。

儘管後來他宣稱分析不應該隸屬於「科學目的」（例如SE XII, p. 114），但似乎很清楚的是，至少在他治療伊妲的最後幾週，他把伊妲的治療用來證明他關於夢的理論；事實上，他原本打算把這個案例研究命名為「夢與歇斯底里」（SE VII, p. 10）。畢竟，我們很難相信的是，若

非佛洛伊德強力慫恿，伊姐會自動願意連續將二或三個完整的療程用來討論夢境。[5] 我們還可注意到，佛洛伊德將這份案例研究保留了五年沒有發表，一開始或許是因為遭到他所寄的出版商拒絕（布洛德曼，《心理學與神經學期刊》總編輯），對方認為文中包含太多個人隱私、或是可辨識的資訊，但或許也是因為佛洛伊德對於他與伊姐所做的治療有一定的疑慮（請見 pp. 7 and 322）。否則很難理解，在另一本期刊很快就接受他的案例研究之後，佛洛伊德卻撤回文章，又等了四年後才終於發表。[6]

伊姐的處境概述

> 就像是生動的文學作品那般，（佛洛伊德的個案史）材料所包含的，總是比伴隨材料的原始分析及詮釋更加豐富。[7]
> ——Marcus, 1975/1990, p.310

在讀過這樣的前言之後，讓我們轉向伊姐的處境，做個簡短的摘要。伊姐的父親在跟伊姐的母親結婚之前，就罹患了梅毒（或是梅毒類型的疾病），並且被認為將「傳染病」（亦即梅毒）的症狀傳染給妻子，可能也傳染給女兒（看起來，似乎還包括陰道分泌物，他們認為這很討厭、也很丟臉〔SE VII, pp. 83-84〕）。她父親在伊姐大約六歲時就已經被好幾種症狀困擾，包括呼吸困難（dyspnoea），等到伊姐十二歲左右，他的病情再度惡化，並求診於佛洛伊德。佛洛伊德看出他有性傳染病，並且在其他醫師無法醫治他時給予協助（p. 19）。

伊妲的父母親兩人關係長年不佳（母親或許有佛洛伊德所說的
「家庭主婦精神病」，她變得對家居清潔非常執著，可能是因為她有
「骯髒」的梅毒分泌物〔SE VII, pp. 20 and 90〕，或者是她覺得這是人生中
自己唯一可以控制的部分）。而儘管伊妲的父親據推測應是性無能，
卻似乎跟K氏夫妻的太太發生婚外情，並且有性關係。他們是在一
個小鎮認識這對夫妻的，由於伊妲父親的肺結核病情，他們全家搬
到這個小鎮居住，佛洛伊德把這個小鎮稱為B地——（他們在朵拉大
約六歲時，搬到阿爾卑斯山區的度假勝地，就是今日的義大利境內
的美拉諾〔Merano〕〔p. 19〕）。

伊妲跟K太太成為閨密，甚至是彼此的知己，在互相造訪的期
間睡在同一個房間，討論性交技巧的細節——也許是在男人有所謂
的「勃起功能障礙」時使用的技巧（舔陰及口交）。[8] K太太跟她先生
處不來，曾考慮離婚，據稱是因為孩子而仍貌合神離；伊妲顯然扮
演了K太太「婚姻生活種種難題的顧問」（SE VII, p. 61）。

伊妲的分析「入口」

> 神經症的結構，本質上是一個（主體自己問自己的）問題。
>
> ——Lacan, Seminar III, p. 174

我相信，對任何實務工作者來說，最關心的莫過於仍是青少年
的伊妲**並不是自願來到佛洛伊德的診間**，而且事實上，她並不想跟任
何人討論她的困境。她從小就因為各種病痛（呼吸困難、偏頭痛、

神經性咳嗽及失聲等）看過一大堆醫師了，她也學會嘲笑醫師治不好她這些病痛的無能。[9] 她對醫師沒有信心，她完全是因為父親的堅持、以及父親的「權威」，所以「儘管她千般不願」，她還是去見了佛洛伊德（SE VII, pp. 22-23）。

　　或許更糟的是，伊妲自己表明了她根本不想改變！**是她的父親想要她改變。**父親希望伊妲改變，因為她對他與 K 太太（他好朋友 K 先生的老婆）之間據稱無邪的「友誼」，態度越來越負面，讓他困擾不已。他這些年來病了好幾次，當時都是這位 K 太太照顧他的。伊妲先前與 K 太太走得很近（兩人的友誼可能是開始於伊妲六歲，伊妲的家人第一次搬到美拉諾的時候，之後一直持續到她十六歲為止〔SE VII, p. 19〕），而且一開始，伊妲並未生氣 K 太太花很多時間跟她爸爸在一起。但是從十六歲開始，發生了一個等一下我們會談到的事件之後，她的態度幡然轉變，她變得對 K 太太失望，對爸爸生氣。

　　此外，據說是伊妲的父親代表伊妲去聯絡佛洛伊德的，他還試著讓佛洛伊德接受他的說法，關於他跟 K 太太的來往真相，關於 K 太太的丈夫，即 K 先生，與伊妲之間「到底發生」了什麼事情。伊妲在十六歲時向家人抱怨 K 先生向她求歡；當她的父親及伯父去調查這件事時，K 先生強力否認（伊妲的父親應可由 K 先生否認的強度輕易識破那是他撒謊、感到心虛的破綻，但是伊妲的父親當然不是心理學家，他寧可相信根本沒發生過求歡這檔事〔SE VII, pp. 25-26〕）。讓事態更加惡化的是，K 先生宣稱，伊妲一直在閱讀他們的湖畔別墅裡各種跟性有關的書（像是蒙蒂加查的《愛的生理學》），而這一切顯然都是伊妲想像出來的（p. 26）。然而，他唯一能知道伊妲在讀這種書籍的管道，是 K 太太向她先生透露她跟伊妲私下討論的內容——換句話說，伊妲很

清楚K太太背叛了她的信任（SE VII, p. 62），K太太將她私下談話的部分或全部內容告訴了K先生（而K太太經常聲稱她想跟這個男人離婚）。能把這個「不道德的提議」視為伊妲單方面的想像，讓伊妲的父親大喜過望，他也希望佛洛伊德能去說服伊妲整件事都是她捏造出來的！

　　我想任何臨床工作者都會同意，要在這些情況下跟某人開始治療工作，真是不祥的預兆。病人沒有興趣改變，對治療也沒有信心；她被迫來看治療師，是因為她父親想要治療師說服她一切都好極了：他跟「另一個女人」無論在心靈或身體上都沒有不倫的關係，他的朋友K先生從未挑逗過伊妲，他們也從沒安排（無論是明示或默許）用K先生跟伊妲在一起，來交換讓父親跟K太太在一起，還有，在這個完美劇本裡，萬事都美好，沒有理由讓伊妲的父親放棄K太太。

　　佛洛伊德顯然拒絕接下伊妲父親所提議的任務，但是他同意跟這個女孩見面談談。[10]

　　治療師的第一項任務是面對這樣的處境，**看看是否能有方法激起病人的興趣，找到自己願意參與治療的理由**。為了取悅或安撫他人所做的治療——換句話說，是為了獲得某人的讚賞，或是讓他別再找麻煩——注定一無所獲，因此，因為有人希望她接受治療而前來的病人，若是沒有很快就對分析工作產生興趣，她的收穫就會少之又少。有的人可能會在一開始因為與治療師的關係而被激起興趣，他們可能會因為治療師是生活裡的新面孔，或是覺得治療師長得好看、很機智、有同情心、有愛心、滿有趣等等，短暫地提起意願來做治療。但如果治療師無法找到方法讓病人對自己產生好奇，想了解自己怎麼走到今天這步田地（病人的好奇可能是源於治療師對她的好奇，治療師應當考慮凸顯病人話中衝突及矛盾之處，因為這麼做會

引發病人的興趣，去探究自己的歷史，並理解發生了什麼事），治療就必定會失敗，因為真正的治療工作總是由病人自己的慾望所推動，病人會想去發現什麼、弄清楚什麼、或是找出新的前進方式。在精神分析中，分析者的慾望是分析的終極動力（正如佛洛伊德所說，「病人對康復的慾望，促使他跟我們一起參與到雙方共同努力的工作中」〔SE XVI, p. 437〕）。儘管時不時地，分析師的慾望必須扶持並鼓舞分析者的慾望（而且有時候，當分析者對分析計畫短暫失去熱誠時，分析師的慾望甚至要代為撐住分析），但嚴格說來，倘若分析者本人根本沒有慾望去探究眼前的狀況，沒有想要展開新局，就沒有分析可言。即使分析者真的留下來，最後也就只是「做做樣子」而已。[11]

就此意義來看，我們可能會感到有些驚訝，因為佛洛伊德設法留住了伊妲，她至少有用心參與分析約三個月，持續了大約七十個療程。在佛洛伊德的案例報告中甚至有幾處暗示伊妲開始提出自己的問題，佛洛伊德告訴我們（一）她在無法忍受她父親與K太太之間的關係時，曾考慮自殺，當時她寫下了遺書，她疑惑她的父母怎麼可能發現那封遺書，因為她把信鎖在書桌裡（p. 23 n. 1）；（二）在第一個夢之前，她曾經困惑為什麼自己會生病，她（在沒有佛洛伊德的協助下）的結論是這要怪自己的父親，是他把他的疾病傳給她的（SE VII, p. 75）；[12]（三）在第二個夢之前，「朵拉自己提出好幾個問題，是關於她的行為及行為背後可能的動機之間的連結」（p. 95），尤其是為什麼她沒有立刻就把K先生在L鎮湖畔的求婚（他很可能是提議他會離開老婆，迎娶伊妲，但是伊妲賞了他巴掌，並未讓他把話說完）告訴父母——（這個求婚舉動深深冒犯了伊妲），還有為什麼過沒多久，她又突然把這事告訴他們（亦請見 p. 104 n. 2, and p. 107，在此我們看

到直到治療結束，這個問題仍持續盤旋在她腦海中）。

不管怎麼說，閱讀案例報告的讀者會有一個印象，佛洛伊德沒有培養伊妲的自我質疑——以及，就問題即是慾望來說（正如拉岡告訴我們的），他沒有培養伊妲的慾望——也沒有給伊妲空間去沉思及跟著自己的思路前進，佛洛伊德一直把她帶回到**他自己**以為的當前要務，而這些要務看來是伊妲將所有最深層、最隱蔽的動機及圖謀都透露給**他**時，佛洛伊德自己心裡的盤算。

那個時候佛洛伊德很少連續跟任何人工作超過一年以上，並且他似乎已經感到有需要調整個案史目標讀者的看法，這些讀者認為他應該能夠在短短的三個月內，就把困擾伊妲的每一件事都治好（SE VII, p. 12）。後來，當佛洛伊德開始跟人們一工作就是兩、三年的時間，有時甚至持續好多年，他或許開始對治療有了不同的觀點，他明白到更重要的是培養分析者自己渴望找出真相的慾望——有點是自動自發的慾望，分析師只要陪伴就好——而不是像他先前以為的那樣要立即做出「全面告解」（例如伊妲在超過一般會尿床的年紀很久之後還繼續尿床、在孩提時有自慰行為〔pp. 75-79〕、愛上K先生還試圖報復他〔p. 95〕），[13] 也不是非得做出詳盡的詮釋。

佛洛伊德只專注在自己目標上的結果是，他似乎工作得太努力了！他沒有邀請伊妲如其所願的開始療程，往各個方向做出聯想，按照自己的節奏把事情兜起來；他的大腦似乎日復一日過度操勞，企圖在伊妲最低限度的協助之下，靠自己想通每一件事。他甚至告訴我們，有一回他的腦力相當「低潮」，因為他沒有立刻理解某件事，並且「讓她繼續說話」，使得她自己推論出發生了什麼事情（SE VII, p. 59）。我們可以說，由於他堅持靠自己追根究底，又自恃自己必

然正確（p. 66），以至於所有這些才氣都浪費掉了。如果佛洛伊德的詮釋沒有幫助到伊姐，他的詮釋再怎麼正確，又會對任何人有什麼幫助呢（請見p. 99）？而若伊姐沒有受到佛洛伊德的詮釋的幫助，我們又怎麼可能知道他是對的？要證明一個詮釋正中要害，唯一的終極證據不就是病人獲得了幫助嗎？[14]

　　強迫症病人經常喜歡自己做完所有的詮釋工作，無需聽取分析師的任何意見（他們會忽略分析師的話，假裝沒有聽見、輕視，或是乾脆推翻他的話），相形之下，歇斯底里病人就經常是讓分析師幾乎完成所有的工作，無論這種狀況的發生是因為歇斯底里病人表現得像是自己無法完成工作——也就是說，像是需要幫助——或是分析師自己落入用這種方式來看待病人的陷阱（或者兩者兼而有之）。[15] 對於強迫症病人，分析師必須確保病人能確實停止說話，並且閉嘴的時間長到足以聽進分析師所說的話（而且有時候，分析師必須稍微強行打斷強迫症病人自說自話，而不是接受這種只能啞口無言的狀況，坐在一旁不採取任何行動），但是在面對歇斯底里病人時，分析師必須設法找到一種方式，好讓歇斯底里病人能在分析中承擔絕大部分的工作。我想現今大多數精神分析的督導都會認為佛洛伊德在治療上過度投入，並且因他認為伊姐對他「明確無誤的報復舉動」而受到嚴重的傷害（p. 109），他在整個分析過程中都太過努力，企圖以他有如福爾摩斯那般的精彩推理，給伊姐留下深刻印象（尤其可見於，他在最後一次療程所做的陳述，那一次他似乎無法閉嘴，好讓伊姐說話〔p. 108〕）。

　　大部分佛洛伊德的推論結果——關於伊姐童年早期的自慰行為、她對父親的愛、她對K太太的愛、她所做的夢的意義（pp. 66, 69）等等——最終都沒什麼用，因為這些都是他自己得出的結論，而不是

伊妲自己得到的結論，這麼做會讓她接受這些想法，也會對她的人生產生影響（例如，請見p. 82）。甚至於，有時候他會糾纏她，試圖強迫她在那些她並不贊同的事情上承認他是對的（例如，有一天她帶著一個女用織網袋或皮包來做治療，他似乎是在監管她的行為〔p. 69〕）。在伊妲的第一個夢裡，她媽媽在著火的房子急於搶救某件物品，而她用「*Schmuckkästchen*」（「珠寶匣」或「珠寶盒」）這個字來形容這件物品——試想一下，如果佛洛伊德就只是問伊妲，「*Schmuckkästchen*」這個字對她來說有沒有其他意義或暗示，或者讓她就這個字去做聯想，而不是立刻就告訴她，他很確定她知道「*Schmuckkästchen*」可用來描述女性生殖器，並且那是她「喜歡的說法」，整件事會變得多簡單！事實證明，她確實知道這種說法，但她若是能自己建立起兩者間的連結，而不是由佛洛伊德「強行灌輸她」這個想法，她可能會覺得這個想法更有說服力。

伊妲分析的展開

令人驚訝的是，在這之前，沒有人強調佛洛伊德是以一系列辯證性反轉的形式來鋪陳朵拉這個案例。[16]

——Lacan, *Écrits*, p. 178

一連串針對他人的指責，會讓人懷疑有一連串同樣內容的**自我**指責。

——Freud, SE VII, p. 35

　　起初伊姐並未向佛洛伊德提供太多有關她跟K太太及K先生關係
的歷史與發展的資訊，因為**在治療一開始時，她在乎的**（她確實有在
乎）**是抱怨她父親與K太太的關係**。在治療一開始，考量病人在抱怨
什麼永遠是有用的，尤其當病人並非自願接受治療時；而儘管伊姐的
父親向佛洛伊德擺明了他的抱怨是什麼——伊姐總是對他怒氣相向，
並試圖讓他與K太太分手——但是，**有可能成為分析動力的是病人的
抱怨**（而不是父母的抱怨）。伊姐的抱怨是，她被推入一個令人厭惡
的情境——遠比三角戀還更複雜，也不只是四角關係，是甚至更複雜
的幾何圖形（請見圖5.1，其中加上雙槓的線條指的是受阻或失敗的
關係），她身在其中，被她父親將她與K先生送作堆，以交換K先生
願意對她父親與K太太的曖昧關係視而不見——而且她只不過是情境
中的一顆棋子（伊姐清楚兩位男士之間並未達成**明確的**協定，因為K
先生有時候還是會向伊姐的母親抱怨他太太跟伊姐父親的關係）。佛
洛伊德聆聽伊姐的抱怨，他感到伊姐在見過他幾次之後所做出的結論
是，她面對的是一個**既成事實**：「你看，事情就是這樣。我怎麼可能
改變任何事情？我根本無能為力」（SE VII, p. 35；句子是我的改寫）。[17]

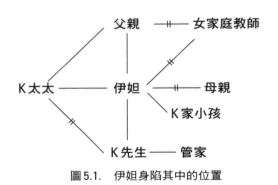

圖5.1.　伊姐身陷其中的位置

　　當伊妲跟佛洛伊德討論身處情境的細節之後才發現，事實上多年來她不僅幫助、也促成了她父親跟 K 太太之間的關係。當兩家人一起外出散步時，伊妲的父親跟 K 太太通常會找到理由拖拖拉拉，落後於其他人，讓他們可以私下聊天，伊妲經常發現自己因此落單，而跟 K 先生走在一起。她開始對他的孩子產生濃厚的興趣，變得「幾乎是他們的媽媽」了（SE VII, p. 25），這導致她跟 K 先生之間開始形成相當緊密的連結。偶而，她會注意到她父親及 K 太太一起去某個地方，伊妲會刻意將 K 家小孩帶開，讓孩子們遠離她父親及 K 太太的幽會地點，確認不會打擾到他們。而且她也從未想在她認為父親是跟 K 太太在一起時去拜訪 K 太太（p. 36）。

　　在我們探問伊妲為什麼這麼做之前，應該要先指出這意味著**觀點的徹底翻轉**。這些細節是自然而然出現的，還是佛洛伊德唆使的？因為（如拉岡所假設）佛洛伊德所持的觀點是，雖然一開始人們（尤其是歇斯底里病人）會把生活裡的一切錯誤都歸咎到身邊其他人[18]——他們自己是純潔、純真、「美麗的靈魂」，生活在與他們毫不相稱的下層階級家庭、窮鄉僻壤，或是殘酷的世界——但通常，他們自己至少在某種程度上，也促成了身處其中的這團混亂。我們可能永遠無法得知這個問題的答案，因為佛洛伊德並未表明他鼓勵伊妲深入所有這些細節，是因為他懷疑伊妲也促成了這整件事，還是他單純只是想更了解事情的全貌；同時，我們也無法確切地知道，這些細節是在何時、又是如何說出的。但是，佛洛伊德確實有清楚表示，他感覺這個故事比起她最初暗示的好像還有更多部分沒說出來（p. 35）——事情不總是如此嗎？一般人不也都知道，就像俗諺有云：「凡事皆有兩面」？

　　拉岡認為佛洛伊德是受到黑格爾在《精神現象學》中對「美麗的靈魂」的討論啟發，因而猜想伊姐對自己的悲慘人生也有所貢獻；但讓我印象深刻的是，至少有同樣的可能是，佛洛伊德是從對妄想症（paranoia）的研究及對自己的「自我分析」中想到了，對於他人的指責經常暗示著**自我**指責。他在作品中的許多地方都指出，當人們因為某件事而責備他人時，他們經常也有很好的理由因為同一件事而責備自己（而且我找不出除了黑格爾影響了馬克思之外，他在哪裡明確表示過他知道關於黑格爾的任何理論〔SE XXII, pp. 176-177〕）。[19]

　　無論如何，即使我們永遠不會曉得這個徹底翻轉的新觀點的出現，是否是因為佛洛伊德故意讓伊姐「扭轉局面」，但我相信，這是個值得牢記的重要步驟：對於病人發現自己身陷其中的困境（無論是在特定的夢中、還是在他們的日常生活裡），以及在治療之初他們經常痛苦抱怨的混亂狀況，我們總是應該要懷疑病人在其中扮演了並非完全被動的角色。我們永遠應該不要讓這一點變成是指責（例如：「所以你做了什麼，會扯進這種困境裡？」），但是這樣的懷疑應該成為治療者的問題及提點（punctuation）的資訊來源。[20] 我們可以用圖示將這一點呈現如下（有意識到的部分位於橫線上方，沒有意識到的放在橫線下方，問號代表我們還不知道的無意識部分）：

其他人要為這種不幸的狀況負責

?

　　這個「辯證步驟」（dialectical move）只是假設這個故事要比表面所見更為複雜，在病人說出他有意識到的故事背後還有更多材料或進

一步的動機，病人是以責怪他人的形式，說出他有意識到的故事。[21]
我們經常發現，問號多少可以置換如下：

都要怪別人

該怪的是我自己

在此，正如我們在第二章所看到的，無意識的念頭「該怪的是我自己」與有意識的念頭正好相反，「都要怪別人」（這個有意識念頭的對立面，可以更簡單地呈現為「**不要怪別人**」，而這就會引發一個問題：「那該怪的是誰？」）。[22]

關於伊妲如何促進了她父親及K太太之間關係的新資訊（拉岡將之稱為「真理的發展」(development of truth)〔*Écrits*, p. 179〕），讓我們進一步看到，伊妲並非是個棋子，她一直是他們關係中出於自願的**關鍵**(linchpin)，是促成他們幽會成為可能的關鍵人物。沒有她，他們的關係可能很快就崩潰或解體。她是讓包括K先生在內的四角關係如此運作的共犯；她甚至接受來自K先生的禮物，或許她將他的禮物視為尊重的表達，她也接受來自父親的禮物，她或許把父親的禮物看成是她為這場四人舞中其他三方提供服務的報償。

因此，她的自責可能是與她讓自己扮演了這樣的角色，甚至還可能有些樂在其中有關——例如，她從K先生那裡獲得了額外的關注（這有部分可能也彌補了當她父親開始追求K太太之後，她所失去的父親的關心），以及她跟K太太發展出的親密關係，顯然伊妲以前從未由母親那裡體會到這種親密感，或者至少有相當長一段時間沒有了，她們的關係「長期冷漠」(SE VII, p. 20)。[23]

◎ 伊妲指控的原因及理由

> 在早些年我經常發現，過早說出解答，會使治療不當結束。
> ——Freud, SE XII, p. 140

然後顯然發生了某件事，**撼動了這個四重奏的穩定性**，導致伊妲首度指控K先生公開追求她，以及她父親跟K太太有染。發生了什麼事？

發生的明顯事件是K先生在湖畔向她求婚或者求歡，當時伊妲甚至沒讓他把話說完，就賞了他一巴掌（SE VII, pp. 25-26, 37-38, and 98）。請注意，有好一段時間，佛洛伊德似乎對她的反應感到困惑：佛洛伊德見過K先生，發現他年輕英俊，和藹可親——這很可能是當時佛洛伊德喜歡這樣看待自己——佛洛伊德相信他的求婚立意高尚，而且毫無疑問，他提議的是跟老婆離婚後再娶伊妲。根據佛洛伊德的想法，這必定也是伊妲一直以來想要的！他寫道：「一個戀愛中的女孩怎麼會覺得被人求婚是個侮辱，畢竟對方的求婚既不拙劣、也不唐突？」（p. 38 n. 2）（回想一下，佛洛伊德一直宣稱，伊妲曾經愛過K先生，而且可能還持續愛著他，但伊妲從未真心確認過這個說法〔pp. 37-38, 58 and elsewhere〕，而且他相信這次求婚「既不拙劣、也不唐突」，接下來我們會看到這個想法錯得離譜）。

即使佛洛伊德在治療一開始就聽過K先生湖畔求婚的事，卻**沒有追問**細節，他一直到最後三次療程才問，此時可說為時已晚（SE VII, pp. 98-99），而佛洛伊德不了解的是那天在湖畔，K先生對伊妲所說的話的意義，此話的微妙之處不一定那麼容易用英文表達。K先生在

開口求婚時，他說的是：「*Ich habe nichts an meiner Frau*。」史崔奇將這句話翻成「我從我太太那邊得不到什麼」(pp. 26 and 98)，[24] 安希雅·貝爾則是翻成「你知道現在我跟我太太之間已經沒什麼了」(S. Freud, 2013, pp. 21 and 90) 以及「你知道我太太無法令我滿足」(p. 84)；這些翻譯文字似乎意味著 K 先生很久沒有從他太太那邊得到愛或性的滿足，德文的解釋也可由佛洛伊德的註釋得到證實 (p. 98)；拉岡的理解則是，「我太太對我來說什麼都不是（或者說，沒有意義）。」這句話所強調的似乎比較不是在性的方面，而是大體上來說，他對她已缺乏尊敬或愛，彷彿他在說的是「我無法再關心我太太」或者「我太太不重要了」。[25]

　　最後這種解釋肯定會惹惱這個女孩，因為她把 K 先生的妻子視為模範，事實上，K 太太也是她的偶像！伊姐十分欣賞 K 太太的「美貌」(SE VII, p. 32)、她「迷人的雪白胴體」(p. 61)、她對她父親的吸引力，以及她對愛與性的知識與經驗等等。因此當伊姐聽到她被描述成一文不值，或是不值得尊敬或愛，伊姐當然會很不高興。而且，對這位年輕女子來說，要維持她的慾望，第三方或三角結構是必要的，當她聽到這個被她理想化的第三方被貼上「沒有用了」的標籤，會威脅到她的慾望結構，使其崩潰（請見 Lacan, Seminar IV, pp. 143-146）。[26] 我們也可以想像，伊姐面對到來自 K 先生的性慾暗示有多突然，在此之前，他的關注幾乎總是只停留在浪漫愛的層次上，持續一整年的時間，每天都送她花跟禮物呢（SE VII, p. 35）。

　　在這之前，她只有一次面對過他的性慾——在她十四歲時，他在他的店裡激動地親吻了她——這樣的舉動（在附錄一的標題「先入為主的成見」下有討論這件事）讓她感到噁心。愛與慾望經常是兩個各自獨立的「銘記」(registers)（請見 Fink, 2016, Chapter 1 and 2），它們可能會或

可能不會落在同一個對象或人物上（事實上，在伊姐的案例裡，我們可以假設她所愛的是K氏夫妻其中一位，所慾望的則是另一位，雖然或許她所愛跟所慾望的都是K太太）；[27] 並且，伊姐很可能佩服K太太，並且好奇她似乎能夠很自在地同時作為他父親的愛**及**慾望的對象。[28] 對伊姐來說，K太太的存在可以回答她的疑問：「作為一個男人既愛且渴望的女人，這意味著什麼？」（不過，由於伊姐的父親是性無能，所以伊姐欽佩的，或許是K太太找到了解決方法，可以處理對伊姐來說男人性慾中令人憎惡之處，也就是她找到了可以「取悅她」卻無法在性方面「占有」她的男人。）[29]

　　佛洛伊德沒有立刻詢問伊姐，她怎麼理解K先生的話——*Ich habe nichts an meiner Frau*——以及這句話為什麼會對她有這樣的影響，佛洛伊德所做的似乎是進一步澄清那天在湖畔K先生做了些什麼。因此，一直要到最後一次療程，K先生那句話真正的意義才浮現出來！原來在K先生對伊姐求婚前不久，伊姐從K家的年輕女家庭教師那裡聽到了以下這些話：

> K先生曾經在他太太離開數週的某段時間裡，向她（女家庭教師）示愛；他不斷向她獻殷勤，哀求她答應他的懇求，並且說他從他太太那邊得不到什麼，諸如之類。（SE VII, pp. 105-106）

　　佛洛伊德接著評論道，「哎呀，這些話跟他後來他向妳求婚時說的話一模一樣，而妳賞了他一巴掌。」伊姐繼續說，「沒錯。她（女家庭教師）讓步了，但是沒隔多久，他就不再理她，從那時候起她就很討厭他。」

佛洛伊德問道，「這個女家庭教師有給離職預告？」（他會這麼問，是因為伊妲幾分鐘前告訴他，她兩週前就決定這次療程將是他們的最後一次療程，佛洛伊德開玩笑說，這聽起來「就像是女僕或女家庭教師提前兩週提出離職預告」〔SE VII, p. 105〕。）伊妲回答：

> 沒有，她原本是有打算提出離職預告。她告訴我，當她覺得自己被拋棄之後，就把事情經過告訴父母親。他們是受人尊敬的人，住在德國某處。她的父母親說，她必須立刻離開那個家；可是她沒有照做，所以他們寫信給她說，他們與她斷絕關係，她再也不必回家了……她告訴我，她本來是想（在離職前）多留一會兒，看看K先生是不是會有什麼轉變。她說，她無法忍受再這樣生活下去，如果她沒有看到改變，她就會給出離職預告，然後走人。（p. 106）

這裡的資料，顯然與伊妲對K先生求婚的反應密切相關！佛洛伊德顯然是認同K先生的（他覺得他們都仍算年輕、長相英俊，還是菸槍，是伊妲會想被親吻的對象），他認為K先生的求婚認真、高尚，還挺完美的，但是伊妲很清楚K先生曾對家裡的僕人做過非常類似的提議──連輕蔑老婆的字眼都跟他後來在湖畔對伊妲說的話一字不差──而且他還跟那女孩有過一段時間的性關係，然後又拋棄了那女孩，而不是為了她離開老婆（SE VII, pp. 106-107）。因此，K先生很難把伊妲當成「唯一真愛」，將她視為是一個獨特珍貴、永恆的愛的對象；對他來說，她很可能只是他一系列可替代的情婦中的一個而已。[30]

現在，佛洛伊德沒有讓伊姐自己去推論出這個故事的重點，他似乎抓住這個資訊做出詮釋，長篇大論應該持續了有十分鐘，讓伊姐不勝負荷：關於她對女家庭教師的嫉妒（還有她對女家庭教師的認同）；很生氣Ｋ先生對待她跟僕人一樣；過了**兩個禮拜**才告知父母湖畔發生的事情，希望Ｋ先生在這段時間裡會再跟她聯絡，以證明他對她的求婚要比他對女家庭教師的求婚更認真；伊姐真心想要嫁給Ｋ先生，並且相信他想要娶她；伊姐促成了她父親與Ｋ太太的關係，這麼一來，Ｋ太太就理所當然會同意離婚；伊姐對Ｋ先生很失望，當她告訴父母Ｋ先生向她求婚時，Ｋ先生不但沒有再次向她求婚，反而矢口否認，並且毀謗她，說她憑空編造出整個故事（pp. 106-107）。

伊姐「聽著（佛洛伊德說的）這些話，沒有像平常一樣提出反駁」，並且，這段令人難以置信的詳細演講「似乎讓她感動」（SE VII, pp. 108-109），事實上，這些事實並沒有告訴我們太多。她很可能已經厭倦提出反駁，畢竟他顯然不相信她的反駁，或者她根本就不在乎，因為她已經決定這會是她們最後一次療程。而她的感動也許只是因為佛洛伊德竟然對她這麼感興趣，或者至少就她的案例來說，他絞盡腦汁試著把她告訴過他的一切拼湊成一個首尾連貫的巨大故事。她受到感動、以及並未嘗試反駁他的事實，當然無法證明故事的真實性。但也無法證明故事不是真的，因為那可能意味著許多不一樣的事情。

◎ 更進一步的謎團

我還沒做過有哪一個男人或女人的精神分析，不需考慮相當

270

程度的同性愛慕。

—— Freud, SE VII, p. 60

現在我們看到，佛洛伊德一直要到最後一次療程才明白為何當時伊妲會那樣回應 K 先生的求婚，並且等了一陣子才把這件事告訴父母。她很可能很氣憤 K 先生向她求婚的方式，跟他向家中身分低微的女家庭教師求歡的方式如出一轍，並且沒有向他父母宣告他願意給她一個真誠的求婚，以證明他對伊妲的心至死不渝。雖然，在伊妲父親寫信給 K 先生、詢問他跟伊妲在湖畔發生什麼事時，K 先生起初表達他對伊妲「高度敬重」，並且提議到伊妲家人所住的鎮上，「澄清每一個誤解」（SE VII, p. 62），但是幾週後他跟伊妲的父母談話時，他詆毀伊妲，並且告訴他們，他知道她會跟人討論「禁忌的話題」，閱讀毒害身心的「不雅」書籍，這讓她在幻想中捏造出一整個情境。正如我們所見，他會有這樣的資訊只可能來自於一個源頭——那就是 K 太太，因此，她很明顯背叛了伊妲對她的信任。

但奇怪的是，**伊妲很氣每一個人，就是沒生 K 太太的氣！**她生氣 K 先生的理由正如先前所提（雖然她「承認她發現自己不可能對 K 先生像他應得的那樣生氣」〔SE VII, p. 59〕）；她也氣她父親，因為他寧可相信 K 先生、而不相信自己的女兒（這也讓她氣父親與 K 太太持續發展婚外情）。但是她似乎從未直接怪罪或是指責 K 太太沒有保守她的祕密、還指控她說謊——也就是指控她捏造出一整個「不道德的求婚」故事。為什麼她不生 K 太太的氣？

佛洛伊德把這寫成是一個謎團（mystery），是連小說家都沒有寫進故事裡的「複雜情事」（SE VII, p. 59）。就佛洛伊德的觀點，伊妲突然面

對一個事實，那就是「K太太從未打從心裡愛過伊姐，只是因為她父親的關係才在乎她。K太太毫不猶豫地犧牲了她，好讓自己與她父親的關係不受影響」(p. 62)。在我看來，佛洛伊德的想法過於簡單，畢竟多年來K太太與伊姐相當親密，似乎不太可能對伊姐沒有一點好感，還「毫不猶豫」的為了利己讓她「背黑鍋」；似乎更有可能的是，K太太權衡情感與利益，伊姐的父親就是贏過了伊姐。

對伊姐來說，這是早些年的往事重演：伊姐曾有自己的女家庭教師，她對伊姐表現出很大的興趣，變得與她「關係良好」，只不過，原來她其實是想接近伊姐的父親。只要伊姐的父親人在，她就會對伊姐很好，表現出對伊姐很有興趣，但只要伊姐父親出城去，女家庭教師就「沒有時間陪她，不會陪她散步，並對她的課業不表興趣」。當伊姐一注意到這樣的模式，她就開除了女家庭教師 (SE VII, pp. 36-37 and 60-61)。

K太太的情況也跟伊姐之前的另一段關係很像：伊姐跟她的一位表妹一直很親近，「而且會跟她分享各種祕密」(SE VII, p. 61)，由於K先生的祕密求婚，伊姐拒絕陪伴父親前往K家人所在的美拉諾，但是這位表妹卻接受邀請，單獨與伊姐的父親一起去了，此後伊姐就變得對她相當冷淡。我們不清楚這位表妹是否知道伊姐對於K先生的指控，以及伊姐是否因此認為她的表妹跟她父親（伊姐對他很火大）是站在同一邊一起反對她；但是她很可能會認為表妹願意單獨陪她父親前往美拉諾，是對她父親有特殊情感，或許也意味著表妹愛她父親更甚於愛她。無論是哪一種情況，伊姐自此之後就給她表妹吃閉門羹，因為她無法像對待之前的女家庭教師那樣把她趕出門去。

　　由此我們發現，當女性表明她們偏愛伊妲的父親勝過於伊妲時（在表妹的例子中，是伊妲認為她有這個意思），這三**段與女性的親密友誼**就此結束。

　　佛洛伊德心中的謎團是，為什麼伊妲口中的K太太不是個討厭的對手（奪走她父親的愛），有可能的話就要除之務盡；舉例來說，伊妲談到K太太時的口氣跟她談到那位被解僱的女家庭教師不同，反而「更像是在講一個情人，而不是個競爭者」（SE VII, p. 61）。她稱讚K太太有「迷人的雪白胴體」，肯定K太太為伊妲父親挑選送給伊妲的禮物有絕佳的品味，而且，正如佛洛伊德所說，她「從未對這位女士說過一句苛刻或生氣的話，儘管從她對這件事情的執念來看，她應該將K太太視為她不幸人生的始作俑者」（p. 62）。

　　佛洛伊德所說的她的「執念」（SE VII, p. 62），[31] 也就是她揮之不去的念頭──她**無法原諒父親**犧牲她，以延續自己跟K太太祕密戀情的念頭（p. 63）──似乎讓她忽略了自己對K太太的情感。佛洛伊德的結論是，事情一定跟他剛開始以為的不一樣，他之前以為伊妲嫉妒K太太，因為**K太太獲得伊妲父親的關注，這是伊妲想要並且曾經擁有的**。佛洛伊德之前太快就跳到錯誤的結論（我們在倉促做出結論時經常也會出錯）：結果顯示伊妲渴望的是K太太對她的愛（p. 63）。

　　然而，當K太太背叛伊妲（毫不留情地將兩位女性私下分享的祕密告知她先生，讓他拿來作為反擊伊妲的把柄），K太太表現出她並沒有那麼愛伊妲，她的心另有所屬（如果把她先生算進來，她所愛的不只一人）。伊妲嫉妒了，她嫉妒的人不是K太太，而是她父親！她想要成為K太太的首選之人，K太太的最愛。

　　拉岡將這一點視為是這個案例的「第二次辯證性反轉」（*Écrits,*

p. 179）：伊姐嫉妒她父親，從某種意義上來說，「她嫉妒她父親擁有
K太太的愛」（SE VII, p. 63）。她沒有因為她父親偏愛K太太而嫉妒K太
太；她渴望K太太愛她，她渴望K太太愛她勝過於愛她父親，並且
渴望K太太與她站在同一陣線，以對抗所有指責她的人。表面上她
對她父親及K太太兩人關係的嫉妒，掩蓋了**她對K太太的慾望**。

嫉妒

慾望

請注意，儘管佛洛伊德在案例寫作的第一部分結束時，提出了
這個結論，他卻沒在第二部分繼續發揮，只有在一個註腳（p. 102，很
可能是在1905年添加的）告訴我們，他在治療過程中犯了一個大錯，那
就是他未能看出伊姐對K太太的愛有多麼重要。換句話說，他承認
他沒有妥善運用自己在第一部分結尾時所得到的結論，這大概會把
我們帶回第一個主要夢境之前的時間——也就是，回到治療結束之
前的兩個禮拜。

為什麼佛洛伊德會沒有繼續運用自己的明顯發現呢？在上一段提
到的註腳中，佛洛伊德說：「在我認識到神經症中同性愛慕（homosexual
current）的重要性之前，我經常在治療病患時陷入停滯，或是發現自
己如墮五里霧中」（SE VII, p. 120 n）。拉岡對這段話的詮釋如下：

> 佛洛伊德承認，有很長一段時間，他無法面對自己的同性戀
> 傾向……每次都因為無法滿意處理而深陷苦惱。
> 我會說這必須歸因於一種偏見，正是這個偏見從一開始就扭

曲了伊底帕斯情結，使佛洛伊德以為父親形象是天生的，而不是規範出來的。（*Écrits*, p. 182）

佛洛伊德在註腳中表示，這是出於他知識不足的問題——他還沒有「學到神經症中同性愛慕感受的重要性」，並且「如墮五里霧中」──拉岡認為這是佛洛伊德個人的**主觀困擾**，換句話說，這是因為佛洛伊德未接受過適當的分析。

我們當然不應該對佛洛伊德未接受過適當的分析感到驚訝，因為他只能做自我分析。由於諸多原因，自我分析（雖然這是凱倫·荷妮的主張〔Horney, 1942〕）無法走得太遠——我們需要別人來質疑我們倉促的以及／或者便宜行事的結論；需要有人可以讓我們投射自己的懷疑及自我批評；需要有人傾聽、並向我們重述我們自己的說溜嘴及雙關語——在一九○○年，佛洛伊德不可能經歷真正的分析，因為他是當時地表上唯一一位分析師，但是，佛洛伊德可被批評的是，後來他確實有機會接受分析，但他卻**從來沒有**跟自己（或是他的受訓者）訓練出來的人**做過適切的分析**。[32] 他自己的同性愛慕在他與威廉·菲利斯現在已廣為人知的關係中是顯而易見的，也可見於他很快就傾心於那些聽起來很聰明的醫師，這些人起初對他的作品表示極大的興趣，但是後來他又感到被這些人拋棄、背叛及甩掉（非常像伊姐對 K 太太的感受），就好像他們曾是他的情人那般。[33] 分析師內在沒有經過分析的任何部分，在他跟分析者工作時會一直是個盲點（請見 SE VII, p. 116-117）！

由於未能充分地認知到自己對於同性的依戀（據推測的），佛洛伊德採用了傳統的觀點（假設男女之間有天生的、生理的吸引力〔SE

VII, p. 21 and 229〕），他認為女孩**最強烈的愛戀**自然永遠都是針對父親，並且在臨床實務上不斷尋找這一點——也就是說，他在他所有的案例中都在尋找這一點。[34] 所以，他認為伊妲的困難會出現在主要愛戀對象從她父親過渡到另一個像她父親的男人時（隨後他認為這就是女孩會面對的主要課題）。[35] 他自己在同性愛慕上的主觀困擾，會在形成理論時造成盲點，並且使他在臨床工作上產生偏見或成見。

伊妲想必至少愛上了她身邊的三個人。她承認多年來她溺愛父親（在他生某些病的時候照護他，並且她父親讓她在「還是孩子時就成為他的紅顏知己」〔SE VII, p. 57〕），她也希望能得到更多父親的關注——這至少在一定程度上導致她與母親關係很糟糕，多年來她似乎跟母親關係冷漠（佛洛伊德提到伊妲「完全擺脫了母親的影響」，這意味著她們或許曾經關係友好，但他可能從未費心去探索伊妲跟母親的早期關係〔SE VII, p. 20〕）。伊妲花很多時間跟K先生在一起，雖然佛洛伊德詮釋這段關係的時機不對而且堅持己見，但她很可能**真的**對K先生存有一絲愛意（K先生在湖畔向她求婚之後，她出現類似盲腸炎的症狀，似乎確實指出她對他有某些幻想〔pp. 102-103〕，而且她也曾一度點頭同意佛洛伊德的詮釋，說她在等了兩個禮拜之後才把K先生求婚的事告訴父母，是因為她期待K先生會再度向她求婚〔p. 107〕；有關伊妲特定症狀的進一步詮釋，可見附錄四）。[36]

無論如何，或許更重要的是她對K太太的愛，無論是這段愛本身，或是因為這段愛是最受到抑制的愛；畢竟，當某事受到抑制，它就會變得比原本更加強大。「與附屬於意識意念的情感相較……附屬於無意識意念的情感作用最為強烈……因為它無法被約束」（SE VII, p. 49）。[37]

如果佛洛伊德的主觀困擾及偏見沒有影響到分析，拉岡認為佛

洛伊德或許能夠帶著伊妲做出——

> **第三次辯證性反轉**，這次反轉會讓我們看到，K太太作為對象
> 對於伊妲的真正價值。K太太並非一個個體，而是一個謎團，是
> 朵拉自身女性特質的謎，在此我指的是她身為女人的女性特質。
> （*Écrits*, p. 180）

伊妲仰慕K太太的原因似乎不少：她「迷人的」雪白胴體（SE VII,
p. 61）、她對性問題的了解、她對她父親及其他男人的吸引力[38]——
換句話說，這都是在她身上體現的女性特質（在此我們注意到，拉
岡跟佛洛伊德自己〔SE VII, p. 221〕及無數評論家不一樣，他從未落入
過度簡化的陷阱，將女性特質等同於歇斯底里〔關於這一點，可見Soler,
2003/2006〕）。[39] 關於身為女性的意義為何，對伊妲來說，她的母親是
個差勁的榜樣，因為很明顯地，多年來伊妲的父親（或者顯然是任何
其他男性或女性）已不再關心她。[40] 另一方面，K太太卻能吸引到K
先生及她父親，也因此對伊妲來說，在那時候的社會及歷史脈絡下，
她是個如何成為成功女性的典範。伊妲仰慕她、認同她，希望自己
能像K太太那樣被人渴望著（而且或許渴望跟K太太有一樣的慾望），
並且也想成為像她一樣的女人。

◎ 女性特質

> 對一般人來說，關於「男性特質」及「女性特質」的概念，其
> 意義似乎如此清楚明白，但它們卻是科學中最令人困惑的概念。
>
> ——Freud, SE VII, p. 219 n

　　對於絕大多數女人來說，女性特質（femininity）似乎是個神祕難解的謎。但是對於絕大多數男人而言，男性特質（masculinity）卻根本沒什麼了不起，也就是說，每一個人似乎都多少知道男性特質是什麼，但對於女性特質就不是如此了。在我們的文化中，男性特質通常會被定義為跟權力有關的一切：身強體壯、人格魅力、自信獨斷、不屈不撓、社經成功、自我肯定、獨立自主。人們會說男性特質是帶種、有卵葩、英勇的、膽識過人、傲慢的、雄赳赳的、有膽量的、厚臉皮的、激動的、趾高氣昂的，有些說法則明確提到了男性生殖器。用更專門的術語來說，男性特質與陽具（phallus）有關——也就是說，多少都具有強大的陽具屬性。男孩或許經常難以像個男人般（勇氣十足、堅強之類的）感受或行動，但是男性特質本身對男孩來說，卻不神祕——他們從同時代及千百年來的英雄身上都看到了男性特質的展現，這些英雄代代相傳並共享了許多相同的特徵。

　　另一方面，女性特質卻有許多不同種面貌，以至於長期以來對許多女孩及年輕女性來說，女性特質仍是個謎。真正的女人是什麼樣子？成為女人，意味著什麼？[41] 如果有的話，誰是真正的女人、或曾經有誰是真正的女人？是莎士比亞《馴悍記》中的凱瑟琳（Catherine）嗎？是尤里皮底斯同名戲劇中的米迪亞（Medea）嗎？還是性感女神梅蕙絲（Mae West）？流行歌手瑪丹娜？聖母瑪莉亞？（想想伊姐對拉斐爾《西斯廷聖母》畫作的崇仰，她在德勒斯登的美術館裡對這幅畫全神貫注地看了兩個小時〔SE VII, pp. 96, 100 n. 1, and 104 n. 2〕）。[42] 真正的女人是充滿自信、或許甚至是魯莽大膽的，還是像某些傳統文化（像是阿米許〔Amish〕文化）的刻板印象中，女人是逆來順受、謙遜保守、

服從恭順、支持烘托、殷勤體貼的妻子？（試想以前經典的婚姻誓言，妻子承諾要「相愛、相親、服從」，更不用說要「尊敬」了。）

在當代文化裡，我們所歌頌的女人是什麼樣子？在小說、電影及電視節目中，我們置於舞台中央的女人，其樣貌從蠻橫、有趣、自大、性感、誘人及挑逗，到甜美、善良、關懷、感性及純潔——以及幾乎在這兩極之間可見的每一種樣貌。這讓一個女孩如何知道要成為什麼樣的女人呢？許多女孩只能往家庭以外尋找典範，特別是當她們的母親，就像伊妲的媽媽，不太能成功地吸引到他人對自己投注更多的愛與關心。

許多不同類型的女人給予女孩及男人靈感，這些女人擁有**難以言喻的特質**（*je ne sais quoi*），令人們為之神魂顛倒。就像拉岡在研討班二十中所說，「我們無法討論大寫女人」（Seminar XX, p. 73），因為不存在所謂大寫女人（Woman），也就不存在所謂的女人**自身**；只有複數的女人，樣貌豐富多變，也因此女性特質及女人味（womanhood）總是有些神祕、或者令人無法看透。這應該——但似乎從來不會——被認為是暗示著精神分析不需試圖去**定義**女性特質，因為嚴格說來，這並不是一個精神分析的概念；精神分析最多只能說，似乎沒有這樣的定義。拉岡提出的另一種說法是，沒有關於大寫女人的特定意符，但是大寫男人（Man）則有一個獨特的意符，也就是「陽具」（Φ）。[43] 無論如何，這並沒有阻止人們去尋找這樣的意符、定義，或是可以追隨的典範。對身為青少女的伊妲來說，K太太就是「『女人是什麼』的化身」（Lacan, Seminar VIII, p. 244）；換句話說，伊妲在K太太身上尋找「女人是什麼」這個問題的答案，同時她也在問「我如何成為一個女人？」或「我應該成為什麼樣的女人？」的問題。（或許她也期待從「西斯廷聖

母」的畫像中尋求答案。）

　　如果拉岡說得對，許多女孩及年輕女性經常感到女性特質帶著幾許神祕，那麼他的主張遂可理解為，伊妲對Ｋ太太本人的興趣比不上Ｋ太太似乎體現出的女性特質典範，這是伊妲自己也想採納並體現的。換句話說，伊妲可能更感興趣的是進入Ｋ太太的腦袋，而不是上她的床；伊妲可能更想要鑽進她的皮膚裡，體會**成為**她的感受，而不是想跟她有一腿。[44]（這並非意味著她對跟Ｋ太太上床毫無興趣，而是她想跟Ｋ太太有一腿的動機可能至少有部分，是想理解並知道身處Ｋ太太的世界裡會是什麼樣的滋味。）

　　再說，即使拉岡說對了，女性特質經常是個謎，他對伊妲的看法也不必然是正確的。佛洛伊德對伊妲的治療內容，並沒有豐富到讓我們能對伊妲的慾望及動機有深入的了解。當然，就佛洛伊德所有據稱高明的推論及詮釋，以及就所有伊妲看似複雜的情感來看，在佛洛伊德的描述中，伊妲這個案例其實可說比當今分析師所遇到的任何歇斯底里案例都要來得簡單易懂。當代的分析師跟神經症病人工作的時間，通常比佛洛伊德跟伊妲工作的時間要長二十到五十倍。在今日的分析中，我們希望我們必須考慮並且探索的事件，就算不是數千件，起碼也要有數百件，這些事件標誌著分析者的人生，也形塑出她今日的樣貌。在與伊妲的工作中，佛洛伊德只處理了幾十個童年早期經驗及記憶；如今我們習慣跟更多的童年早期經驗及記憶工作，也習慣找出更多關於分析者的愛與恨、吸引與排斥的各種線索，這些線索千絲萬縷、交纏相繞，經常難以梳理開來。這個個案史只涵蓋短短數個月的治療內容，事情很少像我們讀案例時看起來的那麼簡單。

拉岡在討論伊妲案例時曾一度提出我覺得奇怪的評論，他提問的方式如下：「佛洛伊德難道沒有總是掌握所有的關鍵，即使是像這樣中途結束的案例？」（*Écrits*, p. 180）；拉岡在這裡指的是伊妲吮吸拇指和拉扯哥哥耳朵的早期記憶（SE VII, p. 51），拉岡認為這是伊妲的基本幻想（fundamental fantasy）和絕爽（jouissance）的關鍵。[45] 但是拉岡怎麼知道有沒有其他關鍵還沒被發現？我認為，我們應該假設**我們永遠不會擁有所有可用的關鍵訊息**。因為即使我們奇蹟般地擁有了所有關鍵訊息，我們也永遠無法真的知道我們擁有了！

佛洛伊德落入了相信自己是完全控制局勢之人的陷阱中；一九五一年，拉岡（因為他的辯證模型）或許也落入了陷阱，自認為可以看出佛洛伊德沒有看到的整體形勢。其他分析師也落入各自的陷阱中——這些陷阱或許不見得是自信對局面有充分了解[46]——因為分析師面對著許許多多潛在的陷阱，像是希望成為病人的父親、母親、好友、傳教士、教練、改革者等等（也許在此我也落入一、兩個這樣的陷阱中）。但是，這些都跟分析師本身該擔任的角色無關。

在朵拉案例報告的最後，佛洛伊德告訴我們，他未能及時「掌握到傳移」（p. 118）。這看似謙卑的告白掩飾了他自負的野心（或許在理論及治療上皆有這樣的野心，一種「治療的狂熱」﹝*furor sanandi*﹞﹝SE XII, p. 171﹞），這完全是一種幻想，因為**人永遠不可能掌握傳移**。沒有所謂「掌握傳移」（mastering the transference）這回事，甚至於，將這個作為目標也是個錯誤。

佛洛伊德及其他具有歷史上重要性的分析師，不是唯一受到誘惑、幻想在治療室及案例報告中充當大師的人：**幾乎所有治療師，尤其是在生涯早期時，都想像自己能夠想通一切，神奇地、厲害地為病**

人解決他們的問題。有些治療師數十年來傻傻地持續沉浸在這樣的幻想中，相信自己有「直覺看穿一切的天賦能力」，[47] 因此他們簡化了分析者的困擾，以符合自己預先設定好的期望及概念化。

更實際些的實務工作者，從長期的（通常也是痛苦的）經驗中學習到，他們無法超越病人，預測出病人的問題在哪裡以及如何「解決」問題，他們能做的僅只是跟隨病人，試圖一點一滴理解問題的各個面向。我們很少從鳥瞰的觀點來看森林，通常都是陷在樹與樹之間的泥沼中，而且幾乎總是需要同儕的幫忙，以及／或者一位合格的督導，協助我們從更廣的角度來思考問題。精神分析——以其應有的方式執業時——是個令人謙恭的職業，我們應該懷疑那些宣稱自己已經搞懂一切、並聲稱自己能比分析者更早看到解決方式的治療師。這種治療師會霸著球不放，而不是把球放到分析者的球場上，那是球應該在的地方：如果在分析情境中，有任何一位大師（其實是沒有），那就是分析者的無意識！

再談傳移及分析的中斷

> 我偏好讓傳移的概念留在整體經驗層次上，並且強調傳移是複義的，同時涉及了好幾個界域（registers）：符號界、想像界、真實界。
>
> ——Lacan, Seminar I, pp. 112-113

傳移究竟是什麼？我曾在其他地方對這個主題做過廣泛的討論

（Fink, 2007, Chapter 7），因為即使是對執業中的精神分析師來說，關於傳移是什麼似乎也是有許多困惑。對今日的許多精神分析師來說，傳移跟分析者對分析師的**感受**有關，尤其是這樣的感受實際上是源自於分析者對其他人的感受（或是曾在某一刻對某人的感受）；也就是說，這樣的感受（feeling）被從原始對象移置到分析師身上。

這導致當代的治療師很常討論「母親傳移」及「父親傳移」，也就是病人會將他們現在或之前對父母（或是祖父母，或其他親戚）的感受投射、移置或傳移到分析師身上 ── 例如，病人會感到分析師就像他們成長過程中的某個（甚至是兩個）主要照顧者，自己無法信任分析師，或者會感到分析師試圖引誘他們。在伊妲的案例中，佛洛伊德認為起初伊妲懷疑他會像她父親那樣不誠實且有所隱瞞（「他總是喜歡遮遮掩掩跟拐彎抹角」〔SE VII, p. 118〕），隨後伊妲又以她報復K先生（或許還有她父親）的方式報復佛洛伊德，在這些時候，佛洛伊德寬恕了她這樣的想法。確實，他假設是他自己沒有察覺伊妲將她對K先生的憤怒傳移到他身上，才導致分析過早終止；但也可能他其實有模糊地覺察到，只不過未能「聽從警告」（pp. 118-119）。[48]

佛洛伊德認為「（他 ── 也就是佛洛伊德）身上有些未知數，讓伊妲想起K先生」（SE VII, p. 119），他的觀點無疑是有道理的，但我認為只有一**些**道理而已，因為，即使是根據一九〇五年佛洛伊德自己對於傳移的定義，發生傳移的情況也遠遠比這複雜許多。由於佛洛伊德的年齡和性別，伊妲難免會把他與她的父親及K先生聯想在一起（p. 120）；考慮到這兩個男人跟年輕女子的性曖昧，以及他們倆對於逢場作戲的表裡不一，對佛洛伊德來說，沒有什麼比避免與這兩個人有瓜葛更重要的了。但是，佛洛伊德反而鼓勵伊妲把他跟他們

想成同一種人——舉例來說，當伊姐從第一個夢醒來時，感覺在空氣中聞到菸味，佛洛伊德自己提出：「我也抽菸。」這麼一來，他就等於在說自己跟她父親及K先生是同一類人（p. 73）。甚至於，他對伊姐表明，他同情K先生，因為他是個高尚的追求者，對伊姐來說是個好對象，他甚至可能還說，他相信在某次治療中，伊姐曾想要佛洛伊德親吻她，就好像伊姐十四歲時K先生在他的店裡親吻她那般（p. 74）。

佛洛伊德的言論及看法只會讓伊姐懷疑他別有用心——或許，他也想要利用她或引誘她——並且懷疑他掩飾了這些不良居心。正如佛洛伊德在這個案例報告剛開始所說，他很努力不讓自己誤信伊姐父親對事情「真正」發生經過的說法，然而，他並沒有努力讓自己在其他方面與伊姐生活裡這個有問題的男人有所區隔。[49] 如此一來，對伊姐來說，他可能只是另一個老男人，因為某些不明原因而垂涎於她。[50] 這並不是說在分析中，分析師應該無時無刻都刻意讓自己有別於分析者生活中痛恨的對象，若是如此，一樣也可能會造成問題——阻礙了分析者在某些時刻可能需要做出的投射[51]——但是分析師至少應該避免將自己與偽君子相提並論。

從這個意義上看來，我們可以說佛洛伊德只是成了旋轉木馬上另一個演出者——或者說是以伊姐為中心的玫瑰花圈的一部分*——在前面的圖5.1，我們看到了這一點：

---

* 譯註：「ring-around-the-rosy」是一首兒歌，孩童會手牽手圍成一個圓，一起邊轉圈圈邊唱歌，唱到一個段落就會一起倒下。

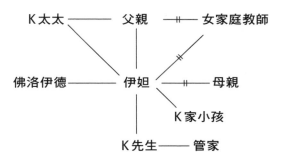

圖 5.2. 伊妲位於中央位置

　　在分析過程中，這個圖形結構[52] 一直是完整的，直到分析結束後的某刻，才被伊妲打破，正如她在十五個月後回來看佛洛伊德時我們所聽到的那般。[53] 在那一刻，她向佛洛伊德指出，她在分析結束之後大約五個月去見了 K 家人（因為 K 家有個孩子過世了），而且她趁此機會當面質問 K 先生，要他承認當時發生的事，並且直接了當地告訴 K 太太，她很清楚 K 太太跟她父親兩人有不倫戀。之後她也告訴父親 K 先生坦白確有此事，並且切斷了與 K 家人的所有聯繫（SE VII, p. 121）。

　　正如佛洛伊德明顯希望的，我們可能會將這看成是病人在生活中發生的改善——不是在分析過程中，而是在治療結束、病人與分析師這個人再無瓜葛之後（p. 115）。[54] 因為分析當然會讓伊妲身處情境的許多面向得到關注，並且佛洛伊德很認真看待伊妲所說的話，或許也有助於讓伊妲感到自己能勇敢地去對抗身邊那些曾誹謗中傷她的人。佛洛伊德似乎也想將伊妲結婚的事，視為是她從分析中得到的好處，但這充其量只是他的推測而已。

◎ 佛洛伊德對傳移的定義

> 傳移讓我措手不及。

——Freud, SE VII, p. 119

佛洛伊德是第一個有系統地闡釋傳移概念的人，而且他對傳移的定義總是比今日大多數治療師還要更加寬廣：**是整個情境或結構（configuration）的複製**——或許很接近圖5.2所看到的情況——包含了一個人在關係連結中的位置，也包括情感、幻想、念頭、衝動及經驗等等。

「什麼是傳移？」他在伊姐的案例研究中問道。

> 傳移是衝動及幻想的新版本或複製品，隨著分析的進行被喚起並且帶入意識；但是它們具有以下的特質：它們將某個早期對象換成醫師。用另一種方式來說：有一整個系列的心理經驗復甦了，但它們不屬於過去，而是適用於此時此刻的醫師。（SE VII, p. 116）

佛洛伊德繼續說到，有些傳移是「同一個故事的簡單再版——也就是說，沒有更改過的新版本」（p. 116），但有些傳移則是「修訂版，而不只是再版」（p. 116）。換句話說，可能只是再現了部分的情境，而不是完整的情境再現（也就是說，可能並未完全等同於先前的情境）。應當指出的是，「傳移不是精神分析治療創造出來的，精神分析治療只是把傳移揭顯出來」（SE XII, p. 117）；在其他許多生活情境中

也可發現傳移的存在：在友情及愛情中、在學校裡、在工作上、在軍隊中等等。但是在大多數情況下，只有在精神分析的情境中，才會將傳移辨識出來，並且明確地跟傳移一起工作。

佛洛伊德在一九一四年對傳移加入了以下的定義：「傳移本身只是重複的一部分，而這種重複不只是將遺忘的過去傳移到醫師身上，也傳移到當下情境的所有其他面向」（SE XII, p. 151）。[55]「當下情境」是一種涵蓋面非常廣泛的概念，我們可以想像，某人走進大學教室時的焦慮，可能可以回溯到他在小學教室的受辱經驗；與男人在他的「工作場所」（例如，醫師的治療室）獨處，可能會讓伊妲感到不舒服，無論這個男人的人格、年紀如何，長相英俊或普通，她的不舒服是跟她與 K 先生在他的「工作場所」發生的事有關（正如附錄一所指出的，他騙了伊妲，讓她誤以為那裡還有其他人，然後給她一個伏擊，突然強吻了她〔SE VII, p. 28〕）。震驚、迷惑、無法思考及無法言語，都是傳移的可能表現，而不僅僅是正面或負面的感覺。

◎ 如何處理傳移？

> 病人的所有衝動，包括具有敵意的衝動，都被喚起了；在讓病人意識到這些衝動之後，可以轉而為分析的目的所用，用這樣的方式，傳移便持續遭到破壞。原本傳移似乎注定是精神分析最大的阻礙，但如果每次它的出現可以被偵測到，並且向病人解釋，它會成為精神分析最有利的盟友。
>
> —— Freud, SE VII, p. 117

有長達很多年的時間、甚至可能直到他過世之前，佛洛伊德似

乎一直誤以為，只要令病人有意識地注意到某個傳移，就足以讓傳移消失。彷彿只要告訴病人，她對我們的不信任就像她在成長過程中對母親的不信任，這麼做就足以讓病人停止她對我們的不信任！這種說法在一時半刻間可能可以提供某種程度的緩解，並暫時消除治療室裡的隔閡，但顯然不會消除病人長期以來對他人的不信任感。要是有這麼簡單就好了！[56]

事實上，正如拉岡所指出的，由於傳移的關係，病人已經把我們視為是——以這裡所舉的例子來說——無法信任的人（*Écrits*, p. 591; Seminar V, p. 428），因此聽在病人耳裡，這種話就是可疑的、無法相信的說法！[57] 這樣的解釋（「你不信任我，就像你在成長過程中不信任你母親一樣」）在病人聽來，很可能像是我們企圖矇騙她，就像她母親經常的做法：愚弄她、讓她以為她可以信任母親。病人經常會將我們對於傳移的詮釋，用來確認他們先前對我們的看法，肯定我們是不值得信任的、是有陰謀的、是高高在上的、有控制慾的等等。對傳移的詮釋不會讓我們有片刻得以脫離傳移，並且與病人真正的「交心」，就像某些人以為的那樣；相反地，證據顯示對傳移的詮釋通常會強化了病人對我們的投射，而讓事情變得更糟糕。[58]

當佛洛伊德告訴我們必須處理傳移時，他提供了我們一個更有成效的做法，不是清楚明白地向病人指出傳移的出現，而是「追溯傳移的來源」（SE VII, p. 120）——也就是說，透過查明傳移的歷史前身、現在可能（在治療室內或治療室外）重複的早期情境及關係（然後，假設分析者已經準備好的話，可讓分析者將過去及現在的分析情境連結起來）。[59] 當代似乎很少分析師會不厭其煩地追溯傳移的來源，或許是因為這通常是個困難且勞心勞力的過程，因為傳移的

來源可能有好幾個，事情的各個層面又各自有其源頭。然而，在分析工作的過程中，某個特定的傳移很可能會一而再、再而三出現，直到分析者徹底闡明（也就是，透工）它的來源（只要詮釋在這個過程中發揮作用，詮釋所針對的就是傳移的**內容**，而不是傳移的**事實**）。

　　若是有個分析者覺得自己的分析師正試圖支配、扼制他，並要他服從分析師的意志（正如我的一位分析者所說）——如果分析師花時間去探索在分析者的過去，有誰讓他覺得想要或試圖控制他——分析者經常會指出，最先企圖要分析者服從他或她的意志的人，是父母親或其他親戚（手足、叔伯舅父、阿姨姑姑或祖父母等）。假設分析師在這方面持續保持中立，並且沒有試圖控制分析者（關於時間的安排、費用，以及／或者詮釋），一旦偵測出與分析者生活中先前人物的連結，並且進行深度討論之後，有許多跟傳移綑綁在一起的、對治療雙方來說都是相當難受的能量／力比多，經常會消失。這樣需要分析師從基本問題開始問起的簡單做法，像是「你能想到之前曾對什麼人有這樣的感覺嗎？」或者「你有印象，以前有誰想要你服從他或她的意志呢？」，是追溯傳移源頭最有效的做法，也會開啟有時相當艱鉅的透工苦差事，全方位去探索分析者與先前人物的關係，包括他們互動中所有可能的細節。[60]

　　近幾十年來，治療師一直尋找替代這個耗時費力過程的捷徑，而今日有許多分析師只把傳移看成是某件需要病人注意的事情而已——他們可能會希望病人的「觀察者自我」（observing ego）能夠整合分析師的觀察，並且停止那些自己一直在做的事（例如不信任分析師）。為了使病人注意到傳移，當代分析師經常揭露自己對病人

的態度以及／或者行為的反傳移反應（事實上，這類分析師通常認為，他們的反傳移反應是來自於病人，並且是被病人「放進他們心裡」的，這意味著所有分析師最終無可避免地都會對那位病人做出同樣的回答或反應，這種想法很明顯是錯的〔請見Fink, 2007, pp. 165-185〕）。

讓我們試著想像，如果佛洛伊德曾經——按照他的主張他應該會——把伊妲的注意力導向他認為她對他的傳移，那會發生什麼事。他是這麼寫的：

> 我應該要對她說，「妳把妳跟K先生的關係傳移到我身上。妳有沒有注意到任何蛛絲馬跡，會讓妳懷疑我有邪念，就像……像K先生所想的那樣？或者妳有沒有覺得我有任何事情、或是妳有沒有聽過關於我的什麼事，讓妳覺得我對妳有意思，使得妳對我產生類似妳對K先生那樣的感情？」(p. 118)

在佛洛伊德的想像中他可以問的這些問題都非常直接，而且可以說是過度具有**引導性**，[61] 這類問題很可能會讓伊妲推諉其詞，或者讓她覺得自己必須說：沒有，她從來沒有注意到有什麼事會讓她懷疑佛洛伊德對她有不好的念頭。但是，其實佛洛伊德大可以簡單地問，他是否有任何地方會讓她聯想到K先生，如果她的回答是肯定的（這是很有可能的，因為他們至少在年紀、性別及抽菸上都相仿），就可以再接著問，她對佛洛伊德的想法或感覺，是否有任何地方跟她對K先生的想法及感覺是一樣的。

◎ 可能發生了什麼事？

佛洛伊德沒有讓朵拉用自己的話說出自己的故事，他反而成了故事的敘述者。

—— Marcus, 1975/1990, p. 300

為了討論的緣故，讓我們假設佛洛伊德原可以引導伊妲去意識到，她看待及對待他的方式，都跟她看待及對待（或是想要這麼對待）K先生的方式是一樣的。這麼一來可能會造成什麼樣的結果？伊妲可能會開始認為，她用對待（或者是想要這麼對待）K先生的方式，來對待佛洛伊德是不公平的，自此之後，每當在治療中她有衝動想要這麼做的時候，她都可能會**壓抑**它。她很可能會剛要說些譏諷的話、或是用她想用對K先生說話的方式回應佛洛伊德時，就突然發現到這一點而就此住嘴，並且開始強迫自己用其他方式說話或行動。換句話說，**用像她對待K先生的方式來對待佛洛伊德的衝動不會就此平息或消失；只要這種衝動升起，她就會開始壓抑它。**佛洛伊德可能會因此覺得她對待自己的方式比以前好，比較不會那麼「不公平」地把他當成另一個人對待，但是根本上伊妲不會有什麼改變；而佛洛伊德也會流失關於她的衝動的線索，這些線索可能會是治療的關鍵。

如果佛洛伊德有絲毫透露出自己會在伊妲以她對待K先生的方式來對待他時感到很受傷，伊妲很可能會開始評估她對佛洛伊德說的每一句話，衡量即將說出口的話會不會傷害到他，然後**檢禁**許多她原本可能會不假思索就說出口的話，以免不小心傷害到他的感受。

當病人越清楚治療師易受傷害的程度及情緒反應，就越容易壓抑某些主題，並且忍住某些念頭及衝動。**沒有什麼比這種情況對分析造成的傷害更大了！**而這就是所有自我揭露形式的典型結果，即使原本的想法是為了說出傳移中正在發生的事情。這也是治療師企圖要病人意識到所謂的傳移時會造成的典型結果：當病人接受自己確實做出分析師說的那些行為時，他們就會開始有意識地努力做出不同的行為，並刻意按捺心中閃過的念頭，壓抑內在升起的衝動。[62]

佛洛伊德似乎相信他可以追溯出伊妲的負面傳移的源頭（她在一九○○年底倒數前兩週做出決定，要在那一年的十二月三十一日結束分析，她一直到了十二月三十一日當天才把這個決定告訴佛洛伊德）：[63]

1. 她在十六歲時（在湖畔求婚之後）希望報復K先生，因為他把她當成家中女僕對待——事實上，他對待她的方式就像他對待為他工作的年輕女家庭教師一樣，他在引誘這位女家庭教師之後，就變得對她很冷淡，而這位女家庭教師曾經猶豫是否要在離職前兩週給出預告。

2. 她在十六歲時希望遠離K先生，因為K先生把客房的鑰匙拿走了，她只要待在他家，就感到不安全。先前K先生曾允許她可以鎖上客房的門，以方便她穿脫衣服或小睡一會兒（SE VII, pp. 66-69, 88, and 118）。但是某一天，他卻突然在她睡覺時現身，並且就站在她的床邊。

伊妲在跟佛洛伊德討論[64]第一個夢的過程中，提到她在K先生

家時覺得有危險，她提到此事，是在治療結束前的二或三個禮拜（p. 66），跟她決定「兩個禮拜」後（p. 105）要結束治療的時間差不多。

在K先生拿走鑰匙之後，伊妲感到如果自己繼續留在K家，就會有遭到強暴的危險，某種程度上這也可能會讓伊妲感到，持續來見佛洛伊德，就是讓自己置身險境（換言之，這裡頭包含了某些傳移的成分）。但是，伊妲似乎很有可能害怕佛洛伊德的**心理**滲透威脅，就如兩年前她害怕K先生的**生理**侵犯威脅一般（SE VII, p. 93）；我們無法確定這一點，因為佛洛伊德沒有問她「兩個禮拜」讓她想起什麼——她很可能會想起他們對前一個夢的討論，或是想起在K先生的湖畔求婚之後，她等了兩個禮拜，才把這件事告訴父母親（p. 107）——他反而斷言，**在他聽來**，那像是女僕或女家庭教師所發出的離職預告（p. 105）。事後，佛洛伊德自責他沒有「聽取警告」，那是在第一個夢中的內容（p. 118），他以為夢是在警告她趕快離開分析（就像在夢裡她需要離開房子？）他甚至或多或少直接告訴伊妲（p. 70 n. 2），正如她曾經害怕K先生對她所構成的危險，還有她害怕自己會屈服於K先生的誘惑，現在她同樣也會害怕佛洛伊德以及治療（怕自己會屈服於佛洛伊德的誘惑？）；而或許這就是伊妲腦海裡第一次想到要中止分析的原因！

奇怪的是，佛洛伊德似乎從未要求伊妲說明那個他確認出現在第一個夢裡、並且是針對他而來的警告，這麼做至少能讓任何她想離開治療的意圖在剛出現時就開誠布公，並且也讓她有機會說出她的原因。或許佛洛伊德不想知道原因……如果在那個夢裡真的有針對佛洛伊德的警告（在我看來沒那麼明顯），那並非是在警告她正在把她自K先生那裡感知到的危險、或是她想報復K先生的慾望傳移

或投射到佛洛伊德身上（也就是說，那並非跟傳移有關）。那是在警告，佛洛伊德的行為是具有威脅性的。

伊妲從未有機會——或者是從佛洛伊德的敘述中看來如此——自己對夢的任何部分進行分析（SE VII, pp. 69-70）。佛洛伊德以魔術師的身分上場，令人目眩神迷地把每一件事都轉成對立面，並把他所知伊妲生活中每一件可能相關的事情都帶進來，創造出一個精心闡述的故事。奇怪的是，他使用夢的方式不是去找出新事物，然而他在其他地方（SE XII, pp. 96 and 117）告訴我們，在精神分析中討論夢的所有重點就在於找出新事物。[65] 相反地，在此他對夢的使用，是在確認他已經相當肯定的事：也就是，伊妲無可救藥地愛上了K先生（p. 70）。佛洛伊德沒有讓伊妲對夢的元素做自由聯想，也沒有鼓勵她這麼做，他逕自說出自己的聯想（p. 97），並直接跳到某些聽起來頗為離譜的結論（pp. 99-100）。即使佛洛伊德告訴我們，他的目標是要讓無意識成為意識（SE VII, p. 114），[66] 很顯然地，他的做法並不足以帶來這樣的改變（請見Fink, 2014a, Chapter 1）；**他告訴伊妲，他認為她的無意識意念是什麼，他企圖透過這種做法來使伊妲意識到自己的無意識意念，這個嘗試使她離開了治療，而不是變得更好。**如果我們仍將目標維持在讓無意識成為意識，那麼分析者必須承擔絕大部分工作，而正如我在其他地方指出的，比起讓無意識成為意識，更重要的是把無意識帶入言語中。[67] 最重要的是，不要劫持分析者的分析，不要把分析者的分析變成自己的！[68]

我們在這裡看到，分析師有多容易得到錯誤的結論：伊妲的負面傳移似乎不只是簡單地把曾發生（或者她希望曾經發生）在K先生身上的事，重複在佛洛伊德身上。當佛洛伊德以創紀錄的時間嘗試

「看透她的祕密」（SE VII, p. 73 n. 1），是在對她施加了某種暴力——事實上，是一種心理強暴（mental rape）的形式。我們可以假設，伊妲就像所有病人一樣，有點怕被治癒，或者不願放棄她從症狀及困境中獲得的絕爽。但我們同樣可以假設，她害怕失去自己的思考能力，害怕被某個男人過於強勢地壓迫她、或是對她洗腦，這個男人無庸置疑具有深刻的洞察力，並且自稱比她自己還更了解她的心靈——剛開始，這可能很興奮迷人，長此以往，通常會變得很可怕。正如溫尼考特所說：

> 這非常重要⋯⋯除非病人提供線索，否則分析師**不會**知道答案。分析師蒐集線索，做出詮釋，但經常發生的狀況是病人沒有給出線索，因此分析師當然會無以為繼。分析師權力的這種限制對病人來說是重要的。（Winnicott, 1960, pp. 50-51）

可是，佛洛伊德吹噓：

> 當我將自己的任務設定在揭露人類隱藏的內心時，我靠的不是催眠的強大力量，而是靠觀察人們的話語及行為，我認為這項任務遠比實際上更加艱鉅。有眼可看、有耳可聽的人可能會說服自己，沒有凡人能保守祕密。[69] 如果他的雙脣保持沉默，他的手指會喋喋不休；每一個毛細孔都會洩漏機密。這麼一來，揭露隱蔽最深的內心活動的任務，就很有可能得以達成。（SE VII, pp. 77-78）[70]

　　佛洛伊德這種「穿透」人心的方式，讓他可能不該被視為是伊姐將對 K 先生的情感負面傳移到他身上的受害者。這個分析的失敗，很可能是因為他的分析方式並未有助於解決她的問題。有時候治療師很容易會將他們自己在分析情境中的失誤歸咎於傳移，並且將病人對治療師的態度「追溯」到治療室以外的事情，而不是看到自己在治療室內的行為。

　　根據佛洛伊德的描述，他所落入的困境，正是他認為 K 先生失敗之處：佛洛伊德認為 K 先生應該在伊姐賞了他一巴掌之後，**繼續**向她求愛，並且向她及她的家人宣告他高尚的意圖，這麼做可能會讓他求婚成功，並且**贏得伊姐**（SE VII, pp. 109-110）。當伊姐告訴佛洛伊德，她決定終止分析，並藉由此舉對佛洛伊德「賞了一巴掌」時，佛洛伊德未能明確地表示他自己希望伊姐能留下來。他在案例報告中用帶有理智化（rationalization）意味的方式合理化了這個情況，他說他討厭矯情或是裝模作樣，這意味著「誇大……她留下來對我的重要性」（然而，她留下來，對他來說顯然重要得不得了！），相反地，他告訴她，她「隨時都可以停止治療」（p. 105; see also p. 109）。他宣稱，「必須對心理影響的運用範圍必須設定一些限制，病人的意願及理解就是這些限制之一，我會予以尊重。」

　　大約八年後，他在《技法篇》中告訴我們，透過對病人表現出「深感興趣」（SE XII, p. 139），以說服病人**繼續**進行往往很困難又費力的分析工作（p. 130），對分析師來說有多麼重要。然而，在這裡，我們感到伊姐決定離開讓佛洛伊德很受傷，而且他或許也對自己在這案例中不成比例的興趣感到困擾——這可能會讓他堅持要她留下來——以至於，他反應過度，反而毫無異議地就讓她離開，甚至沒有說出

在今天來說是如此經典的話：「嗯，我們何不下禮拜至少再談一次看看？」

在這裡，我們相當清楚地看到，治療中主要的抗拒來自於分析師。或許最終，佛洛伊德沒有堅持她繼續治療是很好的，因為當時他似乎未能及時看出自己的錯誤。這是拉岡在一九五一年時的看法，不過，他認為佛洛伊德應該要對傳移（或者是佛洛伊德所相信的傳移）進行詮釋，這麼做不是因為這是繼續進行下去最好的方式，而是因為有時候，在治療中需要孤注一擲，以求打破僵局或衝出死路。在所有做法都無效時，分析師可以試著提出對傳移的詮釋；這麼做幾乎無可避免會是錯誤的、或者會偏離目標，但是，**或許這仍能激勵分析者去糾正分析師**（*Écrits*, p. 225）。

那麼伊妲是否會告訴佛洛伊德，從他暗示是K先生時，其實就認錯了目標，因為她生命中的真愛其實是K太太？她會告訴他，她決定離開分析，是因為他顯然根本不知道她真正愛的人是誰嗎？回想一下，在一九〇五年伊妲案例報告的註解中，佛洛伊德就是這樣描述自己的錯誤，他說他沒有看出伊妲愛的人其實是K太太。

我們要注意，**這是佛洛伊德再次嘗試解釋自己的失敗，不過他並沒有在技法的層次上看到自己的缺失及霸凌意味，而只有在識見及洞察力的層次上做文章。**正如一九〇〇年時，他認為自己沒有注意到伊妲正把她對K先生的怒氣傳移到他身上，一九〇五年時，他假設自己忽略了她的同性戀興趣的重要性。拉岡在一九五一年時似乎接受了佛洛伊德在一九〇五年的結論，並且認為，由於佛洛伊德對傳移做了錯誤的詮釋，反而可能刺激伊妲將他引導到正確的方向——對拉岡來說，這指的不是伊妲對K太太的愛，而是伊妲對女性特質的

疑問：她透過Ｋ太太在探索自己的女性特質。因此，佛洛伊德及拉岡（在一九五一年）[71] 皆由準確性（accuracy）的角度，來看待佛洛伊德在伊姐的分析中所犯下的錯誤，也就是要得到正確的理解。然而，我們可以主張，**如果佛洛伊德採取的技巧是對的**——更符合他後來在《技法篇》的做法，讓分析者進行絕大部分分析工作、以及絕大多數的聯想及詮釋——**根本就不需要擔心準確性的問題**。

因此，我們最好儘量避免仿效佛洛伊德在伊姐案例中的做法，而是遵循他在十到十五年之後給我們的建議，這時的他已經更有經驗，也嘗試從先前的錯誤中學習。採納佛洛伊德的建議，而非他的個人做法，能讓我們在精神分析中走得更遠，可以說，他很擅長想出令人信服的實務理論（theory of practice），卻不擅長自己執行，相形之下，他比較適合當個理論家，而不是治療師，尤其是在他早期的分析工作中（他跟大多數創新者一樣，都是從嘗試錯誤中學到許多）。[72] 正如我們在「鼠人」案例中所見，由於佛洛伊德的偏見及個人缺失，**精神分析的實踐可以做得比它的實踐者佛洛伊德更好**，而且幸好經常如此。

反傳移

> 像我這樣的人，召喚出那些棲息在人類胸臆間半人半魔最邪
> 惡者，並設法對付它們，不可能還期待自己可以毫髮無傷，全
> 身而退。
>
> ——Freud, SE VII, p. 109

　　時至今日，我們可以將針對佛洛伊德與伊妲的分析工作的許多批評（此處及附錄一），歸類在「佛洛伊德的反傳移」標題之下。但只有在我們不將反傳移侷限於這一章先前提到的那種化約版傳移——如傳移不過是病人在某一刻對分析師的**感覺**——的簡單相對版，我們才能做這樣的歸類。反傳移跟傳移一樣是相當複雜的概念，涉及了先前情境及結構的重複。就像傳移一樣，反傳移可說涉及了（如果我們把「醫師」換成「分析者」）：

　　　　衝動及幻想的新版本或複製品，隨著分析的進行，被喚起……；但是它們具有以下的特質：它們將某個早期對象換成（分析者）。用另一種方式來說：有一整個系列的心理經驗復甦了，但它們不屬於過去，而是適用於此時此刻的（分析者）。（SE VII, p. 116）

　　再加上佛洛伊德晚期對傳移的定義，我們可以說：反傳移「本身只是重複的一部分，而這種重複不只是將遺忘的過去傳移到（分析者）身上，也傳移到當下情境的所有其他面向」（SE XII, p. 151）。

　　正如附錄一提到的，佛洛伊德很可能為伊妲所吸引，至少在一開始時是如此，無論是生理上的吸引，還是被伊妲的聰明及相當獨立的性格所吸引；在其他時候，他則是對她感到惱火，因為她的不合作，還有拒絕回答很多問題（她甚至不會試圖表現出有在回想他所問的事情，而是立刻回說「我不知道」），並拒絕證實他的詮釋。他認為她的不合作是衝著他來的這件事，很顯然透露出更多關於

他、而非她的訊息，畢竟一開始，她只是迫於她父親的權威[73]而來見他，她會不合作，這是意料中事。這件事透露出的是，佛洛伊德想要的不只是幫助伊姐變得更好，並且，他有雄心壯志，他想建立關於歇斯底里及夢的解析之理論的真實性，他急於解決她的問題就是這更大野心的一部分。[74]換句話說，他對她的不滿——她顯然惹毛了他，就像他對她的分析工作的說明也惹毛了許多評論家，尤其是近幾十年來（請見附錄一）——只是他想征服世界的強大知識野心的表現之一，這麼說吧，他想展現他新生的精神分析技術的才華及效力；因此，她帶給他的挫敗，就等於是他做不成一個無所不知的權威。[75]

佛洛伊德的心理傳記作者肯定會在此暗示他的感受：他早期的醫學／神經科學作品沒有為他博得名聲，他也因久久仍未獲得大學教授職位而感到挫折；無論如何，我們可以看到至少伊姐帶給他的某些挫敗感，其源頭跟伊姐這個活生生、會呼吸的人是無關的。他的傳記作者——尤其是瓊斯，只有他讀完了佛洛伊德跟他太太在訂婚期間來往的所有信件，其中包括他們三年分居在不同城市時的魚雁往返——可能也會認為，佛洛伊德直到四十四歲之前與女性的關係，影響了他對伊姐的分析。他無疑在治療室中重複了他跟女性的某些早期關係，尤其是，佛洛伊德認同了作為求婚者的K先生，他認為K先生受到了伊姐的「不公平對待」，這或許就是一種重複。

現在讓我們從拉岡對於反傳移的定義，來看佛洛伊德對伊姐的反傳移態度。拉岡說，反傳移是在分析的「辯證過程的任何時刻裡，分析師的偏見、熱情、困難、或者甚至還包含他的資訊不足的全部總和」（*Écrits*, p. 225; see also Lacan, Seminar I, p. 23）。這個定義讓我們可以將佛

洛伊德的反傳移歸類如下：

（一）對於青少女應該或不應該有哪些知識及感受，佛洛伊德有
　　　先入為主的成見（亦即偏見）；

（二）對於猜測及解釋，他總是要做對的決心（亦即熱情）；

（三）在面對同性戀衝動時，他的迷惑或苦惱（亦即困難）；甚至
　　　還有

（四）他的錯誤看法（亦即資訊不足），由於當時醫療知識還不夠
　　　發達，他以為伊妲的父親可能把性病傳染給伊妲。

　　所有這些事情都導致治療往某些方向歪斜，有時候很隱約，有
時候則明顯可見。

　　我們還應該把以下情況歸類為佛洛伊德的反傳移：他認為 K 先
生是個「好對象」；[76] 他的野心是治癒伊妲，而不是幫助伊妲治癒自
己；他期望她能結婚（他希望她可以嫁給治療期間從德國寫信給她的
工程師，但是她沒有，最後她反而嫁給一位名為恩斯特‧阿德樂的
魯蛇音樂家）；他希望她父親不會為了伊妲的健康而放棄 K 太太（SE
VII, p. 42），因為他覺得這會導致伊妲將來利用疾病或自殺威脅來勒索
其他男人，以遂其所願。

　　我所督導的分析師經常會談到他們對病人的願望或野心，這些
都可視為是反傳移，因為它們偏離了精神分析的「中立」理想（這個
理想就是，讓病人探索不同的選擇，而不把我們認為怎麼做對病人
才好的想法表達出來，或強加在他們身上），即使這些想法某種程度
上也符合了病人自己的願望或野心。當分析師發現他們對病人有祕

密的、或沒那麼祕密的野心時——希望他們可以得到這份或那份工作，跟現在的伴侶結婚或離婚等等——最好是跟督導或可信賴的同事討論，因為他們必定會以微妙或沒那麼微妙的方式傳達給病人，並且可能會影響到病人（無論病人對於分析師認為什麼是他們最大利益的想法是贊成或拒絕），拒絕治療師的人經常會因治療師要他們做些什麼而感到壓力，而若是這些作為的結果不佳，他們會因此憎恨治療師。這跟允許分析者找到自己的道路、並在人生中自已做決定及抉擇的分析理想，相去甚遠。

如我們所見，佛洛伊德對伊姐有不少這樣的野心。甚至於，他對於與她的分析工作，以及隨後的案例報告，也有著自己的抱負；特別是他想要：

- 讓世界看到夢的解析如何在治療中發揮作用；
- 刺激人們對歇斯底里「產生興趣」，因為在此之前，「我相信，沒有人能夠真正了解歇斯底里的心理事件的複雜性」；以及
- 證明在歇斯底里中，性「為每一個症狀都提供了動力」（SE VII, pp. 114-115）。

「正當（他對）治療成功結束的希望達到最高點時」（p. 109），他的這些野心遭到粉碎。佛洛伊德顯然因伊姐的離開而感到受傷，或許他決定要寫出她的案例，至少有某部分是因為想找出哪裡出了錯，並且想找到忘記她的方法。他會寫出這份個案研究，很可能不是因為其中包含了解析夢的好材料，因為我們可以注意到，最後伊姐的兩個主要夢境都沒有在分析中獲得徹底的解釋，證據是佛洛伊德在

每一個夢的分析結尾都添加了很長的註解，試圖提供某種綜合陳述，他也承認自己仍然無法為第二個夢提供這種綜合陳述（p. 110 n）。因此，我們得到這樣的印象：正如佛洛伊德所宣稱的，他曾跟其他歇斯底里病人一起工作，他們的分析更加完整，他也分析過其他歇斯底里病人的夢，那些分析更加詳盡，那麼，為什麼他要寫**這一個**個案？

　　難道正如某些評論家所說，他跟其他歇斯底里病人的工作都有獲得解決這件事根本就是假的（所以這是他所能提供的最好的個案）？還是，寫出伊妲的個案，有助於他平復失去一位聰慧迷人的病人的傷痛？他至少將自己某部分的名聲賭在她身上，他對這位年輕的女士很感興趣，但她卻對他興趣缺缺。

相關性與結論

　　朵拉的案例是徹頭徹尾的傑出作品……因為它是個案史（case history），是一種書寫類型或文體──一種表達及建構人類經驗與書寫語言的特殊方式──在佛洛伊德手裡，它變成前所未有的東西。[77]

── Marcus, 1975/1990, p. 264

　　最具文學性的莫過於……否認了所有文學意圖。

── Marcus, 1975/1990, p. 272

歇斯底里現今仍持續普遍存在，儘管現在它有了很多新的不同

名字（Showalter, 1997; Mitchell, 2000; and Gherovici, 2003）。精神醫師（好比 Veith, 1965）及心理學家（Satow, 1979）之流，過早宣布它的死亡，這些人**將症狀與結構混為一談**。[78] 他們觀察到諸如心因性癱瘓、跛行、啞巴及目盲等，這些十九世紀歇斯底里引人注意的典型症狀已日漸減少（不是完全消失）[79]，他們將此視為歇斯底里的喪鐘。假設我們記得如歇斯底里（一種處理衝突的特別方式）這樣的結構，其表現方式千變萬化，我們就可主張今日在臨床上被各自歸類的許多案例，核心都是歇斯底里，這些臨床症狀包括：厭食症（anorexia nervosa）、暴食症（bulimia nervosa）、慢性疲倦症候群（chronic fatigue syndrome）、身體症狀障礙症（somatic symptom disorder）、轉化症（conversion disorder）、纖維肌痛（fibromyalgia）、創傷後壓力症（PTSD，包括波斯灣戰爭症候群〔Gulf War Syndrome〕）及波多黎各症候群〔Puerto Rican Syndrome〕；早期的名字是**彈震症**〔shell shock〕）、憂鬱症、陰道痙攣症（vaginismus）、雙相情緒障礙症（bipolar disorder，先前稱為躁鬱症〔manic depression〕）、邊緣型人格障礙症（borderline personality disorder）、特定場所畏懼症（agoraphobia）、廣泛型焦慮症（generalized anxiety disorder）、社交焦慮症（social anxiety disorder）、解離性身分障礙症（dissociative identity disorder，先前稱為多重人格障礙症〔multiple personality disorder〕）、做作型人格障礙症（histrionic personality disorder）、依賴型人格障礙症（dependent personality disorder），或許還有其他被我漏列在這份冗長清單上的其他症狀（請見附錄五）。[80] 儘管在最新的診斷手冊上，強迫症至少還以強迫症（OCD）的化約形式存在著，但是強迫症（OCD）只是從症狀、而非從結構來定義（這意味著，某些歇斯底里最終還是被包含其中），[81] 歇斯底里早在一九八〇年就已從 *DSM* 上除名，這至少有部分可能是由於它一直——在今日

仍經常持續——讓臨床醫師感到頭痛，因為它形式多樣、千變萬化，例如，才剛搞清楚的舊有身體症狀消失，沒多久，新的身體症狀就又出現了。

歇斯底里的殘餘仍存在我剛列出那一長串清單中的許多障礙症裡，並且我會說，這些診斷都沒能為治療師提供太多指引。診斷手冊的作者群或許希望透過區分病症，繼而能夠攻克病症——也就是說，透過將不同的歇斯底里症狀劃分成不一樣的診斷類別，來找出可能會較不抗拒某些心理治療或心理藥物治療形式的次群組（請注意，那些手冊作者絕大多數的研究，有許多曾是、而且直到今日仍是由藥廠贊助，並且，DSM-5的作者沒有一個是執業中的臨床醫師）。據我所知，無論增加多少新的次群組，他們所希望的結果從未發生。

在這一章，我們討論了在治療歇斯底里（或其他神經症）時，有哪些要做、哪些不要做。首先最重要的是我們已經知道，對於我們懷疑分析中正在發生的某種情況，絕不能立即假設那是出自於傳移；我再次強調，它可能是跟我們自己正在做的事情有關。（當事情跟我們有關時，我們不可以像佛洛伊德那樣假設是跟K先生有關。）當我們是基於自己的感覺而懷疑某種情況時——無論我們是感到有壓力、走投無路、無助、無能、空虛、焦慮，或是其他任何感受——我們首先應該查明自己過去及現在的經驗，看看是否為以下狀況：

• 我們曾經有過這種感覺，如果有，是在什麼時候、何種情況下。或許分析者的某部分（例如，外表、態度、智力、穿著打扮、聲音、眼神等），讓我們想起某個人，也因此讓我們想到

跟這人有關的事？

* 我們對好幾個病人都有同樣的感覺，還是只有對這個個案。如果不止一個，也許這樣的感覺透露出的是**我們**對某種類型的人、或是某些人的某種特質會有反應，而不是針對眼前這位分析者。

為了真正有成效地探索這些感覺，我們可能需要就**我們的**經驗有疑問之處，與自己的分析師、督導或同事討論——絕不該忘記的是，由於**我們**很容易就滿足於浮上心頭的第一個解釋（再次指出，自我分析通常是無效的），與**其他人**談談就變得很重要。與他人的坦率討論，有助於看見我們對某些類型的人（例如，讓我們感覺受到威脅、引誘，或是會激怒我們的人）有自己獨特的反應方式，這跟我們的「偏見、熱情及困難」有關，甚至也跟我們的「資訊不足」有關。督導包括以下兩者：首先，討論病人的病史及治療中發生的事；其次，開放的討論，以揭示我們對病人的反傳移——例如，包括我們對病人的願望與病人帶給我們的挫折、不知道發生什麼的感覺、被逼到牆角的感覺，或是做什麼都不對的感覺——這種開放的討論在分析師的職業生涯中，應該要被視為是至關重要的，而不是持續幾年後就變得可有可無。當分析師覺得束手無策，感到治療沒有進展，或者因病人的性慾或負面傳移而困擾時，督導是個不可或缺的元素，可以獲得來自外界、希望能更加寬廣看待個案的觀點。這麼做若還是不夠，分析師應該認真考慮讓自己重新接受分析；我曾跟很多治療師合作過，他們原本希望接受督導，就足以處理日常治療實務中遇到的困難，但是在跟我督導一到兩年後，他們還是回頭接受分析。

他們發現，光是聽取另一個人的觀點，不足以讓他們打破某些根深蒂固的習慣，不再對分析者產生某些慣性的反應。

在這一章，我們還看到──正如佛洛伊德在結束跟伊妲的分析工作大約十年後做出的結論──**在分析者距離自己得到跟分析師相同的結論只有「一步之遙」之前，分析師都不應該做出詮釋：**

> （我們必須譴責）任何跟以下情形有關的行為：那就是在一猜到病人的症狀意義，就立刻解釋給病人聽，或是在第一次晤談時就輕率地拋出這些「解決方法」給病人，還把這當成是特殊的勝利。一個熟練的分析師不難從病人的抱怨及疾病故事之間，明確無誤地讀出病人的祕密願望；但是，任何人在與一個完全不懂分析原則的陌生人短暫接觸之後就能說出你對母親有亂倫的想法而依戀著她、你看似愛著老婆卻心懷但願她去死的願望、你隱藏了背叛長官的願望等等，要說出這種話的人必須掂得出自己的斤兩，知道自己會自鳴得意及有欠考慮的程度！我聽說過有分析師自豪於能瞬間做出診斷及「快速」治療，但我必須警告人們不要追隨這種做法。這類行為會徹底敗壞自己的名聲，讓病人對治療產生懷疑，並挑起病人內在最強烈的對立想法，無論你的猜測正確與否；事實上，你的猜測越正確，抗拒就會越強烈。
>
> 通常這種做法的治療效果是零；並且最後也會阻礙病人的分析。即使到了分析後期，也必須小心不要給病人任何症狀的解決方法或是翻譯他的願望，直到病人已經很接近答案，只要再邁出一小步就可以為自己找到解釋。前些年我經常發現，在時

> 機還不夠成熟的時候對病人說出解決方法，會使治療過早結束，
> 這不只是因為病人突然起了抗拒，也由於解決方法為病人帶來
> 了緩解。（SE XII, p. 140）[82]

　　此處暗示的或許就是伊妲的分析「過早結束」，但一定還有其他病人在佛洛伊德做出閃電般的詮釋之前就已經逃離。到後來，佛洛伊德瞥見、猜測、並努力不懈詮釋被抑制物（亦即我在標題為「伊妲分析的展開」那段，放在橫線下方的被抑制物）的方法讓位了，至少在理論上如此，他越來越能放手，讓分析者自己去說出橫線下方有些什麼。（請注意，無論如何，在一九一二年，佛洛伊德說話的方式還是很傲慢，彷彿即使面對全新的病人，他也知道真正的內情為何，不過出於很實際的理由，他意識到他必須等待，才能告訴病人真相。）

　　當分析師發現自己在療程以外還耗費許多時間思索下一次療程要給病人的詮釋，我們看到了分析師過度詮釋的明確跡象。歇斯底里病人最常促使分析師做出這種不成比例的思考，他們會使分析師試圖解決他們的問題，而忘了自己應該要讓分析者去察覺在這團由他們自己創造出來、並身陷其中的混亂裡，他們所扮演的角色為何，意識到他們從中獲得了什麼，並自己去解決問題。就像當教授在課堂上不提供所有答案時，學生通常會更加努力學習，當分析師克制自己，不去回答所有問題，不對分析者帶進分析過程中的每一點材料都做出詮釋時，分析者通常會自己做出更多詮釋工作。

　　讓病人做大部分分析工作的後果就是，**分析需要更長的時間！**既然在大部分情況下，分析師都不再用聰明才智去「看透」病人（至少是佛洛伊德有時候似乎會用的方式），如今有些病人會抱怨被分析師

敲詐，因為需要的時間更長，分析過程變得更加昂貴。

這真是魚與熊掌難以兼得啊……[83]

我們可以如何根據拉岡的三個界域（想像界、象徵界及真實界）來描述我在此處（及附錄一）提到的對佛洛伊德與伊妲之分析工作的批評？有些批評可以視為是位於象徵層面（symbolic level），因為它們涉及理論視角的改變，這些改變是來自於佛洛伊德的自我批評或自我檢討，正如他在《技法篇》所呈現出來的；在那裡，他看到了分析者**對治療工作的參與**（並且感覺到這個分析是他們自己的），必須優先於分析師所做的任何嘗試，包括讓他們做出完整且立即的告白、消除分析者的任何特定症狀，以及證明自己對分析者的夢境、幻想、失誤行為和生活有英明的「見解」。分析師不是放棄所有「對治療的指導」，而是如拉岡在《文集》中所指出的，必須停止「指導病人」（*Ecrits*, p. 490），並確保基本上主控權是在分析者手上。

我在此提到的其他批評，可被視為是位於「想像」層面—— 舉例來說，佛洛伊德把自己看成是或認同於K先生（或者甚至認同伊妲或她父親），並且他在治療中表現出的樣子像是一個似乎需要感覺自己是能**掌握**、或是控制全局的人。其他批評則跟拉岡定義的「真實界」有關，這裡指的不是所謂的現實，而是關乎於心理以及／或者身體的滿足（或是絕爽）。在此，我們會推測佛洛伊德似乎從他對伊妲的分析工作中獲得滿足。這一點在許多方面都是很微妙的主題，分析師從與病人的分析工作中所獲得的滿足或樂趣，很少在文獻中受到討論，但就我所知，很清楚的是，很少有分析師會說他們

與病人工作，唯一的滿足是來自於他們因自己提供的服務而收取的金錢。我們聽過在某些案例中，尤其是那些很健談的分析師，表面上在治療病人，但似乎是在試著療癒自己、解決自己的問題，分析師自己的神經症比病人的神經症更加重要——這顯然是胡鬧。有些治療師會指導病人去做他們認為病人該做的事——例如，跟伴侶分手、跟某人結婚、生小孩、拿某個學位、從事某個職業、成為精神分析師等等——並且從中獲得極大滿足，我猜至少絕大多數精神分析師都會瞧不起他們。因為在這種情況下，這些分析師似乎是從跟分析者的工作中獲得絕爽，這很接近自戀式的自我滿足（narcissistic self-satisfaction），就像咄咄逼人的爸媽從操控不聽話的孩子朝向他們想要的目的地來獲得滿足（這與精神分析的「中立性」相去甚遠），精神分析的目標是幫助分析者抵達自己的目的地，並且超越他們抵達這些目的地的神經症障礙。

對於伊妲，佛洛伊德似乎扮演了一個我會將之形容為混合了家長及求婚者的角色（最終成為被鄙視的情人）。他像父母一般，希望伊妲不再把所有男人視為是「面目可憎的」（像她父親及K先生那樣撒謊及偽善），希望她能結婚、生子。他像求婚者一般，似乎想用他的聰明才智、他能洞悉她內心的見解，以及他以為兩人共享的文化典故，來讓伊妲讚嘆不已。由於未能贏得她的衷心佩服，他似乎開始從其他方面獲得滿足，包括纏著她要她吐露事實，總是自以為是（這是我們稱之為「陽具絕爽」〔phallic jouissance〕的貧乏版），並且逼迫她確認、或至少默認他的觀點。

牽涉到絕爽的這種滿足，並非總是美好的。佛洛伊德似乎覺得自己像是被拋棄的情人，尤其是在他與伊妲工作結束時，而且正如

我們許多人曾多少體會過的，感到被拋棄是一種有特殊意義的情感經驗，其中可能包含憤怒、憎惡、深切的自戀傷痕、復仇的願望等等。這些情緒，全都不是我們在精神分析師跟分析者工作時，所希望看到的。

第 **6** 章

症狀形成
Symptom Formation

我曾經以為我知道自己在做什麼以及打算做什麼。現在我發現，有其他事情在影響我的人生。我當然沒有在活我的人生——我真的不知道我在做什麼。

——一位分析者

症狀甚至會對那些不知道如何傾聽它們的人說話。即使是對那些傾聽它們的人，它們也不會說出完整的故事。

——拉岡（引用自 Fink, 2013, p. 1）

　　在前幾章，我們討論到神經症症狀許多不同的特徵，從症狀起源是互相矛盾的衝動——其中之一通常是性衝動或侵凌衝動，另一股衝動則試圖壓抑前一股衝動，無論是出於道德、實際或自保的理由——以及可包含在絕爽之下的奇特症狀形式：令人不滿的滿足、偽裝成受苦的滿足或不滿足中的滿足等等。[1] 在本章中，我們會更仔細地探究這些及其他特徵，但是首先我想重申，我們「在此處所說

的，關於抑制、還有症狀的形成及意義，都是基於三種神經症——焦慮型歇斯底里（anxiety hysteria）（對應於恐懼症）[2]、轉換型歇斯底里（conversion hysteria）及強迫症（obsession）——並且僅對這些形式是有效的」（SE XVI, p. 299）。[3]

我認為強調這一點是重要的，因為有時候所謂精神病的「症狀」——例如幻覺、妄想及「具體」思考（更好的說法是**非隱喻式思考**）——其結構方式，與更「經典」的精神分析症狀並不相同。當拉岡提到幻覺及妄想時，他不說它們是症狀，而說它們是精神病的「基本現象」。[4] 用更技術性的語言來說，神經症的症狀是被稱為「抑制」的否定機制所造成的產物（「抑制是神經症發展的運作機制」〔SE VIII, p. 233〕），精神病現象則是由不同的否定機制造成的，佛洛伊德稱之為「*Verwerfung*」——也就是「除權棄絕」。[5] 在這本書裡，我們不會深入了解除權棄絕的原因及由來，因為這會讓我們走得太遠，並且我在其他地方已經寫過這個主題（Fink, 1997, Chapter 7, and 2007, Chapter 10）。因此，我們會將注意力放在神經症的症狀——正如佛洛伊德在大多數時候所做的那樣。

但各位不應該就此認為，我們對症狀形成（symptom formation）的討論，與當代常被診斷為邊緣型人格、自戀型人格或雙相情緒障礙症的人所呈現出來的症狀無關。當代心理治療界的診斷基本上已經完全放棄在第四及第五章中簡短提到的結構模型，這種模型透過不同的否定機制（negating mechanism），區分出神經症（neurosis）、倒錯（perversion）及精神病（psychosis）這三種臨床結構——神經症是抑制（repression），倒錯是拒認（disavowal）（佛洛伊德稱為「*Verleugnung*」），[6] 精神病是除權棄絕（foreclosure）。今日大多數辦公室、診所及醫院所使用的標準化手冊中列出的診斷，幾乎完全基於描述性準則，舉例來說，

手冊上羅列著範圍相當廣泛的「準則」清單，這份清單被視為構成了所謂邊緣型人格障礙症的「臨床疾病」，當某人在某一段最短的時間內，符合清單上至少五項準則，就會被診斷為邊緣型人格。這意味著，如今的給出一個診斷，是將臨床醫師以為的症狀兜成有特殊意義的「分組」或「群集」，而這樣的診斷可能會隨時間改變，某人可能在某個時間被診斷為邊緣型人格，幾年之後又被診斷為雙相情緒障礙症，接下來再被加上廣泛型焦慮症（在某次看診時似乎只符合某個特定診斷五項準則中的兩項，但之後又全部都符合了），而不是同時拿到三項診斷中的兩項。的確，如今越來越多病人出現在開業醫師的辦公室或治療機構時，身上帶著的精神病檔案包含了半打或半打以上不同的診斷（其中有幾項甚至是在幾天之內由不同的醫師所給出的，他們彼此不同意——他們正是如此——哪項準則對這位病人來說是最接近及最持久適合的）。這種狀況不足為奇，因為他們主要依循的手冊 DSM 在一九五二年開始時是一百三十頁，包含了一百零六種精神疾病，然而最新的版本已經增加到一千頁，包含兩百六十五項精神疾病，[7] 其中有許多疾病明顯重疊（與精神分析相較，後者通常只有少於十多個的不同臨床結構，請見附錄五）。

精神病學的術語是建立在模糊的「臨床疾病實體」（clinical entities）上，對於希望學到如何針對不同病人群體進行治療的臨床醫師，這樣的事實其價值是可疑的（真的有那麼多不一樣的障礙症，讓我們必須採取不一樣的治療方法嗎？），[8] 讓我再說一次，精神分析師——當他們真的是作為一位精神分析師，而不是精神科醫師、臨床心理學家或社工——不會去決定什麼是對任何一個人而言的症狀：在精神分析中，**病人抱怨的就是症狀**。有些人的行為舉止在方方面面都讓

身邊的人感到無止盡的困擾，這些人的伴侶、親戚、朋友及同事認為他們是高度有症狀的（像是以下這類話語：「你都不聽別人的話」、「你無法接受批評」、「你做的跟我告訴你我想要的完全相反」等等）；然而，正如我在第三章中提到的，從精神分析的觀點，這些都不被視為構成了症狀。**只有在病人本人對某事提出抱怨**，並認為它是有問題的，**它才是症狀，並有可能讓分析治療介入處理**，而不是身邊的人怎麼想。分析師無權告訴病人，他認為病人的症狀是什麼；相反地，他們應該讓病人自己說他們覺得生活哪裡有問題。[9] 簡單的問題——像「是什麼事讓你來這裡？」「你跟我聯絡是因為什麼事？」或者「你想談（或工作）些什麼？」——通常就足夠對病人認為自己生活中的症狀是什麼，獲得初步的輪廓。病人的回答通常會被稱為「主訴問題」（presenting problem），因為這是病人在一開始願意承認的問題，更完整的輪廓只有隨著時間的進展才會逐漸浮現。隨著治療越來越深入，絕大多數病人會自己對越來越多生活面向提出質疑。

結構觀點

　　精神分析的研究發現在正常生活及神經症生活之間，沒有根本的差異，只有在量上有所不同。

——Freud, SE V, p. 373

　　就神經症來說，正常與異常的邊界是流動的；我們全都（至少）有些神經症。

——Freud, SE VI , p. 278

如果你採取理論觀點，忽視量的問題，你很可能會說我們全都病了——也就是說，是有神經症的——因為在正常人身上也可觀察到症狀形成的先決條件。

——Freud, SE XVI , p. 358

我們不應該以為，分析師因此就認為對於所思、所感、所做的任何事情沒有抱怨的人，就是沒有症狀，所以就是「正常的」。**就精神分析來說，沒有所謂的「精神正常」**，「因為症狀形成的先決條件」在每個人身上都可看到，而且不只是先決條件：即使「健康的人幾乎也是有神經症的」，而且如果「仔細檢視一個人的清醒生活，就會發現……表面上看來健康的生活中有著許多症狀」（SE XVI, p. 457）。[10] 一旦發生抑制——也就是說，就在無意識成形時——症狀就會成形。在新生兒身上，「意識及無意識沒有分別」（SE XVI, p. 409），但是當無意識形成時，它的形成過程不可避免地會產生一個或更多個症狀。

　　一旦某人依通常的神經症方式長大——換句話說，就是放棄了若干樂趣，並且不理會（也就是，抑制）[11] 與其有關聯的願望——所謂的症狀就形成了，這是人們試圖恢復那些樂趣的部分努力，儘管它是以一種偽裝或無法辨識的方式出現。就像佛洛伊德告訴我們的，人們很難放棄自己的樂趣，並且人們會不斷尋找迂迴的方式，讓他們被抑制的願望至少獲得一些滿足也好：「人類是『不知疲倦的尋歡作樂者』……要他放棄任何曾享受過的樂趣，都像要他的命」（SE VIII, p. 126），[12] 以及「人們總感到要放棄樂趣非常困難；如果沒有獲得某種補償，他們就無法放手」（SE XVI, p. 371）。

　　那些不抱怨自己的症狀（或許多症狀）的人，他們試圖獲得補償

的方式，往往都能很好地融入他們所工作及生活的文化或次文化中。舉例來說，一個壓抑對父親怒氣的男性（因父親做過、或他認為父親做過的任何可能的事情），在廣泛接受足球、拳擊及其他好鬥型運動（更別提戰爭）的文化中，不會找不到宣洩憤怒的出口。壓抑與母親爭奪父親注意力的女性，可能會把她所有的精力都投入在她父親可能會引以為傲、或者其他男人可能會佩服的許多領域，例如教育、藝術成就、美貌、時尚、幽默、商業成功等等，用以超越她的母親。工作狂在某些方面可能對他們自己是有害的，但是在西方世界，他們經常獲得很高的社會地位；強迫限制自己的飲食攝取量，可能有助於一躍成為超級名模，至少眼前在那個世界裡，就如報導中溫莎公爵夫人所說，「沒有最瘦，只有更瘦；沒有最富，只有更富。」那些從金錢、地位、名聲及眾人愛戴中尋求補償的人——有時候會為他們帶來奉承、追求、關注，甚至是他人的愛——顯然較不可能抱怨他們無意中仍在做的事（好比仍試圖成為爸爸或媽媽的最佳人選，或者仍想要報復他們）。[13]

　　因此，「沒有症狀」至少意味著以下兩種可能的情況：其一是沒有典型的神經症症狀（但可能是倒錯或精神病）；其二是，未特別感到困擾，但是他在不知不覺中嘗試以某種方式重新獲得童年時表面上放棄的樂趣。分析師可能認為他們在分析者身上發現到這類重新獲得樂趣的策略是有狀況的（亦即，症狀），但是在分析者自己提出抱怨前，分析師最好避免提到這些。

症狀如何形成

> 我們不只試圖描述及分類現象，還將之視為是心靈中各種力
> 量相互作用下的徵象，亦即，帶著目的性的意圖同時運作或互
> 相對立的體現。我們所關注的是心理現象的動態觀點。[14]
>
> —— Freud, SE XV, p. 67

　　現在來看看那些**確實**對思想、行為及感受提出抱怨的人，讓我們
回顧一下，神經症症狀通常是因兩股對抗力量之間的衝突而形成的，
我們稱之為力量一及力量二。回想我在第二章提到的病人，她感覺
身體寒冷，無論喝熱飲或長期做蒸汽浴都無法緩解，這個症狀可以
追溯到有天晚上她聽到有聲音從父母親的房間傳來，她走進走廊，
站在冰冷的瓷磚地板上，看見她父親的陰莖勃起，壓在躺於床鋪的
母親身上。在這個身體感到寒冷的症狀中，就像她的其他身體症狀
（例如她的胸悶），她似乎認同了母親，並且想在那個場景中位於母
親的位置，與父親同床。我們可以把這個願望當成力量一，因為這
股強烈慾望是想要讓自己對父親來說跟母親同等重要，並且將她母
親從她父親的王座上趕下來。力量二可以理解為是她對這個願望在
道德上的不安，因為這個願望既是亂倫的，又背叛了她（至少還算喜
歡）的母親。

　　在這個明顯是過往經驗的重複中——讀者可能還記得，這位女士
的寒冷感在分析過程中浮現——有互相衝突的力量在運作著。追溯
這個重複經驗的源頭，是她看見父母親性交的那一晚，這能使症狀

因此消失，但是衝突尚未結束；衝突持續製造出其他症狀，直到分析者與父親（起初她說自己只是厭惡他）有關的許多願望及衝動獲得闡明，還有許多她對母親（起初她聲稱絕對崇拜她）的憤怒及競爭也被說清楚。結果就是力量一大幅減弱，意思就是力量二不再需要強力對抗它。[15]

以這個「衝突模型」（conflict model）為基礎，來了解二十一世紀的分析者所呈現出的症狀，就像了解佛洛伊德的分析者所承受的症狀一樣容易。在另一個案例中，我的一位男性分析者會追求的女性至少要像他母親年輕時那麼漂亮，一旦他讓這些女性委身於他，他就會跟她們分手，然後又盡一切可能說服她們重回他身邊（一旦得手，他又會開始這整個循環）。他不明白自己為何如此，不消說，他的伴侶也極度痛苦。結果是他覺得自己與母親的關係過度親密，他的父母親在他小時候就已經離婚，而他是她唯一留在身邊的孩子。他幾乎可以毫無限制地想跟母親相處多久就多久，這讓他感到很興奮、卻也很困擾，因為他心想——根據他父親的幾句話跟一些暗示——他父親並不贊成他跟母親這麼親近，他父親會說他母親「不是什麼好東西」之類的話。

這個案例所造成的不是我們在前一個身感寒冷的案例中所見到的妥協症狀（compromise symptom），而是一種**交替症狀**（alternating symptom），一開始他想跟他認為像母親一樣漂亮的女性交往的衝動（力量一）會占上風，隨後他感覺要留心父親的警告（力量二）又成為焦點，他就這樣無止盡地在這兩者間來回擺盪。在他跟某些女性交往過後，這個循環會縮短到他甚至無法跨出第一步去認識他覺得漂亮的女性，因為他幾乎立刻就感覺自己「不被允許」擁有這樣的女性。[16]

　　還有另一個案例是一名男性，他有很多想法，卻沒有行動力將任何想法付諸實踐，他為此苦惱，並抱怨自己一事無成。他一直把心思放在他媽媽身上，他覺得在他弟弟出生之後，他媽媽就只關心弟弟，而不在乎他；這位病人似乎在很小的時候就採用了忿恨策略：如果他媽媽不給出他想要的愛，他就絕不可能遂了她的任何心意。這成了他畢生的策略：絕對不做任何他媽媽想要他做、或贊成他做的事；絕不實現他媽媽可能也會覺得高興的事。只要他對母親的愛的願望（力量一）持續不衰，就會伴隨著另一股復仇的衝動（力量二），導致他在工作及生涯發展層面上裹足不前。在他的性幻想中，他會想像女性一開始抗拒他的追求，之後卻屈服於他的魅力，這意味著他仍然幻想著要贏回母親。

　　他的「策略」——就像神經症者採用的許多策略，無論刻意與否——結果對他來說是個「爛交易」，他自己覺得「為了減輕衝突付出太多」（SE XVI, p. 383）。力量一及力量二的衝突所產生的某些焦慮，通常會因採用了策略（例如，症狀的形成）而「受到約束」或是因此減輕——畢竟，症狀的形成是為了「逃避原本避免不了的焦慮」（p. 404）——但是終其一生，病人所付出的代價遠遠超出了這種對焦慮的逃避（甚至於，焦慮會從其他方面再次出現）。

症狀的「道理」

我沒有性生活，我有牛皮癬。

——一位分析者

在《精神分析引論》後面幾章，佛洛伊德提醒我們注意他在早期作品中所闡述關於症狀的其他幾個面向。症狀跟夢一樣，不是生活中「隨機」出現的事件或發生的事，相反地，它是有意義的（SE XVI, pp. 257-258）。甚至於，**有意義的不是作為一個整體的症狀，而是症狀的每一個面向都有意義。**

舉例來說，我們在安娜・歐的案例中看到她有六個禮拜無法喝水。她可以用其他方式飲用液體及吃水果，但是她無法用玻璃杯喝水。讓我們回想一下，她會這樣是因為有一天她看到同居女伴的狗喝了女伴的玻璃杯裡的水。如果女伴的玻璃杯裡裝的是葡萄酒，安娜・歐很可能什麼都可以喝，喝水也沒問題，但就只有酒無法入喉；要是水是裝在像是洗臉盆的盆子，而不是裝在玻璃杯裡，安娜・歐可能就會變得無法在洗臉盆裡洗手，但是可以喝玻璃杯裡的水。簡言之，對最後形成的那個症狀來說，她所目睹的場景中，每一個細節都扮演了重要的角色。[17] 因此治療師必須詢問症狀每一個可能的細節：舉例來說，如果病人暴飲暴食之後嘔吐，很重要的是要問到什麼事導致她暴飲暴食，她吃喝了些什麼（通常是甜點，但並非總是如此），還有她是什麼時候嘔吐的，又是怎麼吐的（是自己催吐的，還是自發性地吐？她是吐在馬桶裡，還是吐在玻璃罐中、再藏到爸媽很可能會發現的櫃子裡？）。如果我們想對症狀造成影響，就要調查所有這些事情；沒有深入追查症狀細節的治療師，會發現他們從症狀上得不到什麼寶貴的訊息。

當佛洛伊德討論症狀的意義或「道理」（德文「*Sinn*」）時，他在這個標題下談了兩件事：「症狀的『起始處』及『去處』或者『目

的』—— 也就是說，症狀是來自於哪些印象及經驗，以及症狀所服務的意圖」（SE XVI, p. 284）。安娜・歐無法喝玻璃杯裡的水，是因目睹狗從女伴的玻璃杯裡喝水——換句話說，那就是症狀的「起始處」（whence），是症狀發源之處。症狀的「去處」（whither）或「目的」（what for）所提出的是不一樣的議題：症狀是為什麼目的服務？一般的想法通常會接受為症狀所苦者（sufferer）的觀點，認為她的症狀沒有什麼目的，畢竟就她有意識的許多目標及目的來說，症狀是種阻礙。甚至於，她很可能會認為，症狀就是一種純粹的反常現象，完全就是「功能失調」。然而精神分析師可能會假設在這個案例中，症狀的目的是將安娜・歐討厭女伴（也可能是針對母親）的衝動隱藏起來，不讓她自己的意識發現——這就是症狀的**存在理由**（raison d'être）。

讓我們來看一個更複雜的例子，是我們在第一章中討論過的。回想一下，安娜・歐因試圖把照顧父親的工作做得完美無瑕，因此累壞自己，必須臥床休息約四個月。如果此刻她生命中的主要衝突可以被理解為是在克盡孝道及渴望活出自我之間的衝突，我們便可假設她找到了一個方法，透過生病，不用履行孝道。她「出現了虛弱、貧血、厭食，情況嚴重到令她相當沮喪，她無法再照顧父親」（SE II, p. 23）；這個針對她的衝突特有的「解決方法」獲得了醫療權威人士背書的優勢，她的醫師們告訴她的家人，她無法再照顧她的父親——她不必自己拒絕履行孝道。我們可以了解這個結果讓她的疾病有「附帶好處」，或者也許這是症狀的主要目的，儘管是無意識的。（正如我們在安娜的神經質咳嗽症狀上所見到的，我們可以說在許多情況中，症狀所有效達到的——淹沒會讓她想要外出跳舞的節奏音樂——並不是症狀所服務的隨機性功能，而正好就是症狀本身的目的。）安

娜病倒在床，想必迫使安娜的母親在她丈夫生前最後四個月，接管了絕大部分的照顧工作，而這可能也是在某種程度上安娜想要的結果。

就這個意義來說，我們往往可以透過觀察症狀實際上完成了些什麼——也就是說，症狀所企圖引發的情勢——而至少理解到症狀的某些意義。在此我們可以假設安娜試圖完善地照顧父親，是為了要傳達一個訊息給她的母親——「媽媽，這是你應該要做的」——於是她隨後的崩潰，至少有部分是試著**迫使**她的母親做到安娜認為她母親一直以來應該要做的事。從類似這樣的例子中，我們可以看到**症狀通常都是有意或無意地要傳達訊息給某個人或某些人**，這種訊息的發送通常都是不計個人代價的。對安娜來說，送出這樣的訊息給她媽媽，很可能要比她的健康更加重要。[18]

我們要如何得知症狀的目的呢？我們可以問分析者，她的症狀讓她的人生及她身邊人們的生活有什麼改變，也可以問分析者，她期待或者甚至希望生病會造成哪些改變。然而，治療師經常令人遺憾地忽略了症狀的這個面向，他們會覺得很難理解即使已經詳盡地檢視了症狀的歷史起源，症狀卻為何還不消失。

症狀和願望有關

支配所有精神神經症狀的理論，在以下這個論點上達到最高點，此論點主張**所有精神神經症狀也該被視為是無意識願望的實現**……症狀的一部分對應於無意識的願望實現，另外一部分則

對應於抗拒此願望的心理結構。

——Freud, SE V, p. 569 and n. 1

生命中代價最高的，也最愚蠢的，莫過於疾病。

——Freud, SE VII, p. 133

　　佛洛伊德還假設，**願望在症狀的形成中發揮了作用**：症狀以現在式向我們展現了願望的實現（SE XVI, p. 263）。我們推測每一次安娜‧歐試著喝玻璃杯中的水時，她都會想到狗會傳染疾病、還有她對女伴（以及／或者母親）的憎惡。她希望那位女伴會發生不好的事的願望，似乎就是這個症狀的癥結所在，她努力想將這個願望拋諸腦後，這意味著「相反願望」（counterwish）的存在。換句話說，**症狀的出現，必須至少總是有兩個願望彼此矛盾**，如果不是開戰的話。在此可回想鼠人為時短暫的症狀（一個強迫性行為），他將石頭從心愛的女人即將經過的路上移開，這麼一來，她的馬車駛過那段路時，她就不會受傷，可是沒多久，他又把石頭放回原位。他的第一個行為展現出他為她著想的願望，第二個行為則是希望她受傷的願望（SE X, p. 190）。

症狀與重複有關，但會改頭換面

　　如果神經症者在幻想中最強烈渴望的事在現實中發生，他們還是會逃避；只有在不需要害怕夢想會成真時，他們才會讓自己全然沉浸在幻想之中。

——Freud, SE VII, p. 110

　　為了說明佛洛伊德關於症狀的其他主張，讓我們來看佛洛伊德在《精神分析引論》第十七章中提到的一位可能有強迫症的女士（SE XVI, pp. 261-264）。這位年約三十歲的女性在一天之內多次重複做以下行為：「她從自己的房間跑進另一個房間，讓自己在房間中央一張餐桌旁的某一個點站定後，搖鈴召喚女僕，分派她去做點雜事或是又打發她離開，接著再跑回自己的房間」（p. 261）。她跟佛洛伊德兩人都想不透這種重複性儀式行為有什麼意義，直到她講起大約十年前的新婚之夜，年紀大她許多的丈夫在他的房間跟她的房間來回奔波多次，嘗試跟她發生性關係，但最後他仍是不舉。隔天早上，他告訴她，因為床上沒有血跡，「當女僕整理床鋪時，他會覺得很丟臉」（p. 262），所以他倒了點紅墨水在床單上，弄出點汙漬，但她覺得那塊汙漬的位置不對。

　　萬萬沒想到的是，十年後當她執行她那令人迷惑的儀式時，她每天會站在旁邊無數次的那張餐桌的桌巾上，就有塊明顯可見的汙漬，她認為女僕不可能對那塊汙漬視而不見。於是，在經過幾次「移置」（例如，從床換成餐桌，從床巾換成桌巾，從血跡換成其他種類的汙漬），某種意義上，她在**糾正**新婚之夜當時發生的事情：她彷彿是在向女僕展示，事實上她丈夫有跟她行房的能力，因此她不再是個處女。我們在這個案例中看到她的儀式所重複的顯然是她過去的某種創傷經驗，這個改頭換面（twist）之後的儀式，並非簡單地重複當時的狀況，同時也是我們所稱的「矯正」——也就是說，象徵性地取消或**彌補**了她在新婚之夜可恥的失敗，這麼一來，就會讓這個創傷經驗像是從未發生過。正如佛洛伊德所說，它的目的便是在糾正

「過去令人痛苦的部分」（SE XVI, p. 277）。

因此，症狀有時候可能會重複過去令人感到痛苦、甚至是已造成創傷的經驗（症狀起因於「情感渲染力極強的經驗」〔SE XVI, p. 275〕，所以通常最好將症狀理解為是仿效或重複早期與絕爽的創傷性遭逢），[19] 但由於發生了某些扭曲或移置，因此沒有立刻被病人或身邊的人認出來。無論如何，治療師應該持續尋找這種經驗的重複，因為這種情形在人們的生活中相當常見，治療師也應將病人的注意力帶向這種重複性，鼓勵病人思考它們的起始處及理由（或「去處」）。於是，一個儀式性行動可以作為早期場景的再現，即使執行者本身尚未辨認出這兩者的連結。而且，執行者可能會透過儀式的完成獲得某些滿足，但執行者卻對自己在做什麼一無所知。在這個案例中，她的滿足來自好幾個面向：（一）一方面，她為丈夫保住了面子（值得注意的是，在這十年間他們即使分開住，仍一直維持著婚姻關係，而且儘管已經過了十年，她依然無法決定是否要跟丈夫離婚）；（二）她似乎就不再覺得自己做了一件荒謬的事，竟然嫁給一個又老又無能的男人；以及（三）我們可以假設，當她持續將注意力及力比多灌注在她丈夫身上，她就可以不用再婚，或許也不用去面對一個新的、不一樣的丈夫，這人可能跟她的年紀較為相近，也不至於陽痿。[20]

我們不清楚一開始她為何會同意嫁給一個老她那麼多的男人——據推測他跟她父親的年紀相當——但是我們可以想像，她把自己的父親理想化，並且尋求某種父親形象、或是可以給她像是父愛般的對象，作為她的人生伴侶，而這一點很少能與性方面的熱情完全相容。這並不是說她對性興趣缺缺——佛洛伊德當然沒有給我們足夠

的資訊，足以做此推斷──但我覺得以下的說法應該也不能說是錯的：她透過以這樣的方式與她疏遠的丈夫維持固定關係，她找到一個方式為自己創造出**一個未得到滿足的慾望**（an unsatisfied desire），一個她覺得如果沒有損害到她先生的名譽就無法滿足的慾望；在此同時，或許她自己也有點害怕這個慾望，讓這個慾望只作為一個簡單的幻想，而不必積極追求，對她來說要容易或安全多了。

在那個時候的維也納，離婚顯然是合法的，我們不清楚她是否有任何宗教上的考量，但我們確實知道她至少考慮過離婚的可能性，這表示離婚對她來說並非是完全無法想像的。可是十年過去了，她似乎仍選擇繼續維持與先生的婚姻關係，即使他們已經分居。這不禁會讓我們聯想到，這是她自己的某種禁慾或自我懲罰，雖然她無法從中獲得任何滿足。但我們也可以考慮另外一種可能性，當她在內心保有一個慾望或是對某事的渴求時，她會得到某種滿足感，讓她不必去面對隨著新伴侶而來的現實，新伴侶可能會跟她的第一任丈夫一樣讓人失望，或者新伴侶可能會挑起她在性方面的熱情，以及因為性的覺醒而可能帶來的各式各樣的焦慮以及／或者自我譴責。[21]

症狀不等同結構

> 兩股彼此衝突的力量在症狀中再度相遇，並且透過症狀建構出的妥協方式，以此達成和解。也是因為這樣的原因，症狀才會如此頑固：它得到來自雙方力量的支持。
>
> ──Freud, SE XVI, pp. 358-359

> 強迫神經症的語言── 它表達其祕密念頭的工具── 可以說，
> 只是歇斯底里的一種方言。

── Freud, SE X, pp. 156-157

佛洛伊德指出，在她的重複性儀式中，這位女士扮演了她先生的角色，他在他們的新婚之夜，從一個房間到另一個房間來回奔跑。同時，拉岡也指出歇斯底里病人經常扮演男性的角色（「*l'hystérique fait l'homme*」（Seminar XVI, p. 387, and Seminar XX, p. 85 ）），在某些案例中，這是因為認同，但也可能是因為歇斯底里病人覺得他們生命中的男性做得不夠好，或者是需要向他們展示如何做得正確。結合我剛剛提到佛洛伊德的病人或許寧可不滿足，以及她似乎很在乎要保護丈夫形象的這個事實，彷彿她覺得他能力太弱，光靠他自己無法維持受人尊敬的社會地位（也就是說，在她心裡，支持他多少等同於支持自己的父親，在她眼裡她的父親也是相當軟弱的）── 這一點暗示著，事實上，佛洛伊德的病人是歇斯底里，而不是如他所聲稱的是強迫症。[22]

我們可以說，在此佛洛伊德把看起來像是強迫行為（obsessive-looking）的症狀跟強迫症的整體診斷搞混了，正如當代許多治療師做的那樣。他似乎過度關注症狀的儀式性面向，而忽略了病人症狀的「道理」的第二個成分── 也就是，它的「去處」：它所服務的目的是避免一段新關係，或許也因此迴避了性行為（症狀的第一個成分，也就是「起始處」，顯然是她的新婚之夜）。我們應該不要被症狀顯而易見的外表── 也就是說，與典型的歇斯底里（例如嘔吐）[23]或是強迫症（例如重複性儀式）的相近程度── 所誤導，而應該嘗試判斷病人

最深層的臨床結構，從支持症狀存在的因素找出方向。更確切地說，這是症狀的「道理」最重要的面向。[24]

我們也可以在不同臨床結構的人身上看到同樣的症狀。我在美國匹茲堡的杜肯大學教了許多年的個案概念化課程，有一天我在那門課堂上清楚地理解到這一點。在那堂課上，有兩名博士班學生各自報告了他們的女病人，前半節課跟後半節課各一個，這兩名女病人在飲食上都有實習治療師所謂的「強迫性」監控，她們會控管自己所攝取的卡路里。由於她們在飲食上都有儀式性這種強迫特性，這兩名學生都傾向於將她們診斷為強迫症（obsessive），學生們還不了解，**幾乎所有症狀都涉及了強迫性**（compulsion），無論是做什麼或是不做什麼的強迫性。**強迫性意念-強迫性行為**（obsession-compulsion）及**強迫症**（obsessive-compulsive disorder）這樣的術語，讓人們以為強迫性行為（compulsive behavior）與強迫性結構（obsessive structure）有關，因此造成了混淆，然而，歇斯底里病人經常覺得自己被迫做出許多事情，無論是進食、嘔吐或咳嗽，也會覺得被迫做不出許多事情，像是說話、照顧自己、享受性愛。在我剛提到的這堂課上，當我們超越病人的行為，去了解他們做出這些行為背後截然不同的原因（行為的道理——也就是，行為的起始處及去處），我們就能得出結論，其中一位病人很可能是強迫症，而另一位則可能是歇斯底里。

像強迫症這樣的臨床結構能夠產生各式各樣的症狀——有些是心理的，有些是身心的——而且即使先前可見的一個或所有症狀都被清理了，結構仍會持續存在。正如佛洛伊德告訴我們的：

> 對外行人來說，症狀就是疾病的本質，而且治療就是在移除

症狀。醫師則重視症狀與疾病的區分，並且宣稱消除症狀並不等同於治癒疾病。在症狀消除之後，唯一還能用來界定疾病的部分，就是它再形成新症狀的能力。（SE XVI, p. 358）

有些身體疾病，包括某些葡萄球菌感染及性傳染病，即使外在症狀都消失了，仍可能在體內持續存在，並且在數個月或甚至幾年後繼續產生新症狀。同樣地，一個人的臨床結構在超過某個年紀以後通常就是終身存在了（或許是六到九歲），並且會在人的一生中產生各種不同的症狀。在一個女孩的一生中，同一個衝突在孩提時可能表現為嘔吐，青少女時是厭食症，二十歲出頭是在商店行竊，之後則是成為從事高壓力、高成交量交易的證券經紀人。

佛洛伊德有時候也會混淆結構及症狀，例如他說「典型的症狀會幫助我們下診斷」（SE XVI, p. 271）。當他指出「分析治療的第一個任務並非移除症狀」（SE XVI, p. 436）時，他也更確定地告訴我們，分析治療的第一個任務就是要查明症狀的肇因，也就是要查明一開始引起症狀的那些衝突。當代心理治療執著於「減少症狀」、「移除症狀」、「減緩症狀」，這種做法或許一開始是善意的，卻容易見樹（病人抱怨的症狀）而不見林（在病人心靈中爭鋒相對的主要衝突）。這並不是說，當代精神分析執迷於追求洞見（insight）及理解（understanding），有時候甚至還會以不緩解症狀為代價，就必然是比較好的取向。若是將與病人一起工作設定為影響內在爭戰的力量，讓衝突得以減緩，而不是只努力「理解」衝突、或只是消除因衝突而產生的特定症狀，這兩者*

---

* 譯註：理解衝突 vs. 消除症狀。

都會有很好的治療效果。

正如我們已經看到的，影響這些力量的方法之一，是探索病人自己覺得非常憎惡的力量——通常是性慾力量或侵凌性力量——的根源；這麼做通常會使得這些力量的強度或張力減弱。另一種方法則是去探索侵凌性力量引起的自我譴責——通常與道德或超我有關——並且質疑典型的美國觀點，亦即所有具侵凌性的感受及念頭都是無法接受的，必須加以壓制，同時，也要懷疑社會上更普遍可見、對許多性衝動的責難。（我們可以透過問問題來提出質疑，假設我們正在詢問佛洛伊德那位儀式性行為跟新婚夜有關的病人，就可以問像是以下這種簡單的問題：「希望你老公更像個男人會很糟糕嗎？」或者「既然你們已經分居十年，希望他滾出你的生活，會讓你很難接受嗎？」或是「在你經歷過這些之後，這種願望難道應該受到譴責嗎？」）

在幾個不同的臨床結構中，害怕飛行是一個相當常見的症狀。恐懼症通常害怕飛機客艙裡的狹窄空間，就像他們也害怕其他的狹窄空間。歇斯底里病人經常害怕飛機會墜毀，無論是不是墜落在海上，這會讓他們的重要他人（significant others）失去他們——也就是說與他們分離，這是他們常常又愛又怕的事！強迫症病人很可能會抱怨他們無法控制飛機，必須把任何交通工具的控制權都交給別人讓他們感到非常不安。我並不是在說這些就是某些恐懼症、歇斯底里及強迫症病人害怕飛行最深層的原因，但至少我們已經可以從表面上看到，「同樣的恐懼」對他們來說有不一樣的根本原因及功能。希望這個簡單的例子能夠有效地說明，**症狀並不是結構造成的**：某個人害怕飛行這個事實，並不代表他就是恐懼症。

　　另外一個事實是，某人克服了恐懼症並不代表他不再有恐懼症的結構（假設他一開始是恐懼症）：症狀的緩解並不會造成一個人的診斷結構整個改變，因為那個結構之後可能繼續會產生新症狀。[25] 像是在鼠人的例子中，儘管如「老鼠情結」已經消除，但他在生活中作為強迫症病人的優先性「主體位置」（subject position），以及他的「基本幻想」（fundamental fantasy），大致上仍維持不變。話又說回來，如果緩解的症狀是一個人在生活中的主要症狀，並且也是長期以來的症狀，即便他的臨床診斷沒有改變，他的主體位置及基本幻想也有可能會隨之出現重大的改變（關於這些，請見Fink, 2014a, Chapter 1）：他的強迫性會變弱，但他不會變成是強迫症以外的狀況（像是「正常」）。

　　儘管佛洛伊德曾在不同時間嘗試將歇斯底里症狀與強迫症症狀區分開來，他指出在歇斯底里，力量一及力量二會濃縮（condense）成同一個症狀，例如咳嗽或疼痛，但是在強迫症，力量一會先嘗試找到表達方式，之後再換力量二；不過我們經常在暴食症看到的暴食－清除循環（binge-purge cycle）（病人會先猛吃食物，之後再嘔吐），似乎就是這種經驗法則的例外，暴食症通常被廣泛視為是歇斯底里的症狀。我們可以這麼說，佛洛伊德試圖區分歇斯底里症狀與強迫症症狀的方式大致上都差不多，他指出在歇斯底里，富含情緒能量的早期事件通常會被遺忘（導致「失憶」），與事件相連結的情感會進入身體，形成身心症狀（SE VII, pp. 40-41），但是在強迫症，富含情緒能量的早期事件不會被遺忘，與之相關的情感不會進入身體，而是在心理領域中被移置。不過，今日我們在強迫症所見到的許多身心症狀，包括腸躁症、胃食道逆流等等，卻讓這條常常有效的經驗法則失效了。在早期，這些症狀只是被簡單地歸為「消化不良」。總之，**我們**

必須謹慎地不要把某種類型的症狀與特定臨床結構或精神分析診斷做過度緊密的連結。[26]

讓人絕爽的症狀

> 症狀帶來的那種滿足透著些詭異……主體把這樣的滿足經驗為痛苦，而且還帶著怨言。
>
> ——Freud, SE XVI, pp. 365-366
>
> 我對症狀的定義是，每一個人在無意識中爽到的那種方式。
> ——Lacan, Seminar XXI，課程日期 1975 年 2 月 18 日

　　佛洛伊德假設症狀提供了我們一種滿足的方式，但通常我們經驗到的是痛苦，而非滿足。沿用拉岡的說法，我將這類型滿足稱為**絕爽**（*jouissance*）。此外，佛洛伊德還說，絕爽的症狀所帶來的是替代性滿足：在生活中我們很可能沒有太多（如果有的話）其他滿足，但我們設法從症狀中獲得一些滿足（SE XVI, p. 299）。例如，大家都知道有些人很愛抱怨；可以說抱怨是他們生活中最大的享受。從這個意義上，我們可以說，不停地發牢騷、愛挑剔、爭論跟鬥嘴，帶給某些人小小的滿足感，那是他們在人生中好不容易找到的（確實，許多夫妻似乎就這麼吵鬧一輩子）；他們身邊的許多人都很清楚，這樣的人正從被他們自己描述為受阻或不可能改變的情況裡獲得滿足。治療師必須總是從病人抱怨、並且說他們永遠想不出如何改變的情況裡，找出病人從中得到的收穫，因為或許當中有些什麼，讓他們根

本不想設法脫離那些情境。

佛洛伊德還更進一步假設，症狀帶給我們的滿足特別是替代了**性滿足**，這是許多人在生活中缺乏的。人們在某些情境中激動起來的樣子，有時候確實會讓人聯想到性興奮；例如試想一下，在一般熟知的「歇斯底里發作」、以及現在更常被稱為「恐慌發作」或甚至「抽搐」的狀況中，人們經常說自己：心跳開始加速、呼吸急促（儘管經常呼吸很淺），感覺自己就快要爆發或爆炸等等。在佛洛伊德的年代，親近的觀察者經常注意到歇斯底里的發作有時候看起來與性興奮驚人的相似（「在歇斯底里及焦慮型神經症出現的吃力（或沉重）呼吸及心悸，只是交配行為的某部分」〔SE VII, p. 80〕）；[27] 而在我們的年代，偶而我們甚至會聽到分析者承認他們的恐慌發作或「抽搐」是以性高潮結束的。

無論如何，在絕大多數案例中，人們經歷昏厥、發作或抽搐時會感到恐懼及痛苦，最重要的是，他們可能從中獲得違反一般直覺的爽樂，他們自己看不出來，但是某些旁觀者卻可能看得出幾分，或甚至覺得昭然若揭。佛洛伊德把他說症狀帶來爽樂的解釋弄得更加複雜：「症狀的目的若不是要達到性滿足、就是要避開性滿足，總的來說，歇斯底里的症狀具有積極、實現願望的特質，而強迫症則是否定、禁慾的」（SE XVI, p. 301）。他還認為，「絕大部分的歇斯底里症狀一旦發展完全，就再現了一種性情境的幻想——例如性交場景、懷孕、分娩或其他類似的場景」（SE VII, p. 103 n）。

至少有些症狀帶來的滿足會是性滿足的替代品，這個說法似乎並不為過，人們在日常生活中通常很少得到性滿足。然而，這意味著**所有**症狀都是如此嗎？佛洛伊德甚至還說，當人們在生活中有規律

的性滿足，是不會發展出症狀的——對我來說，這似乎跟我的許多臨床經驗相抵觸，仔細檢視後似乎也跟我們在前面提到的，每一個人都至少有某些症狀（至少是我們這些有神經症的人）的概念互相矛盾。佛洛伊德還提出，孩童在獲得性知識之前不會形成症狀，這種說法也是有點過頭，他想要在性與症狀之間建立親密的「一對一」或排他性的連結，至少在歇斯底里上是如此：「如果沒有性過程的知識，即使是無意識也好，就不會出現歇斯底里症狀」（SE VII, p. 49）。[28]

還有，正如佛洛伊德在其他地方提到的，力比多有兩個不同的構成要素——性（sex）及侵凌（aggression）（或者，用更為神話學的方式來說，是愛神〔Eros〕及死神〔Thanatos〕）[29]——我們可能會很想知道，是什麼阻止症狀替代了侵凌。事實上，我們在第二章討論過的孩童發展出的那些神經性抽動、顫動及痙攣或抽筋式動作，似乎是在壓抑對一個或更多個主要照顧者的巨大憤怒，「談到」這些憤怒，這些以扭曲或移置的方式被表現出來的憤怒，通常都會轉向侵凌孩子自己。成人身上當然也會看到這種現象，我們發現當成人有想侵凌某人的衝動時，同時間也會出現試圖壓抑這股衝動的嘗試（出自於道德、現實或其他原因），這會在內在累積張力，正如我在第二章指出的，「會是相當自我毀滅的，能導致高血壓、肌肉及骨骼問題，以及……磨牙。」

除了抽動以外，其他症狀也能為我們的侵凌性衝動提供替代性滿足，這些症狀會讓我們做出一些舉動，使我們對他人的侵凌性以偽裝的形式表現出來，無論那是過度的熱心、擔憂、笨手笨腳、意外、無能、忘記約會或日期，或是各式各樣其他的事情。在這些狀況中，我們試圖對自己及別人隱瞞一個事實，那就是我們以善意來

包裝侵凌性，去蓄意傷害某一個人，而這會毫無預警地導致始料未及的災難性結果。這些症狀讓我們的某些侵凌性衝動，獲得了**間接的**滿足。

　　治療師可以嘗試從病人沒有做的某些事中——像是忘了做某些事，或是答應出席卻忘了到場——去發現病人可能有的侵凌衝動，治療師可以問病人一些問題，例如他們是否真的不想參加會議、是否害怕在午餐約會中見到某人、或是寧可在那段時間待在其他地方。治療師還可以從「笨手笨腳」、意外的行動中發現可能存在的侵凌性衝動。治療師可以問病人，他們是否其實並非在生某個人的氣，而是以某種方式很高興地弄髒了那個人的夾克、毀了那個人的假期，或者使那個人擔憂，甚至是用肢體傷害那個人。（通常我們不該在治療初期問這類問題，只有在病人開始信任我們之後才能提出，因為像這類問題很可能會被視為指責，而不是善意的詢問。）

症狀是多重決定的

> 我終於開始能夠從生活中獲得更多樂趣了。
> ——一位分析者（在做了大量分析之後）

　　佛洛伊德還指出許多症狀是「多重決定的」（overdetermined）（SE XVI, p. 269），這意味著有許多不同的事件或關係，促成了症狀的形成——換句話說，症狀的形成原因是多重的（它們的「為什麼」或者「起始處」是多方面的），並且，隨著時間流逝，它們或許會提供好幾種不

同的功能（它們的「去處」也有許多方面）。[30] 甚至於，隨著時間的進展，症狀可以被其他原因（理由）及目的（去處）所增強——「隨著時間的推移，一個症狀可以改變它的意義或者主要意義，或者主導的意義可以從某個意義換到另一個意義」——它們沒有必要「彼此相容，也就是說，整合成一個連貫的整體」（SE VII, p. 53; see also p. 83）。這是為何一個人生命中長期存在的症狀需要大量分析工作才能減輕的原因之一，隨著時間過去，太多不同的線索會連結至同一個症狀，所有這些線索都需要追蹤，並且得到完整的解析。

鼠人的「老鼠情結」有許多不同的決定因子（我們沒有在第四章中花時間好好探討）；而且，如附錄三所討論的，他會開始跟佛洛伊德進行分析顯然是因為他的症狀——所有看似瘋狂的舉動都跟他為那副新眼鏡（「夾鼻眼鏡」）欠的錢有關，而他的症狀或許要比「老鼠情結」更加複雜及多重決定（我在附錄中試著澄清「夾鼻眼鏡」事件中那團混亂的多重決定因子）。

曾經有一位年輕女性來找我做分析，她抱怨自己長期受幽閉恐懼症（claustrophobia）所苦，並且狀況越來越糟糕，只要遇到封閉空間（包括飛機客艙），症狀就會出現，但主要是發生在電梯。我們花了很多年的時間才解開組成她的症狀結構的無數線索，那些線索至少涉及三個不同重要人物，來自三個不同家族世代：（一）一位過度焦慮的母親，警告她不能搭電梯，以免電梯卡在樓層之間時她無法按到緊急按鈕，並且也不要單獨與男性家族成員以外的男人共乘電梯；（二）一位不肯聽從媽媽警告的妹妹，她決定不要跟這位妹妹一樣，所以她改走樓梯，儘管樓梯相當陰暗破敗（此外，她父親的公寓也沒有電梯，只有樓梯）；（三）她常常陪一位家族長輩搭電梯，這位長輩

會讓她調皮地按電梯按鈕玩耍,以拖延回到他家的時間,因為一進家門看到他太太,他們就會是另一個樣子,病人覺得這位長輩的太太在許多方面都像是她的競爭對手。

我們完全可以想像,她將電梯與那位長輩共處的愉快經驗(甚至還伴隨著伊底帕斯式競爭)連結在一起,但這個經驗又因母親擔心她與男性獨處的焦慮而蒙上陰影。事實上,母親對女兒被強暴或騷擾的擔憂可能是現實的,但是她在向女兒發出這種警告時,她在聲音語調及身體姿勢中表現出過度的絕爽,卻使警告黯然失色(母親還宣稱大樓管理員不希望個頭太矮的小孩搭電梯,以免按不到緊急按鈕,這件事也使母親的警告作用降低,女兒很清楚管理員從來沒有說過這種話)。於是,女兒感到搭乘電梯幾乎就等於(用擔憂及焦慮)殺死母親,當時她可能是無意識地喜歡搭電梯,但是,她卻轉而反對自己,在電梯中驚慌失措,彷彿自己就要解體,分崩離析。再加上她跟妹妹的複雜關係,她原本應該要照顧妹妹,但妹妹卻無視於母親的勸告,堅持己見,因此可以理解的是,我們必須對這位分析者的早期生活史以及最親密的關係進行深度的詳盡探索,以釐清長期以來形成症狀結構那錯綜複雜到難以想像的線索團。

症狀是被抑制物復返的信號

我總是很高興自己的悶悶不樂。

── 一位分析者

　　我們在先前的章節中看到，儘管抑制能讓一個孩子解決她內在、或者她跟照顧者之間的某種衝突，但抑制並不代表這種愛欲或侵凌念頭（或願望）會從她的生活中徹底消失殆盡：事實上這種念頭或願望總是會以偽裝的形式復返（我們稱此為「被抑制物的復返」），以似乎比起初的衝突更加糟糕的方式妨礙她的生活，產生難以理解的症狀，並可能持續影響她一輩子。正如我們所見，抑制有種功能失調或反應過度的意味，如果我們考慮到症狀往往帶來一些沒完沒了的問題，與當初引發症狀的衝突相比，這就是看似過度的反應。抑制有可能會削弱人們的能力：「抑制一開始雖然有用，但最後會導致有害的結果，使人們喪失克制（衝動）及控制心智的能力」（SE V, p. 617）。

　　正如前面曾提到的，形成症狀可以「逃避原本避免不了的焦慮」（SE XVI, p. 404），這焦慮是來自於孩子的內心、或是她與親人之間的衝突。焦慮會因症狀的形成而獲得暫時的約束或減輕——舉例來說，害怕電梯可以幫助孩子暫時忘記生活中的某些衝突，因為在大多數情況下，單純地避免搭乘電梯並不困難。然而，往往會發生的狀況是，對電梯的恐懼開始擴大變成對所有密閉空間的恐懼，諸如此類。換句話說，孩子最初逃避的焦慮，經常在症狀形成之後，一點一滴地逐漸回來。

　　這種情況在「小漢斯」的案例中明顯可見，小漢斯的父親是佛洛伊德的仰慕者，他試著用他對佛洛伊德作品的了解，再加上佛洛伊德本人提供的一些建議來養育他的孩子。佛洛伊德針對小漢斯寫了詳盡的案例分析（SE X, pp. 5-149），但是在所謂的治療過程中，佛洛伊德只見過小男孩一次。在佛洛伊德的敘述中似乎相當清楚的是，漢斯由於對母親有亂倫的感情，又深愛著一點也不專制的父親，因而

產生了強烈的衝突，而他的焦慮在他第一次出現對馬的恐懼症之後
明顯地減輕了。我們可以這麼說，他的焦慮在症狀形成之後受到了
「約束」或隔離——換句話說，他不再一直感到焦慮，只有在他離開
屋子，遇到戴著眼罩（會讓他聯想到父親的眼鏡）、嘴邊有馬具或是
口絡之類黑色物品（讓他聯想到父親的鬍髭）的馬，以為牠們會咬他
時，才會產生焦慮（pp. 41-42）。在那個時代，城市裡到處都可見到拉
著車子的馬，這不見得是最容易形成的症狀，然而只要那個男孩（跟
媽媽）待在家裡，他就不會焦慮。不過，隨著時間過去，他即使待
在家裡也會想到這些馬，並且變得越來越害怕跟馬相關的事物（怕牠
們突然從固定位置前進、小跑步、轉彎、跌倒，也怕牠們拉著貨車
〔pp. 51 and 59 n. 2〕），甚至連鐵道也怕。因此，雖然剛開始時懼馬症幫
了一些忙，讓焦慮受到約束，而且似乎在絕大多數日常情境中令他
的不舒服大幅下降，但最終他還是對許多事物感到恐懼，並嚴重地
影響到他的生活。被漢斯抑制的那部分無可避免地以焦慮的形式復
返，並且滲透到日常生活的更多面向中。

症狀的心理肇因

> 失誤行為是妥協的結果：對互相妥協的兩個意向來說，它們
> 都是一半成功，也是一半失敗。
>
> —— Freud, SE XV, p. 66

在《歇斯底里研究》中，佛洛伊德及布洛伊爾談到在症狀（「病

理現象」）及其促發因素之間的一種新關係：象徵關係（symbolic relationship），這是在「自然科學」中從未看過的（SE II, p. 5）。舉例來說，西方人一般相信，思考是發生在大腦中，當人們經歷心理痛苦，有時候會感到頭痛（醫學術語經常會說是「**神經痛**」），例如要考量眾多因素、或是必須權衡兩個重要性不相上下的情況，才能掙扎做出的困難決定（我們可以透過詢問病人頭痛時在想什麼或擔憂什麼，得知這些不同的因素及情況）。很多人在跟朋友或家人相處時也有過這樣的經驗，如果觸及某個他們不願意討論的主題，當他們已經不肯再多想或多談的的時候，就會開始頭痛。這裡存在一個「意念的關聯」（association of ideas）：當他們的神經迴路超載，或者他們感覺到念想的折磨，就會以頭痛的現象表現出來。像在南韓這些國家，由於他們認為思考是發生在心裡，當地人在遇到這些情況時就不可能會出現頭痛，因為他們不會把心理痛苦與腦神經痛連結在一起。

同樣地，當某個人心碎時，正如我們在英文中用的象徵性說法，這個人可能會感覺到胸痛或是心悸。而就像英文及法文的慣用語中所說，當某個人無法吞下老闆或配偶的批評時，這個人會感覺到喉嚨緊縮、哽咽或作嘔。這類身體症狀（儘管多半時候為時甚短）只有在跟某個特定**意念**——顯然是心理的——有關時才會發展出來，對於念想發生在身體哪個部位、愛是從何湧現，以及人們透過什麼途徑受虐等，擁有症狀的人自己是知道的。而且這些意念會依國情而定，視不同語言而有差異。（那些真的精通兩種語言的人，自然會發展出跟那兩種母語相關的典型症狀以及混合症狀。）

關於症狀的「心理肇因」（psychical cause），佛洛伊德在《歇斯底里研究》中給了我們一個驚人的案例，他在討論他與塞西莉亞女士（Frau

Cäcilie）的分析工作時：

> 最後我們講到她的臉部神經痛又再度出現……我想知道這是
> 否也是有心理肇因。當我開始談起創傷場景（她的臉頰疼痛第一
> 次出現時），病人想到那段時間她對她先生有很大的不滿。她描
> 述當時兩人之間的一段對話，她先生對她說了一句讓她覺得非
> 常侮辱人的話。突然間，她把手放在臉頰上，痛得大哭起來，
> 然後說：「我簡直是被打臉。」就這樣，她的痛苦跟神經痛發作
> 就消失了。（SE II, p. 178）

在塞西莉亞女士所說的語言中，有時會將羞辱比喻成「打臉」，
若非如此，在她跟先生激烈的對話之後，顯然不可能會出現臉部神
經痛這樣的症狀。不同母語會根據其慣用語出現另一個症狀，而不
會是臉頰疼痛。

時至二十一世紀，我的某位男性個案用了好幾次療程在談他最
近對電腦作業系統「UNIX的執念」。當我最後談到UNIX這個字聽
起來可以拼成另一個字時，他歇斯底里地笑了——顯然他突然明白
了，它可以拼成「*eunuchs*」（閹人）。下一次療程時，他告訴我，我
「扼殺」了他對學習電腦語言的執念。在他的腦海中，他很有意識地
將電腦作業系統UNIX當成是令他無法自拔的研究對象，但是他的
研究動機似乎在無意識中與「*emasculation*」（去勢）有著共鳴、或是
連結（我曾詳細討論這個案例，請見Fink, 2014b, Chapter 11）。如果他不知道
「*eunuchs*」這個字，以及在某些早期文化中閹人的角色，在他人生中
那一刻很可能不會形成這樣的執念；我之所以會提出UNIX的字音可

以拼成不一樣的字，是因為我很清楚他對這些文化的了解。

我們從未在自然界或動物界找到這類象徵性、語言上的因果關係；這顯然跟我們是「說話存在者」（speaking beings）有關，我們的念頭及願望都是由語言構成的，我們的許多情感就算不是完全被語言創造出來，也同樣受到了影響（像是「感覺憂鬱」〔feeling blue〕、「感到心碎」〔being heartbroken〕，或是「天旋地轉」〔thrown for a loop〕）。如我先前提到的，在某些語言文字裡，心理痛苦跟頭痛是語言上的關聯，而不是生理上的關聯。其他語言由於沒有同樣的表達方式，就不會促成同樣的連接關係或結合。因此，每一種語言都有以自己的方式產生某些症狀的傾向。舉例來說，法國人主要會在喉嚨處體驗到焦慮；他們有多不勝數的慣用語可表明這一點（包括「它掐著我的喉嚨」〔*ça me prend à la gorge*〕、「我的喉嚨打結了」〔*j'ai la gorge nouée*〕、「它卡在我的喉嚨」〔*ça m'est resté en travers de la gorge*〕、「我的喉嚨有腫塊」〔*j'ai une boule dans la gorge*〕、「我很焦慮」〔*j'ai les boules*〕*）。[31] 相形之下，美國人主要是透過身體的中間部位感受到焦慮，他們容易感到胃部打結、胃裡有蝴蝶†、胃酸逆流、胃灼熱或是腹瀉。簡言之，兩個母語不同的人受苦於同樣的心理煩惱或衝突，會以不同的身體症狀表現出來。

因此，心理學有自己獨特的因果關係形式（cause-and-effect relations）。一開始，佛洛伊德及布洛伊爾低估了他們在一八九五年發現有所謂的「心理因果律」（psychical causality）、語言／意念因果律（linguistic/

---

* 譯註，boules 有球、或球狀物的意思，字面上的意思是「我有球」，但這整句話在法文中通常表示緊張、焦慮、情緒低落等。
† 譯註：緊張。

ideational causality），或是象徵因果律（symbolic causality）這類事情的重要性。他們沒有意識到他們在偶然間發現了症狀的象徵性原因，而是持續將這種語言的連接關係視為只是附帶現象，只是潛在生理歷程的心理關聯。但有人可能會主張，隨著時間過去，佛洛伊德開始看到心理變化——像是獲得新的知識，或是學到新的意念——會導致生理變化，語言及意念影響身體，形式影響材料，象徵及慣用語影響我們的絕爽。

佛洛伊德偶而還是會口頭說說，有朝一日科學會發現所有人類意念及情感的生理基礎——比方說，精神分析「有一天必須建立在它的器質性基礎上」（SE XVI, p. 389）——但是這種話只不過是「口頭說說」而已。對於那些似乎無法解釋的臨床事實，佛洛伊德偶而有可能會把生物學視為是最後的解釋（他經常會用「體質因素」來解釋為何有些人的欲力似乎比較強大或是不受控），以及／或者他有時候會迎合醫學同僚，讓他們覺得他相信他們所做的許多相同的事情。

不過，佛洛伊德在好幾個地方指出，他努力不將精神分析的基礎概念建立在那個時代廣為接受的生物學或化學知識上，並且要「獨立於生物學的研究結果」（SE VII, p. 131）。他試圖描述他在分析工作中遇到的「心理」（psyche），並且儘量少用他之前在神經學及生理學方面的知識。[32] 一百年後，從我們的角度來看，我們可以說佛洛伊德的做法是明智的，因為儘管這一百年來醫學研究仍持續不輟，而且以康乃爾大學醫學院臨床精神醫學教授理查‧佛里德曼的話來說，「我們在基礎神經科學研究上做了大量投資，在治療方面卻幾乎沒什麼斬獲」（Friedman, 2015）。正如他所指出的：

　　對於基礎神經科學的加倍投資，似乎反映出這樣一個前提：
如果我們能解開大腦功能的奧祕，我們就能對心智及重大精神
疾病的病因有一個明確的理解。事實上，五月份在我們領域中
最受尊崇的刊物《JAMA 精神病學》的社論，也附和了這個觀
點，作者群寫道：「我們所治療的疾病是大腦的疾病」（Ross, Travis,
and Arbuckle, 2015）。

　　即使這樣的前提為真──很多人會認為這個前提是還原論且
過於簡化──解開大腦功能奧祕的雄心壯志，很可能要花上許
多年時間（或者甚至要好幾個世紀）……任何對此有不同想法的
人應該都還記得十五年前結束的「大腦的世紀」，對於精神疾病
的根本病因並未得出任何重要線索……

　　更根本的是，所有感覺、思想及行為都需要有大腦活動才能
發生，此一事實並不代表改變它們唯一或最好的方式是用藥。
例如，我們知道，不是所有精神疾病都可以透過生物療法得到
充分的治療。（許多疾病）對於精神科藥物的反應不佳，卻可以
很容易地透過各種形式的心理治療進行治療。（Friedman, 2015, p. 9）

　　佛里德曼繼續說道，「許多控制良好的臨床試驗證明，對於像
是憂鬱症及焦慮症這類常見的精神疾病，心理治療跟精神科藥物同
樣有效。」其次，「大多數美國人顯然偏好接受心理治療，而不是服
藥。」佛里德曼進一步指出，結果顯示，根據某些研究（尤其是《美
國精神醫學期刊》的一篇文章〔Markowitz et al., 2015〕），三分之二的創傷
後壓力症病人對心理治療有反應，這比例高出任何目前已知的其他
治療方式。還有，薛德樂報導，絕大多數知名的精神科藥物（包括百

憂解〔Prozac〕、樂復得〔Zoloft〕、克立生〔Celexa〕、舒憂〔Celexa〕、立普能〔Lexapro〕、千憂解〔Cymbalta〕）其「效果量」（或效用）遠低於精神動力心理治療（Shedler, 2010, p. 100）。

所有這些都表明，在很多情況下，透過跟某個人談話，心與身可以得到相當充分的治療。而如果言語（speech）可以治癒疾病，**許多心理及身體症狀的病因**就不是所謂的「腦中化學物質不平衡」，而是言語**本身**——無論是我們聽到他人說的話，或是我們自己說出的話（或甚至只是想要說的話）——這樣的假設應不致過於牽強。

關於其他所謂的神經症

作為醫學的一部分，精神病學確實開始著手描述它所觀察的心理異常現象，並且將這些異常現象集合成各種臨床疾病；但即使是在一切條件皆有利的時候，精神病學家對於自己純粹基於描述的假說是否稱得上是科學，還是會有所懷疑。形成這些臨床疾病的症狀，它們的源頭、機制或是相互關係，我們一無所知；我們要不是觀察不到對應的大腦變化，就是大腦的變化無助於對症狀的理解。只有在跟著器質性疾病出現時，我們才有機會治療這些心理異常現象。

這就是精神分析試圖填補的空白。精神分析試圖給出精神病學所欠缺的心理學基礎。精神分析希望找到一個共同的基礎，在這個基礎上我們得以理解生理及心理異常現象兩者的交會。由於精神分析以此為目標，所以它必須擺脫任何偏離此目標的

假說，無論是解剖學、化學或生理學的假說都不適用，精神分析必須僅能使用心理學概念來進行操作。

—— Freud, SE XV, pp. 20-21

佛洛伊德在神經症的名詞使用上有些過時，在此做些註釋會有幫助。「神經症」（*neurosis*）這個字來自於希臘文的「神經」（nerve），因此原本指的是被認為屬於「神經異常」（nervous disorders）的**任何事情**——亦即，中樞神經系統的異常——無論其肇因為何。尤其是在他的早期工作中，佛洛伊德被引導著去區分出兩種不同形態的神經異常：

- 其一是他稱為「精神神經症」（psychoneuroses），有時候也稱為「神經精神症」（neuropsychoses）（SE III, pp. 45-61）的神經異常，肇因是心理因素，
- 其二是他稱為「現實型神經症」的神經異常，肇因**不是**心理因素。[33]

在「現實型神經症」（actual neuroses）中的「*actual*」其實是誤稱，因為在德文中的「*aktual*」，就像法文中的「*actuel*」一樣，並不等同於英文中的「actual」（現實的、實際的），而是指「當前」或「同時期」。因此，德文的形容詞「*aktual*」指的是這類神經異常的發作，源自於目前發生在某人生活中的某些情況，像是因為身體疾病、藥物使用（無論是處方藥或非處方藥）、工作過度，或是進行像性交中斷這種令人緊張的性行為，而持續疲憊不堪。人們為何會工作過勞、或是

為何進行這種令人沮喪的性行為，可能有心理因素存在，但主要造成神經異常的原因卻是這些活動導致的生理狀態（無論是神經衰弱或神經質）。

這類神經異常外表上看來可能跟精神神經症很像，但是，無論是它的肇因或是可能的治療方式，都不是在心理領域。例如，佛洛伊德將「焦慮神經症」——涉及廣泛的或「莫名的焦慮」（或許對應於今日所稱的**廣泛型焦慮症**）——分類在「現實型神經症」（SE XVI, p. 398），從外表看來，它可能跟我們有時候在歇斯底里或恐懼症中所見的某些焦慮狀態並沒有那麼不同。然而，既然它的肇因（例如禁慾或性交中斷的特定行為）是生理的，它就不「**適合進行心理治療**」（SE III, p. 97，強調為原文）。它涉及了「**身體的性興奮脫離了心理領域之後，對此興奮的異常使用的結果**」（p. 108，強調為原文）。[34] 一旦停止這類行為——例如，一旦某人不再進行（或者不參與）無法釋放性張力、反而使人更緊張的性行為——所謂的焦慮型神經症就會停止。一旦某人不再工作過勞，她的現實型神經症就會停止。

因此佛洛伊德會說，現實型神經症本身無法進行精神分析治療（SE XVI, p. 389）。精疲力竭或過度緊張的人可能會被周遭的人說服——換句話說，她可能會聽取周遭的人或醫師的意見，把生活節奏放慢、去放個假，或是找到其他控制生育的方法；而當她這麼做，她的問題便會消失不見。之後她會探索為何自己一開始會走到如此極端的地步，這樣的探索可能會對她有幫助，然而，這樣的探索是防止她再次發生同樣的問題，而不是從一開始就解決問題。

現在幾乎沒有人會說這些情況是**神經症**；如果有提到，它們可能被指認為某種**精神狀態**（nervous states）、**精神狀況**（nervous conditions），或

許是**精神崩潰**或**倦怠**所造成的，也或許不是，可見就是一些不太明確的說法。我之所以提到這點，是因為近來有些精神分析師試圖在分析文獻中恢復使用「現實型神經症」這個名詞（例如 Verhaeghe, 2004, and Vanheule, 2014），而我認為不要讓讀者對其意涵感到困惑是重要的。[35]

佛洛伊德還引入了另一個可能也會令人感到困惑的名詞：「自戀型神經症」。這個名詞令人困惑之處在於，他把早發性癡呆（dementia praecox）（這是早期的名詞，現在我們通常稱之為思覺失調症）及妄想症都納入這類所謂的神經症之中，儘管思覺失調症及妄想症是公認的精神病。[36] 有時候他也會將憂鬱（melancholia）歸類在自戀型神經症，而無視於憂鬱經常也是精神病的表現形式之一（SE XVI, Lecture 26）。

至於他所說的「傳移型神經症」，則包含了歇斯底里及強迫症（SE XIV, p. 124）；換句話說，我們可以說這些都對應於嚴格意義上的神經症。

對佛洛伊德來說，**神經症**（neurosis）這個名詞單純指稱神經異常，因此他幾乎把每一種神經異常都歸類為神經症（似乎除了倒錯之外）。我在下方重建了佛洛伊德早期使用的名詞意涵，並對照當代的精神分析診斷標籤，這對某些直接閱讀佛洛伊德作品的讀者可能會有幫助：

- 「傳移型神經症」（transference neuroses）：歇斯底里（hysteria）及強迫症（obsession）（或許也包括恐懼症〔phobia〕），今天我們視為嚴格意義上的神經症（neurosis proper）；[37]
- 「自戀型神經症」（narcissistic neuroses）：妄想症（paranoia），思覺失調症（schizophrenia）及憂鬱（melancholia），今天一般歸類為精神病（psychoses）；

- 「現實型神經症」（actual neuroses）：焦慮型神經症（anxiety neurosis）
及神經衰弱（neurasthenia）（在我們的時代，神經衰弱沒有特定
的稱呼，有時候可能只是指精神狀態或精神狀況）以及某些
創傷狀態（trauma states），現在有時候會分類在「創傷後壓力症」
（PTSD）之下。[38]

第 **7** 章

超越佛洛伊德？
Beyond Freud?

人們善於遺忘跟無意識有關的每一件事。

——Lacan, Seminar VI, p. 79

　　當今的精神分析據說超越了佛洛伊德。我不可能在這裡提及這個領域曾想過及做過的每一件事，不過許多精神分析的治療師及學派相信，他們已經對佛洛伊德的做法提出修正及改善的方法，稍後我們會來了解其中幾個面向。在此之前，讓我們先來討論那些不是分析師的人所提出的觀點及主張，這些人幾十年來大聲疾呼，他們早已超越佛洛伊德。

精神醫學過早敲響了精神分析的喪鐘

　　無論是思辨哲學、描述心理學，或是所謂的實驗心理學，都

> 無法給你有用的訊息以了解身體跟心理的關係，也無法提供你
> 理解心理功能之可能障礙的關鍵。

——Freud, SE XV, p. 20

一九六〇年末期及七〇年代早期，精神醫學非正式地宣稱它廢
除了精神分析，許多訓練計畫不再聘用經驗老道的分析師（在老一輩
的分析師退休之後，就不再找人接手）。並且，精神醫學正式向每一
種心理治療形式開戰，它不斷宣稱所有心理問題都是生理問題，醫
學很快就會為每一種心理及行為「異常」，找到與之相關的基因、大
腦神經網絡及「不平衡」的神經傳導物質（五十多年後，《精神疾病
診斷與統計》〔第五版〕依舊重複著同樣的主張）。

在此我們不探討當今遺傳學及神經科學的發展，也不談至少到
目前為止，他們仍沒有能力在基因體或特定神經網絡上的任何特定
位置，定位絕大多數的心理或行為現象。我想來談談到目前為止，
醫學針對心理問題提供的所謂的治療方法。當我們謹慎地檢視目前
由醫師開出的大多數精神藥物處方的效果，尤其是這類審查**不是**由
那些研究經費主要來自藥廠贊助的研究人員所進行時（讓產品看起來
有效顯然符合藥廠的既得利益，別忘了，絕大多數撰寫 *DSM-5* 的作
者所做的研究，至少有一部分是由「大藥廠」——也就是超大型製藥
公司——所贊助），[1] 我們可以看到以下的結果：

- 這些藥物中沒有多少藥物能宣稱效果大於安慰劑——換句話
  說，這些藥物的幫助是透過暗示的力量，就像催眠一樣（Menand,
  2010）。

- 能宣稱有某些效果的藥物，其效果往往只持續幾週，之後身體及大腦就找到新的平衡，抵銷了藥物的緩解作用。
- 藥物的副作用經常比疾病本身更嚴重，短期的副作用經常包括「力比多降低」——更白話的說法是，人們失去對生活、性欲力及求生意志的興趣——活力減少，以及（不奇怪的是）自殺傾向提高。長期的副作用通常包括遲發性運動障礙（tardive dyskinesia），以及一般運動及大腦功能的逐步下降，導致早發性失智症（premature dementia）（相關例子請參見 Whitaker, 2002, 2010; Whitaker & Cosgrove, 2015）。

這樣的結果似乎很難證實醫師及藥理學家宣稱藥效強大的說法是正確的。我們甚至應該注意，當某種藥物真的對病人有幫助，也往往需要終身服用，這表示我們所談的並非真正的治癒（cure）——因為治癒通常指的是，能讓病人無須繼續接受治療的方法。

幾乎每一種形式心理治療的明顯目標都是要帶病人走得夠遠，遠到不需再回來接受心理治療，或者至少有很多年的時間不用再做心理治療。正如佛洛伊德所說，

> 精神分析治療要求醫師及病人雙方認真完成工作，藉此消除內在抗拒。透過克服這些抗拒，病人的心理生活獲得了永久的改變，得以有更高層次的發展，並且能維持免於生病的可能。（SE XVI, p. 451）

無論哪一種形式的心理治療，它是否有良好紀錄能帶病人走那麼

遠，這一點有待討論，但至少這仍是個目標（無論多麼遙遠）。必須持續或定期使用的治療方式（例如終生服用精神科藥物），治療品質明顯較差，也遠遠無法符合我們的期待。佛洛伊德建議分析師每隔「五年左右」（SE XXIII, p. 249）要再度接受分析，這是因為分析師大量密集地與分析者工作，所以會對他們有此不尋常的要求，並不是所有分析者都需要如此；我們也必須將他的建議放在當時的時空脈絡中來理解：當年的訓練分析大約為期六個月，並不是今日較常見的四到十五年。

儘管當今的藥物治療效益短暫且微不足道，但精神醫學卻常大肆誇耀其戰勝了精神分析。例如，位於華盛頓的美國國家心理衛生研究院權勢強大，該院院長在一九九〇年七月斷言，此機構到二〇〇〇年很可能會「征服」幾乎所有的精神疾病（詳見《聖地牙哥聯合論壇報》一九九〇年七月十二日的報導）。這個說法顯然很傲慢自大，相形之下，分析師偶而誇大精神分析效果的說法就顯得蒼白無力。精神醫學界大言不慚地告訴大眾，科學家及醫師很快就會為每一種形式的精神疾病找到有效的化學物質或其他治療方法。這類主張從未得到證實，但是這並不妨礙醫師及科學家們繼續主張即使他們先前的聲明也許有些不成熟，但是在未來的幾十年內，他們的想法將必然獲得證實。希望（或者更確切地說，是欺騙？）永遠源源不絕……

精神分析學派：超越佛洛伊德？

閱讀佛洛伊德，本身就是一種訓練。

——Lacan, 1977/1984, p. 11

356

我們在第五章提到，佛洛伊德在精神分析實務的做法，其水準似乎不如他的**實務理論**。雖然佛洛伊德規定分析師必須只能是一面鏡子，反映出病人在分析師面前的樣子，但是許多時候佛洛伊德似乎無法克制自己，無法不將自己的人格、偏見、喜好及文化背景帶入他與病人的工作當中。此外，他建議分析師要在距離病人自己得到跟分析師同樣的解釋只有一步之遙時再做出解釋，但是，從佛洛伊德在一九一五到一九一六年呈現出來的臨床資料上可以清楚看到，早在他的病人準備好聽取、並能夠消化他所做的解釋之前，他就已經對病人做了很多解釋。[2]

由於我並不清楚普通病人在跟佛洛伊德做分析之後所寫下的紀錄（有個例外即將出版），[3] 在此，我會簡要評論醫師、精神科醫師及培訓分析師在跟佛洛伊德進行簡短分析後寫下的一些奇特紀錄，並了解可以從中看到什麼。無疑地，這些人寫下紀錄的動機各自不同，然而，他們都沒有把重點放在自己的心理結構上，彷彿比起自己的精神分析冒險，他們更關心的是去呈現與見證佛洛伊德的生活及研究方法。

喬瑟夫・沃提斯在一九三四到一九三五年與佛洛伊德進行了四個月所謂的「教學分析」（didactic analysis），如果他在一九五四年對這段過程的紀錄可信（他告訴我們，每次跟佛洛伊德進行「療程」之後，他都會寫下詳盡的筆記），佛洛伊德至少有時候（一）接下了以「理智化」（intellectualizing）作為防禦機制的病人投向他的誘餌，把大量時間用來跟病人討論精神分析理論、社會、經濟及政治問題，醫學、文學、歌劇、音樂、婚姻及美國女性的本質（更別提八卦他們共同

認識的人），[4] 沒有讓病人真的去談自己的事，有時候甚至是在談他自己（據說他告訴沃提斯：「我自己有三或四種恐懼症」〔Wortis, 1954, p. 38〕），透過這些舉措，他跟病人一樣抗拒分析；（二）對病人的心智能力及個人性格落入直接的判斷（這些判斷有時阿諛、有時傷人，但無論如何都對他們的分析有所損害，讓病人產生比原來更多的抗拒）（例子可見 pp. 58 and 75），他甚至會評斷他們所說的夢是否重要（p. 33）、病人在某次療程的表現是否良好（p. 67）；還有（三）他似乎更加關心他所理解的「真理」，以及他對分析者所做的評論是否簡潔有力，而沒那麼關心「真理」的揭示以及這些尖銳的言詞可能對病人造成的影響（例子可見 p. 24）。幸運的是，佛洛伊德明白地告訴沃提斯，他認為沃提斯在接受這麼短的培訓之後，還沒有準備好擔任分析師（他對培訓期的建議是接受二到三年的分析，再加上上課，並且在督導之下治療病人〔p. 128〕）。然而，如果第一代美國分析師很多接受的是這種簡短的培訓，也難怪他們都令人遺憾的沒有準備好要跟分析者一起工作。[5]

　　史麥力・布蘭頓的書談到他跟佛洛伊德的分析也是差不多的狀況，雖然他說自己從跟佛洛伊德的分析工作中獲益良多（「就我的理解，那是我曾經得到最大的幫助」〔Blanton, 1971, p. 62〕），他也覺得佛洛伊德相當隨和，「不會頤指氣使」（p. 31），有時候，佛洛伊德會讓布蘭頓說多一點，其他時候都是他在滔滔不絕（pp. 34 and 43）。佛洛伊德用在培訓分析師身上的技巧很有可能與他用在其他病人身上的技巧有相當大的差異，他甚至會打破某些自己的規則，好讓培訓分析師看到破壞規則會導致的問題（雖然他或許只是無法控制自己，並且在犯錯之後試圖將自己的錯誤轉為給分析者的教訓）。[6] 舉例來說，

有一回他把自己的書送給布蘭頓，這個舉動後來導致傳移的困難（p. 42）。[7] 還有一次，佛洛伊德把布蘭頓在前一次療程中不斷看手錶的行為，解釋為是布蘭頓覺得無聊的表示，或者是布蘭頓擔心佛洛伊德沒有給他整整一個小時的療程，但後來布蘭頓解釋那是因為他的手錶在療程中停了；此時，佛洛伊德就會說：「你看，除非有病人的自由聯想，否則要了解事情的意義，對我來說有多麼困難。事情可以有很多種意義」（p. 69）。要稱讚佛洛伊德的是，據說他告訴布蘭頓，治療技巧無法從書上學到，分析師「必須學習發展自己的技巧」（p. 48）；他又進一步發表意見說，布蘭頓似乎對他的病人過度焦慮，他需要學習「放手，讓他們自己進行救贖」（p. 76）。

總而言之，對我來說，佛洛伊德在跟神經症者（以及培訓分析師）的臨床工作上幾乎不能算是個模範的治療師，他可能很少實踐自己的教導。[8] 但這並不意味著後來的精神分析師就會一直努力嚴格地實踐佛洛伊德所推薦的技巧，或者就必然改進了他所建議的技巧。事實上我們可能會懷疑，後代的精神分析師在高舉改進或「更新」精神分析的大纛下，會不會其實經常把精華和糟粕一起丟掉了。

例如，在一九四〇及五〇年代發展起來的自我心理學家更加看重防禦（「對防禦的分析」），他們認為在開始討論無意識**之前**，需要先跟防禦工作；但是在實際的臨床實務上卻常看到他們因為過度看重防禦，而根本忘了無意識（請見Jacoby, 1975）。

克萊恩學派、關係學派（relationalists）及互為主體性學派（intersubjectivists）（將他們歸併在一起是我過度簡化，也是我對他們的作品了解有限）開始把重點擺在分析關係的「此時此地」（here and now），企圖將病人談的每一件事拉到與分析師的傳移關係中。可能有

人認為，他們只是認真看待佛洛伊德的模型，將病人在生活中與他人之間的問題及來自過去的問題重新導到分析師身上，藉此將病人原來存在的神經症轉化為「傳移型神經症」（SE XII, p. 154; SE XVI, p. 445）；據稱，「傳移型神經症」可以讓分析師「透過傳移，將已擺脫自我支配的一部分力比多吸引到分析師身上，藉以掌握所有已不受自我支配的力比多」（SE XVI, p. 455; see also pp. 444 and 454），並且在傳移的「戰場」上解決力比多與自我之間的鬥爭（p. 456）（請注意軍事說法的比喻）。[9]

然而，他們似乎也同時放棄了以下兩件事：（一）佛洛伊德建議分析師要盡可能像一面鏡子，而不是直接或間接揭露太多關於自身的訊息，[10] 以及（二）佛洛伊德的想法是，應該在分析過程中逐步將病人過去記憶中的漏洞或缺口填補起來（SE XVI, p. 435）。可以說，對這些新近精神分析學派的許多人而言，過去的已經過去；絕大部分都已無關緊要。事實上，他們似乎相信過去的事情若有任何重要性，就會搬演在此時此地的傳移關係中，他們也認為他們找到了比佛洛伊德更有效的方法來跟傳移工作（我們在前面看到，佛洛伊德有時候甚至連辨識出傳移都有困難，更別提跟傳移工作）。他們的做法通常牽涉到一種信念，相信自己及分析者能夠暫時站到傳移之外一起檢視傳移，彷彿他們能夠暫時變成「客觀的外在觀察者」，去觀察傳移中發生了什麼（對此種信念的批評，可見 Lacan, Écrits, p. 591; Seminar XV，1967年11月29日的課堂內容，Seminar V, p. 428; and Fink, 2007, pp. 140-145）。

當代分析師跟傳移有關、最受推崇的創新之一，是他們所說的**投射性認同**（projective identification）——這裡有點過度簡化，因為在文獻中至少有好幾種不同的表述[11]——幾乎分析師在晤談過程中的思考、感覺及經驗，都被視為是由病人「放入」他們內在的。這種情況如何

可能發生（也就是其傳輸機制），就我所知並沒有詳盡、或令人滿意的解釋，而分析師對這種現象的看法則很接近超感官知覺（或是像羅伯特・海萊因在《異鄉的陌生人》中所說的「心領神會」〔grokking〕*）。就我看來，如果有人能針對投射性認同設計並執行實證研究，會很有趣、也很有用。設計者可以在這樣的研究裡讓相信投射性認同的分析師跟志願者一起進行會談。分析師在會談中會**克制**自己，不對志願者透露他們相信志願者已經對他們做出投射的時間點。然後，再讓分析師及志願者**分開**受訪，回憶他們在晤談過程中各個不同時間點上的感受及思考（或許可以回放錄音檔或錄影檔，幫助他們回憶），之後再比較他們的敘述。

　　雖然這樣的研究很難在細節上正確的實際執行，但我懷疑我們可以在分析師描述志願者對他們的投射、以及志願者描述自己的感受及思考之間找到什麼關聯。分析師在跟病人一起工作一段時間之後，彼此的描述或許會有較高的一致性，但這也可以解釋為分析師對病人的**熟悉度**（familiarity）增加了，因為分析師獲得了更多實際的線索——包括言語、非語言的聲音、言語節奏、姿勢、身體語言等——而非「投射性認同」。

　　這些晚近的精神分析學派將重點放在傳移關係中的此時此地，或許可以理解為他們對「付諸行動」（acting out）的看重，更勝於對回憶（remembering）的重視；分析師甚至還創造出一個名詞：「分析情境內的付諸行動」（acting in），來指出這種情形在療程「之內」及晤談室

---

*　譯註：牛津英文詞典對海萊因所創的這個新字的解釋是：透過直覺或同理心獲得理解。

之外都會發生。佛洛伊德已經指出，病人會在傳移（及日常生活）中搬演出——也就是說，重複——他無法記得的事，但是他也提出警告，儘管在分析中偶而無可避免會出現「付諸行動」的狀況（例如，病人忘了治療時間，在錯的時間或日期出現，要打電話給媽媽的時候打給分析師，或是忘了付治療費），但是，更嚴重的「付諸行動」可能會造成相當程度的傷害，因為這類重複對分析師及病人雙方來說通常都更難處理。換句話說，按照佛洛伊德的思路，**促進回憶遠勝於重複**。拉岡呼應了佛洛伊德的觀點，他認為病人的「付諸行動」意味著分析師需要在治療中採取不同的立場或位置（例如，不再扮演父母或追求者的角色，就像佛洛伊德在分析朵拉時所做的）。

當代精神分析界有許多人似乎顛倒了他的建議，他們在實務上的做法似乎更希望病人重複，而非回憶。這應該被認為是超越佛洛伊德的一種方式，或者是單純遺忘了佛洛伊德？這就留給讀者來決定了……

跟精神病工作的精神分析取向

毋庸置疑的是，許多精神分析學派都改進了對於精神病的精神分析治療，佛洛伊德曾認為由於缺乏他所認為的傳移，分析治療「無法適用於程度嚴重的妄想症及早發性癡呆（這是佛洛伊德所用的稱呼，今天我們通常稱為思覺失調症）」（SE XVI, p. 458; see also pp. 438-39）。[12] 佛洛伊德在執業時有個傾向，他會根據相當傳統的標準來判斷任何有才智、且多半在生活裡有所成就的人（今天的說法是**高功能**）是神經症，因此他們有能力在分析中做深度詮釋。儘管所謂的智力與診

斷類別或臨床結構之間沒有已知的相關性，時值今日，仍然有太多臨床工作者有這種傾向。佛洛伊德經常沒有意識到，許多聰明成功的人其實不是神經症的結構，而是精神病的結構，[13] 跟他們工作時企圖觸及無意識，會對他們有深遠的不穩定影響。正如我們在第六章所見，他通常使用「自戀型神經症」（narcissistic neuroses）來統稱妄想症、思覺失調症及憂鬱症，這會造成誤導，帶來一種「這些只不過是更難治療的神經症子集」的印象（至於容易治療的是強迫症、歇斯底里及恐懼症），而不是截然不同的病症；而且他主張在思覺失調症中運作的某些歷程「幾乎等同於抑制的歷程」（SE XVI, p. 421），這似乎相當難以置信。

然而，佛洛伊德在其他地方假設，思覺失調症的無意識是「未被挹注能量的」（decathected）（SE XIV, p. 235），以及「關於思覺失調症……我們必須懷疑，這裡的『抑制』歷程，跟傳移型神經症發生的抑制歷程是否有任何相同之處」（p. 203）。拉岡在其早期的作品中更進一步提到，「我的出發點如下：無意識存在精神病中，**但是它並沒有功能**」（Seminar III, p. 143；強調為我所加）。二十多年後，他提到精神病中「對無意識的拒絕」（rejection of the unconscious）（Lacan, 1974/1990, p. 22），[14] 並以此作為他所謂「除權棄絕」的行動或歷程的同義詞。他同時還提到詹姆斯·喬伊斯，從某種意義上來說，他「取消了無意識的訂閱」或者是「沒有訂閱無意識」（*désabonné à l'inconscient*）（Seminar XXIII, p. 164）。對此我的看法會比佛洛伊德或拉岡都更加明確：嚴格說來，精神病沒有無意識，這一點徹底改變了我們必須如何跟精神病者進行實務工作（Fink, 2007, Chapter 10）。

佛洛伊德未能辨識出病人有精神病的著名實例是狼人（SE XVII,

pp. 7-122）；狼人在接受佛洛伊德的分析四年之後，改與佛洛伊德當時
最親近的同事之一露絲‧邁克‧布隆斯衛克，以及穆瑞兒‧嘉蒂納
進行分析工作，她們證實了狼人有清楚的精神病結構（請見 Gardiner,
1971, pp. 263-307 and 311-366）。另一個較不為人知的案例是美國的一位醫
師霍瑞斯‧福林克，他是由亞伯拉罕‧布瑞爾（第一位美國精神分
析師）轉介給佛洛伊德的，當時布瑞爾已經跟福林克以「一週一次
『精神分析』」（Warner, 1994, p. 140）的方式工作了一陣子。佛洛伊德似乎
假設既然布瑞爾認為福林克是個優秀的候選人，足以跟佛洛伊德進
行培訓分析（佛洛伊德在一九二一到一九二二年那個時候，認為六
個月的分析即已足夠），並且一開始他看起來既聰明又條理清晰，
必定是典型的強迫神經症者（obsessive neurotic）。不過，福林克在一九
〇八到一九一八年就已經苦於嚴重的憂鬱症，他不得不從紐約的專
業活動中抽出時間，到位於新墨西哥州的一處農場，針對他所稱的
「毒性頭痛」（toxic headaches）（這個說法本身就令人擔憂）接受「復健」
（rehabilitation）。福林克或許沒有對佛洛伊德提起這些經驗，他希望能
給佛洛伊德一個好印象，以獲得他的青睞——這個做法奏效了，佛
洛伊德推薦福林克擔任「紐約精神分析學會的新任主席」——而佛洛
伊德沒能看出福林克的脆弱及有長期精神病的跡象。他們一起進行
的分析工作導致福林克出現「代償不良」（decompensation）的情況，也
導致了他在跟佛洛伊德工作之後的生活狀況至少和以前一樣辛苦（請
見Warner, 1994）。[15]

　　今日的分析師以兩種截然不同的方式改進了佛洛伊德與精神病
工作的方式。非拉岡學派的做法經常將精神分析技術同時用在神經
症及精神病上。事實上，他們通常不太區分這兩者，他們偏好的診

斷是邊緣型人格障礙症（borderline personality disorder）及自戀型人格障礙症（narcissistic personality disorder），這往往會混淆了神經症和精神病的區隔，就像他們相信一個人可以在某些時候是精神病，然後又回到神經症，這完全不是一個結構性的觀點。這種關注於此時此地的新做法往往很接近支持性心理治療，在許多情況下，最後都會把無意識擺到一旁。這並不利於與神經症者的工作，但卻是與精神病者工作時所需。

另一方面，拉岡學派則是已經非常擅長於辨識出精神病，即使沒有像是幻覺、妄想、「具體思考」等等明顯跡象。近幾年，他們甚至形成「如常人一般的精神病」（ordinary psychosis）（IRMA, 2005a）這樣的概念，即使看不到誇張或明顯的跡象出現，但病人的無意識運作很明顯不同於一般神經症的方式（IRMA, 2005b, 2005c）。拉岡學派針對精神病制定出一套跟神經症完全不同的做法，他們會跟神經症者持續探索無意義，卻會以非常不一樣的方式跟精神病者工作。

因此，持平來說，比起當年的佛洛伊德，今日的拉岡學派及非拉岡學派即使沒有認出對方是精神病者，他們跟精神病的工作都更加成功。

超越佛洛伊德在性領域的偏見

許多其他派別的分析師宣稱他們已經超越佛洛伊德關於兩性之間具有「自然」吸引力的偏見（他們充分意識到吸引力在很大的程度上是家庭環境、教育及文化的產物），以及他將主動性（activity）及被動性（passivity）作為分別男性特質（masculinity）及女性特質（femininity）

的基礎，儘管佛洛伊德曾一再宣稱這樣的概念是有待商榷的。我們若是認為這些只是理論上的考量，對分析師的實務工作影響很小，那我們就錯了。理論偏見經常會對分析師在晤談室裡的實際作為產生細微而潛在的影響。

　　同樣地，拉岡學派會說，他們已經超越佛洛伊德的傳統觀念，亦即愛、慾望及性滿足最終應該總是匯聚在同一個對象上，每一段關係應該導致某種和諧的「生殖器對生殖器」的連結（好萊塢會對此展開雙臂歡迎）（例子可見 Lacan, Seminar XX and *Écrits*）。換句話說，拉岡學派否定佛洛伊德所相信的，在「正常」人類發展過程中，部分欲力（例如口腔及肛門）會在生殖器欲力的「專斷」之下獲得統一（SE XVI, p. 323）。

超越理解

> 我不再一定要成為超人；我只需盡力而為。
>
> ——一位分析者

　　此外，拉岡學派會說，他們辨認出一種狀況，這是佛洛伊德自己也看出來、卻從未真正能超越的：只讓一個人「在意識層面上理解」問題，不會有什麼成效。長期以來，佛洛伊德相信療效的保證來自於讓念頭從無意識進入意識，但是在許多文本中，他承認病人在意識層面上辨認出過去及現在的願望、慾望及衝動，並不必然會讓它們消失，更不用提與它們連結的症狀了。佛洛伊德因此了解到有

一個強大的經濟因素*在發揮作用，還有，舉例來說，要讓黏著於症狀的力比多（或是絕爽）不再固著，並且將之釋放出來、可以為其他生命目的所用，所需要做到的經常不只是「理解」過去及現在的關聯而已。拉岡學派認為他們試圖做到的不只是讓人理解，他們還在做出詮釋時避開人們透過意識的領悟，不是在自我或意識層次產生影響，而是更直接地去影響無意識及絕爽。他們把這個做法稱為**分析行動**（*l'acte analytique*），對他們來說，這類行動包括了提點（punctuation）、神諭式解釋（oracular interpretation）及律斷（scansion）（對此三者的討論，請見 Fink, 2007, Chapter 3-5）。

「自我分析」

> 真正的自我分析是不可能的；要不然就不會有（神經症）疾病了。
>
> ——Freud, 1985, p. 281

儘管佛洛伊德偶而會建議那些為了幾個月的「培訓分析」遠道而來的醫師，透過自我分析的方式繼續他們一起進行的分析工作，但他還是經常意識到自我分析所具有嚴重侷限性。任何曾經試著自我分析（包括我自己在內）的人，在與一位活生生、會呼吸的分析師進行分析後，都會告訴你，自我分析並沒有走得太遠。正如佛洛伊德

---

* 　譯註：這裡的經濟因素指的不是一般的經濟學，而是力比多經濟學。

所說，「在自我分析中，做得不夠完整的危險尤其嚴重。人們太快就滿足於片面的解釋，在這背後，抗拒很容易就隱瞞了更加重要的事情」（SE XXII, p. 234）。一開始，佛洛伊德自己沒有機會跟其他人進行分析，因此他別無選擇；但是對今日絕大多數人來說，不管是就近、還是透過電話或視訊，都有可能找到可以合作的分析師。

在我們這個時代還堅稱一個人能自我分析，只能歸結為迴避（avoidance）：迴避與無意識打照面，而這只有在跟他人做分析工作時才會發生。逃避是神經症的主要特徵之一，人們必須鼓起勇氣克服它。如佛洛伊德所指出的，要面對我們內在的願望及衝動，「道德勇氣」是重要的，「道德怯懦」對於症狀形成具有一定的作用（SE II, p. 123）；拉岡在《電視》中呼應了佛洛伊德的說法，他指出，要願意在無意識中找著自己的路，人們需要有道德勇氣（Lacan, 1974/1990, p. 22）。

精神分析沙發

當醫師要求病人躺在沙發上，自己坐到病人視野之外的沙發時，非常多病人會提出反對。病人要求在治療時能坐在其他位置上，主要是因為他們不想被剝奪看到醫師的權利。他們的要求通常會遭到拒絕。

——Freud, SE XII, p. 139

佛洛伊德在一八八〇及一八九〇年代實驗過催眠治療法，讓病人躺在沙發上是催眠治療法的遺風，但是持續在精神分析中使用沙

發卻是出自於佛洛伊德的個人因素：「我無法忍受一天有八小時（甚至更長）的時間被另一個人盯著看」（SE XII, p. 134）。他甚至會要求從未接觸過精神分析的分析者在第一次療程就躺到沙發上（例子可見Wortis, 1954, p. 20; and Blanton, 1971, p. 50）。儘管如此，他從未說過其他人應該照他那樣做。可是，當今許多分析師卻像佛洛伊德一樣，甚至把對精神分析完全陌生的病人立刻帶往沙發，他們無視於事實上很少病人能忍受用這樣陌生的方式開始與某人的分析工作，病人會覺得在繼續往下說之前，在願意透露他們難以啟齒的事情之前，他們需要來自對話者的視覺線索。

立刻被帶往沙發的病人最後經常坐起身子，而不是躺下，他們會轉過身來看著分析師，或者不時就要求移動到椅子上坐；這可能會讓雙方都感到困擾，彼此都不清楚哪一天分析者要在哪個位置上。

某些當代的分析師似乎認為精神分析跟心理治療的主要差別在於治療的頻率（有些分析師說每週四次以上就是分析，四次以下則是治療）以及病人所坐的位置（躺在沙發上是分析，坐扶手椅是治療）。這意味著他們**混淆了某些外在的情境布置及精神分析本身**。比較合理的做法是，將精神分析（至少是跟神經症者工作時）定義為某種關注無意識的工作，而不管分析師及分析者每週碰面幾次（以每週只有一次療程的頻率跟無意識工作，不是不可能，但一般來說比較困難），也不管分析者是坐著或躺下。

在絕大多數狀況下，拉岡學派在跟精神病者工作時已不再使用沙發（因為無法看到分析師可能會引發病人的偏執想法，不斷想著分析師「坐在後面」是在做什麼，並且可能會讓分析師成為對病人來說具有威脅性的抽象他者），並且拉岡學派採用了一種策略，讓所有新

來的分析者都坐在面對分析師的扶手椅上開始他們的精神分析工作。如果分析師一直無法確定他們就是神經症者，他們就可能會一直坐在扶手椅上。但是，僅因為分析師確認他們是神經症者，就自動將他們移往沙發，這是不夠的。拉岡學派通常還會繼續等待，一直等到分析師覺得分析者已經為自己形成一個可以推動分析的問題，分析者提出了想去探索自己的夢、白日夢及幻想的自主慾望，而不是每一次療程都問分析師，他或她想要他們談些什麼。只有當分析者開始持續地從之前的療程汲取線索，展開對自己心靈的探索，無需分析師不斷給予協助以及／或者認可（無論是口語或視覺的鼓勵形式），到了這時候，分析者才會被引導到沙發。拉岡學派通常會用佛洛伊德的術語「前期面談」（或者有時候也稱為「前期晤談」〔SE XII, pp. 124-125〕）來稱呼這些面對面的療程，即使是以每週五次的頻率進行，這些療程仍可能會長達一年或更久。

根據我的經驗，這種策略有個優勢，可以避免我常在分析師太快把病人帶往沙發時看到的，在扶手椅及沙發之間來來去去的情況出現。這種策略也會讓分析者產生一種感覺，感到自己在分析中踏出了決定性的一步（有些人甚至會將此稱為「前往沙發的畢業典禮」），分析者很少會想往反方向撤回這一步。甚至於，這項策略還可以緩和有點麻煩的情欲傳移（erotic transference），當病人很快就被帶往沙發，有時候就會出現這種傳移，導致有些人會立即將分析情境理解為某種誘惑場景，而不是兩個人之間的專業會遇。

安排及取消分析的做法

凡打斷分析工作進展者，皆是抗拒。

—— Freud, SE V, p. 517

在我可用的工作天裡，每個時段都排了一個病人；這個時段就屬於他，即使他沒有使用這個時段，他也要為這個時段負責……人們很可能會提出反對，認為有許多意外事件可能會讓病人無法每天在同一個時間出現，人們也會期待我通融一下，在那麼長的分析過程中難免會有不少微恙。但是我的答案都是：絕不通融。若在做法上不這麼嚴格，病人「偶而」沒來的次數會多到讓醫師感覺自己的存在受到威脅；但是，一旦堅持無法通融，事實證明，根本不會出現意外的阻撓，引起混亂的疾病也很少出現……我這幾年來做精神分析工作，嚴格的執行這種以小時計費的原則，這讓我非常清楚地看到心理因素在人們日常生活中的重要性、以裝病來逃避的頻率，以及偶然的意外是不存在的。

—— Freud, SE XII, p. 127

雖然佛洛伊德在病人生病沒來治療時還是會收費，並且他注意到由於採取了這種做法，他的病人很少缺席，但他從未主張每一個人都應該這麼做。他也從未說過，當病人在分析師沒有休假的時候休假，分析師應該對病人收費。然而奇怪的是，許多精神分析師似乎採取了一種相當古怪的取消做法，這種做法或許可以追溯到一九

六〇年代，當時紐約市絕大多數分析師至少在整個八月都會休假，甚至在聖誕節也會休息一到兩個禮拜，然而當病人的休假是排在這些時段以外、並因此錯過療程時，他們卻希望病人會支付這些療程的費用。在當時，這種做法似乎是為了補償受過醫學訓練出身的精神分析師（美國精神分析協會跟國際精神分析協會不同，多年來他們拒絕讓醫師以外的人接受分析師訓練及開業），因為他們的收入遠低於其他決定留在醫學領域的同儕；這種做法讓他們多少有了固定收入的保障，不會因為病人有可能不穩定的休假時間表，而讓收入有所變動。這種做法顯然是為了分析師自己的利益，而不是為了分析者著想。

現在美國幾乎沒有人一次休假一整個月了，人們的假期通常很少、而且很分散，加起來每年頂多休息二到三個禮拜。美國人一般在工作狀況許可時都會休假，有孩子的人們通常會試著配合學校假期。學校放假的時間全美各地不同，即使是在同一個城市裡，有時候甚至也會因學區而異。我認識的大多數精神分析師都很樂意能在他們喜歡的時候休假，當他們參加會議時、生病時、有家庭緊急事件或要盡其他義務時，他們都會休假。這讓我很難理解，他們是出於什麼原因，在他們的分析者也同樣休假時要懲罰他們，除了貪婪之外，我想不出其他理由。對我來說，要分析者必須配合分析師的假期、若是因無法配合而須請假就要付費，這種做法似乎過於嚴厲（也是一種相當明顯的權力遊戲）。

當然，偶而也會有某個分析者因休假太多而經常打斷分析工作，分析師被迫在時間表上一直為他空出時段，但是他卻有極大比例的療程都沒有出席；當無論是因分析者、或分析師的時間及承諾，無

法在假期的前後把這些錯過的療程補起來時，問題就會特別大，然而，在大多數其他情況下，分析師能給出一些靈活變通的做法是最合理的。畢竟現在有越來越多的人因為工作，偶而、有時候甚至是頻繁需要出差，分析師缺乏彈性的做法很可能會讓絕大多數潛在的病人根本無法接受分析。在我的經驗裡，病人出差時通常可以透過電話進行分析，雖然在精神分析界中對於電話療程的療效有相當大的爭論，但幾乎我遇過的每一位分析師都認為電話療程是有幫助的，而且分析工作要能有進展，電話療程經常也是必要的（關於這部分，可見 Fink, 2007, Chapter 8）。

　　關於分析者因為生病而缺席的療程，有些時候分析者顯然最好還是待在家裡，而不是外出，把潛在的傳染性疾病傳播給包括分析師在內的所有人，有些時候則是分析者的病況很嚴重，不僅無法出門，甚至也無法透過電話做有條理的交談。對分析師來說，這些情況並非總是容易判斷的，但我會建議分析師不要採取強硬的態度，強迫病人為他說自己生病而缺席的療程付費，除非病人缺席的狀況開始出現一種模式，這些狀況包括：分析者似乎隔天就生龍活虎（或者病人不小心說出自己在據稱生病沒來治療的那天外出做其他事情）；分析者似乎總是在治療中出現某件重要的事情之後就取消療程；分析者說出在學校以及／或者工作上有裝病的歷史；或是發生了其他值得擔憂的事情。讓分析者知道我們希望他們能出席療程，並且在分析工作中能盡可能全心投入，是一回事；因為分析者缺席而懲罰他們，又是另外一回事，因為我們自己也很可能會在感覺不舒服的時候取消一天的工作。即使在理論上，「中斷分析工作進展」的任何事情都可被視為抗拒（SE V, p. 517），卻也**不用把每一件事都自動視為抗拒**。

　　儘管絕大多數分析師都試著定期與分析者會面——無論是每週兩次、三次、四次或五次——並或多或少都會安排在每週的同一天同一個時段，但是有些分析者的工作及生活安排很難做到這一點，甚至於不可能做得到。因此分析師不得不適應大部分學生、藝術家、音樂家、醫師和商人，不然就得拒絕他們。絕大多數分析師要求病人付費的方式是每天、每週或每月付款，但是近幾年來，我聽說有些分析師做了一些聽起來有點奇怪的「創新」，他們會要病人每個月付同樣的費用，不管在這一個月裡是否有因病人或分析師的緣故少做了幾次療程；我甚至聽說有位分析師告訴她的一位富有的病人，他可以每週七天在一個三小時的時段（例如早上八點到十一點）裡來做治療，並且**想待多久就待多久**，無論他在一個月裡接受過幾次療程或療程時數多長，她每個月向他收取難以置信的高額固定費用。這種安排似乎表示分析師更加關心的是自己的收入來源穩定性，而沒那麼關心自己跟分析者實際進行工作的療程。自從拉岡在一九五〇年代引進所謂的「可變長度療程」（variable-length session），療程長度就變成熱門討論主題，也正如以上的例子所顯示的，許多分析師會變動療程長度（有時候只有幾分鐘，有時候則是好幾個小時；例如，著名的美國分析師勞夫‧格林森跟瑪麗蓮‧夢露進行的療程有時候會長達四個小時）（請見 Spoto, 1993）。佛洛伊德本人則指出，「偶而會遇到某些病人，必須給出超過平均每天一小時的時間，因為在他們開始敞開心扉、可以透露心事之前，一個小時就已經過了一大半」（SE XII, pp. 127-128）。[16]

　　臨床工作者有一個普遍採用的做法是，病人在不到二十四小時之內提前取消（通常是因非醫療的緊急狀況），會收取該次療程費

用。但是有些分析師——或許是行程特別固定——有四十八小時取消
政策，還有人的取消政策時間更長。他們的分析者經常對此不滿，
尤其是在一起工作的最初幾年，他們感到被分析師恣意擺布，就像
有些其他服務提供者也是這樣（儘管現在如果沒有在二十四小時之前
取消預約，有些醫師也會向病人收取部分費用；醫療機構經常會先
打電話提醒病人，以避免發生這種衝突）。只要執行這類嚴格政策的
分析師自己在取消療程時，也能給分析者至少同樣時間的事前通知，
這類嚴格的政策還是可以行得通，但是在生病、汽車故障及家庭緊
急狀況時，這種事前通知往往無法做到。因此，分析師應該要小心
不要對病人的標準過高，嚴以待人，卻寬以律己。

　　如果要維持一個有活力的工作形態，精神分析就必須適應不斷
變化的分析者世界。這並不意味著分析師應該讓分析者在診間接打
電話，或是在療程中一直查看電子設備，但是分析師應該要考慮到
分析者的工作及社交生活會發生變化。佛洛伊德從未說過每一個人
的做法都應該跟他一樣，他當然也未曾預料到在他過世一百年後的
世界樣貌！

附 錄 **1**

關於對佛洛伊德的批評
Addressing Some of Freud's Critics

「對佛洛伊德的抨擊」

在這本書裡，我沒有提到晚近對於佛洛伊德究竟有沒有治癒病人的辯論（Borch-Jacobsen, 1996; Borch-Jacobsen & Shamdasani, 2012; Onfray, 2010），由於大多數治療發生在一個多世紀以前，這些辯論似乎沒有得出定論。我不清楚為什麼人們會寧可相信當代各種治療師的說法，卻不相信佛洛伊德所寫關於自己的成功和失敗的報告呢？幾乎所有當代治療師都強調自己的成功、並對自己的失敗輕描淡寫，因為這麼說對他們有利。對我來說，從佛洛伊德的時代以來，我們從實務工作者及病人雙方獲得了充分的證據顯示，臨床工作者以分析的方式工作，對非常多人帶來非常大的幫助（例子請見Baldwin, 2015; Bettelheim, 1950, 1961, 1967; Cardinal, 1975/1983; Fink, 1997, 2007, 2014a, 2014b; Gherovici, 2003; Gunn, 2002; Miller, 2011; Rogers, 2006; Swales, 2012）。當然，我們也有得到報告指稱，有些人沒有獲得幫助、或是被不熟練或不道德的治療師傷害，正如

也有病人的報告指出，他們在常規的醫療操作中因為醫師的無知以及／或是無能，而受到無法挽回的傷害。

　　無論是醫學、精神分析或是水電工，每一行都有負責且能幹的工作者，也有人笨拙或不負責任。在我看來，有無能的水電工存在，不代表就要把整個室內水電工程領域視為詐欺或是一場騙局！即使佛洛伊德本人並非能力最強的臨床醫師，也不必抨擊或譴責整個精神分析領域。總之，那些主張佛洛伊德無法解釋他在維也納是如何因為工作出色而聲名鵲起的人，有義務說明他們的主張依據從何而來，畢竟最終他的候診室擠滿了絡繹不絕的病人，絕不是因為他在黃頁上刊登了華而不實的四色廣告，也不是他有個經過專業設計的網站（很顯然這兩者在他的年代還不存在）——甚至也不是因為他的「暢銷」書（《夢的解析》出版前六年，只在市場上賣出三百五十一本，《歇斯底里研究》從一八九五到一九〇八年只賣掉四十八本）。[1]他訓練出來的一些分析師（像是 Blanton, 1971）、還有各行各業與他合作過的人（例子可見 Lohser & Newton, 1996），都提供了關於他與病人的工作有正面療效的描述[2]——事實上，我們可能會納悶，一個心智正常的人如果在培訓分析中沒有得到任何幫助，他為何會想成為分析師。

　　絕大多數我認識的分析師在談到他們與分析者的成功案例時都相當謙虛，尤其是考慮到任何形式的談話治療總是會遇到不少過早結束分析的分析者，這些分析者或是有經濟困難、或是讓配偶以及／或者其他家人干擾治療、或者只是因為過程緩慢而深感挫折。[3]然而，許多分析師都能舉出在他們成功的分析者案例中，有分析者曾經嘗試過許多種藥物、其他形式的談話治療、針灸、催眠、冥想、看手相、脈輪，以及／或者水晶等，但是這些方式都無法幫助到他

們。事實上，文獻裡充滿了這類案例。治療並非總是能夠滿足分析者（或是治療師）的所有期待，這個事實並不意味著治療就是徹底、完全無效。如果一位醫師只能清除病人四分之三的痤瘡或皮疹，這能作為拒絕所有這些治療的有效理由嗎？我想，患有急性痤瘡的年輕人寧可接受有百分之七十五療效的療法，總是好過什麼都不做。[4]無論如何，許多研究顯示長期精神動力心理治療是有效的，甚至比其他所謂實證（evidence-based）或實徵上有效（empirically validated）的治療更加有效（相關治療取向研究的例子請見 Shedler, 2010; Leichsenring & Rabung, 2008, 2011; and Angus, Watson, Elliott, Schneider, & Timulak, 2015），並且也有更持久的正面療效（例子請參見 Bateman & Fonagy, 2008）。[5]《消費者報導》對四千名參與者做過一項調查，發現絕大多數受訪者說他們做過的心理治療對他們是有幫助的，尤其是長期堅持心理治療的受訪者：「接受治療超過兩年以上的人報告的結果最好」（*Consumer Reports*, 1995, p. 739），以及「人們接受治療的時間愈長，獲得改善的程度越大」（p. 734）。

　　且讓我非常簡要地談談一些經常對精神分析提出的其他批評。精神分析的治療形式是否應該因為它們需要很長的時間就受到譴責？保持健康生活形態，包括維持均衡飲食及體能運動，其實也是如此。因為它們很貴？由於過度壓力、肥胖、過度關注外貌、酗酒及其他成癮狀況而需進行的外科手術，再怎麼輕微，所需的費用很容易就相當於好幾年、甚至許多年密集的心理治療！精神分析不應該被譴責為是「無可救藥的中產階級活動」，如今在我們生活的世界裡，人們及保險公司會願意付出天文數字的費用進行外科手術，但是，只要花費數額大約一半的錢，在幾年內每週跟某個人進行幾次談話，這樣的手術原本是可以避免的；戒癮中心定期向酒癮者及藥

癮者收取好幾週（通常無效的）治療費用，這些錢可以做好幾年密集的精神分析。我們經常聽到人們說他們無法「負擔」精神分析的費用；可以提出的反駁是，以他們受苦的狀況及生命軌跡，他們不能「不承擔起」。

　　沒錯，是有分析師的費用超過所有人可能承受的範圍，只有收入前百分之一的人付得起，但是還有其他分析師更樂於助人；讓我們牢記佛洛伊德的看法：「生活裡沒有什麼比疾病還要昂貴」（SE XII, p. 133），尤其是神經症。根據我的經驗，人們通常願意多花上好幾萬美元買一輛不只是代步工具的汽車（還有廚房設備、浴室裝潢以及其他並非真的不可或缺的物品），也不願意多花錢在自己、或他們所謂的親人的心理健康上。

關於對佛洛伊德與朵拉之分析工作的嚴厲批判

　　在此我會討論幾個針對佛洛伊德與伊妲・包爾（亦即朵拉）的分析工作所做的批評，因為聽過這些批評的讀者可能會認為這些評語令人感覺很糟，以至於根本不想讀這個案例，我認為這樣就太可惜了。為了掌握這些批評的重要性，我們有必要先了解伊妲在十八歲開始跟佛洛伊德做分析之前的處境，因此，我會推薦那些可能還沒讀過第五章、或是對個案史還不清楚的人，先閱讀第五章開頭標題為「伊妲的處境概述」的那一小段。

◎「片斷……」

　　關於這個案例研究有大量惡毒的批評，尤其是在過去幾十年裡。

在我看來，這些批評可以分成以下幾類——首先，是那些在拉岡所說想像界層次上做出的批評，這些批評者模仿且重複了佛洛伊德的姿態及舉措，但是，他們（以某種模仿的方式）對佛洛伊德做出的指責，正是他們模仿且重複的部分。其他還有在拉岡所說象徵界層次做出的批評，這些批評者把不同的理論觀點帶進這個案例中[6]——但是這些批評者中有許多人似乎忽略一個事實，佛洛伊德把這份案例研究命名為「一個歇斯底里案例分析的**片斷**」（強調為我所加；德文原名是「*Bruchstück einer Hysterie-Analyse*」）：他是以「一個歇斯底里女孩的治療歷史片斷」（SE VII, p. 15）來呈現他跟伊姐的分析工作，而不是任何形式的完整呈現。他甚至進一步說，「這份案例研究不完整的程度，遠遠超過這個標題給人的印象」（p. 112）。請注意二〇一三年安希雅·貝爾為牛津大學出版社重新翻譯這個案例的版本，標題只剩下《一個歇斯底里案例》（S. Freud, 2013），這使人們更加遺忘了這份案例研究的不完整，然而佛洛伊德明確地指出，他省略了「一些分析結果……因為在分析工作中斷的時候，它們或是沒有足夠的確定性、或者還需要進一步研究」，並且他認為在他提出他所得到的結論及對夢的解析的同時，還要說明他所採用的實際技巧，這是相當不可能的（尤其是「歇斯底里案例的內在結構」〔p. 112〕）。[7]

佛洛伊德告訴我們，他在敘述自己與伊姐的工作時，所遺漏的正是他所提出的問題，以及伊姐的回答和聯想；正如他所說，擺在我們面前的不是「病人聯想的原始材料」（SE VII, p. 112），也不是「病人的聯想與溝通……的過程，而只是結果」（p. 12）。換句話說，他們二人之間所有來回的溝通，這些可能構成療程的主要內容，都被排除在外；並且幾乎她所使用的特定名詞及慣用的表達方式，都沒有被

包含進來（只有極少數情況例外，像是她反覆稱呼她的父親為「*ein vermögender Mann*」，這同時意指「有財富的人」〔a man of means〕及「有能力的人」〔a potent man〕——也就是說，**沒有陽痿的男人**〔p. 47〕）。[8] 這麼做所導致的不幸的結果是，我們得到的印象就是絕大部分的話語都是佛洛伊德說的——或許真的如此，那麼這樣肯定是令人遺憾的，也與他在後來作品中推薦的做法大相逕庭——以及他很快就做出詮釋，也就是說，他提供了過多的詮釋，多到讓分析者不可能吸收及回應（請見史蒂芬·馬庫斯所說，在朵拉的案例中，「詮釋的惡魔〔正在〕騎著他」，Marcus, 1975/1990, p. 302）。[9] 看來，至少在許多情況下，佛洛伊德並未給伊姐時間去對她夢中的某些元素、或是療程當中她想起的其他事情進行自由聯想，也沒有讓她有一丁點時間去沉思它們可能會有什麼其他連結、或是可能意味著什麼，相反地，他幾乎立刻插入**他腦海裡浮現的想法**（請見 SE VII, pp. 97 and 99-100）。然而，我們還是可以姑且相信，比起我們在案例研究中所看到的證據，佛洛伊德至少偶而會遵循自己的法則，給伊姐更多機會去做自由聯想、並讓她自己做出結論；不過，這樣的觀點看來是比這個案例的許多評論者對佛洛伊德更加心胸寬大些。

從一九〇五年以後，尤其是近幾十年來，在關於佛洛伊德對伊姐之分析工作已發表或已出版的評論中，我們會先從跟佛洛伊德的個人喜惡、性別歧視及中產階級態度有關的評論著手。我將總結我認為其中一些評論的要點，再討論它們更廣泛的意義。

◎ 長得漂亮：他一定覺得朵拉很迷人

佛洛伊德經常提到他的某個病人長得特別好看、聰明或可愛，彷

彿這些是我們作為精神分析的學生所需要知道的相關資訊。當我督導的臨床工作者告訴我，他們的某個個案真是好有魅力，彷彿他們覺得這是在討論個案時我應該要知道的事，而我總是對這種情形感到驚訝；他們或許認為這種「事實資訊」跟病人在愛情關係上的成功或缺乏是有關的（可是，至少在某種程度上，不是說情人眼裡出西施嗎？），但我通常把這類意見視為治療師自己受到了病人的吸引──事實上，也許是有點過於受到吸引──而這有可能會為治療帶來困難，甚至（也許尤其是）治療師在看到病人及跟這位病人工作時，會表現得特別高興。佛洛伊德告訴我們，十八歲的伊姐正值「花樣年華」，是個「聰慧動人的女孩」（SE VII, p. 23），某些評論者懷疑佛洛伊德一定被伊姐迷住了，並因為對她的迷戀，而讓自己施展不開來。[10] 若果真如此，那麼在佛洛伊德的治療技術發展的幾乎任何階段，這都很可能會造成問題，無論是在一九〇〇年、一九一三年、一九二〇年，或甚至是在他的晚年，畢竟他自己從未接受過適當的分析。

　　舉例來說，一九二〇年前後，有另外一位十八歲的女孩被父母送到佛洛伊德這邊進行治療，這似乎就對他在治療上造成了滿大的影響（記錄在〈女性同性戀案例的精神病因〉〔SE XVIII, pp. 147-172〕）；佛洛伊德似乎感到這位病人**對他來說**太有吸引力了，並且在對她的治療上犯了滿多錯誤──有些錯誤類似他在治療伊姐時犯的錯，有些則截然不同（參見Lacan, Seminar IV, Chapter 8; and Fink, 2004, Chapter 2）。正如我在其他地方指出的，美貌會讓某些人情不自禁，佛洛伊德可能剛好就是這種人（Fink, 2016, pp. 127-129）。我們經常在父母親、祖父母、老師及褓母身上看到這種情形，他們覺得某些小孩很可愛，最後就寵壞了他們，他們很難對這些小孩立下規矩、或是強迫這些小孩做出

某些犧牲，儘管他們明明知道每一個人遲早都要學會這些。他們越是覺得這些小孩好可愛，在面對他們時就越是綁手綁腳，越容易對這些孩子法外開恩或是替他們找藉口。結果他們在對待這些他們覺得長相出眾的孩子，就有了完全不一樣的做法。

分析師以某種抽象的態度欣賞病人的美貌是一回事，被病人的外表迷住，甚至到身不由己，有意或無意地以跟其他病人非常不一樣的方式與他們一起工作又是另一回事。後面這種情況最有可能發生在治療師自己的愛情生活出現困難時（這一點都不罕見），還可能發生在治療師自己的「想像的蠱惑」（imaginary captivation）尚未透工時，他人的某些特徵會讓他想起自己早期的愛戀對象（母親、父親、姊妹、兄弟等）。在這種情況下，治療師通常最好的做法是，把這種讓人神魂顛倒的病人轉介給可能比較不會受到這些病人的外貌或其他個人魅力影響的同僚，次佳的選擇則是即刻開始與督導討論這樣的個案，以確保治療師的注意力焦點是放在分析上，而不是放在病人的魅力上。如果佛洛伊德真的因為伊妲的外表、智力及人格而沖昏了頭，我們可以為他辯護的是，他沒有轉介病人或接受督導的可能性：當時他是唯一的人選——也就是說，他是當時世界上唯一開業的精神分析師。無論如何，被分析者的外表、智力或魅力所吸引，屬於分析師在想像界以及／或者象徵界的反傳移（第五章有討論到反傳移）。

◎ 先入為主的想法

佛洛伊德對於十四、十六及十八歲的女孩對性議題的了解、感覺以及應該有什麼樣的感受，似乎有些刻板想法，這讓他對伊妲的「情感回應」（reversal of affect）做出了奇怪的假設——例如，伊妲父親

的男性友人，一個年紀大她兩倍的男人（K先生）在她十四歲時假藉名義引誘她到他家商店，宣稱他們會跟他太太在那裡會合，一同觀賞商店窗外廣場上的宗教遊行，而他卻在店裡突然將她強擁入懷，親吻了她，佛洛伊德說伊姐的反應與「正常」方式正好相反（SE VII, p. 28）。[11] 佛洛伊德告訴我們，「一個健康的女孩」應該會因那個親吻而感到性興奮（p. 29），而不是像伊姐那樣感到噁心，儘管這個吻是來自於她父親的已婚友人，並且是在完全出乎她意料之外的情況下強加於她身上的。可想而知，他也認為伊姐早就受到K先生的吸引（例如，作為她父親的替代品，多年來她相當迷戀自己的父親）—— 佛洛伊德不只認識K先生，他還告訴我們K先生「仍很年輕，外表迷人」（也就是說他很英俊〔p. 29 n. 3〕），這顯然說的更多是佛洛伊德的觀點，而不是伊姐的！—— 以及她覺得不請自來的親吻令人興奮，然而，似乎有相當明顯的理由認為這樣的處境與其說令人興奮，不如說是令人感到困惑。[12]

　　佛洛伊德還認為，一位「正常的女孩」要能夠獨力處理在她十六歲時K先生對她的求婚／發生性關係的要求（對某些細節的討論請見第五章），而不是像伊姐那樣去向家人抱怨（SE VII, p. 95）。並且，佛洛伊德甚至似乎認為一位十八歲的年輕女子顯然會知道幫助一名男子夜晚入睡的最佳方式就是跟他發生性關係（p. 98 and 98 n. 1；佛洛伊德顯然認為這是真的）。[13] 伊姐可能從K太太那裡聽到這類說法，但同樣地，她也可能沒有聽過；如果伊姐未曾聽過，這似乎不太會是她在羅曼史小說或百科全書關於性的章節裡讀到的東西。

　　當代評論家（例如Erikson, 1962; Lear, 2005; and Paul, 2006）對於青少女及年輕女性的正常與違常，傾向於提出他們自己有些僵化的看法（像是

「在家庭之外尋找理想對象的合適階段」、「以健康的自戀駕馭健康的理想主義」、對「美好涵容」﹝good containment﹞的慾望，以及「適合某年齡段的理想主義，並尋找對她的經驗的肯定」﹝Mahony, 1990, pp. 39 and 73﹞，在我看來，這些觀念已接近大眾心理學），並且把這些與佛洛伊德當時所持觀點完全不同的概念當作了普遍性的常態。就我的觀點，真正需要強調的是，在精神分析的工作中，對於女孩在不同年紀該知道以及／或者該感覺什麼才是正常或不正常的概念，真的沒什麼用，因為我們會遇到女孩（就像「皮皮」﹝the Piggle﹞﹝請見Winnicott, 1978﹞）在兩歲時就開始自慰，而且似乎早在二或三歲時就對性交有相當多的了解（通常是親眼目睹父母親或其他人的性交過程），我們也會遇到有些女孩好不容易活到了成年，仍對自己的身體狀況知之甚少，更不用提跟性有關的事情。**在精神分析中，我們關心的是個體，**而個體通常跟任何所謂「正常的」或「典型的」嬰兒、兒童、青少年或成人的固有概念無關——換句話說，個體遠離心理學家繪製的美好鐘型曲線的中央範圍，通常都是在好幾個「標準差」之外。對臨床工作者來說，知道他們的病人以當前社會（或是美國精神醫學學會）的標準來說不是「正常」的，並不會有什麼幫助——我們接納病人的本來面目，並與他們呈現出來的樣子一起工作，我們完全不想以任何人的標準將他們評估為「異常」，或是將他們弄得「正常」。[14]當佛洛伊德說「我認為一個正常的女孩會自己處理這樣的事情（K先生在湖畔向她求婚）」，而不是去找父母親，或者他說「健康的女孩」在十四歲被中年男子索吻時會感到性興奮，他只是在表達自己的偏見或成見，對伊姐來說並沒有什麼用。這種觀念上的偏見，可以被歸類為佛洛伊德在象徵界層次的反傳移。

◎ 以佛洛伊德之道還治佛洛伊德之身

> 當他英勇時，我崇拜他。但是，當他野心勃勃時，我會殺了
> 他。
>
> —— 莎士比亞，凱薩大帝第三幕第二景

近幾年來，有相當多的批評者採取一種令人驚訝的策略，他們以他們認為是佛洛伊德對待伊姐的方式來對待佛洛伊德。無論他們認為佛洛伊德讓伊姐遭受到什麼樣的不公不義，他們就要讓佛洛伊德受到同樣的待遇。如果他們相信佛洛伊德對伊姐有父權主義的姿態，他們就會採取同樣的父權姿態面對佛洛伊德，宣稱他們知道佛洛伊德未能掌握到的真相，斷言自己比佛洛伊德了解得更深刻。如果佛洛伊德在伊姐面前扮演知識大師的角色，他們也以知識大師的身分上場：他們下筆時寫得好像他們百分百確定伊姐發生了什麼，就像佛洛伊德似乎也確定他知道對伊姐來說發生了什麼事（例如 Paul, 2006）。而正如佛洛伊德自詡自己被賦予某種「第二視覺」的稟賦——例如，他認為他從經驗及洞察力中知道尿床跟孩童早期的自慰行為有關，**因此伊姐必定是會自慰的人**（SE VII, pp. 72-73），[15] 並且她一定壓抑了她對 K 先生的愛，事實上，她「仍然還愛著他」（請留意他後來做出結論：他認為自己一直用這種「無法避免的假設」錯怪了她〔p. 58〕），此外，他所有的假設及推論都相當直截了當，儘管伊姐從未加以證實——這些評論家也自認為他們有某種「第三眼」，技高一籌。到頭來，我們可以說他們跟佛洛伊德一樣，落入了同樣的想像陷阱，認為自己無所不知；他們把自己放在佛洛伊德的位置上，告

訴我們，他們相信他們知道了關於伊姐的絕對真相。

更不用說，他們還認為自己知道關於佛洛伊德的絕對真相！一整代的文學評論家似乎都自命為佛洛伊德的精神分析師（例如Moi, 1990, p. 184; Kahane, 1990, p. 23），告訴我們關於佛洛伊德的無意識，以及佛洛伊德所想像和所感受的每一件事，彷彿他們握有——透過英文版的佛洛伊德案例書寫——理解佛洛伊德的所有關鍵。這些人當中有許多人告訴我們（例如Bernheimer, 1990），[16] 他們認為佛洛伊德對這個案例做了哪些投射，結果他們將各式各樣的想法、怪癖、甚至可能是他們自己的病態投射到這個案例上，於是我們陷入一場照妖鏡旋風中，從而有位作者就這麼說了：「如果你不喜歡我說的，那必定是因為你有自己的焦慮。如果你看不到我在文本中明顯看到的，那必定是因為你有自己的盲點。」每一個這樣的評論家似乎都在暗示自己受到偏見、幻想及神經症影響的情況要比佛洛伊德輕微甚多，所以他們能比佛洛伊德看得更加清晰。

舉例來說，史普琳奈特爾運用佛洛伊德發明的各種精神分析概念來批評佛洛伊德（Sprengnether, 1990）。她把佛洛伊德做出的每一次否認，都讀成是他的坦承，而他對伊姐的每一個責備，都是他的自我責備（pp. 261-263）。這種做法可能是合法的，但如果她的目標是要批評佛洛伊德的做法很糟糕，那她如何證明自己使用他的理論是正當的呢？她的立論是佛洛伊德的理論很偉大，但是他在實務上的方方面面全都很糟糕嗎？儘管佛洛伊德在許多地方都侵犯到伊姐，但是史普琳奈特爾侵犯佛洛伊德的做法，也重複了佛洛伊德這種創傷性侵犯（traumatic violation）。她用佛洛伊德的每一句陳述來反對他自己，就像佛洛伊德使用伊姐的某些陳述來「反對她」一樣（SE VII, p. 59）。[17]

馬洪尼用了一整本書攻擊佛洛伊德對伊姐的分析工作，他並不認為佛洛伊德是過度迷戀伊姐，而是毫不掩飾的宣稱佛洛伊德憎惡伊姐：「他不喜歡她，就是這樣」（Mahony, 1996, pp. 39-40），還把她看成是「圖謀報復的小賤人」（p. 42; see also pp. 35 and 143）。儘管看起來很清楚，佛洛伊德試圖探索伊姐心靈深處去「治癒她」的嘗試，因伊姐而受到挫敗，但馬洪尼卻想讓我們看到一個很**憎恨**自己病人的佛洛伊德；而這顯然給了馬洪尼理由去憎恨佛洛伊德，就像他相信佛洛伊德憎恨伊姐那般。他恨佛洛伊德的程度，讓我們不禁想知道佛洛伊德到底對馬洪尼做了什麼，讓他會如此厭惡佛洛伊德！（其實，馬洪尼可以簡單地說佛洛伊德做錯了，並說明他為什麼犯錯，然後就此放下。）如果伊姐是馬洪尼的女兒、姪女、妻子或母親，我們便可理解他的語氣為何如此，但是在一位分析師討論另一位分析師的工作時，我們就不太能理解他的語氣。[18] 難道馬洪尼跟米樹・翁福黑（近年來一位對精神分析極端嚴屬的批評者）一樣，覺得受到了自己的分析師虐待，因此決定拿佛洛伊德出氣？[19] 或者我們應該假設，如馬洪尼這樣的批評者是在試圖進入佛洛伊德的腦袋，因為他們認為佛洛伊德透過他的作品，試圖進入他們的腦袋，並且他們討厭他的作品中關於他們的心理構造的含意。換句話說，是否他們不喜歡佛洛伊德可能會不得已說出了關於他們的真相，所以他們就拿他個人來發洩，而不是針對他的理論？

身為精神分析師，讀到如此慷慨激昂的批評，我實在很難不聯想到小孩子說別人是騙子時，對方回答：「你才是大騙子！」還有「五十步笑百步」或「說別人的，自己才是」（請見 SE VII, p. 35；佛洛伊德稱這是兒童使用的「你也一樣」〔*tu quoque*〕的謬誤，請見 SE XII,

p. 52）。一個人模仿跟他對話的人，仿效那個人的指責方式，並且跟他眼中的對話者一樣的盲目憎恨，很顯然是在想像界層次的反應（正如我們經常從分析師這端惡意的反傳移反應當中所見到的那般）。這種狀況似乎像是某種競賽，比賽誰更受到自己的神經症所蒙蔽。當然，人會被自己的神經症蒙蔽，但是當非分析師以及甚至許多執業分析師自稱比佛洛伊德本人更清楚現場發生的情況——無疑地，我自己在第五章中也犯了些同樣的錯——我們可以想像佛洛伊德會反駁說：「你說得倒容易，當她對我說那些話跟做那些事時，你又不在場。」

　　由於有多如過江之鯽的作者寫下車載斗量的書頁來分析佛洛伊德——鉅細靡遺地檢視了他的信件、文本及來自其他精神分析師的傳聞——人們很容易得到一個印象是像佛洛伊德這樣的作者、這樣的人，才是真正**唯一值得分析的案例**，或者至少是最重要的分析案例。[20] 難不成我們的意思是，所有的精神分析都受到了佛洛伊德自身性格缺點的影響？（若是如此，我們又何必繼續討論精神分析？）還是，透過無止盡地挖掘佛洛伊德人格中的每一個隱藏線索，會讓我們學習到如何以更好的方式進行分析？這似乎是完全不可信的！有足夠的證據顯示，即使佛洛伊德並非他所發明之精神分析的模範分析師，許多其他臨床工作者在實踐精神分析時還是很有效的。

　　而讓人不禁想問的是，與其曠日費時、東拼西湊，對佛洛伊德的性格及動機做出瘋狂的揣測，為何這些批評佛洛伊德的分析師不把更多時間用來**完整地呈現自己跟分析者工作的案例研究**，以展示分析應該如何進行，又要如何彌補佛洛伊德有缺陷的分析工作。而且，更令人好奇的是，很少分析師接下這樣的挑戰；更少有人敢於挑戰

自己，向世界展示自己在心理治療工作上的具體細節。他們是否害怕自己也會遭受到像他們對待佛洛伊德這般無情的批評？！或許對佛洛伊德批評最嚴厲的評論者在說以下這段話時，是透露了某些真相：「出版案例研究，讓佛洛伊德感到在專家及主要是男性讀者的手中，他是脆弱的；當人們閱讀他的作品，他就像處於分析者的位置，[21] 是個被動的客體，像個女人。佛洛伊德努力抗拒被放在這樣的位置上，他既不順從讀者，也不接受讀者的刻薄對待」（Mahony, 1996, pp. 124-125）。所有那些花費眾多時間在批評佛洛伊德對伊姐的工作、而不是向世界呈現自己的案例的分析師，不也是同樣的情況？

◎ 視框的改變

> 在個案史中，我們必須多關注病人純粹的人性及社會處境，就像我們對生理數據及症狀的關注那般。
>
> —— Freud, SE VII, p. 18

其他文學及文化評論家對佛洛伊德的批評，是建立在跟精神分析不同的參考視框或觀點上，無論是馬克思主義、女性主義，或者兩者兼而有之。他們譴責佛洛伊德不夠敏感，沒有注意到社會和經濟階級的問題、對婦女的壓迫、當時家庭強加給女兒的窒息角色，以及那個時代中產階級家庭中女家庭教師、女僕、護士及廚子的從屬地位，這些人並因此經常成為性對象（例如 Gallop, 1990; Cixous & Clément, 1990; Moi, 1990）。從歷史的角度來看十九世紀晚期維也納社會中女性所扮演的角色，可以讓我們看到，與現在相比，當時女性的地位及可能的處境；我們可以批評佛洛伊德處在那個時代，他可能沒

有看到將女性從有限的選擇範圍中解放出來的重要性（但是這麼一來，人們可能就要解釋為什麼他的女兒安娜會在他的鼓勵及支持下，靠自己的能力成為一位著名的精神分析師），還有他沒有看到伊妲的某些困難，那也是當時幾乎任何年輕女性處於她的位置都會遭遇到的困難。[22] 每一個參考視框都會讓我們看到某些事情，並且對其他事情視而不見，臨床工作者總是會盡力考慮許多參考視框，從眾多不同觀點來看待每一個案例。

例如，馬克思主義／女性主義的評論家指出，雖然伊妲意識到她是她的父親及 K 先生之間的棋子或交換物（她感覺「她被交給 K 先生，作為 K 先生容忍她父親與他太太之間關係的代價」，就像是「如果你給我你的，我就給你我的」﹝SE VII, pp. 34 and 86﹞），[23] 這是好多世紀以來女兒們的典型命運，她們的婚嫁對象是為了滿足父親對於更大的社會、政治或經濟權力的個人追求。女孩們嫁給某位男士，不是因為這名男子會成為她們的好丈夫、或者他們是互相匹配的金童玉女，而是因為這名男子會給女孩們的父親帶來財產、資本或影響力。

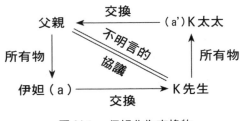

圖 AI.1.　伊妲作為交換物

這些都是不爭的事實，但是從精神分析師的角度，看不太出這

樣的事實對佛洛伊德或伊姐有什麼樣的幫助。因為事實證明，在他
們的分析工作中（只要有治療性的**成分**即可）最重要的是——如我們
在第五章中所見——儘管起初伊姐宣稱她只不過是父親和他朋友的
陰謀中的一顆棋子，結果在她成為兩個男人的交換物的情境中，她
自己也參了一腳。也就是說，是的，她是「情境的受害者」；是的，
她是交換物（跟幾個世紀以來的許多女性一樣）；但更重要的是，就
她的分析來說，她似乎也助長及挑唆了她父親及 K 先生將她置於並
維持在這樣的位置上——也就是說，她似乎有主動進入這樣的位置。
讓伊姐意識到她周遭由男性主導的社會對她的壓迫，可能會讓她參
與某種形式的婦女解放運動（事實上，她日後確有參與），但是這很
有可能就會忽略了她自己的主體位置以及她在那個社會裡的定位問
題（除非也注意到她在自己受到壓迫的處境中其實是共犯）。[24] 有人
可能會提出爭論，認為伊姐的主體定位也是由她的社會／文化地位
所決定的，因為在當時，女性只有「捲入其中」才能獲得她想要的任
何事情；然而，有些女性並沒有玩跟伊姐一樣的遊戲——她們拒絕
這個選擇，並在公認有限的選擇中，選擇了其他道路。在我看來，
無論我們歸因於周遭社會／政治力量的程度多少，我們都不能忽視
人們在任何社會形式中部署自己的定位時，無意識所扮演的角色。

　　佛洛伊德跟每個人一樣，都是自己所在的社經階級的產物，有
些人說他是「中產階級」（拉岡），[25] 還有人說他是傳統的維也納中產
階級（安德烈·布列東），但有時候他又似乎相當能夠擺脫中產階級
的社會及道德習俗（例子可見 SE VII, pp. 48-49, and SE XVI, p. 434）。[26] 然而，
正如許多批評者指出的，在佛洛伊德的個案報告中，伊姐的母親幾
乎完全沒出現，這點相當引人注意，就像佛洛伊德為鼠人所寫的個

案史中，也未見到鼠人母親的蹤影。還有，伊妲會對K太太感興趣，除了伊妲把自己認同為男性之外，佛洛伊德似乎想不出其他的可能性，彷彿在那時候對他來說，他難以想像伊妲是作為一個女人，而對另外一個女人深感興趣。正如我們在第五章所見，這有部分可能跟他自己的心理結構有關，此外則可歸因於不適當的象徵界參考視框。

◎ 臨床及歷史視框的改變：歇斯底里不是一種疾病

關於歇斯底里，在我看來我們可以提供的最重要視框改變，是強調——就像強迫症一樣——**歇斯底里不是一種疾病，而是一種結構**。有很大比例的人是神經症（有些人則是精神病或倒錯，神經症、精神病及倒錯是三種主要的臨床結構），而且，只有三種主要的神經症——強迫症、歇斯底里及恐懼症——每一種神經症都是大部分人們在生活中面對心理衝突的一種應對之道。當然，不同的人可能或多或少是強迫性的、歇斯底里的、或恐懼的，各人程度不同，但我們絕大多數都是神經症，不同的神經症所對應的是我們應對世界的常態，每一種神經症都涉及不同的抑制方式——也就是說，對於念頭及情感的衝突問題，有不同的解決方法。正如佛洛伊德在一八八九年就已經告訴我們的，我們企圖解決某個特定歇斯底里症狀的事實，「並不意味著歇斯底里被治癒了：在相似的條件下，它會引發類似的症狀」（SE I, p. 100; see also SE II, p. 17）。我們可以說，神經症並不是特定症狀，而是一種生活方式。

強迫症對衝突的解決方式——念頭與情感是彼此分離的，對於某個經驗的情感被置換到其他經驗或念頭——並沒有比歇斯底里的解

決方式更「理性」，在歇斯底里，跟經驗相關的念頭受到抑制，情感則以無法辨認的形式出現在身體上。雖然一代又一代的醫師將歇斯底里連結到不理性、荒謬、過度戲劇化、過分激動，甚至假裝，並且經常認為相對於男性來說，這些狀況尤其與女性有關，但是，歇斯底里並沒有比強迫症「不理性」、「沒有邏輯」或「無法理喻」；每一種神經症都有自己的理性或邏輯，每一種都有自己的存在理由，並且各自的理由跟邏輯截然不同。從日常生活的角度來看，強迫症會做出一些看似不合理的作為，就跟歇斯底里一樣。

正如馬克・米卡爾所說，歇斯底里「不是疾病，而是一種另類的身體、口語及姿態語言，一種符徵式的社會性溝通」（引自 Showalter, 1997, p. 7）。換句話說，相較於強迫症，歇斯底里構成了一種不同的方式，來展現及傳達一個人的心理衝突。在此，我們回憶起佛洛伊德甚至說強迫症不過是「歇斯底里語言的一種方言」（SE X, p. 157）── 也就是說，是歇斯底里對衝突所提供之解決方式的一種變體。我們也應該記得，歇斯底里「出現在年輕人跟老人身上，出現在男人及女人身上，也出現在黑人及白人身上」（Showalter, 1997, p. 7）。那些指責佛洛伊德及其他精神分析師認可了在許多臨床工作者心目中幾乎把女性跟歇斯底里畫上等號的人，忽略了一個事實，一九八六年佛洛伊德在維也納醫學協會發表〈男性歇斯底里〉這篇論文幾乎受到嘲笑，以及在同一年稍晚時，佛洛伊德發表一個男性歇斯底里的具體案例（SE I, p. 24），也在很大程度上為人所忽略。據說夏科本人治療了大約九十位男性歇斯底里病人（Showalter, 1997, p. 33）。

在歷史上，歇斯底里可能要比強迫症更早被獨立為一個臨床疾病實體（也許早在埃及時期即已出現），然而由於歇斯底里的可塑

性——出現在身體上，卻是出現在一個社會性的身體上，被每一個歷史時代中所有語言的、社會的、文化的以及宗教的涵義所編碼及覆寫的身體——使得歇斯底里的表現方式一直在改變。這可能會讓精神科醫師及心理學家誤以為歇斯底里已不復存在，因為今日的病人身上已很少看到十九世紀時著名的歇斯底里表現——心理導致的身體癱瘓、眼盲、耳聾、失音、麻木等等。然而，歇斯底里根本沒有消失！同樣的機制：情感影響身體、並與產生它的念頭或記憶失去連結的狀況，還持續存在。正如蕭華特所說，歇斯底里「只是換上新時代的新標籤」（Showalter, 1997, p. 4）；關於其中一些新標籤的列表，可見第五章結論及附錄五。

附　錄 **2**

關於暗示
On Suggestion

　　當受苦的人帶著被治癒的期待及的意志去見「巫醫」、「療癒師」或「神職人員」，無論他們開出什麼樣的治療方式，受苦的人渴望被治癒的慾望以及服從的意願，讓他們很容易受到暗示。接下來，療癒師只需給出處方，處方內容幾乎什麼都可以，只要沒有太超過對方的期待——並且說：「如果你做到 x, y 及 z，你就會痊癒」——就能實現對方獲得療癒的慾望。

　　在部落裡，處方可能涉及以贖罪的方式將自己暴露在大自然中，完成某項證明自己的舉動，或是在長者的指導下體驗藥物的使用（例如，吃下會引起幻覺的蘑菇，並跟隨部落裡的巫醫到沙漠裡一個禮拜）。在現代的醫藥環境中，緩解頭痛、失眠、焦慮以及許多疾病的處方包括安慰劑（不含活性成分的藥丸）跟鼓勵性話語，像是「每天服用這個三次，你就會好多了」。在醫學及精神病學，暗示在今天通常被稱為**安慰劑效應**（placebo effect）。病人被引導去相信他們服用的藥物對他們有幫助，沒想到，他們真的就好了。

暗示顯然不是萬靈丹，但即使是今天，暗示在驅魔、信仰治療及催眠上仍扮演著重要角色。一七〇〇年代末期，法蘭茲・安東・梅思默（一七三四一一八一五）將暗示的潛能發揮到極致，讓自己成了巴黎的話題。他宣稱自己的神奇療法來自於讓不平衡的「動物磁力」恢復正常——一種被認為無所不在的無形液體（就像被許多早期科學家認為存在的「以太」），但它可能會在身體裡變得分布不均，讓人痛苦——梅思默對怎麼呈現出治療場景的直覺準確無誤，他精心布置，讓治療過程在一種玄妙、神祕及啟蒙的氣氛中進行（十九世紀法國作家大仲馬名為《皇后的項鍊》的小說精彩的描繪出這個情境）。他的治療變得高度風格化，可以同時間用木製「熱水浴桶」（其中置入鐵棒，為這些類似按摩浴缸的早期設備增加動物磁力）治療二十個病人。梅思默穿著長袍，隆重入場，並輪流對病人揮動魔杖，病人一個個陷入昏厥狀態（那時候稱作「**危象**」），當他們甦醒過來時就會說自己被治癒了。

雖然梅思默關於動物磁力的主張最後被政府指派的調查委員會認為不可信（委員會成員包括知名人物如班傑明・福蘭克林及拉瓦節），但是我們必須認真看待他在治療上的成功。在一百位接受調查的病人當中（主訴包括脾臟感染、風濕、氣喘、頭痛、皮膚病及神經系統疾病）——所有人都接受過梅思默的學生治療——有五十位宣稱他們完全康復，除了六個人以外，所有人都說他們有部分痊癒。雖然梅思默沒有受到當時醫療單位的認可，他對於暗示及治療場景（「催眠」病人）的特殊運用，讓今日的我們看到，許多所謂的醫療問題至少可以透過心理方式獲得部分解決。你可以說這只是花招，但不變的事實是它經常行得通。事實上，比起許多二十一世紀的醫療

技術，它的效果往往更好，成功率更高。不過，很可能只有那些已經受到暗示、並且願意相信動物磁力的人，會去接受梅思默及其助理的治療——換句話說，病人族群不是隨機抽樣，而是自我選擇的。

請注意，使用暗示的實務工作者並不需要相信他們使用的技術，就像一九九二年由史提夫・馬丁所主演的電影《天降神蹟》描述的，只要病人相信就好。

暗示的各種用法

在佛洛伊德之前，人們嘗試過的「治療方式」是按以下的順序發展的：

1. （藉由眩惑技法）施以催眠術及暗示（與法蘭茲・安東・梅思默有關，一七三四——一八一五）。
2. 催眠及暗示（尚-馬丁・夏科，一八二五——一八九三）；
3. 催眠及談話，發展出淨化療法（約瑟夫・布洛伊爾，一八四二——一九二五）。

我們可能會認為透過暗示，梅斯默為醫療發展跨出了第一步，但這麼說有點武斷，因為以歷任法國國王為例，在有約莫五百年的時間裡，人們認為法國國王單是觸摸受苦的人，就能治癒某些疾病，並且驅魔也實行了好幾千年。

到了佛洛伊德的時代，跟催眠結合的暗示（上面的步驟 2）成為治療「神經性疾病」的主要技巧。夏科對出現各種癱瘓及感覺障礙的

病人進行催眠，並且證實在更具暗示性的催眠狀態下，這些症狀都
會因此消失——在催眠進行中，以及使用催眠後暗示之後的一段時
間內（例如，「你醒來之後，你的雙腳會感覺非常好，你可以在沒有
協助的情況下再度走路」）。更令人驚訝的事實是，原本正常的人在
催眠狀態下，竟可以出現癱瘓及感覺障礙——同樣地，這也是在催
眠進行中以及催眠結束醒來之後，透過催眠後暗示做到的。

　　在十九世紀後期，法國及奧地利的一些研究者（像是希波利特·
本罕及皮耶·賈內）使用催眠達到或多或少的成功，緩解了廣泛的
症狀，當時人們逐漸認為這些症狀是身心性質的（psychosomatic）。今天
對我們來說，如果夏科單是透過催眠病人、命令他走路，就能緩解
下肢癱瘓，那麼，似乎很明顯的是，這種癱瘓的根源就不可能是身
體；儘管如此，當時英國及奧地利的醫療機構把這樣的結果看成是
江湖騙子及庸醫的作為。夏科的觀點跟當時絕大多數醫師的想法背
道而馳。[1]

　　儘管暗示的使用顯示了某些驚人的結果，暗示的成功往往是短
暫的。就如佛洛伊德談到他對愛咪·馮·N使用暗示：「整體來說，
治療上的成功是相當可觀的；但就是不持久」（SE II, p. 101）。暗示通常
只提供暫時的緩解，並且需要經常重複催眠後暗示。今日依然如此，
例如試圖戒菸的病人去看催眠師，他們希望催眠可以產生永久的效
果，但這種狀況很少發生；然而，人們還是持續去找催眠師，因為
催眠不同於心理治療，不僅快速，也不需要病人付出額外的努力。

　　佛洛伊德後來拒絕做催眠，因為在他的經驗裡，許多病人接受
暗示的程度不足以進入可靠的催眠狀態；他也拒絕使用暗示，因為
「其成功缺乏持久性」（SE XVI, p. 449）。

暗示與精神分析解釋的差別

請注意，無論受苦的人是因為什麼樣的原因受到折磨，暗示是透過**直接影響**受苦的人來進行治療。今天有許多治療師仍在很大的程度上持續仰賴暗示／建議（suggestion），即使他們並未使用催眠，他們會建議病人可以嘗試某些行為或參與某些活動（運動、控制飲食等等），甚至也會建議病人的問題根源可能是什麼，儘管他們的病人並未表示有這樣的狀況。由此看來，他們試圖提供病人治療師捏造的（或是在書裡找到的）某些概念或是一些「知識」，而不是鼓勵病人自己找出問題根源。

這是暗示跟精神分析解釋的基本差異：儘管這兩者總是無法被清楚區別，**精神分析解釋的目標是分析者自己的真理**，是分析者自己得到的，並打從骨子裡知道那是真的，而不是現成的東西（例如，分析師在手冊裡找到或是課堂上聽到的），或是根據分析師自己先前的既有想法拼湊出來的。精神分析的解釋主要來自於分析者，並且嘗試透過觸及或命中真理來進行治療，而不是採用任何可能只是短暫適用的老舊觀點。在最好的情況下，來自分析師的解釋不是告訴分析者要吃什麼、喝什麼或感覺什麼，或是企圖解釋他們為什麼會這麼做、這麼想、或是對某些事物的感受；他們會在分析者就快要說出來之前，早他一小步做出解釋（佛洛伊德），或是去動搖分析者看事情的方式（拉岡）。

附　錄 **3**

鼠人的危機說明
Toward an Elucidation of the Rat Man's Crisis

可能會有讀者對鼠人第一次去見佛洛伊德不久之後所發生的危機感到困擾，在此我會嘗試說明危機的決定因素（parameter）。

且讓我先說明，儘管這場危機的強度及明顯瘋狂的程度，佛洛伊德並未因此做出病人恩斯特·藍格有精神病的結論。當他發現在恩斯特的話語中仍殘存幻想形成的痕跡時，他也並未認為恩斯特有精神病（佛洛伊德也將這種狀況指認為**譫妄**〔delirium〕，如今已不再在精神病學的意義下使用這個名詞）——那是大約在恩斯特六歲時首度出現的想法，他覺得父母親知道他心裡的念頭，即使他從未對父母說出自己的念頭（SE X, p. 164）。[1]

在此我們看到佛洛伊德隱約分辨出**主要的**強迫症狀——這決定了恩斯特的診斷或臨床結構——以及範圍廣泛的次要症狀。這些可以闡明如下：

1. 主要症狀：游移不定的強迫性念頭，讓他無所事事；

2. 次要症狀，像是妄想。[2]

鼠人的主訴

病人一開始向分析師提出來接受治療的原因，通常是一種掩飾（cover）——也就是說，這是一個他們願意承認的問題，而不是其他更不舒服、更長期存在的問題，他們對這些問題或是有所懷疑、或者甚至不知道這些問題的存在。分析師必定不能以為這個主訴（presenting problem）——根據病人的說法，是讓他前來尋求治療的事件或一系列事件——就是讓病人接受治療的真正原因：通常都是另有隱情的。

在恩斯特的案例中，他的主訴很清楚：發生在一九○七年八月跟他的眼鏡及「殘酷上尉」有關的事件（SE X, p. 165）。鼠人在部隊擔任軍官時，曾參加機動演習，在強行軍過程的一次駐紮中，他弄丟了自己的夾鼻眼鏡（一種老派眼鏡，夾在鼻子上，沒有鏡腳）。然而他告訴佛洛伊德，要找到夾鼻眼鏡很容易，但是他卻沒有停下來找，因為他不想耽誤他的部隊。為什麼？主要是因為他想要證明自己跟其他人一樣強悍；正如他所說，「我很想向正規軍官證明，像我這樣的人（戴眼鏡的知識分子）不只學到了很多，還可以忍受很多事情」（p. 165）。對他來說，眼鏡象徵著軟弱，而我們還應該注意到的是，德文中**夾鼻眼鏡**（*Kneifer*）也意味著「懦弱的人」，也就是遇到衝突時會發抖或退縮的人（這類口語說法包括膽小鬼、懦夫、狗熊、飯桶）。對恩斯特來說，這件事顯然關乎男子氣概：他打算當個男人、還是鼠輩？

在他的心目中，自己從來不太像個男人——事實上，他告訴佛洛

伊德，他從六歲以後就一直是個懦夫。現在他失去了看清楚的能力，就更加失去了男子氣概，在軍隊裡，視力好顯然相當重要。沒有眼鏡，某種程度上，他就是個殘廢。[3]

他沒有花幾分鐘去找眼鏡，而是打電報給他在維也納的驗光師，訂購一副新眼鏡，並用貨到付款的方式寄到一個小鎮（佛洛伊德稱之為Z地；請見標準版第十冊二一二頁註釋所附的地圖），他打算前往這個小鎮去拿眼鏡。在他遺失眼鏡的這個地方（可能是在用餐時），他坐在奈姆柴克隊長身邊（S. Freud, 2000, p. 55；佛洛伊德在已出版的案例中，只稱呼他N上尉、或是「殘酷上尉」〔SE X, p. 169〕），這個男人相信體罰，並且在軍隊中為了捍衛體罰的使用相當直言不諱。在他們的談話過程中，恩斯特「非常尖銳的」不同意他，然而奈姆柴克仍滔滔不絕地向軍官們描述在東方所使用的某種特殊酷刑（將飢餓的老鼠放到男人背後下方的茶壺裡，讓老鼠一路吃進他的肛門裡）。

鼠人很顯然開始將奈姆柴克與他父親聯想在一起 —— 正如我們在第四章所見，他父親也相信體罰，動不動就打孩子，有時候甚至打到忘我的程度 —— 當鼠人聽到這樣的酷刑，「有個意念閃入（他的）腦海裡，**這正發生在一個（跟他）很親近的人身上。**」事實上，是發生在兩個人身上：他的女士及他的父親，為了趕走這種帶有攻擊性的念頭（這些念頭必定也讓他感到很荒謬，因為他父親早在八年前就過世了），他反覆對自己說（就像他在六歲時的做法）「你到底在想什麼？」這類的話。他覺得這樣的念頭是有罪的，他想因為自己有這樣的意念而懲罰自己。可是，他會怎麼做呢？

鼠人強迫自己去做某件真的很愚蠢及丟臉的事情。他遇到某位上尉（不是殘酷上尉）告訴他，他的眼鏡已經送達Z地，在郵局工作的

一位女性認為既然他是個中尉，一定值得信賴，遂決定自掏腰包為他代墊貨到付款的費用（SE X, p. 172）。她判斷他不還她錢的風險很小，他卻把這當成是她對他青睞有加：他相信她是讚許他的。當包裹抵達郵局時，把這件事告訴恩斯特的這位上尉人在現場，在恩斯特聽到這件事的幾個小時後，他收到了眼鏡。

幾個小時後，殘酷上尉奈姆柴克把眼鏡拿給恩斯特（他從 A 中尉那裡收到的，或者也可能是從郵局那位小姐那裡拿到的），並且告訴恩斯特，A 中尉（在個案研究中我們對他一無所知）幫他付了三點八克朗的貨到付款費用，因此恩斯特**必須把錢還給 A 中尉**（SE X, p. 168）。殘酷上尉沒搞清楚這件事，但是打從他說出這些話的那一刻，鼠人就知道他弄錯了。

恩斯特當時的想法非常複雜。首先，我會就已發表的描述來呈現佛洛伊德的解釋。在這裡，乍看之下，事情可以分解如下（SE X, pp. 217-218）：

1. 奈姆柴克說：「你必須付給 A 中尉三點八克朗。」這句話聽在恩斯特的耳裡，像是一道**命令**。
2. 由於奈姆柴克講述的酷刑故事，恩斯特現在已將他及自己的父親連結在一起（他可能希望他們兩個都發生可怕的事情），他內心反駁著：「別想我會做！」或是「我才不要！」在他心裡閃過的念頭事實上更加複雜許多：「等地獄結冰，我才會付錢！」或是「叫我付錢，不如叫死去的老爸生小孩！」（SE X, p. 218；類似的念頭跟他的女士有關，她自從六年前動過手術之後就沒有生育能力，他心裡想到了這件事）。佛洛伊德把這些念

頭稱為「嘲弄式肯定句」或是諷刺的主張，話裡所說的是「永遠無法實現的荒謬情況」。在此我們在恩斯特身上看到**反抗**的元素：發誓不付款。（這可能會被視為是侵凌性的它我衝動。）

3. 在反抗了自己的父親（以及女士）之後，恩斯特產生了愧咎感：這樣的念頭是犯了罪的。他必須要為了這些念頭而懲罰自己，於是他透過達成奈姆柴克的錯誤命令，讓自己看來很可笑（例如，在A中尉、還有另一位軍官B中尉的面前）。在這裡，我們看到由反抗到愧咎感，再進展到自我懲罰之命令的過程。（這可以理解為是他的超我所採取的行動。）

4. 後來恩斯特決定遵從奈姆柴克所下的命令。在佛洛伊德對這件事的描述中，懲罰自己似乎占了上風，當恩斯特去執行命令時，他似乎也無法從這樣的強迫性舉動中獲得任何東西：除了**自我懲罰**之外。

無論如何，對於事情經過的解釋就僅止於此，因為**這件事對他來說是有好處的**，或者說我認為是這樣的。他花了好幾個小時，對於要去Z地、還是回維也納的家，猶豫不決（正如我們將會看到的，這裡涉及某種精神自慰），他在心裡頭權衡著好幾個不同的因素：

1. 恩斯特對於在郵局跟那位值得信賴的女士碰面相當感興趣，他認為這位女士雖然根本不認識他、卻對他相當友善；他也很想再見到那個鎮上那位漂亮的女孩（旅館老闆的女兒），這女孩曾與他調情，他還考慮過要跟她發生性關係（SE X, p. 211）。可是，去看這個女孩，意味著他就怠慢了吉莎（他的

「女士」），也會違背他父親希望他娶到有錢人的願望。換句話說，在他的想像裡，把錢還給他知道他確實欠錢的對象（在郵局的那名女士），會同時傷害到他的女士及他父親。（也會使他在某方面更像他父親，重複了他父親必須在兩個女人——旅館老闆的女兒及郵局那位女士——之間做出抉擇的窘境，並且相當於要屈服於他父親要他別再跟吉莎往來的建議。還錢也讓他跟他父親有所不同，因為他父親從來沒有還清他在軍隊裡欠下的大筆債務。）這是選擇前往Z地對恩斯特個人來說的一些意義。

2. 然後，他發誓**不還**這筆錢，這對他來說是一種**反抗**。

3. 不過這也讓他感覺自己像是對父親及他的女士犯下滔天大罪（他的父親從來沒有還錢給他的軍隊同僚，恩斯特覺得自己有義務幫父親還錢，要是他能還得起）。或許因此這樣的誓言讓他語帶諷刺：「等我死去的父親或是女士生了孩子，我就會還錢！」他覺得自己發了這樣的誓言或是做出這樣的決定，是汙辱了他們，他因此產生**愧咎感**。

4. 然後他的心裡迴盪著這樣的**命令**：「你**必須**把三點八克朗還給A中尉。」你必須把A中尉帶到Z地的郵局——並且背叛你的父親（不娶有錢老婆）及你的女士（到Z地跟兩名女子會面）。這種羞辱的舉動表面上看起來是對他輕忽父親及女士的**自我懲罰**；透過這樣的舉動，他榮耀或支持了殘酷上尉／父親，或者如佛洛伊德所說的永遠都必須是正確的「國王」(SE X, p. 218)。[4] 他在這短暫症狀中找出的**解決方案**（在回維也納的火車上及之後的短期內搬演），**似乎讓他服從了父親、為父親辯**

白、證明父親無罪（為父親還錢，並執行殘酷上尉的命令，即使那命令是錯的），並且透過讓自己看起來很可笑來懲罰自己（把 A 中尉一路帶到 Z 地，即使他很清楚 A 中尉跟他的夾鼻眼鏡毫無關聯），但是**同時間他又違背**了他父親期待他娶到「對的女人」的深層願望。他對自己發出的命令，是為了讓他能夠**既服從、又背叛**他父親，這是他左右為難之下的妥協之道或解決方案。這個命令也要他去見兩位他相信對他感興趣的女人，並因此拋棄了吉莎。[5]

所有這些都表明**在命令當中對於強迫症病人可能還是有些什麼**（即使顯然很荒謬），**他從命令當中獲得了些東西**。要不然他為何還是會試著去服從命令呢？即使命令是由超我發出的，是為了要懲罰恩斯特，恩斯特很可能還是從命令中得到些什麼。

拉岡認為超我是在發出「享受吧！」的命令（*Écrits*, p. 696）。就恩斯特的案例來說，可以看成超我是在命令他「享受那些女人！」進入命令中的力比多衝動有許多層次，並且是多重決定的，執行命令也很可能會帶給他某些刺激，這是**服從他改變動力的命令**，他似乎只有在跟佛洛伊德的治療進行順利之後，才跟女人有正常的性關係。我們可以說命令對它我及超我都有意義，在此再度看到症狀（即使是為期短暫的症狀）都是妥協的產物。

我們不要忘了，**恩斯特並沒有執行命令**。事實上，他從來沒有執行過任何一個他給自己的命令，不管是割自己的喉嚨或是殺了吉莎的祖母（在後者的情況裡，他反而是倒在地上哭了起來）。對於像恩斯特這樣的強迫神經症者，在他自己及他加諸自身的指示或命令之

間，還是有一定的距離。另一方面，精神病者經常相信這類命令是來自於他們之外的對象，並且更加認真的看待這些命令。恩斯特顯然微弱地嘗試服從他給自己的命令，但他並沒有成功，因為A中尉拒絕接受這筆錢。在此之後，恩斯特就沒再做什麼了。

命運的大鐘擺

在下方的表格中，我試著將「去Z地、結果反而去了維也納」對恩斯特的高度個人化意義（其他人很難理解）有系統地整理出來：

去Z地的理由	去維也納的理由
不服從父親；傷害他的女士。他的腦海中浮現在吉莎——他的父親不贊成這段關係——和薩博斯基家族的女兒麗姿之間的矛盾。 開始談一、兩段戀愛的吸引力；重複父親由金錢和社會地位做出婚姻抉擇的吸引力。他逃離這樣的吸引力，就像他後來生病一樣。 服從他的父親（也就是眼前的殘酷上尉）。	透過不償還他父親所欠的債務，以迴避讓父親免罪。 迴避問題。回到女士身邊，不服從他的父親。

他的最終解決方案是不做決定——正如第四章所述，**迴避**（例如，迴避做出決定）**是神經症的正字標記**——把自己的行動交給命運。他關於火車搬運工及午餐車訂位的想法，還有那些在A中尉面

前感到愚蠢的想法，最終都只是合理化——也就是說，是他臨時採用的理由，以解釋他內心更深層所受到的吸引和排斥，這些動力包括那些女人、金錢與地位的衝突、償還父親的債務等等。去Z地和去維也納的衡量在天平上是相當的，讓恩斯特過於分裂或矛盾，以至於無法決定。正如強迫症病人經常做的那樣，他讓命運決定他的道路；既然命運把他帶回了維也納，他就讓他在維也納的一位好朋友為他處理這個問題。

附 錄 **4**

佛洛伊德學派對朵拉的特定症狀的解釋
A Freudian Interpretation of Dora's Specific Symptoms

　　儘管折磨朵拉的病是佛洛伊德所說的「小歇斯底里」(*petite hystérie*)（SE VII, pp. 23-24），而不是像安娜‧歐那樣的「大歇斯底里」(*grande hystérie*)，我們看到朵拉（以下會以她的真名「伊妲」來稱呼她）還是受苦於許多症狀，其中絕大多數都跟身體有關。這一點與鼠人的困境形成強烈對比。鼠人的問題可以說都在他的腦袋裡——也就是說，主要是跟念頭有關。就他的案例來說，他所愛的人受到傷害的願望被抑制，迴返的是有意識的擔憂或恐懼，深怕會有恐怖的事情發生在他們身上（然後這又導致一些安撫、強迫的行為，以避免邪惡的後果）。若以類別而言，對於強迫症病人，被抑制物的復返是在腦袋裡，對於歇斯底里病人，則是出現在身體上。

　　正如我們在第一章所見，佛洛伊德將被抑制物在身體中的復返稱為「轉化症」：將心理衝突轉換為慢性身體症狀（SE II, pp. 86, 147, 203-208; see also SE III, p. 49）。在這種情況下，與衝突相關的意念通常會被遺忘，若是沒有被遺忘，這些意念也會變得沒有情感，情感已經進入身體（SE

II, pp. 206-208）；這至少可以部分解釋為什麼伊姐在意識層面上對她的過去記得並不多，並似乎對於她跟佛洛伊德所討論的所有事情都如此無動於衷。

伊姐最慢性的身體症狀包括神經性咳嗽、呼吸困難（dyspnoea）（呼吸很費力或沉重）、哮喘、失音症、偏頭痛、胃痛和拖著腳走路（根據德伊奇的說法，其中有些症狀至少持續到中年〔Deutsch, 1957〕）。[1] 但是我們還是應該注意到，她在意識上有些意念跟她的無意識完全相反——例如，她的「執念」，也就是她揮之不去的意念（有人可能會將其誤稱為強迫性念頭），認為她父親將她推入火坑（亦即將她交給K先生，然後拒絕相信他的朋友向她求婚），以便能持續自己與K夫人的婚外情，這個想法似乎讓她看不到自己對K太太的興趣。換句話說，不是每一種歇斯底里的症狀都出現在身體上；同樣地，不是每一種強迫症的症狀都只會在腦袋裡呈現——看看那些從強迫症病人身上看到的消化道的問題，它們被稱為大腸激躁症（或腸躁症候群）、消化不良、胃食道逆流、胃灼熱、脹氣，還有當下流行的那個跟身體上所有的生理疼痛都有關係的類別：「壓力」。

雖然伊姐跟安娜‧歐都有同樣的「神經性咳嗽」（*tussis nervosa*）的身體症狀（據推測是因黏膜炎〔或痰〕而起，這意味著喉嚨中的黏膜發炎），但是在伊姐的狀況裡，神經性咳嗽並不是用來掩蓋音樂，試著將外出跳舞的念頭趕出她的腦袋，因為這樣的念頭與克盡孝道完全衝突。我們並不知道伊姐的咳嗽目的為何，因為她與佛洛伊德的工作似乎沒有消除她的咳嗽（即使她的咳嗽「在她默認解釋之後短暫」停止了——我們隨後就會討論這一點——佛洛伊德自己承認這是不明確的，因為她的咳嗽「以前就經常自動消失」〔SE VII, p. 40〕）；而即

使他們一起進行的分析工作消除了伊妲的咳嗽，到底咳嗽的最終原因及目的為何、他們討論的哪一部分導致咳嗽消失，我們終究還是不明所以。[2] 無論如何，我們可以假設伊妲的咳嗽（通常維持三到六個禮拜，但也曾持續好幾個月〔p.22〕）—— 就跟安娜・歐一樣 ——「道出」或指向有一個願望及對這個願望的責備同時存在，導致這個願望受到壓抑。只是，這裡的願望及責備是什麼呢？

根據佛洛伊德的說法，這個**願望**有可能是（或是讓 K 夫人）對她的父親進行口交，然後她自己再對 K 先生進行口交（SE VII, pp. 47-48）—— 不過，拉岡假設願望應該是（由伊妲自己或她父親？或許我們應該考慮**兼有兩者**的可能性，就算不是同時存在，也或許是交替著出現）對 K 太太進行舔陰（*Écrits*, p. 180）。理論上，這個**責備**是跟上流社會不會與父母親的朋友——尤其是不會跟另一個女人—— 做這種事的程度有關。在性慾望及性行為禁忌之間的衝突，似乎在八歲左右就出現在伊妲身上，並導致她在現實世界上的行動能力下降（正如我們在第五章所見，至少在分析結束五個月內，當她去質問 K 先生及 K 太太時，這種情況有部分消失了，並且她開始更能積極地投入在自己的學習上）。我們可以把咳嗽理解為她將在口腔以及／或者喉嚨中幻想的性感覺，轉換成某個跟性無關的狀況（並且，事實上，這個狀況導致她接受**醫療**上的關注），或者咳嗽有可能是一種嘗試表達對幻想中行為的作嘔。[3]（然而，她是在八歲就開始出現神經性咳嗽的症狀，這一點讓人對以上的解釋產生一些懷疑，儘管她很可能在那時候就已經對性有相當多的了解。）

佛洛伊德假設她可能曾因為普通感冒或流感而出現喉嚨發炎（SE VII, p. 82），或者喉嚨發癢可能只是重現她以前曾經吸了好多年姆指

時的感覺，當她了解口交之後，不知怎的，喉嚨就對她產生意義——或許是回溯性的（retroactively）。[4] 佛洛伊德所說「身體的配合」（somatic compliance）指的就是這種狀況（pp. 40-41 and 47-54），純粹的生理問題（例如流感引發的咳嗽）因而有了心理上的意義，並作為身心症狀固定下來。這樣的症狀隨後可能會增加更多含義，使得在僅解開第一個含義的情況下很難緩解症狀。

我們也可以用大致相同的方式理解伊姐會隔一段時間就有「三到六週」沒有辦法說話、或者失去聲音（失音症）的情況，尤其是因為這種狀況經常是因咳嗽所致，或至少是伴隨著咳嗽出現（SE VII, p. 39）。雖然佛洛伊德會把這種狀況解釋為，當伊姐所愛的K先生到外地出差時，她就會失去說話的興趣，[5] 但是拉岡解釋為這是「口部欲力的召喚」（*Écrits*, p. 180; Seminar III, p. 175）——換句話說，是想要跟K太太進行口交的衝動——在K先生出城去，只留伊姐跟K太太獨處時（也許特別是在夜晚，她們一起睡在K家臥房時），這股欲力就以這樣的方式讓自己被聽見。在她的腦海裡，這股欲力想必會受到來自道德感對這種行動的譴責，因而被抵消或受挫，這股欲力未被接受就會導致她失聲或是說不出話，這是一種「不能說」的行為。當K先生不在時，她沒辦法說話的情形像是在她跟K太太的關係中放上一個制音器，當K先生在時，她們的關係一直是建立在對許多話題的親密討論上。這麼一來，她失去聲音或許就有了一個目的，可以在「口部欲力的召喚」達到高點時，拉開她們之間的距離。[6]

對於伊姐的神經性咳嗽及失音症的重建，符合我在第一章提出的模型：

力量一 ⇒　　症狀　　⇐ 力量二

「壞我」⇒　　症狀　　⇐「好我」

在左側，我們有「它」這個非人的力量，在右側則是「我」（或者「自我」）的力量。以後來佛洛伊德的術語來說，我們可以把衝突描述為左側的力比多（或它我）及右側的禁制力量（或超我）之間的衝突。無論如何，這還是一個理論的重建，因為就我們所知，佛洛伊德與伊姐的工作從未走到可以永久解除她的任何一種症狀的程度。

請注意的是，他的父親也患有黏膜炎（或是有痰），可能是因為他抽菸以及有肺結核，因此，伊姐的咳嗽或許也說明她在性慾望層次上對父親的認同；[7] 正如佛洛伊德所說，咳嗽好像是在說，「我從父親那裡得到邪惡的激情，為此我受到疾病的懲罰」（SE VII, p. 82）。這樣的認同，而不是後來與 K 氏夫妻的連結（即使她第一次遇見他們是六歲時在美拉諾），可能可以解釋她從八歲就已經開始咳嗽及失去聲音的事實（p. 27），就在她停止手淫之後不久（如果我們相信佛洛伊德的話）。

伊姐宣稱自己在八歲之前一直是個「野孩子」（*ein wildes Ding*——字面上的意思就是「野東西」，跟 The Troggs* 的歌曲同名）—— 她或許透過手淫沉溺於性衝動，不過她從未確認過佛洛伊德的這個解釋—— 但後來她平靜下來，變成「好女孩」，此時她開始感到呼吸困難或沉重（就跟他父親一樣，尤其是像她父親一樣，並且或許也跟母親一樣，他們就在伊姐旁邊的臥室裡做愛，這時候她父親還未陽

---

* 　譯註：一九六〇年代著名的英國搖滾樂團。

瘻〔SE VII, pp. 79-80〕)、[8] 氣喘、咳嗽及失去聲音。在人的一生中，這樣的**轉捩點**是至關重要的，這些轉捩點**象徵著某種重大的轉變**，但是佛洛伊德只有在註釋中提到。佛洛伊德寫到：「事實上她曾經是個野孩子，但是在第一次『氣喘』發作之後，她變得安靜乖巧。在她的心裡，這種疾病標誌著她的性生活中兩個階段之間的界線」(p. 82 n. 1)。

我們可以假設，她的身體症狀有如一種懲罰，因為她在想著父親時手淫（很可能也是對母親的犯罪），這些症狀本身保留了她跟父親的連結，因為他也有一些相同的症狀，並且涉及好幾個伊姐會聯想到性的部位：口腔、喉嚨及肺（呼吸沉重）。因此，她的症狀**取代**了她在童年時期的性行為，或者如佛洛伊德說的，她的症狀**就是**她的性行為（如實地說，它同時也取而代之）：「這些症狀構成了病人的性活動」(SE VII, p. 163)，這意味著病人會從他們的症狀獲得滿足或絕爽，類似於他們先前從手淫中得到的滿足。[9] 佛洛伊德假設「只要孩童還在自慰，歇斯底里症狀幾乎不會出現，只有在後來進入禁慾期之後才會出現歇斯底里症狀；它們形成了手淫滿足的替代品」(p. 79)。[10]

如果她身體症狀的形成，是她在手淫時幻想著父親、因而對母親犯了「罪」的懲罰──我們應該要記得，這不過是個理論，因為在伊姐的案例中這一點從未獲得證實──就會出現一個問題：為什麼這是發生在八歲時？當時她的生活裡發生了什麼事，導致力量二變得如此強大，能夠徹底對抗力量一？或許我們永遠不會知道答案⋯⋯

無論如何，我們確實知道「在她八歲神經性氣喘發作之前不久」(SE VII, p. 103) 她在走下樓梯時滑了一跤，扭傷了右腳。她的腳腫了起來，不得不包紮，並且必須臥床休息好幾週。[11] 當伊姐滑倒時她心裡是否在想些什麼（例如幻想她的父親，或是其他喜歡的對象），因此

沒有留意腳下？她會不會認為腳扭傷就是對她的幻想的懲罰？必須臥床休息好幾週對一個「野孩子」來說，有可能是相當沉重的負擔，這很可能就是「潛伏期」，是她從野蠻變成乖巧聽話的關鍵轉捩點。

再次聲明，所有這些都是高度的猜測。沒那麼過度推論的是，她的腳傷並沒有導致心身症狀，直到大約十七歲，在一次類似盲腸炎的發作之後（下一段我們會談這部分），她開始無緣無故拖著右腳走路（SE VII, p. 101）。佛洛伊德曾認為她拖著腳走路，跟她在 K 先生向她獻殷勤時沒有接受（或是希望自己有接受？）有關，這是她在生命裡「踏錯一步」（p. 103）或是「錯誤的一步」。碰巧，我們從菲力克斯・德伊奇那裡得知，她這種拖著腳走路的情形一直持續到她中年，這表示佛洛伊德的想法很可能是對的，可是佛洛伊德告訴她這些，顯然並未減輕她的症狀。在此，佛洛伊德若是有注意到自己早期提出的經驗法則：「任何沒有帶來改善的故事就是不完整的」（SE II, p. 79），還有他後期的經驗法則：要在分析者達到同樣的結論只有「一小步」之遙（不是「錯誤的一步」）時再做出解釋，他可能會做得更好。

如果伊妲真的把她在八歲時在樓梯上滑倒看成是對自己性幻想的懲罰（無論是否有伴隨著手淫），那麼她十七歲時在疑似盲腸炎發作之後開始拖著腳走路，或許也是類似的狀況。回想一下，疑似盲腸炎發作的情況據說是發生在 K 先生湖畔求婚事件的九個月之後，這讓人聯想到分娩的痛苦（pp. 102-103），這可能意味著她有懷孕或生孩子的願望──我們無需驟下結論，認為這反映出她有想與 K 先生做愛的願望。接著她可能會責備自己竟然有這種（無意識的）願望，彷彿這只能是其他年長的女性──她母親及 K 太太──才能有的，彷彿當母親的喜悅不是屬於她的。

　　由於缺乏詳細的資訊，我在描述伊姐的症狀時省略了一些比較個別的症狀：胃痛（有可能是認同了一個進行手淫的表姊〔SE VII, p. 38〕）以及十二歲時開始出現的單側偏頭痛，之後發作頻率逐漸減少，並在十六歲時結束（p. 22）。如果分析有繼續進行，我們可能會發現在這些症狀裡同樣有願望及相反願望——力量一及力量二——的結構，但那時候我們可能會再次發現完全不同的東西。

精神分析與 *DSM-5* 診斷之間的對應樣本
Sample Correspondences Between Psychoanalytic and *DSM-5* Diagnoses

（注意：不是現在被診斷患有 *DSM-5* 疾病的**每一個人**都可以剛好落入相對應的精神分析結構，許多 *DSM-5* 疾病可以歸入不只一個精神分析結構當中。）

精神分析	*DSM-5*
自閉症[1]	自閉症類群障礙症（現在包括自閉症以及許多早期診斷，例如早發幼兒自閉症、兒童期自閉症、肯納自閉症、高功能自閉症、非典型自閉症、廣泛性發展障礙以及兒童期崩解症）
神經症	
強迫症	抽搐症及妥瑞氏症（現在被誤導的列入動作障礙症） 強迫症 強迫型人格障礙症

強迫症	自閉症類群障礙症（尤其是過去被稱為亞斯伯格症的部分） 注意力不足／過動症 畏避型人格障礙症
歇斯底里	飲食型障礙症（包括厭食症及暴食症） 身體症狀及相關障礙症（包括轉化症） 做作型人格障礙症 依賴型人格障礙症 邊緣型人格障礙症 解離性身分障礙症 恐慌症 社交焦慮症（社交畏懼症） 分離焦慮症 廣泛型焦慮症 憂鬱症
恐懼症	焦慮症（包括特定的畏懼症及特定場所畏懼症）
倒錯	性偏好症（包括窺視症、暴露症、摩擦症、性被虐症、性施虐症、戀物症以及異裝症）
精神病	短暫精神病症 妄想症 妄想型人格障礙症 思覺失調症 情感思覺失調症 **雙人妄想**（*Délire à deux*）（現已不在 *DSM* 當中，但是在早期版本中稱為共有型精神障礙） 自戀型人格障礙症 雙相情緒及其相關障礙症（之前稱躁鬱症）

註釋
Notes

導論 Introduction

1 SE XIV, p. 16.

2 「對抗拒的分析」是由理查‧史特爾拔所提出（Sterba, 1934, p. 117）。佛洛伊德在標準版第二冊（尤其可參見 p.271 and pp. 282-283）討論了許多克服抗拒的方式。他批評只是試圖「向病人指出他的抗拒」的做法，他表示這樣「沒有改變抗拒發生，事實上反而讓抗拒變得更強」；他建議我們需要做的是「發現那股正在加深抗拒的被抑制衝動」（SE XII, p. 155）。

3 參見 Freud, 1936/1966; Freud and Sandler, 1985.

4 請見 SE II, pp. 301-305; SE VII, pp. 115-120。他在標準版第七冊（朵拉案例）確實有說「傳移似乎注定是精神分析最大的障礙，如果每一次都能偵測到傳移的出現，並向病人解釋，傳移可以成為最強大的同盟」（SE VII, p. 117）。然而，他也在幾行之後坦承「我沒有成功地及時掌握到傳移」（p. 118），清楚表明自己同時發現傳移很大程度是種障礙，至少在這個案例是如此。接下來他進一步坦承（尤其是在第 120 頁的註釋提到自己忽略了同性愛慕〔homosexual current〕）傳移**永遠**是個障礙，除非分析師夠聰明、有足夠的洞察力，並且足夠敏感能夠猜到每一分每一秒正在發生什麼事，但這顯然是不可能的。

5 正如拉岡所說，「傳移既是回憶的障礙，也是無意識在封閉之際的現前，它是未能在對的時刻命中目標的結果」（Seminar II, p. 145）；換句話說，只要分析者發現自己無法更進一步接觸症狀的病原核心（無論有沒有分析師的協助），無法「命中目標」，傳移就會在那一刻出現。

6 羅素‧賈柯比大約四十年前說過類似的話（Jacoby, 1975）。

7 或許有人會說，專注在障礙上，可以自成一條通往目標的道路。在某些案例中，討論障礙

或許會讓病人超越障礙，朝目標前進（例如，探索討論暴力幻想對病人來說有什麼可怕之處，能讓病人隨後對那些幻想進行討論）；但是專注於障礙似乎會讓許多分析師對所謂的防禦、而非被防禦的對象，變得更有興趣。

8　此番言談出自 Seminar XVI, p. 242.

9　佛洛伊德本人也是這樣認為的。他在寫給佛里茲・威特爾斯的信裡提到：「對我來說，大眾沒有理由來關心我的人格特質，他們也不會從中學到什麼。」據說他也告訴喬瑟夫・沃提斯：「人們應該感興趣的對象是精神分析，而不是我」（Wittels, 1924/1971, pp. 11-12; Wortis, 1954, p. 121）。

10　佛洛伊德在標準版第四冊提到他父親的故事（SE IV, p. 197）。這裡有幾個「心理傳記」的輝煌例子：布魯諾・貝特爾漢姆認為法蘭茲・喬瑟夫皇帝（譯註：1830-1916，奧地利皇帝兼匈牙利國王，晚年被尊稱為奧匈帝國國父）的妻子伊麗莎白（Elizabeth）是歐洲皇室最早的瘋癲人物之一，她啟發了佛洛伊德開始思考瘋狂及歇斯底里，然而，在她之前顯然還有許多這類瘋癲人士（Bettelheim, 1990, pp. 9-10）。貝特爾漢姆試圖運用皇室家族作為佛洛伊德伊底帕斯衝突理論的模型，儘管事實上，父親、兒子、叔伯與姪子等等之間的伊底帕斯鬥爭早已在許多歐洲宮廷中盛行了數千年，並且可以上溯到我們最早的文本（例如舊約）。貝特爾漢姆進一步認為，奧地利皇帝並非一家之主的事實，讓佛洛伊德想出自我並非人心中主宰的這個想法非常牽強，畢竟這種狀況在歷史上許多朝代都是如此（就舉其中一例，在西元7及8世紀時，法國墨洛溫王朝〔Merovingian〕有所謂「宮相」〔*maires du palais*〕的官職，這些人通常都比自己的君主更有實權），因此**我們有必要解釋為什麼其他思想家沒有想出這樣的理論**（1990, p. 12）。試圖在某人的生活及時代中找到他所有思想的源頭是相當愚蠢的。相反地，我們應該問的問題是：**既然歷史有這些先例，之前的人為何沒有提出這個想法？！**

11　詹姆斯・史崔奇在佛洛伊德作品《標準版》（SE I-XXIV）每部作品的編輯介紹中，對於佛洛伊德的思想發展提供了許多有用的材料。

12　關於這個主題的簡短討論，請見附錄二。

13　李爾認為，分析者可以透過分析意識到自己所有的念頭，他還宣稱「當分析者越來越能覺察到自己的自我意識心靈的流動，他們就越能夠透過自己的自我意識活動，直接改變自己的心靈」（Lear, p. xvi）；這與自我心理學家說**觀察者自我**會帶來真實的改變不謀而合，對我來說，這是哲學上的空想（請見我之前的討論，Fink, 2007, 2014a, 2014b）。

14　請參見 Low, 1935, p 4.

15　他在標準版第四冊中提到：「當夢的解析越來越深入，就會更常碰到童年時的經歷。這些童年經歷是夢的隱內容的源頭之一」（SE IV, p. 198）。「更常」指的是「不總是」，佛洛伊德討論過許多從未溯源到童年的夢（例子請見 SE IV, pp. 248-250; SE V, p. 510），也討論過許多從未被解析為跟性有關的夢（請見 SE IV, pp. 127-130）。關於性，他說：「絕大多數成人的夢都涉及了性材料」（然而，請注意，當他為我們解析他自己的夢時，他幾乎沒有提到性！），因為「從童年以來，沒有其他欲力會像性欲力受到那麼多壓抑……；也沒有其他欲力遺留

數量那麼多、又力量如此強大的無意識願望，準備在睡眠狀態中產生夢境」；儘管如此，「當然，我們也應該避免過於誇大它們的重要性」（SE V, p. 396）。下一頁，他在一段於1919年補充的段落中繼續說道：「一直有批評的聲音抨擊所有的夢都需要一個跟性有關的解釋的這種說法，但是，在我的《夢的解析》中並沒有說過這種話」（p. 397）。

16 那些相信ESP的人可能會認為直覺不只是我在這裡所說的這樣；但是，比起在諮商室裡對病人運用他們的超感官能力，他們可能會發現其他更有利可圖的做法。

17 即使我確實有將布魯諾‧貝特爾漢姆（Bettelheim, 1982）及拉岡對史崔奇的各種批評放在心裡。

1 症狀的追本溯源 Tracing a Symptom Back to Its Origin

1 關於錯過機會以及「被忽視的機會」，請見SE IV, pp. 204 and 207。請注意，這樣的「淨化經驗」不會改變我們內在的基本結構，這意味著每隔一段時間就必須重複「淨化經驗」；換句話說，透過淨化暫時釋放的攻擊與渴望的「源頭」仍然沒有改變。因此淨化無法停止新症狀的形成（SE II, p. 261），因為它是一種「針對症狀的治療」——亦即，其治療目標完全只在於減緩症狀（p. 264）。

2 德文的「Verdrängung」可見於19世紀早期心理學家赫爾巴特所著的《心理學作為一門科學》（1824），佛洛伊德的一些老師都知道這本書。

3 他們似乎感覺到「受到抑制的單一意念（侮辱）與構成自我的主要意念群（也就是他們對自己的整體感受）之間，存在著根本上的不相容」（SE II, p. 116）。

4 有時候我們會聽到另一種說法「Il n'y a que la vérité qui fache」——就字面意思可以理解為「只有真相會讓你生氣」，或是比喻為「沒有什麼能像真相那樣讓你火大」。

5 正如拉岡所說：「就像撤退到島嶼的人是為了遺忘——要遺忘什麼？他忘記了。部長也是一樣，他用不利用這封信的方式來忘記這封信。這可見於他堅持不懈的行為上。但是這封信，就像神經症病人的無意識那般，並沒有忘了他」（Écrits, pp. 24-25）。

6 拉岡提到，愧疚感來自於我們放棄了自己的慾望（Seminar VII, p. 319）。他經常指出將佛洛伊德的「Versagung」翻譯為「挫折」是錯誤的，因為它的意思是放棄：一種自我放棄，放棄自己的願望或慾望（例子請見Écrits, p. 385）。拉岡認為，儘管後佛洛伊德學派相信他們遵循佛洛伊德的腳步，試圖減輕病人的「挫折」，可是他們完全誤解了佛洛伊德的本意，亦即在那樣的時刻裡，人們放棄自己想說或想做的事、或是將之置於一旁，由此他們放棄了自己的慾望。（他們出於各式各樣的理由這麼做。）關於這一點，更多的討論可見於本章及第五章。

7 有人會把隔離比喻成硬碟的分割，我們隨後會看到更多。

8 也請見標準版第一冊將無意識描述為「意識的第二狀態」（SE I, p. 153 and elsewhere）。

9 請注意佛洛伊德本人在《歇斯底里研究》中將記憶群組比喻為「檔案」（就像人們保存在檔案櫃或檔案抽屜中的那種檔案）（SE II, p. 289）——甚至直接稱為「記憶檔案」（p. 295）——

這是我在提出電腦檔案的類比很久之後，才偶然發現的。布洛伊爾將心靈類比為配電系統（pp. 193-195, 203-204, and 207），並將心靈中的「異常促進」（abnormal facilitations）比喻為短路（p. 203）。

10 請注意，被抑制物經常會徹底消失，或者變得完全無法辨識，以至於意識（或自我）拒絕相信它還存在；我們經常有意識地相信我們對自己瞭如指掌，並且否認我們內在有自己不知道的念頭、記憶及願望。然而，被抑制物還是會施加壓力以獲得表達，導致在心靈、身體，或兩者都出現了「被抑制物的迴返」（return of the repressed）。

我們可以說，過去的占夢師企圖打開夢的檔案，但是他們的方法就像是用另一個軟體去開（例如用 Microsoft Word 開 PDF 檔），我們所看到的就會是一大堆無法理解的符號，可讓人隨心所欲加以解釋。

11 除了我們可能認為沒有抑制的孩子，但這樣的孩子因此可能有罹患精神病的危險。

12 佛洛伊德說：

我自己在催眠治療上有不少次開心的結果；但是我不會冒險進行我在（法國）南錫看到由李厄保及本罕執行的某些治療程序。我也知道這種成功很大一部分歸功於他們的診所充滿著「暗示的氣氛」，還跟周圍環境及病人的心情有關；（SE I, p. 100）

以及，

當我試著在自己的病人身上練習這種技巧時，我發現我的能力至少受到了嚴重的限制，而且如果沒有在前三次就引發病人的夢遊症（我相信他在這裡只是指夢遊者身上所見的那種深度催眠），我就沒有辦法誘發它。在我的經驗中，會出現夢遊症案例的比例遠遠低於本罕所報告的數量。（p. 108）

13 在愛咪·馮·N女士的案例中，佛洛伊德說：

我們看到，即使是在夢遊狀態下，她也無法知悉全部的自己。即使在那時候，仍有一個實際和一個潛在的意識。這種情形通常出現於，我在她處於夢遊狀態時問她，這個或那個現象是從哪裡來的，她會皺起眉頭，停頓一會兒之後，以一種帶有歉意的語調回答：「我不知道。」在這種情況下，我習慣說：「想想看，它會直接浮現在腦海中。」而她在想過一會兒之後，就能給出我想要的答案。但是有時候，她也會一無所獲，我只好留待隔天再讓她進行回憶工作；而這從未失敗過。（SE II, p.98）

14 對於這些不同的「治療方法」，以及關於暗示更廣泛的討論（尤其是它跟解釋的差別），請見附錄二。

15 對於被隔離的記憶，佛洛伊德自己的比方不是病毒，而是「一個『促發』晶核」，能夠在溶液中讓其他分子產生結晶（SE II, pp. 123 and 264）。

16 我有一位病人曾經突然回想起一個令他感到羞辱及尷尬的場景，他「遺忘」這件事大約三十年；在他十幾歲時，有回正在洗澡，某一刻突然發現他的母親走進浴室，並看著他淋浴。他感到非常驚訝及不安，以至於無法對母親說些什麼，並立刻試著遺忘這整件事。這也導致他忘了許多與此相關的事件。

在其他情況下，當創傷事件受到抑制時，會異常鮮明地回想起另一個時間或地點，或許是

　　與被抑制的事件有連結的事件或場景，即使在心理上或多或少是冷淡的，不帶有能量或力比多。佛洛伊德把這種鮮明記憶出現所造成的轉移稱為「屏憶」（screen memories）（尤其請見 SE VI, pp. 43-52）。

17 從理論上來說，我們每一個人都發生了「意識的分裂」，但這可以被理解為神經症、而不是精神病，也就是說，按照拉岡的觀點，我會認為如果精神病中有一種無意識，那會跟我們在神經症中所熟悉的無意識非常不一樣，運作的方式也不同（Fink, 2007, Chapter 10）。

18 由於我的一位分析者不肯說出任何他想到的東西，因此我對他說：「你**不**說出你認為自己不應該想的事情，會讓你一直想著它們。」我還指出，所有他認為什麼「適不適合說」的想法，「不會（讓他）在精神分析中有進展」。這讓他感到相當震驚，最後減少了自我檢禁。

19 我的一位分析者告訴我，在前一次療程中她被自己嚇到了。那時，她說儘管在成長過程中，她對自己的智力很有自信，這是因為她深信父親說她的聰慧是像他的緣故，但如今她對這一點沒那麼有自信了，即使近來她憑藉己力大有所成，例如她在職場裡晉升至有可能達到的最高職位。這件事對她來說是個謎，暗示了某個無意識事件的浮現（或至少是意外地閃現）。
　　請注意，佛洛伊德有一次談到，「總是知道」某件事的感覺與一種抑制的形式有關，這是強迫症特有的形式，在這種形式中，念頭跟情感是分離的，而當念頭不帶有任何情感，念頭似乎也就沒有意義了（SE X, p. 196）。

20 參見佛洛伊德 1912 年在〈關於精神分析中無意識的註釋〉中分辨潛在性及無意識的一些詳細討論（SE XII, pp. 260-266）。他後來在談到自我及超我的面向是無意識時有點混淆了，嚴格說來，他的意思是那些面向是在意識之外運作——換句話說，它們是沒有意識到或前意識的，並不表示它們是受到了抑制（SE XXII, pp. 69-72）。

21 尤其可見 SE III, pp. 304-309; SE VI, pp. 45-52。關於這些鏤刻的不可摧毀，例子請見 SE V, p. 553 n.

22 後來發現，愛咪・馮・N 女士在那時告訴佛洛伊德的故事是「不完整的」（SE II, p. 79），病人說的故事——無論是不是在催眠狀態下——通常都是如此，關於那個特定事件（以及其他強化症狀的事件）還有很多其他細節需要說出來，才能讓抽搐消失得更久。幾年之後她再次生病，無疑是因為只使用了「淨化程序」，沒有解釋的協助，互相衝突的病原力量就無法透工（worked through）（p. 75 n）。

23 布洛伊爾告訴我們，「在她說完導致症狀發生的那個經驗之後，有些非常頑強的怪念頭就消失了……當她處於催眠狀態，一旦引起歇斯底里現象的事件被再現（亦即，詳細描述），歇斯底里現象也就消失了」（SE II, p. 35）。

24 「人唯一的愧疚感，」拉岡說，「是放棄了自己的慾望（或是在跟自己的慾望有關時讓了步）」（Seminar VII, p. 319）。

25 對於其他人來說，讓他人的意志凌駕於自己的意志之上可能是困難的，但最終是滿足的——這可能是許多阿米許（Amish）族人的真實情況，他們將放棄視為美德。拉岡在研討班八評論道：「*Versagung* 意味著不兌現承諾，不兌現一個已經放棄一切的承諾」（Seminar

VIII, p. 300）；這個承諾很可能是一個人對自己的承諾。關於放棄的願望，請見 SE IV, pp. 147-151.

26 布洛伊爾提到有一段時間她完全不吃麵包，卻從未告訴我們原因（SE II, pp. 27, 31）。

27 在愛咪・馮・N女士的案例中，佛洛伊德告訴我們病人答應不再害怕某些事物，「因為你要我這麼做」（SE II, p. 72）；而當他要她喝水及吃甜點時，她回答：「因為你要我這麼做，我就會去做」（p. 81）；她甚至很抱歉地告訴布洛伊爾，在經過佛洛伊德兩週密集的治療之後，她還是沒有完全康復，她感覺自己背叛了佛洛伊德（p. 65）。在使用催眠及暗示的狀況下，尤其會出現像這種出於對醫師的愛及情感而取得的進展，因為這些技術並未解決病人生活裡長期存在的衝突力量。這些技術只是辨識出痛苦的記憶，採用淨化的方法去釋放記憶裡的情感，並且如同佛洛伊德在愛咪・馮・N女士的案例中所做的，指示病人不要再想起那些記憶，即使這些記憶顯然還留存在病人記憶裡的某個地方。（有一回，佛洛伊德詢問愛咪・馮・N女士她的口吃是怎麼來的，她回答她不知道，並且還說「因為我不被允許說」，佛洛伊德自己告訴她不要想起那些導致她口吃的痛苦記憶〔p. 61〕。）

佛洛伊德指出在另一個案例中（傳移）愛的角色：「有位女病人，我曾多次透過催眠幫助她脫離神經症狀態，在治療一個特別難以處理的情況時，她突然用手摟住我的脖子」（SE XVI, p. 450; see also SE XX, p. 27）。

28 這個版本的故事來自於佛洛伊德及恩尼斯特・瓊斯（請見 Jones, 1953, pp. 222-226），並由拉岡重述；但是布洛伊爾的傳記作者阿爾布雷希特・赫施穆勒對某些部分提出質疑（Hirschmüller, 1978/1989）。無論如何，赫施穆勒承認，瓊斯讀到了他從未看過的信，並且在我看來，他的主張總體來說是相當薄弱的。我認為他在這裡提出的唯一具有說服力的相關論點在於，雖然瓊斯宣稱布洛伊爾是在結束安娜・歐的治療之後突然就帶著他的妻子前往威尼斯二度蜜月，那時布洛伊爾的妻子懷上了最小的女兒朵拉（Dora），但事實上，朵拉出生在1882年3月11日，也就是安娜・歐的治療結束的三個月**前**（因此她不可能會是所謂的「二度蜜月」的成品）；其次，朵拉不是如瓊斯所宣稱的是在紐約自殺（Jones, 1953, p. 225），而是在蓋世太保抵達維也納的前一刻自殺的（Hirschmüller, 1978/1989, pp.337-338 n. 194）。

布洛伊爾在中斷與帕彭漢姆的治療之後，將她轉介給羅伯特・賓斯旺格（路德維克・賓斯旺格的兒子），而由布洛伊爾寫給羅伯特・賓斯旺格的信可以確認這個事實（Hirschmüller, 1978/1989, pp. 293-296）。佛洛伊德在1932年6月2日寫給史蒂芬・褚威格的信裡提到，布洛伊爾告訴他，當他停止治療貝塔那天，貝塔的父母親緊急把他找回去看臥病在床的貝塔，他「發現她很困惑，並且因腹部絞痛而扭曲身體。問她怎麼了，她回答：『B醫師的寶寶就快出生了！』」（E. L. Freud, 1960, letter 265, pp. 412-413）。顯然布洛伊爾沒有向佛洛伊德坦承貝塔當時出現「假性懷孕」（hysterical pregnancy）的狀況，可是佛洛伊德根據現有情況做出了推斷；他在同一封信中宣稱後來布洛伊爾透過他最小的女兒證實了他的推斷。

在已出版的作品中，或許對安娜・歐的案例偏見最強烈的是米克爾・博克-雅克布森，他認為這個案例完全是假的，佛洛伊德捏造了這個故事，有時候還要布洛伊爾配合他這麼做

（Borch-Jacobsen, 1996）。博克-雅克布森主張帕彭漢姆不是真的生病——那全是在布洛伊爾的鼓勵下模擬出來的。他無法解釋為什麼她的家人會請一位知名的神經科專家來治療「久咳不止」的症狀（除了她令人窒息的「家庭氣氛」，這是唯一他一開始就確悉的症狀）（pp. 81, 83）。布洛伊爾及帕彭漢姆之間沒有愛慕之情，更沒有發展到情慾的層次（事實上，博克-雅克布森似乎認為治療師及病人之間從未發生過些什麼，讓人不禁納悶他怎麼解釋有大量的證據顯示他們之間存在的情愫）；沒有假性懷孕，也沒有維也納之旅（p. 32）；帕彭漢姆對那一年之前發生的事情記得並不十分準確；布洛伊爾對帕彭漢姆的治療對她沒有任何幫助；沒有無意識或傳移這回事；諸如此類不勝枚舉。他的證據往往並不完整，像是私人信件的片斷這類，而提供他這些的包括以不可靠出名的歷史學者伊麗莎白‧盧迪內斯庫，以及間接提供他資料的傑佛瑞‧馬森和彼得‧J‧施維爾斯。他假設布洛伊爾通常會在他給賓斯旺格的報告中寫下他與佛洛伊德詳細討論這個案例時所說的完全一樣的內容——當時布洛伊爾認為其中有許多事是瘋狂的——至少可以說，任何把病人轉介出去的醫師都會認為這是很難做到的。他也掩蓋了複雜的意志問題（關於「假裝」、「模擬」，以及模糊地意識到自己的所作所為），好像所有的精神疾病都是沙特式的自欺（bad faith）問題。

即使博克-雅克布森的論述是對的——但它們很難證實——他的結論也無法成立，因為就算有某個案例不是它所描述的那樣，**無論如何，精神分析的概念，如傳移與無意識、還有談話的好處等，也不會因此土崩瓦解。**即使佛洛伊德真的是博克-雅克布森所說的那種無恥的虛構者、捏造事實之人，除非精神分析之父的罪必須無情地（由博克-雅克布森）族誅精神分析的後代子孫，否則這整個行業不會因此毀滅。我的病人絕大多數都告訴我，他們感覺治療對他們有極大的助益（精力更充沛、較少被他們覺得反感的幻想所困擾、能夠為自己挺身而出，最後還感覺他們能為自己發聲之類的），有位病人甚至不經意地說到他太太非常支持他來做分析，並且說這為他們的婚姻「創造了奇蹟」。

29 他在標準版第四冊中說，這是「意志的衝突」（SE IV, p. 337）。

30 佛洛伊德以此對比我們在強迫症中看到的現象：症狀主要停留在頭腦中，而沒有跨越到身體裡（SE III, p. 52; SE XVI, p. 258）。佛洛伊德的「轉換」仍可見於 *DSM-5* 中所謂的轉化症（請見附錄五）。

31 像是車禍這樣的事件有可能會造成創傷，這可能也會對3或4歲大的孩子造成比較大或不一樣的心理衝擊。與心理結構多少已經穩定的青少年或成年人相較，他們的心理結構還在發展中。

32 有時候佛洛伊德確實會使用像是表面和深度這類拓樸學的名詞（簡而言之，拓樸學就是研究幾何性質與空間關係的學問），尤其是當他用他的考古學象徵在談論心靈時——「這是逐層清理病原心理材料的過程之一，我們喜歡將其比作挖掘被埋葬之城市的技術」（SE II, p. 139; see also SE VII, p. 12, and SE XXIII, p. 259）——但是「深度心理學」這個名詞主要是跟卡爾‧榮格有關。布洛伊爾清楚說到在談意識與「下意識」（subconscious）——佛洛伊德很少使用這個名詞，之後更是完全不使用（SE XX, pp. 197-198）——時，涉及了空間象徵的運用；

換句話說，這是一種類比的思考（p. 228）。佛洛伊德主要談的是跟「病原核心」或M1的相對距離或接近程度（SE II, p. 289），但是偶而他會陷入如「更深的地層」這種語言圖像之中（p. 299）。

33 佛洛伊德經常使用法文名詞「雙重意識」（*double conscience*）；例子請見SE XI, p. 19.

34 對於超我簡明扼要的說明，請見SE XXII, pp. 57-68。佛洛伊德指出在理論的「實體」（entities）如它我、自我及超我之間的區分是暫時的、有些流動的，並且「根據不同的人有很大的差異」（p. 79）。

35 後來佛洛伊德寫道，神經症者必須「將他很大一部分的可用能量用來抑制他的力比多，並阻擋它的攻擊」（SE XVI, p. 454），這可能會導致「主體極度缺乏可用的心理能量，並使他在所有重要的生命任務上都陷入癱瘓」（p. 358）。

36 有興趣知道安娜・歐後來發展的讀者（例如她後來成為一位社工、作家、女性主義者，同時還是一位譯者）可以在以下的網址找到關於她的生活的最新訊息概要：https://en.wikipedia.org/wiki/ Bertha_Pappenheim。

37 布洛伊爾告訴我們，最後一天治療的日期是由安娜・歐自己設定的，為的是要吻合一年前她從維也納的家「遷入這個國家的週年紀念日」（SE II, p. 40）。我不確定應該如何理解他這個說法，因為其他人告訴我們，決定中斷治療的人是布洛伊爾。

38 可以考慮《鵝、鵝、鵝》這首童謠的歌詞：「我遇到一位老人／他不會祈禱／所以我抓住他的左腿／把他丟下樓。」

39 拉岡將佛洛伊德所謂「忽略或刻意忽視」（SE II, p. 68 n）及「不想知道」（p. 270）稱為法文的「*méconnaissance*」，這是一種主動或刻意的誤認（參考佛洛伊德的評論〈歇斯底里病人不知道他們不*想*知道的事〉；SE III, p. 296）。請注意，受到嚴重創傷的孩童經常會經驗到這種恍惚狀態。

40 佛洛伊德顯然在他的時代聽過許多類似的論點，他提到有醫師認為歇斯底里病人在念頭之間做了「隨機連結」（SE II, p. 294）。佛洛伊德作品的主要譯者詹姆斯・史崔奇創出這個聽起來有點奇怪的名詞：「*parapraxis*」（失誤行為）（這個字的拉丁文字根可能讓它聽起來更像是醫學或科學的名詞，就像「*cathexis*」），據說他是為了將佛洛伊德常見的日常德語「*Fehlleistung*」（字面上的意思是「錯誤的行動」或「錯誤的功能」）翻成英文，其他比較不那麼晦澀的譯法還有像是錯誤、拙劣、混亂、失誤、差錯及失誤動作（請見SE VI, p. xii; SE XV, p. 25 n）。

41 佛洛伊德在1895年就已經指出，他從來沒有真的遇到過自發出現這種意識變異狀態的病人（例如安娜・歐）（SE II, pp. 285-286）。他並且在1905年宣稱，他並不怎麼關注催眠狀態的重要性，還將他早期對催眠的關心，歸因於是受到布洛伊爾的影響（SE VII, p. 27 n. 1）。

42 事件當然也可以透過身體以及／或者感官（無論是透過視覺、聲音、觸覺或嗅覺）而被記得。

43 想想佛洛伊德早期一位病人的臉部神經痛（塞西莉亞女士），以及當佛洛伊德問她關於創傷場景時，她給佛洛伊德的回答：

病人看到自己又回到對她先生有極大不滿的時期。她描述當時兩人之間的一段對話，她先生對她說了一句讓她覺得非常侮辱人的話。突然間，她把手放在臉頰上，痛得大哭起來，然後說：「我簡直是被打臉。」就這樣，她的痛苦跟神經痛發作就消失了。（SE II, p. 178）

拉岡提供一個例子，在病人的童年發生了某件事，之後當那位男孩了解到那件事的意義之後，那件事就變成了創傷。他的父親被指控是個小偷，管轄他父親的居住地的律法是《古蘭經》，而他父親後來得知，按照《古蘭經》規定的懲罰是要砍斷他的手，這是他難以想像的懲罰。透過對父親的認同，兒子出現了「寫字型手部痙攣症」（writer's cramp）；換句話說，這就像是兒子的手被砍斷了（Seminar II, pp. 129-130）。

44 當她向我講述這個場景之後，她身體寒冷的感覺就消失了，而當她補充另一個她看到的細節時，另一個胸悶或胸痛的症狀也跟著消失了：從她觀察那個場景的角度來看，好像她的「父親跪在她（母親）的身體上」。在她的案例中，這些身體感受是重複（repeating）而非回憶（remembering）的例子，是在當下把某件事活出來，而不是回憶起過去發生的事情（SE XVIII, pp. 18-20）。

45 在那時候，它是分析的產物，「加入了（我和這名女子之間的）對話」（SE II, p. 296），並讓她從來沒有回憶起的歷史基本元素曝光。

46 事實上，我聽過幾位年輕分析師表示，他們覺得自己從訓練分析中獲益不多，使得他們對自己的助人能力缺乏信心。

2 無意識是意識的對反：無意識如何出現在言語及症狀中 The Unconscious Is the Exact Opposite of the Conscious: How the Unconscious Manifests Itself in Speech and Symptoms

1 喬叟是在《坎特伯里故事集》最後的段落提到撤銷，喬叟請求讀者原諒他在這一本書及之前的其他作品裡低俗粗鄙之處，並為自己的罪尋求赦免。

2 就像佛洛伊德所說：「就正如病人（在回答他夢中女子是誰時）說的：『當我在想那名女子是誰時，我是有想到我媽媽，但是我並不覺得這個聯想是有意義的』」（SE XIX, p. 235）。

3 關於判斷，他的依據是來自於哲學家法蘭茲・布倫塔諾的作品。

4 不過，2008 年在義大利的自然保護區誕生了一隻基因異常的獨角鹿。

5 例子請見 SE V, p. 613, SE XVI, p. 368.

6 想一下以下由叛逆的美國加州納帕谷釀酒師拉杰・帕爾所發表的聲明，他採用的方法跟鄰近的釀酒師有天壤之別（看起來，他主要是為了引人注目）：「這並不是一場接管葡萄酒世界的鬥爭」（Schoenfeld, 2015）。但是，到底誰說過這是一場鬥爭？
人們經常會迷失在否定表述中，尤其是使用了雙重或三重否定時，例如「這並不是我不認為他是個白痴」。分析師必須密切注意人們使用的語法，因為人們經常說出跟自己有意識想說的話完全相反的內容。

7 根據佛洛伊德，否定是「抑制的消除（*Aufhebung*）」（請見 SE XIX, p. 236，此處翻譯為「抑制

的解除」)：我不認為在我夢中的人是我的表弟，可是我在討論中提到我的表弟。因此我同時保有、壓抑及否定了我想到我表弟這個念頭。

8　由於絕大多數病人都受到抑制，因此無法記得某些事情（或是想不起來跟事件相關的情感），於是投射就是一個不可或缺的途徑，可鼓勵某些念頭及情感在分析中公開出現。然而，當分析師自我揭露時，他就不再是病人可以投射的「鏡子」——正如佛洛伊德的建議：「分析師在病人面前應該是不透明的，就像是一面鏡子，只讓他們看到鏡子上所顯示的」（SE XII, p. 118）；相較於一個空白螢幕，分析者無法輕易地將自己的某些念頭及情感，投射到一個他們實際上相當了解的人身上。他們對我們知道得越少，就能投射出更多。

9　在美國南方要對人們說些不客氣的話，只要在前後加上「老天保佑」，大家顯然就能接受；舉例來說，「他笨到像石頭一樣，老天保佑」，或是「老天保佑，我就是受不了她」。

10　請注意，「無傷大雅」是一種否定的說法，它其實是在否定「傷大雅」。

11　我的一位分析者的母親曾造訪他家一個禮拜，他告訴我自己在母親來訪期間「有一個約會」（這涉及了他假裝自己有一個事實上沒有的約會）；然後他就陷入沉默。「你想到什麼？」我問他，「我不知道為什麼，但我嘴巴裡差點冒出來『讓她嫉妒』四個字。」他不想說出這些話，因為就在這一刻之前，他沒想過自己可能會想讓母親嫉妒，所以這些話對他來說毫無意義。

然而，我們要分析的正是這些沒有意義的，以及分析者很可能會認為愚蠢、無關緊要、或是出乎意料的事情。我們必須對這類事情保持警覺，因為分析者總是傾向於**不要把這些事**化為言語，畢竟他不了解那是怎麼回事。絕大多數神經症者自我檢禁的能力都很強，會過濾掉絕大多數心裡想到、卻被他們認為可笑、不重要或徹頭徹尾愚蠢的事情。

我們不必把這認為是分析者的自欺或是抗拒：文明社會裡的社會習俗即是某種程度的自我檢禁，不把大量閃過心頭的事情說出口，是分析者根深蒂固的習慣，我們有責任打破這樣的習慣。我們要告訴分析者，試著把每一個閃過心頭的念頭說出來，光說一次、兩次是不夠的，就算分析者在接下來五到十年內不用我們督促就會自己做自由聯想，我們也不能自滿。我們可以把自由聯想想像成是分析者最困難的任務之一，而幫助分析者盡可能地自由聯想，是我們的職責所在。例如，我們可以在他陷入沉默時詢問他想到了什麼；當他說話省去一些字詞時，我們把這些碎片撿回來，代換成其他的字詞或表達方式（像是例如他說，他跟他的夥伴有過「爭——討論」，他檢禁了「爭執」這個詞，儘管他其實已經脫口而出）；甚至去注意他回應問題之前的短暫停頓，這表示他沒有告訴我們他心頭浮現的第一件事。當我們沒有幫助分析者做自由聯想，就拉岡的觀點來說，就是我們自己在抗拒治療過程。

12　請見 Austin, 1962 and Searle, 1969.

13　當然，分析者之所以在治療時遲到，還有許多其他原因。

14　這並不意味著有個公式說，任何這類語言就必然掩蓋著一個願望。舉例來說，當有人邀你去一個你不想參加的聚會時，你可能會回答：「恐怕那時候我人在外地。」這個說法事實上並不是在表達恐懼。而關於憂慮及願望的關係，例子可見 SE IV, pp. 266-267.

15 關於德希達學派對於抑制跟翻譯之間關係的解釋，請見Weber, 1982, pp. 46-48。這本書裡也可看到德希達學派對佛洛伊德理論許多其他面向的解讀。

16 關於所謂的轉撤詞（switch word）、言語橋（verbal bridge）或聯想橋（associative bridge），也請見SE VI, pp. 49, 109, and 274; SE VII, pp. 65 n, 82, and 90; and SE X, p. 213.

17 然而，佛洛伊德確實有時候會提到無意識的愧咎感。請注意，當我們在討論安娜・歐時，至少已經遇到過兩次「移置」：她將她對父親的情感移置（或傳移）到布洛伊爾身上，她也可能把她對女伴或狗（從女伴的玻璃杯裡喝水的那隻狗）的恐懼或厭惡移置給水。我們甚至會在動物界看到可能為移置的情況，例如當有慢跑者或自行車騎士經過柵欄圍起來的院子時，兩隻或更多隻狗開始狂吠，因為無法攻擊路人，於是便開始彼此打了起來。關於念頭及情感的分離，更細緻的討論請見佛洛伊德1894年的文章〈防禦性神經精神病〉（SE III, pp. 45-58）。

18 似乎很少有人理解這一點，即使是像昆諾竇茲這類宣稱佛洛伊德在後期作品中接受了「無意識情感」概念（Quinodoz, 2005）的作者也是如此。以下我將引用佛洛伊德闡釋這個概念更完整（以及後期）的段落：

首先，可能會發生的情況是，人們感知到情感或情緒的衝動，卻誤解了它。由於它真正的表徵受到抑制，只能被迫與另一個意念連結，於是現在被意識認為是那個意念的表現。如果我們恢復真正的連結，我們可以把原始的情感衝動稱為是一個「無意識」的情感衝動。然而，情感從來就不是無意識的；所發生的只是與情感相關的意念受到了抑制。一般來說，我們在使用「無意識情感」及「無意識情緒」這兩個名詞時，指的是本能衝動在量的因素上經歷的變化，而這是抑制的結果。我們知道這樣的改變有三種可能：一種是完整的或部分的情感還在；一種是它變形成另一種品質完全不同的情感，尤其是轉變成了焦慮；再不然就是受到了壓抑，也就是說，情感完全被阻止發展。（或許，夢工作比神經症更加容易研究這些可能性。）我們也知道，壓抑情感的發展是抑制的真正目的，如果沒有達成這個目的，抑制的工作就不完整。在每一個抑制成功約束情感發展的例子當中，我們都會說那些情感是「無意識的」（當我們解除抑制時，這些情感就會恢復）。因此，不可否認的是，這些名詞的使用是一致的，但與無意識意念相比有個重要的區分——無意識意念在受到抑制之後仍然作為實際的結構，繼續存在於Ucs.中（亦即，無意識作為一個系統），然而在該系統中，所有與無意識情感相對應的只是一個被阻止發展的可能開端。因此嚴格說來，儘管語言上可以這樣用，但實際上並沒有像無意識意念那樣的無意識情感。（〈無意識〉，SE XIV, pp. 177-178; see also p. 165 n）

因此感覺及感受也只有透過到達Pcpt.系統（亦即感知系統）才會被意識到，這點仍然為真；如果前進的道路受阻，它們就不會作為感覺出現，儘管在刺激（excitation）的路徑中，與它們相對應的「某個東西」是一樣的，好像它們到達了Pcpt.系統。然後我們才能以一種濃縮但不完全正確的方式來談「無意識情感」，這其實是將它們類比為無意識意念，即使並不完全說得通。（《自我與本我》，1923，SE XIX, pp. 22-23）

當我們告訴病人他們有「無意識的愧咎感」，他們不會輕易相信。他們太了解有意識的愧

咎感、或者愧咎感意識透過什麼樣的折磨在表達自己，因此他們不能承認自己內在有這樣的衝動是自己絲毫沒有意識到的。我認為，如果我們放棄使用「無意識的愧咎感」——無論如何，這在心理上是不正確的——改而說「對懲罰的需要」，這在某種程度上可以去迎合他們的反對，並且這個說法也符合了所觀察到的情感狀態，恰如其分。（〈受虐狂之經濟論問題〉，1924，SE XIX, p. 166）

受到抑制的意念很可能會變形到無法辨識的程度；但是情感量通常都會轉成焦慮——而這跟情感的本質毫無相關，無論是侵凌性或愛，皆是如此。（《精神分析新論》，1933，SE XXII, p. 83）

19 對於鼠人的情感，他的說法也非常相似，鼠人覺得自己犯了罪：這種情感有其道理，但是表面上的原因（他在他父親臨終照顧他，卻在病榻前睡著了一個小時，他父親剛好就在這段時間過世）卻不是真正的原因——這是受到移置的情感（SE X, pp. 174-176）。

3 夢：通往無意識的皇家大道 Dreams: The Royal Road to the Unconscious

1 拉岡學派的機構沒有區分個人分析及訓練分析。關於夢對分析者的持久重要性，請見 "La passe de B.", 2005; Leray, 2008; and Canedo, 2006. 佛洛伊德寫道：「在精神分析治療中，夢的解析扮演了重要角色，在某些案例中，夢的解析是我們長期工作中最重要的工具」（SE XVI, p. 456）。

2 關於這一點，請見本章最後一段。

3 想想音樂家兼作曲家塔爾蒂尼（1692-1770），據稱他夢見自己將靈魂賣給惡魔之後，惡魔拿起小提琴演奏出一首悠揚動人的奏鳴曲，塔爾蒂尼一醒來立刻趁還有印象的時候迅速寫下他能記得的內容；這就是他那首著名的《魔鬼的顫音》（SE V, p. 613 n）。佛洛伊德提到，歌德及物理學家亥姆霍茲曾指出，他們的創作絕大部分都沒有經過任何意識的「預先設想」，並且幾乎是以相當完整的形式出現」，這證明了佛洛伊德所說的「無意識思考」，雖然對許多哲學家來說這是非常自相矛盾的說法（p. 613）；亞瑟·庫思勒在他的《創造行動》中講述了許多這類在夢中出現的創作實例（Koestler, 1964）。

4 佛洛伊德寫道：「我們會把所謂的夢描述為『夢的文本』或者『顯夢』」（SE XXII, p. 9）。拉岡有時候會把夢的文本稱為「*élaboration*」（闡述或是初級加工）；請見 *Écrits*, pp. 315 and 393.

5 對於那些可能會反對佛洛伊德在此處所提出之理論假設的人，有兩點應該要強調一下：（a）如果在這樣的理論假設基礎上所進行的實務工作會產生治療效果，就值得做出這樣的假設，即使並不能因此證明此假設是絕對正確的（回想一下，雖然實證數據可以駁斥理論，卻永遠無法確證理論，因為可能會發現新的數據來駁斥那些理論）；（b）現象學家可能會宣稱夢是「現象自身」，沒有隱藏因素，跟這些現象學家相較，佛洛伊德提出這樣的假設並未更加抽象。夢（或是幻想、或是症狀）是因某些無法立即可見的事情所造成的，是一個很大的假設，但拒絕接受這一點同樣也是個很大的假設。

6 在我的經驗中，分析者最常出現的口誤是在他們討論夢時，用「影片」（film）或「電影」

（movie）取代了「夢」（dream）這個字（例如：「我在電影裡看到這些」）。在分析者對夢的聯想中，電影及電視劇的重要性與日俱增，因為在我們的文化中越來越容易接觸到電影及電視劇，許多分析者幾乎每個晚上都會在睡前觀賞視覺影像豐富的電影。在我的經驗裡，還有一些普遍可見的口誤是把老婆說成媽媽，老公說成爸爸，以及用男性的人稱代名詞（he, him, and his）代替女性的人稱代名詞（she, her, and hers），反之亦然。

7 這裡受到**壓抑**的是想喝水的衝動；受到抑制的是喝水衝動與希望女伴受到傷害之願望兩者之間的連結。

8 某些人本主義心理學家、甚至還有認知行為學派治療師在談到他們的經驗時，有時候會說「個案」是「專家」，但是在實際的臨床實務工作上，他們經常扮演「現實大師」的角色——也就是說，他們比個案更清楚「現實」。許多分析師及治療師似乎無法言行合一……

9 拉岡認為當夢實現或滿足了我們的需求（與我們的願望相反），我們經常會從夢中醒來，因為需求的滿足粉碎了願望，讓我們無法再以願望主體存在著：「無論如何，這是一個經驗的事實，當我的夢開始與需求相吻合時（有些說法不夠恰當，會說成與現實吻合，現實會保護我的睡眠）——或是吻合在此證實與我的需求相等同的「他者的需求」——我就會醒來」（*Écrits*, p. 624）。拉岡說，「當我的夢中出現需求的滿足，我就會醒來」（Seminar VIII, p. 377）。

10 「橫越美國自行車賽」路程嚴酷，參與的自行車手很少花時間睡覺，到後來經常會出現幻覺。佛洛伊德說「睡覺的願望……代表有意識的自我對做夢的貢獻」（p. 234），檢禁作用及次級加工（secondary revision）也是如此。

11 這可以用不一樣的方式呈現如下：
夢工：隱內容 ————→ 顯內容
精神分析工作：顯內容 ————→ 隱內容

12 佛洛伊德評論道：「如果有人忘了熟人的名字……可以合理的假設他對那人心有芥蒂，寧可不要想起他」（SE XV, p. 52）。

13 例子請見 SE IV, p. 105 n. 2。他甚至曾經承認，關於「伊爾瑪的注射」這個夢，「坦白說，此刻我無意繼續深入」（p. 113）。拉岡指出，對於這個夢，佛洛伊德告訴我們很多關於他在意識（或是前意識）的慾望，跟他的野心以及與同事的競爭有關，卻對自己的無意識慾望說得很少。拉岡特別指出當佛洛伊德俯視伊爾瑪的喉嚨時，他所看見的可怕本質，並稱其是對佛洛伊德來說的「真實界」，這無疑是跟女性之性（feminine sexuality）有關（Seminar II, pp. 154 and 164）。

14 例如，佛洛伊德建議我們要求病人在第一次講述夢之後，立刻再講一遍，然後我們把焦點放在第一次跟第二次敘述的差別；當夢境較長時，這種做法相當不切實際，而且有時候會讓病人覺得分析師在第一次聽他說夢時不夠專心。佛洛伊德還建議相較於那些非常明顯、看起來很重要的元素，我們可多多關心那些模糊難辨、似乎無關緊要的元素（SE VII, p. 654）。第三，他建議我們在自由聯想時，著重病人第一次說夢時沒有想起來、隨後才記起來的部分（SE VII, p. 100, n. 2），但是根據我的經驗，這種狀況只會偶而發生。

15 即使在精神分析的脈絡中，分析者也可能會對自己選擇了這個表達方式感到好奇，因為這裡頭有「beat」及「bush」這兩個字。

16 關於這個案例的細節討論，可見 Fink, 2014b, Chapter 11.

17 強調一下，性經常在無意識的形成中有重要的影響，她甚至提到她聽過「用具」（tackle）這個字被用來描述男性性器官。

18 當然，她可能會從「黑眼睛」想到「被打傷的青腫眼眶」，並且由此延伸要是有人揍了她母親，她會很高興。

19 總是有可能會發現更進一步、甚至可能更深刻的詮釋，畢竟夢是「多重決定的」（SE V, p. 523）——換句話說，夢的建構通常涉及好幾個不同願望的匯集。

20 根據拉岡的說法，詩及寓意式寫作經常運用相同的偽裝形式（*Écrits*, p. 425），在文學及修辭學上，它們被稱為隱喻及轉喻。

21 請見佛洛伊德評論在他的「*Autodidasker*」夢中關於他太太的恐懼及願望（SE IV, pp. 298-302，尤其是第301頁）。也請參見他對做夢者出現在夢的每一個角色中的評論（SE IV, p. 267）：我們就在夢裡的每一個角色裡（pp. 322-323），就像孩子遊戲裡的每一個動作人物或玩偶中都有他自己，作家所寫的故事裡每一個角色都是他自己。畢竟，形構出故事的，是做夢者／孩子對每一個角色的想法，而不是角色所依據的真實人物。

22 比起英文的「wish」，拉岡偏愛用「desire」，而法文中的「*voeu*」通常用來翻譯佛洛伊德的「*Wunsch*」，因為比起法文的「*le désir*」，「wish」及「*voeu*」聽起來有點虛弱無力（請見*Écrits*, p. 518）。

23 「是為了誰」（*Cui bono*）通常用來指稱隱藏的動機，或是指出應對某事負責的那一方可能不是剛開始所以為的對象。有錯的那一方很可能是受益者，主要是著眼於經濟利益。受益者可能並不總是明顯可見，或者可能成功地把注意力轉移到了代罪羔羊身上。佛洛伊德引用「is fecit cui profuit」（獲益者就是採取行動的人）可見於 SE IV, p. 308.

24 請見拉岡對機智的肉商妻子的討論（*Écrits*, pp. 620-627）以及我對這部分的評論（Fink, 1997, pp. 125-127; 2004, pp. 20-23）。

25 拉岡在研討班十六中指出，分析者在對我們敘述一個夢時，產生了一個「重構的句子」（這個重構的思想是夢的形成基礎），我們會在分析者的敘述中尋找缺口或斷層，也就是我們看到的可疑之處或是不太對勁的地方（*qui cloche*）。他說，「這就是（夢中的）慾望」（Seminar XVI, p. 197）。

26 請注意，他也說「症狀就像語言一般被結構」（*Écrits*, p. 223），還有欲力也是「以語言的方式被結構」（p. 390）。根據拉岡的後期作品，我們也可以提出無意識、夢及症狀都像「*lalangue*」一般被結構著，某種意義上，我們可以把「*lalangue*」理解為「兒語」，那是我們小時候所知道的語言，這時我們意識到的是索緒爾的「聲音的絲縷」（ribbon of sound）（Saussure, 1916/1959），我們還不知道如何將這樣的絲縷拆成個別的意符（例如 la 及 langue），並且享受音素及音節本身，而不是它們所構成的意義單元。佛洛伊德的《笑話及其與無意識的關係》可說是拉岡的「*lalangue*」的先驅，佛洛伊德在書中提到「胡言亂語的意義」（SE VIII, p.

131），尤其是「胡言亂語的樂趣」，他說：

在孩童學習如何處理母語語彙的階段，他很明顯樂於「在遊戲中用母語做實驗」，這是引用（卡爾）葛盧斯的話（引自《人的遊戲》，Groos, 1898/2007）。孩童把字詞放在一起時，不會考慮讓這些字詞出現意義的條件，而是為了獲得從節奏及韻律所產生的愉悅感。逐漸地，他被禁止這種享樂，最後他只被允許進行字詞的有意義組合。但是他長大後仍然會試圖忽略在使用字詞時學到的限制。把一些特別的小變化加入字詞，字詞的樣貌就變了，字詞的形式會因為某些操作而改變（例如，透過重複或「音節重複」〔*Zittersprache*〕），或者甚至是在玩伴之間建構出彼此共通的私密語言（就像「豬拉丁語」〔pig Latin〕〔譯註：這是一種英語遊戲，用自訂的語言規則改變發音或創造新字〕）。（p. 125）

佛洛伊德繼續說道，

嬰兒期是無意識的源頭，無意識的思考歷程正是在——只此一家，別無分號——童年早期產生出來的。思考帶著構想笑話的意圖，投入無意識中，不過是在那裡尋找昔日它與字詞玩耍時的棲居之地。思考暫時回到了童年時期，以再次獲得童稚時的快樂源頭。（p. 170）

佛洛伊德在同樣這本書裡對「意義」（significance）的評論（p. 12），也啟發了拉岡的「意爽」（*signifiance*）概念；佛洛伊德的想法似乎跟索緒爾一樣，他說「在玩耍字詞時，字詞不過是有意義附著其上的聲象（sound-image）」（p. 46）；在索緒爾的作品中，意符則是「*image acoustique*」，有時候譯為「聲響意象」或是「聲響模式」，與之連結的可能有許多個意旨（也就是多重的意義）。

27 佛洛伊德在二十五年後重申這個觀點，當他寫到「夢的解析……沒有參考做夢者的聯想，即使是在對案主最有幫助的例子裡，其價值依舊非常可疑，是不科學的做法」（SE XIX, p. 128）。

28 據我所知，即使到今天，榮格主義者仍然持續使用一些不同的解碼法。

29 這是否真的意味著，任兩位分析師在聽完某人對夢的所有聯想、並得悉他的全部相關背景之後，就有可能會對他的夢的意義達成一致的看法？理論上，這是一個值得嘗試的有用實驗，儘管實際上很難做到——畢竟怎麼會有分析者跟兩個不同的分析師講述兩次一模一樣的故事？我們可能需要錄下分析師跟分析者一起討論夢境，以及分析者對夢境的聯想，然後播放錄音給一些分析師聽，在他們聽過同一組聯想之後，再問他們會如何詮釋夢境。

30 佛洛伊德在1911年《夢的解析》的序言中，明確提到了威廉‧斯泰克爾（SE IV, p. xxvii）。

31 然而，他承認「只有少數幾個主題，因有普遍熟悉的典故及語詞替代物（verbal substitutes）做基礎，夢的象徵才會出現普遍的有效性」（SE V, p. 345）。一般說來，只有當做夢者對夢的部分或整體都沒有做出聯想時，才會訴諸象徵（p. 360 n. 1; p. 372），使用象徵的工作方式只是「輔助方法」（p. 360），而非主要方法，主要仍是仰賴做夢者自己的聯想。

32 根據沃提斯所描述他跟佛洛伊德的分析工作，佛洛伊德甚至到後期約莫1934年之時，都還在使用普遍性象徵來詮釋夢境，例如，他說：「坐在戲院裡總是代表在觀看性交」，以及「墜落是女性氣質、分娩或是出生的恆常象徵」（Wortis, 1954, p. 85; see also pp. 82-83）。

33 在我們的文化中太常被用來作為陽具象徵的事物（例如帝國大廈、華盛頓紀念碑及艾菲爾

鐵塔）可能不再能提供足夠的偽裝以躲過檢禁作用，並且，如今它們出現在夢裡，可能也不再像過去那般暗示著勃起。同樣地，煙火表演曾經在電影裡廣泛用來表示性交及性高潮，以至於現在某人的夢裡出現煙火，可能不足以作為性願望的偽裝，而通常指的是其他事情。例如，為了偽裝我們覺得不應該跟某人進行的性行為，可能就必須找到其他花招或偽裝，才能成功地在夢裡騙過窺夢意識，使其不會發現這樣的願望，這樣我們才不會在驚嚇中醒來或感到焦慮。對於佛洛伊德作品中關於愛與性的詳細討論，請參見 Fink, 2016, Chapters 1, 2, and 4.

34 有時候，他甚至會批評自己沒有從他人的聯想出發來對他人夢境提出詮釋。例如，他曾詮釋過一個由西蒙（Simon）報告的夢，1925 年時他添加了一個註解：「附帶一提，這裡所提供的詮釋提到了對於《格列佛遊記》的回憶，這是一個很好的範例，可以看到詮釋**不應該**這麼做。詮釋夢的人不應該任憑想像力天馬行空，忽略做夢者自己的聯想」（SE IV, p. 30 n）。令人意外地，佛洛伊德指出他無法完全地解釋飛行夢，這類夢境通常跟力量、自由及喜悅的感覺有關；但是我懷疑有多少語言有類似以下英文的表達：「free as a bird」、「get a bird's eye view」、「fly the coop」、「on cloud nine」等等。

35 我在我的著作裡討論了許多 21 世紀的夢境（Fink, 2007, 2014a, and 2014b）。

36 或者，孩子也許會覺得媽媽在離開時會傷心欲絕，她覺得自己有必要表現出更誇張的情感，好阻止母親的情感表露——也就是斬斷情絲。

37 佛洛伊德試圖在夢及他所謂的**精神鏈**（psychical chain）——也就是做夢者關於人、生活事件等等有意識的意念——之間建立關係。就像一個病原意念被與其他念頭隔離開來那般（如我們在第一章所見），**夢可以被視為是症狀**（SE IV, p. 101）、或是一個創傷事件，它必須與其他意念相連結，才會變得清楚明瞭，至少有部分可以理解。

38 在詮釋及翻譯艱深晦澀的文本時，也運用了類似的意義建構技術，尤其是當歧義的文法結構可以有多種意義解讀、或是與意符相連結的意旨過多時。舊約聖經及許多古希臘文本裡，包含了在其他現存的文本中找不到的字詞及表達方式，並且通常沒有特定的標點符號，想要詮釋它們，上下文脈絡所扮演的角色尤其重要。

39 正如他在二十五年之後所說，「檢禁作用疏忽了自己的任務，注意到時為時已晚，未能將夢元素變形，遂產生焦慮，作為替代」（SE XIX, p. 132）。

40 佛洛伊德在許多情況下評論道：很矛盾的是，一個人的所作所為「越道德」，他的良心或超我就「越敏感」（例子見請 SE XIX, p. 134）。

41 「興奮能量（excitation）的累積……感覺不舒服……精神裝置中這種流動（current），我們將之稱為『願望』，其開始於不舒服，並以快樂（pleasure）為目標；我們已經確認，只有願望才能驅動設備運轉」（SE V, p. 598）。二十五年後，他補充道，「（通常稱為實用或）有用的部分本身（眾所皆知）只是通往享樂滿足的迂迴道路」（SE XIX, p. 127）。

42 在《超越快樂原則》中，佛洛伊德試圖透過幾種不同的解釋，來說明為何「苦於創傷性神經症的病人，他們的夢境使他們一再回到創傷發生的情境中，這並不符合快樂原則」（SE XVIII, p. 32）。他說他們的心靈正在：

- 掌握情境——換句話說，就是在重複經驗，以成為創傷事件的積極能動者（active agent），而非被動的受害者；
- 以預備狀態的形式，把焦慮插「回」經驗中，彷彿事後回溯時可以做些什麼，這樣人們就能做出更好的預防；
- 凝結（以容納）一個超載的刺激；這是掌握刺激的不同做法（跟快樂原則釋放張力的做法不同），亦即將這些刺激切斷或是隔離（就像士兵在戰場上受傷之後會試著忽略疼痛感，才能挽救自己和／或同袍的的生命）。

他在那篇文章的理論性討論相當複雜，他甚至將反覆重溫創傷定義為「死亡欲力」的純粹表達。

43 關於動物做夢的影片，可見：https://www.youtube.com/watch?v=Js50Orx94iM。

44 正如佛洛伊德在朵拉的案例中所說，「經驗顯示人們經常宣稱自己做同樣的夢，但是事實上，反覆出現的夢境各自在許多細節及其他無關緊要的面向上有所不同」（SE VII, pp. 92-93）。這種說法也適用於「反覆出現」的白日夢及手淫幻想。

45 關於夢裡的情感，請記得，對佛洛伊德來說，夢裡的情感是跟隱晦內容有關、而非顯內容，同時，夢裡的情感至少有四種情況（SE V, pp. 460-487）：

- 受到壓抑，以保護睡眠；
- 受到移置（例如，從某個鮑伯移置到另一個鮑伯）；
- 轉成相反的情感（例如，從恨轉成愛）；
- 誇大（先前被克制住，一旦有理由可以釋放情感就傾巢而出）；尤其可見於SE V, p. 479.

46 或者，如18世紀的英國小說家亨利·費爾丁對他筆下的女主角的描述：

儘管蘇菲亞竭心盡力對自己的行為採取最佳的防範措施，她還是無法避免時不時就漏出破綻：因為愛在此可能再度被看作是種病，當它在某部分受到拒絕，沒有出口，它肯定會在其他地方突圍而出。因此，她緊閉雙唇，試圖隱瞞，她的眼睛、臉紅以及許多不由自主的小動作卻透露了真心。（Fielding, 1749/1979, p. 149）

47 在這些現象中，只有幻想有時候會超越快樂原則，重現或重演創傷經驗。

48 根據佛洛伊德，笑話的結構也很像症狀，有兩種對立的衝動存在；至少他所謂的「有偏見的笑話」是如此（SE VIII, p. 135）。他並且主張「笑話工作及夢的工作，至少在某些本質上，必定是一樣的」（p. 165）。

49 關於這一點，請見佛洛伊德在標準版第十五冊的討論（SE XV, pp. 31-32）。

50 許多臨床工作者很難給病人「同等盤旋」（evenly hovering）或「自由浮動」（free-floating）的注意力，這樣的注意力是對應於分析者的自由聯想，以及若是我們想要聽到口誤、注意到許多失誤動作的形式，就需要有這類注意力。臨床工作者經常太過關注病人話中的意義，他們覺得很難同時把注意力放在意義**以及**留心傾聽病人的話語上；然而他們輕而易舉就能聽到自己的口誤。對實務工作者來說，要擁有同等盤旋或自由浮動的注意力是困難的，就像自由聯想對病人來說也頗不容易；兩者都是我們致力達成的理想，卻很少真能實現。我在這一章前面的段落中有建議了一些學習以這種方式提供注意力的方法。

51 我們可以說，拉岡學派的觀點讓我們不只在夢中尋找願望／慾望，也尋找絕爽
（jouissance），這有助於我們分辨做夢者在生活裡的「基本幻想」（fundamental fantasy）及「主
體位置」（subjective position）（關於後面這兩點，可見 Fink, 2014a, Chapter 1）。佛洛伊德偶而
會指出夢所提供的力比多張力（libidinal charge）或絕爽，例如在他討論朵拉的第二個夢時，
他提到「殘酷及虐待傾向在這個夢中獲得滿足」（SE VII, p. 111，請見本書第五章）。當他主
張夢是以現在式呈現出來時，也意味著絕爽的存在（SE V, p. 535），因為我們似乎在夢中尋
找某種當下的滿足。儘管睡眠可以被視為是「與外在世界隔絕」（p. 544），以及睡覺時我們
通常感覺不到身體的絕爽（例如，沒有注意到我們在醒著時所遭受的疼痛和痛苦），有時
我們當然也在享受或厭惡夢境的內容。

探索夢帶來的絕爽有個簡單的方法就是詢問病人，當病人做了似乎充滿焦慮或令人不安的
夢，或者夢境內容跟病人宣稱他渴望發生的事情剛好相反時，可以問他：「如果夢的內容
根本不是你想要的，為什麼一開始會有這樣的夢呢？」「夢裡有什麼是對你有利的？」「到
底為什麼會做這樣的夢？」「這個夢給你什麼樣的幫助？」「你可能會從這樣的夢裡得到什
麼？」

正如拉岡所說：

在我們詮釋夢境時，給予我們指引的當然不是以下這些問題：「這個夢是什麼意思？」、
「（分析者）這樣說，是想要什麼？」相反地，要問的是：「它（或它我）這麼說，想要什麼？」
顯然它不知道它想要什麼。（Seminar XVI, p. 198）

52 請參見佛洛伊德後續對於兒童時期因實際誘惑或性創傷而導致神經症、唯一具有「病因重
要性」的相關討論（SE III, p. 168 n. 1〔added in 1924〕）。

4 強迫症與鼠人的案例（恩斯特‧藍格）Obsession and the Case of the Rat Man (Ernst Langer)

1 關於鼠人的真實身分有些爭議，派翠克‧馬洪尼主張鼠人是恩斯特‧藍澤（Ernst Lanzer）（在
已出版的個案史中，佛洛伊德給他的假名是「保羅‧羅倫茲」〔Paul Lorenz〕）（Mahony, 1986,
p. 2）。我在這裡的根據，來自於前一陣子出版的《鼠人：分析日記》德法雙語版中，佛洛
伊德對於鼠人這個案例每日所寫下的筆記（S. Freud, 2000），這個版本的資料極為豐富詳實。
佛洛伊德一整天看完病人之後，每天晚上都會寫筆記，這是我們唯一擁有的樣本。在其他
案例上，佛洛伊德似乎寫完案例報告後就把筆記銷毀了；無論如何，在這個案例裡，我們
有他在療程前四個月的完整紀錄，其中包括案主的真實姓名。標準版第十冊〈原始案例紀
錄〉中包含了許多相同的材料（但不是全部）；標準版跟佛洛伊德在已出版的案例報告中
的做法一樣，隱瞞了某些提到的人名，並且似乎誤讀或誤解了佛洛伊德的某些手寫筆跡。
在德法雙語版第 31 頁，可以找到藍格（Langer）這個姓氏，第 65 頁可以找到恩斯特這個名
字；佛洛伊德的手寫筆跡可能很難區分出到底是 Langer（藍格）或 Lanzer（藍澤）。請注意，
在個案進行過程中，雖然佛洛伊德針對他跟藍格的分析工作做了許多次口頭報告，但他是

在治療結束一年之後才寫下案例報告（請見Jones, 1955, p. 263）。

馬洪尼把這個名字讀成藍澤（Mahony, 1986），並且列表提供了所有案例報告及註釋中提到的其他真實人名（p. 3 n）。他宣稱已經建立的年表（pp. 24-27）許多地方並未引用出處來源，而且其中有些部分跟我自己做的並不一致。在確實有引用來源之處（pp. 33-35），他所重建的藍格生平年表讓我感到很可能純屬臆測，不足以作為評論的基礎，就像他對佛洛伊德的個案概念化一樣。關於馬洪尼對佛洛伊德案例的解讀，更多資料可見第五章及附錄一。

2　雖然DSM-5對強迫症的診斷準則（APA, 2013, pp. 235-237）跟強迫症的精神分析診斷有部分相似之處，但是在強迫型人格（obsessive-compulsive personality）的診斷標準上則差異很大。DSM-5的強迫型人格診斷準則據說包含了專注於秩序、完美主義、缺乏彈性及一絲不苟；並且患有這項疾病的人據說「自我感顯著地衍生於工作或生產力」（然而，在本章章末，我們會看到許多有強迫型結構的人，會像逃避瘟疫那般對工作避之唯恐不及，而當他們真的工作時，也成效不彰）；「強烈情緒的經驗與表達有所侷限」（然而許多有強迫型結構的人會出現突如其來、不受控制的怒氣爆發）；以及「難以理解與欣賞他人的想法、感覺與行為」（可是許多有強迫型結構的人對他人的想法及感覺了解甚深，以至於他們感到被他人支配、淹沒或毀滅）；以上引文來自於〈DSM-5人格障礙症的替代模型〉（APA, 2013, p. 768）。關於精神分析診斷與DSM之間的一些比較，可參考附錄五。

請注意，某些分析師會偏好使用「強迫型性格」，而非「強迫型結構」，也愛用「歇斯底里性格」多過於「歇斯底里結構」。

3　闖入性念頭經常讓人們覺得，那不是來自於自己，而是來自其他地方。我不承認這些念頭是我的——因此它們一定是其他人（或其他東西）的。

4　恩斯特當時12歲，那個女孩是他一位朋友的妹妹（S. Freud, 2000, p. 73）。吉莎（另一個女孩，後來成為恩斯特愛慕的「女士」）的父親在那之前幾年過世（當時她6歲〔pp. 145-147〕；這跟標準版編輯的推測有所矛盾，編輯的說法是她父親死於1887年，這時她是10或11歲，至少也已經9歲了〔SE X, p. 256, "Chronological Data"〕），最初讓恩斯特有這種想法的原因可能是吉莎父親之死：也許他是在聽聞吉莎父親死亡時才第一次真的注意到她。雖然他說自己是在20歲時才愛上她，但既然她是他的大表妹，他之前幾乎不可能沒有遇到過她。

5　有趣的是，我經常聽到男性分析者在小時候向母親詢問關於自己勃起的事，我不曾聽過小男孩向父親詢問同樣的事，彷彿他們感覺他們的勃起是跟母親有關。

6　瓊斯告訴我們，佛洛伊德花了一個月的時間寫這份案例報告（Jones, 1955, pp. 263-264）。

7　這個案例的「重點」比朵拉案例多得多，例如，朵拉的治療只持續三個月。鼠人的治療持續了四倍的時間，並且這是我們唯一有佛洛伊德每日筆記的案例（至少有前四個月的治療紀錄）。當一個案例持續超過好幾個月，任何臨床工作者都很難找到一種前後連貫的方式來呈現及總結材料；想像一下，在狼人的案例中，佛洛伊德遇到的困難有多大，狼人的治療持續了四年。現在，想像一下當代分析師所面對的狀況：在我們的時代，治療通常會持續十年，甚至更久！關於個案史在準備上所遇到的諸多挑戰，可見Fink, 2014b, "Preface".

8　佛洛伊德告訴我們，恩斯特決定「諮詢醫師」（針對他為夾鼻眼鏡付款給某人的曲折事件，

拿到一張相關證明），偶然間發現了佛洛伊德的《日常生活的精神病理學》（SE X, p. 173）。是否因為佛洛伊德當時沒有空檔，所以一或兩個月之後治療才開始？還是這場危機並沒有導致恩斯特去找佛洛伊德，並且就這樣過去了？

9　無論如何，請注意，1907年12月23日，恩斯特告訴佛洛伊德「他的父親**總是**因為他不認真而感到沮喪」——也就是說，對「他沒有投入」學業中感到沮喪（SE X, p. 300; S. Freud, 2000, pp. 201-203），這表示或許他從來就不是個優秀的學生，即使是在他父親過世之前。

10　在已發表的案例報告中（SE X, p. 198），這位親戚被稱為「表兄」。佛洛伊德在筆記中指出，提議這件婚事的人是「薩博斯基家族的親戚」，那個女孩是「薩博斯基家族女性後裔」（SE X, p. 292; S. Freud, 2000, p. 179）。在標準版第十冊（SE X, p. 293），她的名字被改為「艾咪」（Emmy）。在佛洛伊德筆記中「麗茲」這個名字（S. Freud, 2000, p. 181），很可能指的是在同一次療程中提到的另一個女孩（女裁縫師或「女裝裁縫」）（SE X, p. 292），但我的理解是，這個名字指的是薩博斯基家親戚的女兒，我也會在這裡這麼使用。這件婚事伴隨著一項提議，要他跟雅各·佛倫德里希（請注意他的姓氏跟佛洛伊德很像，Freundlich指的是仁慈或友善）一起從事法律工作，這是他的一個表哥（麗茲的哥哥？），娶了恩斯特的妹妹奧嘉（Olga）（請注意，雅各本人長期在奧嘉及斯坦伯格醫師的一個女兒這兩個女人之間搖擺不定；斯坦伯格是藍格的家庭醫師，他本人娶了薩博斯基家族的一位女性）。薩博斯基家族跟藍格家的關係因此非常緊密。

　　筆記中從來沒有把確切提議婚約的日期寫得很清楚，但顯然是在他父親去世之後，而且很可能是在1902年後期或1903年初期，正是恩斯特的狀況直轉急下，越來越糟的時候（S. Freud, 2000, p. 207）。

11　令人混淆的是，吉莎·阿德勒也是恩斯特的親戚——事實上，是他的大表妹（就像他母親也是他父親的大表妹）。或許他一開始對她有好感，是在她6歲左右，她癱瘓的父親過世之時。她可能年紀較他稍長，因為他顯然一度認為她對他來說太老了（S. Freud, 2000, p. 153）。在他母親告訴他關於迎娶薩博斯基家族女兒的提議時，恩斯特也意識到，吉莎是不孕的，她的兩個卵巢都已經切除（SE X, pp. 216-217）。

12　佛洛伊德告訴同儕，他很遺憾在發表個案史時得更改不少細節，以掩飾鼠人的身分；遺漏這種細節對他來說似乎格外可惜。母親是由另一個家族扶養長大的孤兒，也就是薩博斯基家族（他們可能是她的親戚，並且可能很有錢、人脈很廣），而年輕、貌美又有錢的表妹（麗茲）就是來自於薩博斯基家族。在已出版的個案史中，佛洛伊德告訴我們恩斯特的父親立刻接管了母親那邊的家族生意，「於是他透過婚姻讓自己過得相當舒適」（SE X, p. 198），但是在他的筆記中寫的是父親開玩笑說自己跟恩斯特的母親在剛結婚時生活不濟，儘管這麼說也是有點誇張了（S. Freud, 2000, p. 165）。

13　鼠人後來無意間將這樣的衝突變成一段傳移：某一天，他在佛洛伊德家的樓梯間瞧見一位他認為是佛洛伊德女兒的女性，他想像佛洛伊德之所以會對他好，是因為他希望恩斯特成為他的女婿，鼠人把他的衝突重新表述為娶吉莎及佛洛伊德女兒之間的衝突（S. Freud, 2000, p. 165）。他甚至還曾想像佛洛伊德的女兒的眼睛是兩坨泥球、糞肥，或「牛

屎」（*Dreckpatzen*），彷彿在說他選擇她是為了她的錢，而不是因為她有「美目明眸」（*beaux yeux*），據說麗茲的眼睛很漂亮（SE X, p. 200；S. Freud, 2000, p. 181）。

佛洛伊德也注意到恩斯特在吉莎（年紀比他大）及麗茲（大約比他小十二歲）之間的抉擇，可以回溯到他跟姊姊及妹妹之間的關係（有時候似乎是跟性相當有關係）（S. Freud, 2000, pp. 141, 151, 181, and 237-239）。我們也可以觀察到，他的父親在某種意義上，受惠於薩博斯基家族（他成年後的富裕乃歸功於他們），恩斯特可能覺得有責任為父親償還這樣的恩情（就像他的賭債）——或許就把自己獻給這家人（還是他會因此陷入更大的債務中？）。

14 他相信自己這麼做是為了懲罰自己，因為他希望父親死去，那時候他差不多20歲，他感覺以自己的經濟狀況娶不起吉莎，於是想到要是父親死了，他就可以繼承遺產；他對自己施加的懲罰是要確保自己**永遠不會**因父親的死亡而獲得經濟上的利益（這或許也是要還他母親錢，他曾在父親的慫恿下，從母親的手提包中偷錢）。恩斯特甚至曾經動念想要受洗，這會使得他跟麗茲的婚姻變得更不可能，因為她來自於一個嚴格的猶太家庭；吉莎·阿德勒或許也是猶太人（S. Freud, 2000, p. 205）。

15 拉岡在這裡一定是想到了，根據瓊斯的說法，佛洛伊德的父親跟同父異母的哥哥伊曼紐爾（Emmanuel）制定過一個計畫，要西格蒙德放棄「追求知識，活得更加實際」，之後他會定居在曼徹斯特，與他同父異母哥哥的女兒寶琳（Pauline）成婚，這是他青梅竹馬的玩伴」（Jones, 1953, p. 25）。可參見拉岡對鼠人的其他評論，*Écrits*, pp. 239-241。值得一提的是，佛洛伊德在給榮格的一封信上，對自己的診斷是「強迫型」，而不是「歇斯底里型」（S. Freud & Jung, 1974, p. 82）。

16 即使馬洪尼宣稱恩斯特在分析結束大約一年後與吉莎訂婚，再過一年他們就結婚了（Mahony, 1986, pp. 17 and 27），但是我們並不清楚他提出這個說法是基於什麼證據。

17 例子可見拉岡研討班十一，他將重複列為「精神分析的四個基本概念」（Seminar XI）。

18 他反覆看著鏡子裡自己的陰莖，即使他並非真的在自慰，我們可能會想：他只是在看、或是在檢查？佛洛伊德在筆記中指出，恩斯特在意自己的陰莖太小（我們不知道原因）；他還在意其他事嗎，比如說是否得到性病（S. Freud, 2000, p. 207）？

19 儘管佛洛伊德在已出版的個案史中對母親的敘述很少，筆記有多處指出恩斯特認為他母親是個掃興的人，並且也有許多地方指出，她在他的生命裡還扮演了其他許多重要角色（S. Freud, 2000, pp. 99, 145, 191, and 195）。

20 他在這裡只是單純地指「*Ich*」，也就是「自我」（ego）或「我」（I）（SE X, pp. 162-163）。

21 這一點對於歇斯底里來說也是如此，舉例來說，愛咪·馮·N女士有許多「可怕的想法，像是她的小孩可能會出事，他們可能會生病或死亡，或者她正在度蜜月的哥哥可能會出意外，或者他的老婆可能會死」（SE II, p. 72），她顯然因為眾多不同的理由，恨恨他們所有人。

22 他認為自己的念頭可能會傷害或殺死其他人的信念，可能是來自於在他姊姊卡蜜拉（Camilla）在他3或4歲時死去，如果我們假設他曾對卡蜜拉有敵對或攻擊念頭的話。（譯註：這和標準版第十冊第257頁的說法不同。）

23 在此我們看到，某種意義上，佛洛伊德對自己說：「與迄今他告訴我的絕大部分內容相比，

這種**不經意表現出來的愉悅感**向我透露出更多關於病人在性與快感上的基本關係！他臉上的表情顯露出他有無意識的願望，希望這件事發生在他父親及他的女士身上。」以下這些日常經驗可能有助於某些讀者了解什麼是絕爽：玩弄鬆動的牙齒，即使這麼做會感到疼痛；抓搔被蚊子叮咬或觸碰到有毒植物的地方，儘管這麼做並不舒服卻挺爽的；對伴侶雞蛋裡挑骨頭或是嘮叨個不停，明知這不會有什麼好處，但你就是無法適可而止或是不由自主地這麼做。

我有個分析者描述了一個很早期的絕爽經驗，是跟從腳趾間搓出汙垢有關；她說那些汙垢「一顆顆的，既濕又臭」，她還說她希望有更多汙垢可以讓她搓個不停。事後看來，她認為搓腳趾這件事是早期的自慰快感，她會瞞著母親，因為她覺得母親會非常不高興。

24 我們還要注意的是，幾乎跟其他所有案例一樣，在他的案例中都包含了許多同性性慾的暗示，包括他擔心跟弟弟在澡盆裡玩耍時，弟弟的陰莖會進入他的肛門；他跟某位男性友人的親密關係，這位男性友人在他陷入危機時總是能讓他感到寬慰（SE X, p. 159）；有位他覺得他很喜歡、人也很好的男性家教，一直試圖討好恩斯特，結果這位男性家教只是想藉機接近恩斯特的姊姊，這讓他頭一遭深感失望（p. 160）。

25 請見 Soler, 2011/2015, p. 89.

26 根據奧托・蘭克對佛洛伊德於1907年10月30日在維也納精神分析學會就鼠人案例之初步談話的摘要，治療才進行不過四個禮拜，佛洛伊德就表示「分析技術已經改變，現在分析師不再尋求自己感興趣之處，而是讓病人的念頭能夠自然展開」（引自 S. Freud, 2000, p. x）。正如我們在下一章將會看到，七年前他跟朵拉一起工作時也說過大致一樣的話，這意味著對佛洛伊德來說，在他的日常臨床實務裡，這樣的原則說比做容易得多。

27 這不是佛洛伊德唯一一次偏離了自己在《技法篇》中所闡述的技巧使用，《技法篇》是他在跟鼠人工作不久後寫下的。馬克・坎澤爾提到了「猜謎遊戲」，佛洛伊德要求知道鼠人的女士的姓名，並要求要看她的照片，佛洛伊德還曾寄明信片給恩斯特，借書給他，有一天他很餓的時候還請他吃鯡魚（Kanzer & Glenn, 1980, p. 245）。

28 它很可能會導致分析快速地解決了某些重要的問題（在幾年之內，而不是七到十年內），但卻讓分析者在跟大他者（the Other）有關的主要立場陷入困境，這是分析重新配置的關鍵目標（見 Fink, 1995, 1997, 2007, 2014a, and 2014b）。佛洛伊德在某一刻試圖向恩斯特保證自己對他有「好的評價」（SE X, p. 178），這會讓恩斯特持續依賴佛洛伊德對他的認可，很可能也助長了恩斯特想像佛洛伊德想要他做他的女婿。

29 有關這種人的例子，可見赫爾曼・梅爾維爾的〈抄寫員巴托比：一個華爾街的故事〉。

30 即使其中一人已經過世，就如鼠人的案例一樣。

31 工作狂及恐懼工作通常被視為截然相反，而在此我們卻看到這**兩者**可能都是強迫症。佛洛伊德以達文西為例提出另一種變體，他們做了很多、卻從未完成任何事情（SE XI, p. 67）——尤其是一開始提出很多充滿雄心壯志的計畫，卻從未取得成果（其他人可能會認為這些計畫是完整的，但提出計畫者本人卻不這麼認為）。我有一位分析者是這麼說的：「我很擅長不完成事情。」他還補充說，既然「完成之後的事情不會那麼棒」，那又何必完

成呢？在計畫開始初期，他想像計畫會是很棒的，也很努力工作；一旦他意識到事情不會像他希望的那麼好之後，他就變得「善於浪費時間」。我還有位分析者只做不會為他帶來收入的事情，他覺得這世界就該讓他不勞而獲。還有些人從不做許多他們認為自己應該去做的事，因為「時機一直不對」：對他們來說，要做到他們想做的事，時機不是「太早」就是「太晚」。

32 這類教科書在討論這些階段時，講得好像這些階段在兒童發展中是預先確定好的，然而有些文化及某些家庭，如廁訓練會早於斷奶，這表示肛門期會在口腔期結束之前就先告終。

33 這些年來，我寫了一些強迫症的案例；尤其可參見 Fink, 1997, Chapter 8; 2007, Chapter 4; 2014a, Chapters 10 and 11; and 2014b, Chapters 1, 11, 12, and 13。

34 當這類強迫症病人確實試著替他人帶來快樂或絕爽時，經常是為了展現自己在**道德上較為優越**。他們的理由似乎如下：「我並不想這麼做，但是無論如何我還是會這麼做，因為我比他們優秀（或是要證明我比他們優秀）。」

35 關於**失落對象**，請見 Freud, SE XIV, pp. 249-251, and Fink, 2010, "The Case of the Lost Object"。

36 我綜合許多位強迫症病人的特徵，擬出一個虛構人物，請參閱我所寫的喬佛瑞（Geoffrey）（Fink, 2014c）。

5 歇斯底里與朵拉的案例（伊姐・包爾）Hysteria and the Case of Dora (Ida Bauer)

1 在德文中，包爾（Bauer）的意思是鄉下人或農夫，也有鳥籠、或西洋棋中的兵或卒的意思，在俚語表達「 *den kalten Bauer aufwärmen* 」指的是練習口交（請見 S. Freud, 2013, p. 109 n. 89 的譯者註），*Bauer* 在維也納方言中也有精子的意思。Kalter Bauer 顯然也是指射精，例如在夢遺或是手淫中（Appignanesi & Forrester, 1992）。

我們可以說我們對朵拉的「真實身分」知道的**太多了**，甚至知道她的全家人跟許多家庭生活細節（例子可見 Mahony, 1996, pp. 2-21）。關於她的文章不勝枚舉，都是根據或多或少可靠的研究，馬洪尼在他名為〈佛洛伊德的朵拉〉這篇意見鮮明、長度接近一本書的文章裡有相關的總結（Mahony, 1996）（馬洪尼的這篇文章爬梳了許多在日期及年紀上互相矛盾的細節，寫得像是在重建絕對真理，我覺得有點牽強）。1922 年有位分析師菲力克斯・德伊奇應一位醫師的要求去見了朵拉，他在 1957 年寫了一篇關於她的文章（Deutsch, 1957）；羅高後來也寫了（Rogow, 1978）；洛溫伯格（Loewenberg, 1983）、德克爾（Decker, 1991）及羅禪（Roazen, 2001, pp. 366–369）也是。這些都還只是歷史性的研究——仍只是冰山一角！還有更多分析性／批判性的研究，包括 Erikson, 1962; Seidenberg and Papathomopoulos, 1962; Blos, 1972; Muslin & Gill, 1978; Lewin, 1973; Lindon. 1969; Rieff, 1971; Kanzer, 1966; Major, 1974; David, 1974，還有在 Kanzer and Glenn, 1980 中所提到的；在這些作品每一篇的參考文獻中還可以找到更多。

我們多少可以肯定的是，她的父母親是菲利浦・包爾（Philipp 或 Philip）及卡瑟琳娜・包爾（或是簡稱卡瑟），他們的朋友 K 氏夫妻是漢斯・澤倫卡及沛琵娜・澤倫卡（請見 S. Freud,

2013, pp. viii-x），佛洛伊德在標準版第六冊談到他怎麼會選擇朵拉這個化名（在希臘文中的意思是「禮物」）（SE VI, pp. 240-241）；馬庫斯認為佛洛伊德會用朵拉這個名字是出自於不同的原因——他認為這個名字是來自於佛洛伊德最喜歡的狄更斯小說中主角大衛・考柏菲的初戀情人及妻子（Marcus, 1975/1990, p. 309 n. 26）——其他人則根據其他「證據」認為佛洛伊德對這個化名的選擇另有原因（見 Mahony, 1996, p. 43 n. 2）。奇怪的是，自 1970 年代以後，以法文寫作關於朵拉的作品很少。

2 甚至於，他幾乎是毫無根據地做出詮釋（例如，請見 SE VII, p. 66），而不是試探性的、或是以像是：「你認為可能是這樣嗎？」的問題形式提出詮釋。

3 這同樣適用於我在其他文本以及在這裡所提出的建議：幾乎所有我建議人們不要做的事，我肯定都做過，並且有時候我也沒有做到我建議人們要做的事。

4 隨後他承認「即使是最詳盡的分析，它的數據也有缺陷、並且未被完整記錄」（SE XXI, p. 107）。

5 請注意，在伊妲告訴佛洛伊德第一個夢的那次療程，他「承諾朵拉在下一次療程時，會對第一個夢做更進一步詮釋」（SE VII, p. 71），他顯然是在告訴她，他覺得他們應該要繼續談這個夢；但是在第二次討論第一個夢之後，他覺得「對夢的詮釋（現在已經）完成了」（p. 73），即使朵拉還有話要說！第二個夢似乎進行了兩次完整的療程（p. 105），在第三次「會面」時朵拉中斷了治療。多年之後，佛洛伊德寫道：

一次療程中（對夢做出的）詮釋量應該就算夠了，如果夢的顯內容沒有被完全弄清楚，也無需認為那是損失。隔天，除非病人沒有浮現其他念頭，否則就不該再回到夢的詮釋。（SE XII, p. 92）

換句話說，分析的總體進展應該要優於對任何一個夢的詮釋（總之，「無法完全解決」；p. 93）。佛洛伊德繼續說，「我們可以放心的是，今天創造出夢的每一個願望衝動，只要它還沒有被理解，都將會在其他夢境中出現」（p. 94）。

6 瓊斯對此有不太一樣的描述。他在 1953 年寫道：「在 1901 年 5 月 8 日，（佛洛伊德）對發表它表示猶豫（「我還沒下定決心寄出另一篇文章」；請見 Freud, 1985, p. 441；這可能是因為奧斯卡・李對接受這篇文章並不積極），但是他在 6 月 7 日將文章寄給季漢（《精神醫學和神經學月刊》的編輯之一，這篇文章最後就是刊登在這本雜誌上）（「〈夢與歇斯底里〉已經寄出」；S. Freud, 1985, p. 442）。無論如何，不久之後，他再度改變心意，收回手稿，保存在書桌裡四年之久」（Vol. 1, p. 362 n. i）。1955 年，瓊斯表示在那之後更多細節遭到披露：

1909 年佛洛伊德告訴法蘭奇，《心理學與神經學期刊》的總編輯布洛德曼拒絕刊登朵拉的案例。我們知道他在 1901 年 1 月把論文給季漢及威爾尼克……論文立刻被接受了，佛洛伊德在 6 月把手稿寄給他們時，他以為他們會在秋天時刊登這篇論文。那時他一定是要求把文章拿回來，又放了四年後才冒著被批評專業輕率的風險出版。為什麼他會在文章已經被接受之後，又提供給另外一家期刊，這完全是個謎。我能想到唯一可能的解釋是季漢及威爾尼克都是嚴厲批評他作品的人，佛洛伊德懷疑他們在讀過他的手稿之後是否還會接受它。（Jones, 1955, pp. 255-256）

阿品恩納西及佛瑞斯特則是說，佛洛伊德是在得知朵拉在1905年4月2日成為母親之後決定發表這個案例，因為這個他曾經治療過的女孩已經擺脫過往的困擾，「在佛洛伊德眼裡，她已經跨越分隔女孩及女人那條盧比孔河（譯註：出自羅馬名將凱撒帶兵度過此河的典故，比喻此去之後沒有退路）」（Appignanesi and Forrester, 1992, p. 164）。

7　一個稱職的案例史總是比作者原本想傳達的更加豐富，讓讀者對材料的詮釋能跟作者所看到的大大不同，甚至比作者看得更加深遠（對於這一點及相關的看法，請見Fink, 2014b, pp. xiii-xvi）。

8　當伊姐向佛洛伊德確認她是暗指透過口交的方式給予某人性滿足時（SE VII, pp. 47-48），佛洛伊德假設伊姐跟K太太談到了口交，這顯然暗示了男性至少有部分勃起的能力；在我們的年代，確實「勃起功能障礙」所指的經常不是完全無法勃起，而是在與伴侶交媾時無法勃起及維持勃起。無論如何，請注意，佛洛伊德告訴我們，伊姐的父親（除了肺結核及梅毒）有心臟病，因此他可能根本無法勃起；因此，如拉岡所指出的，伊姐更可能是暗指舔陰，這是像伊姐父親這樣健康不佳的男性會對女性所做的明顯口交動作（Écrits, p. 180）。佛洛伊德貿然做出結論——這肯定是出自他自己的原因——他認為伊姐必然想像K太太對伊姐父親進行口交，而所有口交形式都可能在考慮之列。

9　關於她的特定症狀的一些可能詮釋，請見附錄四。

10　當治療師認識病人的家庭成員、並了解他們對事情的觀點時，情況總是更加複雜，值得指出的是佛洛伊德幾乎認識伊姐家裡的每一個人，除了她母親之外（SE VII, pp. 19-20）。

11　請注意，當伊姐的父親發現，佛洛伊德並沒有說服伊姐她跟K太太只不過是朋友，他對治療的興趣也就隨之減弱（SE VII, p. 109）。

12　這裡指的是父親的梅毒，當時許多人相信梅毒會遺傳、也會傳染（S. Freud, 2013, p. ix）。新版的翻譯文字暗示她的問題或許在於為何生病的是她，而不是她哥哥（p. 63）。

13　我們不清楚佛洛伊德是否有試著讓朵拉承認，她在療程中心裡曾閃現希望佛洛伊德能親她的念頭，這是佛洛伊德認為有可能發生的事（SE VII, p. 74）。

14　正如佛洛伊德自己告訴我們的，病人起初不同意某個詮釋，不一定代表詮釋是錯的，因為病人很可能剛開始時會覺得不高興、或是受到侮辱，隨後又同意這個詮釋。但是一個既沒有立即影響、又沒有追溯性影響的詮釋——也就是遲早都不會改變病人——必須被視為是錯的而加以排除（請見Freud, SE XXIII, p. 265）。

15　如果我督導其他分析師的經驗可信的話，會落入女性歇斯底里病人陷阱的不只是男性分析師；男性及女性分析師經常都會落入男性或女性歇斯底里病人的陷阱。

16　1951年，拉岡《文集》中的這段文字對於佛洛伊德相當推崇，因為他繼續說道：
　　這並非只是用以呈現由病人浮現之素材的創造發明，如佛洛伊德在此明確指出的。這裡所涉及的，是真理為主體轉化所用的結構之律斷（scansion），這些結構影響的不只是她對事物的理解，還有她作為主體的位置，而她的「對象」只是那個位置的作用而已。這意味著，個案史的設想等同於主體的進展，也就是，等同於治療的現實。（Écrits, p. 178）

17　或者，如拉岡所改寫的，「所有這些都是事實，現實如此，並非我願。我又能怎麼辦？」

（*Écrits*, p. 179）。

18 另一方面，強迫症通常會將所有事情都歸咎於自己，賦予自己比他們在世界上實際擁有的更大的權力，對自己在事件及關係中的實際角色有錯誤的認知（亦即他們為了錯誤的事情責怪自己）。

19 在標準版第四冊也有提到黑格爾（SE IV, p. 55）。

20 關於提點（punctuation），請見 Fink, 2007, Chapter 3.

21 這種方法跟當代許多治療師的做法相去甚遠，當代治療師會說：「是的，沒錯，你**是**被利用了。讓我們來想想你應該要面對誰，你還能做什麼。」在這類個案所遇到的情況是，病人很可能不想做任何事，因為他也從中獲得些什麼，並為此感到內疚。佛洛伊德的假設是，把所有事情怪罪到他人頭上，所隱瞞的就是自我指責或自我批評。**當我們自知有過錯時，我們經常指責他人**：這就是所謂的投射。治療師同意個案的指責（治療師說：「對，你是對的，他們應該受到責備。」），本質上就是在縱容病人的「*méconnaissance*」——自我誤認——並且是與意識結盟，而不是站在無意識那一邊。

舉例來說，我們在馬克思的作品中看到觀點的「辯證性反轉」：據說是由資本家所創造的利潤（按照亞當·斯密的說法），其實是勞工創造出的剩餘價值。這種視角（或框架）的改變或翻轉，用在哲學及精神分析中也頗有成效。當夢的某些面向似乎毫無意義義時，我們可以在釋夢時嘗試翻轉夢中的某個元素（「我在人群中」有時候可能暗示「我是獨自一人」），看看事情是否能逐漸被理解清楚。拉岡在重新詮釋佛洛伊德的作品時經常仰賴翻轉的做法：例如他說，在分析結束時，女人不是接受她自己被閹割（如佛洛伊德所宣稱的）——因為她被閹割的方式與男人不同——而是接受她的伴侶被閹割。

22 還有另一個對立面是「都要感謝別人」，而不是怪別人。佛洛伊德在標準版第七冊提到無意識念頭與意識層面的念頭「正好對反」（SE VII, p. 55），「抑制的發生，通常是透過過度強化與被抑制物相反的念頭」。

23 朵拉在6歲左右開始與K太太的關係，而這會不會讓她與母親的實際關係變得冷漠？她的母親與父親之間發生裂痕或「疏遠」可能也就是在這時候，兩人關係生變之因據推測是跟父親的疾病有關（SE VII, p. 20），但或許更重要的是，在他們為了讓父親獲得治療而遷居的鎮上有K太太存在。

24 奇怪的是，根據佛洛伊德的描述，當伊姐的父親第一次聯繫佛洛伊德，請佛洛伊德治療伊姐時，他提到自己妻子的話幾乎跟這句話一模一樣（SE VII, p. 26）。

25 在研討班八，拉岡提到「當那個野獸對她說出他最不該說的話：『我太太對我來說什麼都不是』時，在那一刻，伊姐將K先生扔進了深淵、扔到最黑暗的陰影中。這句話也可說成是，她無法讓我興奮。（伊姐的下一個念頭會是：）『但如果她無法讓你變硬，你對我又有何用處？』」（Seminar VIII, p. 245）。在研討班四，拉岡說當K先生對伊姐說了那句話，他就毀了一個複雜的結構，伊姐感覺自己在這個結構裡是慾望迴路的一部分，她的父親愛伊姐，並且透過伊姐愛著超越伊姐的對象，也就是K太太（Seminar IV, pp. 136-147）；K先生透過K太太愛伊姐；伊姐則是透過K先生，以他為替代物，慾望著K太太。根據拉岡的看法，

歐斯底里病人的慾望總是會透過替代物，並且不想成為某人慾望的唯一對象（甚至於，如果伊姐是K先生唯一的慾望對象，或許這代表K太太是伊姐父親唯一的慾望對象，這是一個無法容忍的念頭）。或許拉岡對伊姐最深刻的評論可見於 Seminar VIII, pp. 244-245，他在這裡解釋了為何歐斯底里會支持大他者（the Other）──在這個案例中，也就是他們軟弱（無能）的父親們。

26 這跟拉岡的概念有關，這是源自於佛洛伊德在《夢的解析》中對屠夫妻子講述之夢的分析，亦即**歐斯底里病人願望著的是未被滿足的慾望**（SE IV, pp. 146-151）；慾望必不得直接指向一個對象（例如K先生），因為如果是這樣，慾望就會獲得滿足，然後消失。歐斯底里病人的慾望必須總是有一個中介以及一個超越物──總是必須要有更多被慾望的事物（請見 Lacan, Écrits, pp. 518-522 and 571; and Fink, 1997, pp. 123-127, 2004, pp. 20-23）。正如K先生消滅了對伊姐來說的中介及超越物（他說K太太對他來說什麼都不是），佛洛伊德也做了差不多一樣的事情，佛洛伊德反覆試圖讓伊姐相信，她曾經愛過、並且現在仍愛著K先生跟K太太。

27 伊姐似乎很享受她單獨跟K太太的親密談話（就像她跟家庭教師之間的互動），她們會一起聊愛與性。正如拉岡曾經說過：「談論愛本身就是一種絕爽」（Seminar XX, p. 83）。如果佛洛伊德是對的，伊姐對K先生仍然有愛及慾望，或許我們也能說她對K太太也是既有愛、也有慾望──換句話說，儘管她可以對某人既有愛及慾望，她也可以（或者有這個可能性）對另一個人既有愛及絕爽。

28 在研討班十六，拉岡說歐斯底里病人「會被『大寫女人』（Woman）這個概念給迷惑、並深感興趣（Seminar XVI）──回想此處的朵拉──因為她相信（一個真正的）『大寫女人』知道如何讓男人享受樂趣（elle croit que la femme est celle qui sait ce qu'il faut pour la jouissance de l'homme；p. 387）」。

29 在我的臨床實踐中，我遇過許多女人在與生活伴侶相處時，寧可被取悅、而非被占有，即使在她的幻想中，她似乎享受被占有；而有許多男人偏向取悅女性伴侶，再透過看A片手淫得到滿足。許多人來說，占有與被占有似乎很成問題，一般來說，性慾望及享樂（或絕爽）也是如此。

30 我們可能可以將K先生的所作所為描述為他是在向伊姐傳達訊息：她並非他的「陽具」，假設「陽具」的概念指的是某人讓我們為之傾倒的珍貴而且難以言喻的特質（je ne sais quoi）──例如，長相、幽默感、人格、財富、風格、幹勁、進取心或熱情──而這對應的可能正是我們覺得自己缺乏的某些東西（但也許我們真正愛對方的不是我們認為他們有的，而是我們認為他們沒有的）。也許他每天送花束及其他昂貴的禮物，讓她相信她就是他的「陽具」，但是，突然之間，她似乎只是能引起他的性慾的女孩之一；換句話說，她只是**某個**對象，而不是可以讓他的慾望停止轉喻滑移的唯一對象──拉岡的「對象小a」。在伊姐眼中，K太太被她的父親愛著並慾望著，伊姐是否將她視為是個可以自在地占據雙重位置（陽具的位置──就像西斯廷聖母〔Sistine Madonna〕──以及拉岡不可替代的對象小**a**）的人？關於這些討論，請見 Fink, 2016, Chapter 3 and 8.

31 「『我想不出別的事情了』,她一再反覆抱怨」(SE VII, p. 54)。

32 關於與某人一起進行分析、而不只是做「自我分析」的重要性,請見佛洛伊德在標準版第十二冊的評論(SE XII, pp. 116-117)。

33 在此值得關注的是,我們在每一個人身上都發現同性戀傾向,同性戀傾向的存在跟當今「成為同性戀」的日常概念沒有關係。同性戀不是精神分析的診斷(男同志、女同志或雙性戀者也都不是),同性戀是一種性對象選擇,可能具有排他性、卻也不必然如此。有些人認為對同性有那麼一絲興趣或是迷戀上同性,就必然表示這個人是男同志或女同志,並且這通常被認為是對一個人本質的描述,而不是單純的標示這個人目前性幻想或性行為的某個百分比。

34 到了1915年,佛洛伊德改變他的看法,他在《性學三論》(1905)中增加一條註釋:「男人只對女人有性趣也是一種需要闡明的問題,並且不是一個基於吸引力、最終是跟化學性質有關且不證自明的事實」(SE VII, p. 146)。

35 請見《精神分析新論》第三十三講〈女性特質〉(Femininity)(SE XXII, Lecture 33)以及標題為〈女性性慾〉(Female Sexuality)的文章(SE XXI, pp. 225-243)。

36 拉岡主張,仔細閱讀這個案例,可看到這不是九個月、而是十五個月(Seminar IV, pp. 137 and 146);然而他沒有解釋他如何得出這個數字。

37 有一些作家指出,據說伊妲及K太太後來還有繼續保持聯絡,並且在橋牌遊戲中成為熟練的搭擋,橋牌「兩次世界大戰間在維也納變得非常流行」:

在她們複雜的社交遊戲及契約中,這些男人曾是她們的搭檔,經過了這些年,她們彷彿終於擺脫了那些多餘的男人,但是仍保留著對那些遊戲的熱愛。這些遊戲的技巧在於,對兩兩成組的搭檔之內及四人彼此之間那既公開卻又隱含暗號的溝通互動,有心照不宣的理解。伊妲善於保守手上的祕密,並且知道何時及如何出牌。

伊妲對她的朋友澤倫卡太太的忠誠,可能會讓佛洛伊德印象深刻;這當然會強化他為時已晚的信念:他認為伊妲對她的祕密愛情是伊妲的精神生活中最深層的動力。他可能也會認為伊妲選擇橋牌大師作為職業,是所有技能中最稀有的,是一種成功的昇華。(Appignanesi & Forrester, 1992, p. 167)

38 伊妲或許也認同K太太,感覺伊妲以某種方式透過K太太占有了她的父親,因為K太太可能有告訴伊妲關於她跟她父親的親密關係。更有意思的是,伊妲相信她同時擁有他們二人:她或許感到自己跟K太太有親密關係,同時也間接透過K太太與她父親有親密關係。而且她或許覺得愛著K太太的父親也透過K太太愛著自己,因為伊妲很像K太太,並且對他與K太太的關係的持續是必要的。

39 在早期的歷史中,歇斯底里被視為是女性特有的病症。例如,希波克拉底創造「hysterikos」這個字(大約在西元前400年),意思就是「子宮的」,用來描述某些女性的壞情緒、癲癇發作及病態的想法,他的理論是女性的子宮離開平常所在的位置、在身體裡游走,需要被帶回原來的位置。世界上已知最古老的醫學文獻「卡恩婦科莎草本」(約西元前1900年)說的顯然也是差不多同樣的事(Grose, 2016, p. xv)。西元2世紀,蓋倫(譯註:古羅馬的醫

學家兼哲學家）提出歇斯底里「是因性生活不滿所導致，他並且指出修女、處女、寡婦及有爛丈夫的女人特別可能罹患這種疾病」（p. xvii）。

40 回想一下，在伊妲的第二個夢裡，她反覆問她母親：「鑰匙在哪裡？」她在找的可能是跟女性特質有關的鑰匙、成為女性的鑰匙？

41 拉岡在研討班三指出這個問題的重要性（Seminar III, pp. 171-175）。

42 讀者可以把她對西斯廷聖母的崇拜，與瑪麗・卡狄納（譯註：法國小說家兼演員）對掛在她床頭上方的耶穌像的複雜情緒（Cardinal, 1975/1983）做比較。

43 這不應該被看成是在暗示精神分析有任何定義男性特質的企圖，因為男性特質傳統上是由人所在的文化所定義的；男性特質跟女性特質一樣，都不是精神分析的概念。我所引用的拉岡說法，更完整的段落如下：「『大寫女人』（la）是個意符，其關鍵特質是它是唯一無法表示任何事情的意符，這僅僅是因為它將女人的狀態奠基在她並不是完整的此一事實之上。這代表我們無法談論『大寫女人』（La femme）」（Seminar XX, p. 73）。

44 正如我在其他地方說的：「歇斯底里病人表面上是在猜測**她的**男人為何會對另一個女人有興趣的原因，但其實她更有興趣的是透過另一個女人去發掘女性氣質的祕密，這樣，她就可以變得像她一樣，從而讓大寫女人的本質現身」（Fink, 2016, p. 14），她堅持相信這樣的本質是存在的。

根據拉岡的看法，伊妲必須**先**「詳盡研究」她在K太太身上尋找的東西（她自身女性氣質之謎），**然後**她才可能因男人的求歡——也就是說，被一個男人將她視為他的慾望對象——感到被奉承。K先生當然無法既對伊妲說K太太（對他來說）什麼都不是，又期待伊妲落入他的懷抱。正如拉岡在1951年所說：

對所有女人來說都是如此，最根本的社會交換之關鍵（朵拉將這樣的交換認定為她反抗的理由），她的狀況的問題，根本上是跟接受自己作為男人慾望的對象有關，而就是這個謎推動著朵拉將K太太當成偶像來崇拜。當朵拉作為一個有距離的崇拜者，在聖母瑪莉之前長時間沉思，這個謎驅動朵拉向基督教對這個主體困境提供的解決方法，也就是讓女人成為神聖慾望的對象、或是慾望的超越對象，這兩者差不多是一樣的。（Écrits, p. 222）

在此拉岡顯然假設伊妲是真的對男人感興趣，但還無法接受自己成為男人的慾望對象。另一方面，K太太超出了我們所能想像她自己對朵拉父親可能有的慾望，她接受作為男人慾望對象的位置，因此伊妲崇拜她。可是，K太太是性無能男子的慾望對象可能會讓她成為愛的對象、而非絕爽的對象（也就是，不是讓人能從她身上獲得性滿足的對象），因此也近似於聖母瑪莉亞。K太太在接受這個角色後，成為了超越對象，是一個「崇拜」的對象（SE VII, p. 26）。

45 佛洛伊德把這稱為「透過吸吮得到自我滿足的完整形式」（SE VII, p. 51）。拉岡認為：「在此我們似乎已經有一個想像模組，朵拉一生所精心策畫的所有情境都在其中了——這是即將出現在佛洛伊德作品中的重複自動現象（英文中較為人所知的用詞是**重複強制**）理論的完美實例。如今我們可以從中判斷女人及男人對她的意義」（Écrits, p. 180）。拉岡在研討班三強調伊妲認同為年長的哥哥的重要性（Seminar III, pp. 175ff）。關於拉岡所說的「基本幻

想」，請見Fink, 2014b, Chapters 3 and 13。這是在回應根本的、存在性的問題如「我是誰？」、「對我父母來說，我是誰或者我是什麼？」以及「人們想從我這裡獲得什麼？」的過程中發展出來的。

46 回想佛洛伊德後來的評論：「分析師的知情跟病人的明白，不是同一件事」（SE XII, p. 96），他意識到一個人無法透過知情的溝通來治癒另一個人（p. 141）。他在其他地方寫道：

如果醫師把他知道的內情當成是一個資訊告訴病人，這不會有結果。（或者）它會有啟動分析的效果，若是如此，第一個徵象經常是否認。在這之後，病人知道他之前不知道的事情——也就是症狀的意義；然而他對它的了解，還是跟以前一樣。因此我們學到有一無所知的種類不只一種……知情必須是發生在病人內心的改變。（SE XVI, pp. 280-281; see also p. 436）

因此，改變才是重要的，不是知道就好（請見Fink, 2014a, Chapter 1）。

47 美國情境喜劇《歡樂一家親》親切的編劇群讓主持廣播節目的精神科醫師費雪‧柯恩吹噓他有「上帝賦予的直覺天賦」，結果我們卻看到幾乎在每一個場合，他所謂的直覺都是錯誤百出，尤其是在〈愛情無價〉那一集的劇情。

48 正如我們先前所見，當他在1905年終於發表個案史時大概已經相信，是他的另一次失敗導致分析的終止，也就是他沒有辨識出朵拉對K太太的愛。

49 他也沒有特別花心思把自己跟朵拉生活裡有問題的女性區分開來，包括朵拉的家庭教師及K太太，這兩人至少在某部分假裝對她有興趣，以接近她的父親，並且在最後背叛了她。

50 他的父親顯然支付了分析的費用，並且這筆費用甚至沒有經過朵拉的手——佛洛伊德沒有透露款項交付細節。如果費用是朵拉自己支付的，並且是她把錢直接交到佛洛伊德手中，她可能至少會逐漸意識到佛洛伊德對她的關注是因為收到報酬，而這可能會抵消或至少減低她對他可能有不明動機的懷疑（請見SE XII, pp. 131-133）。

51 關於這一點，請見Fink, 2007, pp. 192-194 n.

52 我們甚至可以想像以佛洛伊德為中心的圖示結構，因為他既要跟朵拉的父親打交道，還遇到了K先生。如此我們就必須在圖示結構中加入他的醫學界聽眾及讀者群。

53 她跟佛洛伊德相約會面的日期是4月1日，這可能會讓我們停下來思考一下（假設這是她自己挑的日子）；華萊希‧馮‧哈菲告訴我，當時在維也納有種「愚人節」的形式，人們會彼此開玩笑說要「互相送入四月」（send each other into April）。

54 正如佛洛伊德所說：

儘管分析工作有極大的進展，卻發現病人的狀況沒有明顯的改變，這會令人感到驚訝，也會很容易造成誤導。事實上，情況並沒有看起來那麼糟糕。確實，在分析進行時，症狀沒有消失；但是隨後，當病人跟醫師的關係結束時，症狀就消失了。康復或病情改善的延後發生，其實只會是由醫師本人所導致。（SE VII, p. 115）

55 拉岡補充道：「我一直提醒你們，傳移說到底就是重複強制（automatisme），我們必須從這個事實開始」（Seminar VIII, p. 172）。並非是說傳移就應該等同於重複，關於這一點，請見Seminar XI.

56 今日所謂「對傳移的詮釋」通常是把某個傳移帶到病人的意識層面，讓病人注意到，這是對「詮釋」相當似是而非的用法，而且這種說法或許是要讓我們忘記「詮釋」通常是要「追溯某事的源頭」。這類平庸的「對傳移的詮釋」顯然並不會讓人們的傳移消失，因為傳移不是那種與「病人的健康自我」進行坦白誠實的對話之後，就可以消除、使之失效、讓病人就此置身事外的東西（請見Fink, 2004, Chapter 1, and 2007, Chapter 7）。

57 正如拉岡在1961年所說：

在正常的分析條件下——也就是在神經症中——（由那些試圖詮釋傳移的分析師）對傳移的詮釋，是以傳移自身作為基礎，並且運用傳移本身當工具。因此，分析師不可能不從傳移本身所賦予分析師的位置，去分析、詮釋及介入傳移。（Seminar VIII, p. 173）

58 請見Gill, 1982; Gill & Hoffman, 1982；以及我對他們作品的討論（Fink, 2007, pp. 143-145）。正如拉岡所說，「無論傳移被詮釋了多少，傳移在其自身中仍保留了某種不能縮減的限制」（Seminar VIII, p. 173）。

59 「（病人）不是去回憶，而是**重複**早年的態度及情緒衝動，這可以透過所謂的『傳移』用來作為對醫師及治療的抗拒」（SE XVI, p. 290）。

60 以我的分析者來說，討論他想要在多大程度上支配我、壓制我、要我服從**他的**意志，也是極為相關的。

61 請見我在2007年對提出這類引導性問題的批評（Fink, 2007, Chapter 2）。

62 另一方面，虐待型病人可能會做出更多他們的分析師透露出感到受傷的行為，現在他們清楚看到了分析師的致命弱點。

63 佛洛伊德甚至覺得，朵拉突如其來的結束分析等於是在他臉上賞了一巴掌，並且就在他覺得有可能治癒她的期望達到頂點時，粉碎了他的希望。

64 如果這能被稱為是「討論」的話，因為多半都是佛洛伊德在說，還自己做出結論！

65 「絕大多數的夢，都是在分析之前形成的；因此，從夢的內容中減去已經知道及了解的，仍留下或多或少清楚暗示還有某件事至今仍隱藏著」（SE XII, p. 96）。忘記這一點，有如「身處危險中，除了已知的事物之外，再也找不到其他事情了」（p. 112）。

66 他在其他地方提到：「我們的治療工作是將無意識轉化到意識層面」（SE XVI, p. 280），以及「把無意識**轉化**成意識」（p. 435，強調為我所加）。

67 請見Fink, 2007, pp. 80-81，正如拉岡所說：

因為分析者在意識層面上了解到某件事，就認為分析是成功的**結局**，這是錯誤的……真正重要的，不是投入黑暗中，透過某種神秘的升降梯，從無意識層次移動到意識層次，清晰的所在……事實上，真正重要的不是移動到意識層次，而是移動到言語……並且那個言語必須有人聽到。（Lacan, 2001, pp. 139-140）

68 正如我在其他地方說的：

通常我會建議讓分析者帶頭開始療程，並提出不同的討論主題，而不是習慣性地指導分析者對前一個療程講述的夢做出聯想（或是回到在之前療程中，分析師覺得特別有趣或重要的任何特定主題）。分析師若是擔心下一次療程沒有回到某個開放性或關鍵的聯想主題，

這個聯想主題就會因此遺漏，他可能會發現自己已經遺漏了更多，因為他篡奪了分析者在治療中的位置：分析者很可能會感覺她只是在回答分析師的問題，並跟著分析師的詢問前進，而不是提出關於自己人生的問題，並且將分析的控制權掌握在自己的手裡。（Fink, 2007, p. 106）

69 參見馬可福音（Mark 4:9 and 8:18）。

70 只要這是真的，就否定了無意識是某種「深度」的概念，並反而確認了拉岡認為可以直接從人們的言談及行動表面看見無意識的想法（見 Fink, 2007, Chapter 3），意識與無意識的關係也被他比作莫比烏斯環（Möbius strip）的兩「邊」（Seminar IX）。

71 後來，拉岡認為佛洛伊德沒有堅持表現出「對朵拉有溫暖的個人興趣」，是件幸運的事（Seminar XVII, p. 98），大概是因為拉岡認為其他分析師正在做這類事情：想要取代分析者的母親，並「重新養育」他們。而拉岡覺得這是錯誤的做法。

72 某些作者喜歡強調佛洛伊德實際上的治療方式，而不是他建議的治療方式。對某些人來說，這麼做似乎是在強調他的「人性」（例如，有一天恩斯特·藍格餓著肚子來進行治療，佛洛伊德給了他一頓飯），而不是他所謂的冷酷、嚴格的分析立場；對其他人來說，這似乎反映出他們對於「天才」總是會打破規則的迷戀——他們相信唯有真正的天才才能透過打破所有規則而成功。我覺得這種想法跟 19 世紀將創造力等同於瘋狂的浪漫化想法一樣沒有根據，並且跟我所謂的「個人崇拜」有關——換句話說，這種想法認為我們應該研究並頌揚某些人特定的**人格特質和怪癖**，這些人取得了重大突破，或是做出了某些據說重要的事情（想想拿破崙或愛因斯坦），彷彿這可以讓我們看到天才的本質。這會導致一種荒謬的觀點：像佛洛伊德及拉岡這樣的實務工作者因為是天才，所以他們不會犯錯（或者他們犯的任何錯都應該因為他們是天才而被原諒）。

73 或是如馬洪尼從德文翻譯過來的，是他「蠻橫的話語」（1996, p. 20），或者我們可以說是他「堅持己見」。

74 後來佛洛伊德得出結論：「在分析治療中，不應該將夢的解析當成是一門藝術來追求；它的處理方式應當遵守指導整體治療行為的技術規則」（SE XII, p. 94）。

75 質疑這種權威，是拉岡所說的**歇斯底里話語**（hysteric discourse）的一部分（請見 Seminar XVII and XX）。

76 或許在某種層次上，佛洛伊德會想把 K 太太拒絕給出的東西給 K 先生！請見 SE VII, p. 70.

77 我認為，說佛洛伊德用這種「片簡」（Fragment）的寫作方式，**發明**出詳細個案研究的文學類型，這種說法並不誇張（《歇斯底里研究》的個案史寫法沒那麼仔細），很少有其他分析師對這種文類做出這麼大的貢獻。朵拉案例有些奇怪之處，可能跟這種史無前例的狀況有關（馬庫斯提到這種寫法的「小說框架」〔Marcus, 1975/1990, p. 270〕）。

78 症狀及架構的混淆，會在第六章中詳細討論。

79 對於「舊式」歇斯底里一些最新案例的討論，請見 Dominus, 2012.

80 蕭華特在她對大規模歇斯底里的新形式的討論走得更遠：「1990 年代歇斯底里的英雄及女英雄們，稱自己為心理受創者及幽浮學家、被動的經驗接收者及被綁架者、倖存者及活命

主義者」(Showalter, 1997, pp 5-8)，再加上所有同類型的陰謀論者以及那些相信他們已經對過往虐待事件「恢復記憶」的人。包拉斯對過去的歇斯底病人做了一個非常奇特的評論：「在當代的歇斯底里中，不是她的身體及自我出現症狀轉化，而是分析師在他的反傳移中出現症狀轉化」(Bollas, 1983, p. 26)；換句話說，對包拉斯而言，現在似乎是分析師自己患有先前歇斯底里病人所患有的症狀！

81 我認為佛洛伊德自己在《精神分析引論》犯了一個同樣的錯誤，他在這裡將兩個歇斯底里的案例診斷為強迫症，只因為他們（在就寢時間及其他方面）有強迫性儀式（SE XVI, Chapter 17，尤其是第258頁）。有時候他似乎混淆了轉化症及歇斯底里，然而轉化症可以發生在很多種臨床結構中。

82 這裡我並沒有深入討論抗拒與傳移之間的複雜關係，這部分我在其他地方已經廣泛討論過（Fink, 2007, Chapter 7）。

83 佛洛伊德認為，「在我進行精神分析實務的最初幾年，要說服病人繼續進行分析，經常碰到很大的困難。不過之後這個困難就變了，現在我必須盡最大的努力才能讓他們放棄分析」(SE XII, p. 130)。你能夠想像遵從佛洛伊德的建議，讓病人在很可能會長達數年的分析中，「承諾不在治療過程中做出任何會影響人生的重大決定」(SE XII, p. 153)，不管這些決定是跟「職業、事業經營、結婚或離婚」有關（SE XVI, p. 434）？

6 症狀形成 Symptom Formation

1 「症狀會帶來絕爽，即使那並不舒服。就這一點來看，症狀跟真實界相關（相對於想像界及象徵界），因為症狀並不訴諸（象徵界的）大他者」(Association mondiale de psychanalyse, 1994, p. 155)。正如佛洛伊德所說：「我們有充分的理由相信，痛感就像其他不舒服的感覺一樣，很接近性興奮，並產生一種令人愉快的狀態，因此主體甚至願意體驗痛感的不舒服」(SE XIV, p. 128)。

2 佛洛伊德將恐懼症分類為「焦慮型歇斯底里」，或是有時他會稱之為「焦慮型神經症」(SE XXII, p. 85)。根據佛洛伊德的說法，「焦慮型神經症」是一種「莫名的焦慮」狀態，經常可以在恐懼症形成之前看到；當特定的恐懼症形成時，這種焦慮就會確定下來，被控制在特定的局部範圍內（SE XVI, pp. 398-400）。

3 事實上，當時佛洛伊德認為精神分析只有對神經症是有效的：「這三種我們習慣一起歸類在『傳移神經症』的疾病，限制了精神分析治療可以發揮作用的範圍」(SE XVI, p. 299)，他在其他地方又補充以下說法：

我知道（比起精神分析師）精神科醫師不常在下診斷時猶豫不決，但我確信他們犯的錯是不相上下的。相較於所謂的「臨床精神科醫師」，精神分析師更加在意要避免犯錯。因為無論是哪一種情況，臨床精神科醫師都沒有在做任何有用的事情。他可能會冒著在理論上犯錯的風險，他所做的診斷不過是學術上的興趣。但是，對精神分析師來說，如果個案的治療不順利，他就犯了實際的錯誤，他必須為浪費掉的開支負責，他的治療方法也失去信

譽。如果病人不是歇斯底里、也不是強迫症，而是妄想型精神分裂，他就無法實踐治癒病人的承諾，因此他有格外強烈的動機，要避免在診斷上出錯。（SE XII, pp. 124-125）

4　19世紀末期及20世紀早期的精神病學家嘉東‧卡雄‧德‧克萊宏博，他也是拉岡在精神病學方面的教授之一，他曾使用「心理自動症」（或「心理強迫症」）來描述許多相同的現象。

5　雖然在佛洛伊德的標準版（*Standard Edition*）中並沒有使用名詞「*foreclosure*」或它的動詞形式（*to foreclose, forecloses, and foreclosed*）來翻譯德文的「*Verwerfung*」（例如 *verwarf* 及 *verworfen*），但它們可以用來代替標準版第十七冊（SE XVII, pp. 84-85）中的「rejected」及「abominated」。

6　見「戀物癖」（SE XXI, pp. 152-157, especially p. 153），以及 SE XIX, p. 143 n, and Fink, 1997, Chapter 9。對於所謂的倒錯行為，請見 SE VII, pp. 49-50，此處對何謂正常提出質疑。「神經症的無意識幻想內容正好跟記錄在案的倒錯行為一模一樣……也就是說，神經症是倒錯的負面（negative）」（p. 50）──亦即，神經症在幻想中想做的正是倒錯實際上的行為。

7　*DSM-5* 的作者群顯然宣稱它包含了157種真的不一樣的疾病（APA, 2013）。疾病種類的激增至少有部分跟藥物的發現有關，有特定療效的藥物製造出了新的疾病──舉例來說，如果藥物證實可以降低社交情境中的焦慮，之前只被認為是害羞、缺乏安全感或尷尬的情況就會產生一種疾病：**社交焦慮症**（*social anxiety disorder*）。也就是說，「藥物的發現創造出疾病」（Menand, 2010）。也請注意 *DSM* 作者群在決定何者構成障礙症、何者不是障礙症時，政治（而非科學）涉入的程度：

同性戀之前被標記為「反社會型人格異常」（sociopathic personality disorder），1973 年 *DSM* 刪除了這項疾病，有部分是為了回應同性戀權利團體的遊說。*DSM* 之後因為同性戀性趣或缺乏異性戀性趣所致的痛苦，增加了「自我矛盾型同性戀」（ego-dystonic homosexuality）的類別。而這個類別在更進一步的遊說之後也取消了。創傷後壓力症是由美國退役軍人的組織遊說推動，美國的退伍軍人署則加以抵制，但後來還是被納入 *DSM* 中，婦女組織遊說推動「自我挫敗型人格障礙」（self-defeating personality disorder）成立，但遭到刪除。（Menand, 2010）

8　雖然 *DSM-5* 的分類對絕大多數臨床醫師是有用的這件事讓我覺得難以置信，但是 *DSM-5* 手冊的作者群仍然宣稱「在找到足以完全辨識出特定精神疾病或精神障礙類群的病因或病理的機制之前，*DSM-5* 精神疾病診斷準則對已知診斷群患者的病程和治療反應評估來說，仍有其**臨床用途**」（APA, 2013, p. 20，強調為我所加）。請注意，「病程和治療反應評估」和提供治療上的指引是不能畫上等號的。然而 *DSM-5* 的作者群卻仍宣稱「*DSM-5* 的首要目的在於協助受過訓練的臨床醫師診斷其病患的精神疾病，以作為病人的系統性闡述臨床病例評估的一部分，並對個案做出完整的治療計畫告知」（p. 19）。他們還宣稱每一種精神疾病的診斷準則「係大致整理**潛在疾病**的徵兆和症狀的症候群，含發展史、生物上和環境上危險因子、神經心理和生理相關因素及典型的病程」（p. 19，強調為我所加）；因此，他們並沒有完全放棄「潛在」條件或結構的想法，即使他們認為這些條件及結構主要的源頭是生物性的。

9　例外狀況是，當分析師相信某位特定病人在做的事情真的危及生命，而本人卻毫不在意，

或者是其所做的事情危及了治療的持續時。

10 佛洛伊德接下來繼續補充:「神經健康跟神經症的區別,因此被簡化到一個實際的問題,並且取決於這個問題:主體是否仍有足夠的能力享樂及有效能的生活」(SE XVI, p. 457)。他在其他地方寫著:「不只神經症本身構成了非常多類別,還要考慮到在神經症的所有表現形式與正常人之間有一條完整的鏈結作為兩者之間的橋樑」(SE VII, p. 171)。

11 請回想一下,嚴格說來,衝動是受到**壓抑**(suppressed),而跟衝動相關的念頭及願望則是受到**抑制**(repressed)。

12 在絕大多數佛洛伊德作品的英譯本中,佛洛伊德似乎是說,因為現實反覆讓我們遭受「挫折」,現實本身遂迫使我們放棄了某些樂趣,但是在此應該要注意兩件事:(a)正如我在第一章所說,佛洛伊德在這樣的脈絡裡通常使用「*Versagung*」,這個字代表好幾件事,包括剝奪、否認、拒絕及不允許——拉岡將這個字解釋為「放棄」(renunciation),他的根據或許是動詞「*versagen*」的好幾種用法(在某些情況下意指失敗、弄糟、崩潰、搞砸),而不是挫折(frustration)(德語中關於挫敗的字是「*Frustration*」)。「放棄」意味著一個人想做某件事卻放棄不做,通常像是屈服於他人的願望(就像自我否定)。換句話說,這暗示了一個人讓他人的意志凌駕於自己之上(或者讓自己**想像中**的他人的意志,凌駕於自己之上),自此之後就懊悔不已。(b)我們應該清楚的是,嬰兒及學步兒很少直接面對現實(例如,在我們所知的世界中,跟生產食物及住所有關的每一件事);在很大程度上,他們是靠父母親及社會環境作為他們與現實之間的中介。綜上所述,這兩點意味著孩童並不是「受到現實的挫折」,而是為了應付父母親的要求及願望,或多或少願意放棄某些衝動及樂趣。

路易絲・艾蒂・修伊許在她翻譯的〈精神分析工作中遇到的一些性格類型〉中,將第二部分開場白中的「*Versagung*」翻譯為「拒絕」(refusal):「精神分析工作讓我們明白:人們得到神經症是拒絕(*refusal*,德文是*Versagung*)的後果」(S. Freud, 2002, p. 329)。她在這裡使用「拒絕」,適切地開展出「是誰在拒絕」這樣的問題(甚至也問了「誰拒絕給誰什麼」);史崔奇的翻譯(「人們會得神經症,是**遭受挫折**的結果」〔SE XIV, p. 316〕)則終止或掩蓋了這個問題。

無論如何,請注意佛洛伊德在好幾個地方談到「內部挫折」及「外部挫折」(SE XVI, pp. 350 and 355),這些地方或許不那麼容易可以翻譯為「放棄」或「自我否定」。同樣地,也要留意他談到來自於「愛的剝奪、貧窮、家庭紛爭、選擇婚姻伴侶的錯誤判斷、不利的社會環境,以及個體因嚴格道德標準所承受的壓力」的「真實挫折」(p. 432);以及他談到與「真實生活的困苦」相關的挫折(SE XII, p. 57)。無論如何,請注意布蘭頓提到佛洛伊德曾告訴他「有一個德國(心理學)學派認為神經症是由挫折所引起」(Blanton, 1971, p. 93),佛洛伊德看來好像顯然相當不以為然。

13 例如,在《麻雀變鳳凰》中愛德華・劉易斯(由李察・吉爾主演)被描寫為試圖接管並分拆自己父親創立的公司。

14 因此**心理動力治療**及**動力治療**通常是稀釋的精神分析的代名詞,或者如一位同事曾經說的「輕型精神分析」。在許多情況下,「心理動力治療」還保留心理力量相互作用的概念,卻

　　未將無意識（除了相當薄弱、並經常受到誤導的無意識）及性作為相互作用中的一股力量。

15 關於我跟這位女士的分析工作，更詳細的描述請見 Fink, 1997, Chapter 8.

16 通常這會伴隨著他父親用奪走他身邊所有女人的方式來支配及傷害他的想法（或看似反直覺的願望）。

17 如果有人用其他方式給安娜‧歐喝水（無論是用湯匙餵、把水噴入她嘴裡，或是透過管子或瓶子讓她吸吮），她可能都沒有問題，因為沒有用到玻璃杯；或者，如果她在看過狗喝了她朋友的玻璃杯中的水之後，對水徹底反感，她可能可以用玻璃杯喝牛奶、果汁等；如果水跟玻璃杯對她來說都成了問題，她可能還是能夠用金屬杯、陶碗或木湯匙飲用其他液體。透過這樣的方式，可以確認狗從玻璃杯裡喝水那個景象裡哪一個特徵對她來說最重要。

18 因此，可以把症狀想成是在說出某件事，這也是分析師在說話時做的事。「這顯示，症狀跟分析師的介入，差不多是屬於同一等級的事情」（Lacan, 1976, p. 46）。

19 人們經常會固著於這類令人難以承受的過往經驗，並且人們的情色幻想及品味會持續受到過往經驗的影響。以佛洛伊德的病人為例，她對父親有強烈的情色依附（她丈夫會讓她聯想到自己的父親，SE XVI, p. 273）。好幾位跟我一起工作過的病人對於某些人（通常是青少女或青少年）有長期的固著現象，這些對象的年紀是他們自己第一次有重要性經驗時的年紀，或是他們第一個性伴侶的年紀。這樣的關聯請見 SE XVIII, pp. 230-231.

20 我們也可以推測，長期孤單讓她不用面對沒有關係是完美的（包括愛、慾望及絕爽）這樣的事實——就拉岡的觀點來看，「沒有所謂性關係這樣的事情」——也讓她持續忽略自己慾望的無意識起因。

21 關於歇斯底里病人對未滿足慾望的維持，請見 Fink, 1997, pp. 123-127.

22 她的儀式可能也幫助她感覺自己無論如何還是她丈夫性慾望的對象，她或許也覺得丈夫在新婚之夜覺得她不夠令人興奮（因此他難以維持勃起）。

23 佛洛伊德認為，女性歇斯底里病人經常出現嘔吐現象的原因之一是，嘔吐跟懷孕的意念（或是願望）有關，畢竟對許多人來說，懷孕會出現晨吐（SE XII, p. 262）。

24 我們很可能會想像她若是願意離婚，這種症狀就會消失，或是一開始就不會形成。關於這種情況，可以考慮佛洛伊德在標準版第七冊中所說：「這種疾病是意圖所致。它們通常是針對特定人士，因此會隨著那個人的離去而消失」（SE VII, p. 45）。

25 正如佛洛伊德告訴我們的，恐懼症「是為了避免焦慮爆發而建構出來的；恐懼症被建立起來，就像對抗焦慮的前線防禦工事（avant-poste〔前哨〕）」（SE V, p. 581）。因此，當恐懼症被清除時，只要產生第一個恐懼症的焦慮仍然存在，終究仍可能會出現另一種恐懼症。

26 同樣地，我們必須小心，不要太快就把某類型的臨床表現跟某個診斷連結起來。歇斯底里病人經常讓自己看起來像是活在有許多其他人的世界裡，在治療中會花大量時間談這些人；強迫症病人經常讓自己看起來像是活在自己的世界裡，話題也幾乎圍繞在自己身上。歇斯底里病人通常也會很在意分析師的面部表情跟言語，然而強迫症病人經常避免看著分析師，並且不太關心分析師在說什麼，似乎寧可沒聽到。歇斯底里病人會對分析師的觀點非常開放，但是強迫症病人會表現得希望不受他人的影響及協助，寧可自己來。無論如

何，這些是很粗略的概括性說法，無法提供明確的診斷。

拉岡區分歇斯底里跟強迫症的方式跟佛洛伊德不一樣，他認為——粗略來說——強迫症病人感覺自己是缺乏的（感覺他們自己少了些什麼），並且試圖從另一個人那裡取得或拿到什麼（會給他們帶來絕爽之物）來填補（或者堵住）這種缺乏；然而歇斯底里病人卻在他人（拉岡稱之為大他者，一開始是母親或父親）身上看到缺乏，並試圖用自己來填補這個缺乏（他們自己去扮演他們認為大他者所缺乏的珍貴物）。甚至於，強迫症病人無法忍受在大他者身上察覺到缺乏，並且會試圖儘快堵住它；另一方面，歇斯底里病人則尋找並培養大他者的缺乏，因為這會讓他們在生活裡有一席之地，一個**存在的理由**（*raison d'être*）。對於拉岡分辨歇斯底里及強迫症的更完整解說，請見 Fink, 1997, Chapter 8.

儘管有這些對於歇斯底里及強迫症病人的評論，我們不需就此總結出這是對所有文化及歷史年代都有效的普遍性結構。在我看來，這對像是中國摩梭人（Na people）這樣的文化是否有效就很難說（請見 Hua, 2008）。

27 「症狀意味著具有性內容之幻想的再現（實現）」（SE VII, p. 47）。

28 「性……提供動力給每一個症狀，也為單一症狀的每一種表現提供動力。疾病的症狀不過只是**病人的性活動**……性是解決一般神經症問題的關鍵」（SE VII, p. 115）。

29 用**死神**（*Thanatos*）來說明死亡欲力的人是威廉・史塔克爾（譯註：1868-1940，奧地利醫師和心理學家，曾被譽為佛洛伊德最傑出的學生），而非佛洛伊德。佛洛伊德似乎從未在已出版的作品中使用這個名詞。

30 相反地，在人一生的發展歷程中，同一個功能可以表現為不同的症狀。

31 這些法文大致上可以理解為英文的「it gets me in the throat」、「my throat is in knots」、「all knotted up」或者「I couldn't swallow it (because it was stuck in my throat)」、「I have a lump in my throat」以及「I've got lumps in my throat」（意指我很不安或是我怕得要死）。

32 「我們發現，在精神分析工作中有必要避開生理學的設想，不要用這些設想來作為啟發，這樣一來，在面對精神分析呈獻給我們的事實時才不會被誤導，才能做出公正的判斷」（SE XIII, pp. 181-182）。

33 佛洛伊德有時候也會提到「混合型神經症」（mixed neuroses）——也就是肇因跟生理跟心理都有關的神經症（SE II, pp. 257-259）。

34 「焦慮神經症實際上是歇斯底里的身體版」，歇斯底里是心理的（SE III, p. 115）。

35 就我所知，佛洛伊德對現實型神經症最完整的討論，可見於 SE XVI, pp. 385-391; see also SE II, p. 258 n, SE III, p. 279 and n. 1, and SE XIV, p. 83。在佛洛伊德的術語中，現實型神經症包含了神經衰弱、焦慮型神經症及某些創傷狀態（由實際事件所引起，而非由心靈衝突所致）。關於焦慮型神經症，請見 SE III, pp. 90-115；它就像「神經衰弱」（其特徵是「興奮的耗盡」；SE III, p. 114），並且有像是「工作過度或精力耗盡」（p. 102）、性交中斷或禁慾的真實肇因。它不是心理導致的神經症，儘管它也包括如想像丈夫過世或孩子從窗戶掉下去的念頭（p. 92）。處女「第一次遇上性問題」時也會出現現實型神經症（p. 99）。

36 佛洛伊德似乎將它們稱為「自戀」，因為他假設他們從對象那裡撤回力比多的投資，並且

幾乎將所有力比多都貫注在自己身上（SE XVI, pp. 415-418）。

37 請注意，在某人的臨床病史中有短暫的童年恐懼症，並不足以診斷為恐懼症結構。這類恐懼症經常可以在歇斯底里及強迫症中見到，但是通常很快就會消失。對於恐懼症是否值得作為一個獨立的診斷結構，即使對有長期恐懼症的病人來說仍存在一些疑問；如佛洛伊德所說：「（恐懼症）似乎應該只被視為是症候群，成為不同神經症的一部分，並且我們不需要將它們列為獨立的病理歷程」（SE X, p. 115）。然而拉岡曾經提出，恐懼症是「神經症最徹底的形式」（Seminar VIII, p. 366），他還在其他地方指出，恐懼症是「神經症最簡單的形式」（Seminar VI, p. 503）。關於這部分，請見 Fink, 1997, pp. 163-164.

38 拉岡對於症狀研究的貢獻是多方面且範圍廣泛的，跨越了他半世紀的精神分析工作，這些貢獻包括以下的概念：

- 症狀有「偽裝形式」（formal envelope）（*Écrits*, p. 52）。
- 症狀可以作為一**個**「父親之名」。
- 嚴格說來，症狀會形成是因為「沒有所謂的性關係」（Seminar XX, p. 12）。
- 症狀取代了性關係，但性關係並不存在。
- 症狀可以被歸類到更廣泛的標題「聖狀」（sinthomes）之下，是將想像界、象徵界及真實界拴繫起來的種種方式。
- 「認同自己的症狀」（Seminar XXIV，1976年11月16日的課程）是分析的一個可能的正向結果。
- 透過分析，人們可以**知道如何處理**自己的症狀（學到如何在有症狀的情形下做事，學習如何跟症狀相處、處理它、勉強應付它、或是讓它為自己工作）（Seminar XXIV，1976年11月16日）。

以上每一個貢獻都需要大量的評論，而這會超過本書的範圍。我在其他地方討論過一些關於症狀的觀點（請見 Fink, 2007, 2014a, and 2014b），對這些貢獻有興趣的讀者可以在其他文本中找到更多有用的評論（例如 Miller, 1985; Soler, 1993, 2015）。從閱讀這份簡短的清單，應該就能立刻明白拉岡的重點不在完全解決或消除症狀——既然症狀可能提供一些重要的功能——而是針對一個人的症狀找到新的及更適宜相處的位置。

7 超越佛洛伊德？Beyond Freud?

1 為 *DSM-IV* 中精神疾病做出定義的作者大約有半數以上都曾經跟製藥產業有財務往來，這表示很可能有利益衝突（Cosgrove, Krimsky, Vijayaraghavan, & Schneider, 2006）。在涉及 *DSM* 的診斷將哪些藥物列為第一線治療藥物的部分，專案小組的成員百分之百都跟大型製藥公司有財務關聯。史蒂芬·夏夫斯汀曾經擔任 2000 年代美國精神醫學學會副主席和主席，他承認精神病學家「讓生物心理社會模型變成了生物-生物-生物模型」（Sharfstein, 2005）。

2 例子請見 SE XVI, pp. 264-269。儘管這樣的做法並不妥當，佛洛伊德似乎還是藉此幫助了某些病人（特別請見 p. 266）。

3 請見Koellreuter, 2016.

4 據說，他有時候甚至會告訴分析者，他認為某某人的分析結果是否令人滿意（例子請見 Blanton, 1971, p. 90），他也會對分析者說他認為他們是否能勝任做個培訓分析師（p. 109）。

5 在沃提斯自己的敘述中，他表現得像是頭腦簡單的白痴（Wortis, 1954），他和佛洛伊德一樣易怒，並且樂於刺激佛洛伊德對抽象的主題進行毫無新意的討論。

6 他或許希望把亨利・費爾丁教我們的教給培訓分析師：「承擔第一次犯錯的後果，要比改正它來得妥當，因為這種承擔通常會讓我們知難而進，而不是抽身而退」（Fielding, 1749/1979, p. 682）。

7 佛洛伊德顯然告訴布蘭頓，雖然分析朋友（例如布隆斯衛克夫妻）的難度更高，卻是有可能的，以及甚至「兄弟姊妹、丈夫及妻子也能同時接受分析」（Freud, 1971, p. 79）。

8 事實上，我們甚至可以得出這樣的結論：當我們讀到佛洛伊德對亞伯拉罕・卡狄納所說或所寫的話語（卡狄納沒有說明這些話語是他從佛洛伊德的信抄下來的，還是多少是在逐字報告佛洛伊德親口對他說的話）（Kardiner, 1977），會發現佛洛伊德甚至沒有想要成為一位更好的臨床醫師：

坦白說，我對治療問題沒有多大興趣。如今我太容易失去耐性。有一些障礙讓我成不了一個偉大的分析師。我現在太在父親（譯註：意指精神分析創始人）這個位置，這是其中一個障礙。第二點是，我總是過於投入理論問題，以至於我一得空就會研究我自己的理論問題，而不是去想治療上的狀況。第三，我沒有耐心長期和病人工作，我受夠了這些人，並且我希望拓展我的影響力。（pp. 68-69）

這些話——假設這些話是真的——就一個執業的精神分析師來說，很可能會被視為是不可原諒的，就精神分析的創始人來說這很可能是對整個行業的背叛。布蘭頓宣稱佛洛伊德告訴他，「精神分析的主要目的是對心理學這門科學、以及文學世界及日常生活做出貢獻」，而不是為了治療上的需求，即使後者的「目標不該受到輕視」（Blanton, 1971, p. 116）。

9 這可能會走得太遠，例如，導致分析師忽略夢的面向，因這跟傳移無關。舉例來說，我有一位分析者做了一個夢，夢中出現**七**。我意識到這位分析者跟我的療程是在早上七點，但是我沒有立刻說出來，從而暗示這個夢主要是跟我們有關，而是問：「七怎麼了嗎？」他的第一個聯想是「七宗罪」，這個聯想讓我們對他母親的宗教狂熱做了很長的討論，以及在他童年及青春期絕大部分的時間裡，他母親都要他向她坦承他犯的每一項「罪」（sin），包括自慰。夢中的**七**跟傳移並非無關，因為他有時候認為分析就像是在告解，但是七至少有兩種意義——換句話說，它是多重決定的。

正如我在其他地方指出的，傳移不只出現在精神分析，傳移也會出現在老師跟學生之間的課堂上，出現在有階級高低之分的工作場所中，出現在有選民及政客的「公民社會」中，以及出現在各式各樣的人際關係中（Fink, 2007, Chapter 7）。我們已知傳移最早的歷史實例之一是蘇格拉底跟他的學生之間的關係（請見Lacan, Seminar VIII; and Fink, 2016）。

10 我有位分析者曾經對我說，我跟他之前的治療師相比：「你會盡量降低自己的存在感，好達到最大的療效」。

11 有關它們的說明，請見Fink, 2007, Chapter 7.

12 他寫道「自戀型神經症病人沒有傳移的能力，或者能力不足」，以及「我們對自戀型神經症的治療沒有成功」（SE XVI, p. 447）。

13 他提出「我們這些分析師接的精神科案例太少」，這裡指的精神科案例是精神病（psychoses）的意思（SE XVI, p. 423）。而更有可能的狀況是，他其實看了不少這類案例，卻沒有辨識出來。

14 在英文版中這被誤譯為「對無意識的拒絕」。

15 在華納對佛洛伊德與福林克的分析工作的描述中，也指出佛洛伊德多麼偏離當代在某種程度上被廣泛接受的技巧：佛洛伊德說分析師一定不可以給建議（以及「除了讓病人為自己做決定之外，我們不能做什麼」〔SE XVI, p. 433〕），可是他自己卻給福林克大量的建議，尤其是關於他的婚姻；他也因為介入福林克的職業生涯，涉及了「雙重關係」（Warner, 1994）。卡狄納描述由1921到1922年他自己跟佛洛伊德所做的分析——由於這是事發五十五年之後所寫的回憶，我們對於他的描述顯然必須保持保留態度（或許他是根據當時寫下的筆記，但或許不是，因為他沒有告訴我們）——其中提供了更多例子，可見佛洛伊德偏離了如今相當廣為接受的技巧：佛洛伊德顯然會跟他的太太及女兒在火車站會見來自遙遠彼岸的分析者（Kardiner, 1977, p. 16）；佛洛伊德告訴分析者，他需要跟太太及女兒安娜商量如何處理時間不夠分配給過多病人的狀況（p. 18）；佛洛伊德告訴某些分析師，他對於跟他一起進行培訓分析的人的看法（他寫信給福林克：「卡狄納的分析做得既完整又完美。他應該要有很好的職業發展」〔p. 68〕）；最重要的是，他還跟其他分析師及分析師候選人在療程中閒聊及說八卦（p. 70）。儘管如此，對於佛洛伊德的天縱英明、以及跟他進行分析所獲得的好處，卡狄納還是讚不絕口（pp. 93 and 97）。

16 我曾對於廣受爭議的療程長度做過詳細討論，請見Fink, 2007, Chapter 4.

附錄1 關於對佛洛伊德的批評 Addressing Some of Freud's Critics

1 請見 SE IV, p. xx; and Jones, 1953, p. 253, 1955, pp. 286, 335, 347。然而，在簡單翻閱了《日常生活的精神病理學》之後，鼠人確實來到了佛洛伊德那裡尋求治療（參見 SE X, pp. 158-159）。

2 似乎其他醫師轉介了無數潛在的病人給佛洛伊德，以前的病人也會向朋友及家人提到他——就像今天許多在他們的社群裡受到尊重的傑出分析師也是如此。然而，應該記住的是在佛洛伊德執業的最初數十年時——就像今天在美國有許多拉岡派精神分析師也是如此——他是人們走投無路時才會求助的心理健康提供者，人們通常只有在幾乎嘗試過當時各種已知的治療形式之後，才會被送到他這裡來。這意味著他都是跟那些被認為是最難醫治的病人一起工作（請見 SE VII, p. 21 n）。

3 佛洛伊德對於自己跟愛咪‧馮‧N女士及《歇斯底里研究》書中其他案例的工作所做到的成功程度相當謙虛（例如可見 SE II, p. 85）。

4 在此，我暫時先把治療痤瘡的藥物可能出現的危險副作用放在一旁。

5　正如薛德樂所指出的，臨床醫師所謂實證或實徵上有效的治療（例如，認知行為療法有使用手冊的版本）並非都是用同樣的方式進行，以及許多臨床醫師會將心理動力的元素加入他們的工作中，卻沒有承認：

即使是設計來比較手冊化治療（manualized treatment）（譯註：以手冊方式描述治療的每個階段所對應的理論基礎、目標及技術的治療）的控制研究中，治療師也會用不同的方式跟病人互動，以不同的方式採取介入措施，並且引入治療手冊尚未特別註明的過程（Elkin et al., 1989）。在某些情況下，研究者很難從療程的逐字稿中確定所提供的是哪些手冊化治療（Ablon & Jones, 2002）。

基於這些原因，對治療「品牌」的研究可能會有高度的誤導。不要只看品牌，而是去檢視療程的錄影畫面或逐字稿，可能會看到更多對病人有幫助的元素（Goldfried & Wolfe, 1996; Kazdin, 2007, 2008）。這些研究指出，在其他療法的有效成分中包括了未被承認的心理動力元素。（Shedler, 2010, p. 103）

薛德樂繼續說道，

在三組存檔的治療紀錄中（一組來自於認知治療的研究，兩組是短期心理動力治療），研究者測量治療者對各種治療原型的遵循程度，而不考慮治療師認為自己所採取的治療模式（Ablon & Jones, 1998）。當治療師遵循的是心理動力原型，在心理動力治療及認知治療中，都可預測到成功的結果。當治療師遵循的是認知行為治療原型，不管在哪一種治療形式中，都跟結果幾乎沒有關係。這樣的研究結果，跟早期採用不同方法的研究結果完全一樣，並且發現使用心理動力的介入方式——而不是認知行為的介入方式——在認知治療及心理動力治療中都能預測到成功的結果（Jones & Pulos, 1993）。

薛德樂在自己的研究基礎上建議，「心理動力療法不只可以緩解症狀，還能發展內在能力及資源，讓病人有更豐富充實的人生」（Shedler, 2010, p. 106），他進一步認為，「也許這是為什麼心理治療師，不管他們自己的理論取向為何，都傾向為自己選擇心理動力療法（Norcross, 2005）。」這是一個關於臨床醫師個人偏好的事實，相當具有說服力，卻鮮少被提及（有些人還說這是「不可告人的祕密」）：當臨床醫師在自己的人生中出現問題或遇到困難，他們傾向採用精神分析，而不是認知行為治療或其他他們已接受多年培訓的治療形式。

6　關於想像界及象徵界，請見Fink, 1995, 1997, 2004, 2007, 2014a, and 2016.

7　我們看到在他書寫恩斯特·藍格（也就是鼠人）的案例時，他也找到了一種方式，能配合著結論一起呈現他所運用的技術，至少呈現出其中的一些面向，在他開始敘述他跟恩斯特的工作時，他的做法是一五一十地描述了前六次療程。在朵拉的案例中，佛洛伊德認為他「不會知道如何處理可能持續了整整一年的治療過程中所牽涉到的材料」（SE VII, p. 11）；那麼，想像一下，當治療師想呈現出包含每一刻的感受及每一天所運用的技術，而分析的時間又長達十年時，治療師會面對的困難！

關於朵拉這個案例在2013年重新翻譯的版本，請注意，有人（或許是安希雅·貝爾本人，也可能是牛津大學出版社裡的某個人）選擇了跟瑪麗·卡狄納的小說《用來說出它的話》

（1975/1983，法文版書名：*Les mots pour le dire*，英文版書名：*The Words to Say It*）同一個封面圖案：亞力瑟・馮・亞倫斯基（譯註：1864-1891，俄國表現主義畫家）繪製的《年輕女孩的畫像》。瑪麗・卡狄納這本小說是歇斯底里分析的某種虛構描述，可以想像得到，這跟佛洛伊德的書寫剛好相反。這本小說是由分析者自己寫的（而不是由她的男性分析師所寫），在分析過程中絕大部分的分析都是由她進行的，分析師似乎相當謹慎，甚至完全不出風頭——可以說，就是不擋她的道。至少，這是一個有趣的封面選擇。此外，我極度推薦瑪麗・卡狄納的書，可與佛洛伊德作品相對照。

那些確實有考慮到朵拉案例只是片斷呈現出分析過程的批評者，經常表示他們認為佛洛伊德做出了太多聲明！例子可見 Marcus, 1975/1990, pp. 265-270; and Mahony, 1996.

8 佛洛伊德在此寫道：「她用來表達自己的方式中（我在這裡略過這些，就像分析中絕大部分純屬技術的部分），有某些細節讓我看到……」（SE VII, p. 47）。

9 馬庫斯從文學觀點對朵拉案例的分析值得一讀，他對此案例的片斷狀態提供了有用的反思（Marcus, 1975/1990, pp. 265-270）。

10 寧可他是無法言語，而不是施展不開！

11 馬洪尼主張當K先生企圖親吻伊姐時她是13歲，15歲時他向她求婚，17歲時她開始跟佛洛伊德工作，在開始治療的兩週之後滿18歲（Mahony, 1996, p. 18）。（馬洪尼的根據是伊姐的生日是1882年11月1日，這個說法廣為流傳，但他從未透露來源為何，我也無法在任何資料中獲得證實；佛洛伊德則是說她哥哥奧圖比她大一歲半，據說是出生在1881年9月5日。）馬洪尼、德克爾及羅高全都說資訊來源是彼得・羅溫堡（Mahony, 1996; Decker, 1991; Rogow, 1978, 1979），羅溫堡則說他是看了一封柯特・艾斯樂在1952年7月8日寫給漢娜・芬妮契爾的信，這封信現在保存在位於華盛頓的佛洛伊德檔案館；羅溫堡還說對於伊姐的身分及其他關於她的事實，他有獨立的確認來源，那是訪談瑪麗・雅和達、希爾達・漢納克、保羅・拉薩費爾德及伊姐之子的未公開資料。

12 無論如何，我們可以留意到在親吻事件發生之後，她仍持續如往常般與K先生見面，只是不再與他獨處（SE VII, p. 28）。佛洛伊德認為，當K先生將伊姐擁入懷裡，他顯然勃起了，因此在她記憶中，她感覺他的身體觸碰到她，其實是生殖部位往上升所致；他還提到，在那一吻之後，她不願意「從任何她看到正在跟女士進行熱烈或深情談話的男士面前走過」（pp. 29-30）。除了K先生勃起的可能性之外，真的沒有其他的可能原因能解釋她的不願意？難道不能簡單地說是那天他在店裡的急切或粗暴讓她受驚，並感到不安嗎？或者，在那個年紀（13或14歲），她希望的是有個男人愛她、珍惜她，而不是糟蹋她，她寧願要浪漫愛，而不想有身體上的激情？

13 佛洛伊德表示，她一定知道她父親要入睡需要的是性或干邑白蘭地（或是白蘭地；SE VII, p. 98）。

14 關於這個主題，請見 Fink, 2007, Chapter 9。在分析結束時，分析者很可能還是周圍某些最「不正常」的人！他們傾向隨心所欲，不太在乎融入規範，既不是社會習俗的奴隸，卻也不會蔑視這類習俗。

15 請注意，佛洛伊德並非簡單地詢問伊妲，她記不記得童年時有尿床（或是記不記得她哥哥有尿床），而是逕自向她提出這件事，宛如他很確定她有尿過床，也好像是在逼著她承認自己做過這種丟臉的事。

16 伯恩海默將朵拉的案例解讀為「（佛洛伊德）正在進行的自我分析的症狀性延續部分，是**他的**歇斯底里案例分析片斷」（Bernheimer, 1990, p.17）。伯恩海默的這篇論文是一本合集的導讀，請注意在這本合集裡許多篇論文的作者都誤解了拉岡對這場辯論性議題的貢獻，因為他們完全仰賴他分析朵拉案例那篇文章（〈介入傳移〉〔*Intervention sur le transfert*〕）的英譯版，這篇英譯版出自於賈桂琳·羅絲之手，收錄於《女性的性》（1982）一書中，在這本書裡還有賈桂琳·羅絲及茱麗葉·米榭爾合寫的對拉岡作品的評論。舉例來說，蘇珊娜·吉爾哈特的論文就是在誤讀拉岡的想像界、象徵界、傳移及反傳移之後所出現的誤解（Gearhart, 1990, pp. 108-118）。

17 史普琳奈特爾的評論，對於佛洛伊德提到他跟病人談論性議題時所使用的語言類型（Sprengnether, 1990, p. 261），或是伊妲閱讀佛洛伊德的案例紀錄的可能性（pp. 262-263），都沒有考慮到維多利亞時代價值觀的社會及歷史背景，以及那個時代的醫學偏見，難免讓人感到缺乏知識誠篤（intellectual integrity）。讓我印象深刻的是，史普琳奈特爾在許多地方以相同的姿態（鏡映或模仿）重複了佛洛伊德與伊妲的工作中可疑的強迫及刺激，彷彿是某種想像性的以牙還牙。

18 馬洪尼甚至還說K先生是「法定強姦犯」（Mahony, 1996, pp. 64-64）。馬洪尼似乎跟伊妲故事中的每一個人過不去。這並非是說K先生是無辜的：他顯然主張湖畔求婚全是伊妲捏造的，這是兒虐犯及強姦犯等相當典型的做法，他也可能試著用自己較強壯的體力威嚇她。

19 翁福黑——當代法國舞台上語不驚人死不休的一員——在他致力於抨擊佛洛伊德的那本書裡，從一開始就犯下許多不符事實的錯誤（Onfray, 2010），他曾不經意地透露他讀過的佛洛伊德作品很少（或者至少他了解的並不多）。像翁福黑這種偽知識分子似乎試圖趁機利用近些年來流行抨擊佛洛伊德的浪潮攫取名聲。

20 分析師及文學評論家對佛洛伊德的分析，像是令人難以置信（幾乎接近妄想）的幻想飛行，他們把佛洛伊德過往中有「朵拉」這個名字的每一個人齊聚一堂（包括布洛伊爾的女兒，以及維多里安·撒爾杜〔譯註：1831-1908，法國劇作家，代表作有〈托斯卡〉等〕的劇作《狄奧多拉皇后》中某個角色的名字，佛洛伊德曾經看過這齣戲；請見Mahony, 1996, p. 43, n. 2），就彷彿他們知道這當中哪一個人跟佛洛伊德為伊妲·包爾選擇的化名最為相關，也像是他們比佛洛伊德還了解他自己——他的妻子或女兒有此可能，但我懷疑其他人有這可能——這一點似乎相當荒謬，畢竟這些人從沒見過他。我們顯然可以根據佛洛伊德的信件及作品等等，假設某些事情，只要我們記得即使是寫給最好的朋友的信，也很少包含真相，全部的真相，而且完全只寫真相；然而，聲稱我們真的已經弄懂佛洛伊德這個人，要比我們聲稱我們知道關於病人的每一件事要來得更加牽強，即使我們已經跟病人一起工作多年（請見Fink, 2014a, pp. xi-xii）。這並未阻止某些評論家相信他們也發現了伊妲對於**她**所做、所說及所想要的事情的「真正動機」。

21 在研討班二十，拉岡非常清楚地表明教學讓他在聽眾面前居於分析者的位置（Seminar XX, p. 1）。

22 馬洪尼寫道：「在西方文化史冊上，朵拉的出現是19世紀在政治、社會及醫學上的父權力量如何壓迫猶太女孩的經典案例，她不得不在自己的身體上寫下她的痛」（Mahony, 1996, p.2）。李德也做出評論：「（歇斯底里病人）被剝奪了其他任何能用來傳達他們的疾病或痛苦的工具，他們會用文化中可取得的症狀作為『痛苦的慣用語』」（Leader, 2016, p. 27）。

23 我們可以注意到，她後來被父親「移交」給佛洛伊德做治療（SE VII, p. 19）。

24 在此我們看到，某些女性主義者將歇斯底里與女性氣質混為一談，就像它們是共存的，請看多莉爾·莫伊的評論：

歇斯底里不是……被迫噤聲的婦女之反抗行動的化身，而是一種落敗的宣言，明白自己已無路可出。就如凱薩琳·克雷蒙特所察覺到的，當挫敗成為真，當女性被有效地堵住嘴、縛銬在她的女性角色上時，歇斯底里是一種呼救的表現。（Moi, 1990, p. 192）

25 我認為拉岡的評論值得細細考量：

在佛洛伊德的所有作品中都昭然若揭的是，他作為起源的毋庸置疑，以及他作為一個學派掌門人所留給我們的教導，因此馬克思主義者無法——我不認為有任何馬克思主義者曾認真的想過這一點——在他們的歷史溯源基礎上來攻擊他的想法。

在此我想的是，佛洛伊德與二元君主制（dual monarchy）的關係，使他對精神層次的厭惡仍受限於其猶太背景；資本主義秩序（跟他的連結）影響到他的政治不可知論……；以及，我還要補充的是，中產階級倫理（跟他的連結）令我們對他生命的尊嚴升起一種敬意，讓他的工作的聲望不至於能與我們所仍擁有之唯一一位真理實踐者相媲美（除非我們對他的工作有所誤解或混清），他是：革命性的煽動者，建立起語言風格的作家……重新思考人類存在的先驅者。（Écrits, pp. 728-729）

26 沃提斯說在他剛開始跟佛洛伊德做分析時，佛洛伊德告訴他：「精神分析所需要的坦誠程度在中產階級社會中很不尋常，甚至是不可能做到的」（Wortis, 1954, p. 22）。

附錄2 關於暗示 On Suggestion

1 佛洛伊德曾在巴黎隨夏科學習，他曾對夏科說，他們在夏科工作的醫院（薩佩特里耶醫院）遇到的某些臨床發現，與當時的一個醫學理論相違背（關於單側盲〔hemianopsia〕），夏科的回應非常有名：「*La théorie c'est bon, mais ça n'empêche pas d'exister*」（粗略的翻譯意思為「有理論是好事，但它抗拒不了臨床事實的存在」；請見 Freud, SE I, p. 139, and SE III, p. 13）。

附錄3 鼠人的危機說明 Toward an Elucidation of the Rat Man's Crisis

1 小孩認為父母親有「全知」能力可能並不罕見，但是在他的案例中持續了相當長一段時間，

似乎有點神祕。這對他來說的目的是什麼呢？可能只是代表他對父母親的一個**願望**，希望他們知道他的所有念頭，這樣一來他即使想，也無法對他們有任何隱瞞。這會使他在有邪惡的念頭時就會立即受到懲罰，不必為了這些念頭承擔懲罰自己的責任；他的父母親自然會懲罰他。隨後他便相信如果他對某人有邪惡的念頭，那個人就會受到傷害；這似乎是很明顯的「一廂情願」（wishful thinking）（他希望自己的念頭是強有力的，然而他通常感到自己是無能且沒有男子氣概的）、或是**奇幻式思考**（magical thinking）。

2　請注意，拉岡說我們都有點偏執，畢竟自我（ego or self）是「我們對抗他們」、「我對抗世界」的結構方式（請見 Fink, 1997, p. 250 n. 44, and 2016, Chapter 5）。

3　在此我們或許可能還記得他的主要性欲力包括觀看（窺陰癖）；遺失眼鏡顯然也讓**那個**活動更加困難。

4　然而，在此同時，他不也犯了那麼明顯錯誤的殘酷上尉成了笨蛋？

5　情況可能還要更加複雜，因為恩斯特描述殘酷上尉告訴他要付錢給 A 中尉時發生的情況如下：「在他的腦海中有個『制裁』成形了，也就是說，他不能付這筆錢，不然**那件事**就會發生」（SE X, p. 168）：他的女士及父親將會受到折磨。如果他真的付了錢，他們就會受到折磨；如果他不還，他們可能會逃過一劫。**制裁**這個詞有點奇怪，但在此它似乎是指一種規則、原則或威脅：「不要付錢，不然就會有事。」「不要付錢，否則你的父親就會遭受老鼠攻擊。」他的反對可能如下：「但是我父親是個鼠輩，所以讓他受盡折磨吧！」然後他就命令自己還錢（然而，幫他父親還債，他不就讓他父親不再是鼠輩了嗎？）。

附錄 4　佛洛伊德學派對朵拉的特定症狀的解釋 A Freudian Interpretation of Dora's Specific Symptoms

1　佛洛伊德在這份清單上又加入以下項目：**憂鬱、孤僻、厭世**（無聊、厭倦人生），並且奇怪地評論後者「很可能不完全真實」（SE VII, p. 24）。跟安娜・歐不同的是，伊妲並沒有「受到『缺席』、混亂、譫妄及整個人格改變的影響」（SE XI, p. 10）。

2　請見 Fink, 2014a, p. 20 and 143.

3　正如佛洛伊德所說，「在消化道入口處粘膜特有的不舒服感——也就是噁心——讓朵拉很受不了」（SE VII, p. 29）。

4　如果她會說英語，我們可能會想像這個連結是透過「喉嚨癢癢的」以及給個「抱抱親親」這類表達發生的。如果她說的是法語，我們可以想像這樣的連結是透過如「喉嚨裡有隻貓」（*avoir un chat dans la gorge*，在英語會說有青蛙）這樣的表達發生的，而**貓**（chatte）在方言裡的意思便是陰道。馬洪尼指出「*Kitzel*」（發癢或是搔癢，以及比喻的刺激）以及「*Kitzler*」（陰蒂）之間在德語中可能存在的言語橋，它們是同源詞（Mahony, 1996, p. 28）。不過，這樣的連結不必純粹是語言的：她若曾經親過一個留鬍子的男人，便可能注意到鬍子會讓人很癢，然後聯想到女人的陰毛可能也會發生同樣的狀況。

5　佛洛伊德試圖用以下的事實來支持他的解釋：伊妲認為當她失去聲音時，她的寫作會比平

常更加流暢，就像寫信給遠方的親人（至少當時是這樣）；然而，儘管我們知道K先生從遠方寫信給伊姐，我們並不知道她有沒有寫信給他（SE VII, p. 40）。

6　然而，這不必然能解釋為什麼在她的分析結束一段時間後，她在路上看到K先生被一輛馬車輾過，失去了六個禮拜的聲音。

7　拉岡主張，伊姐對K太太的渴望，是因為她將K太太等同於（在自我的層次上）K先生（並且，或許還延伸出去，等同於她父親，甚至還想像自己替代父親的位置，為K太太舔陰），因此她像個男人般對K太太產生慾望；請見Seminar III, pp. 174-175.

8　佛洛伊德認為，「在歇斯底里及焦慮型神經症出現的吃力（或沉重）呼吸及心悸，只是交配行為的某部分」（SE VII, p. 80），現在我們當然在所謂的恐慌發作上看到這種現象（參考案例請見Fink, 2014a, pp. 22-24）。

9　他還寫道：「疾病的症狀不過是**病人的性活動**」（SE VII, p. 115，強調為原文）

10　這顯然暗示佛洛伊德並未將手淫本身看成是症狀；手淫可能代表了孩子家中正在發生某事，是那件事的「症狀」，但不是精神分析意義下的症狀，亦即不是一種妥協的產物，不是它本我衝動及超我反禁制令之間的妥協產物。

11　當時沒有拐杖嗎？

附錄5　精神分析與 *DSM-5* 診斷之間的對應樣本 Sample Correspondences Between Psychoanalytic and *DSM-5* Diagnoses

1　我在這本書裡沒有討論精神分析中如何理解自閉症（請見Bettelheim, 1967; Fink, 1995, pp. 78-79, 1997, pp. 91 and 247 n. 30, 2007, pp. 18-19）。

參考書目
References

Adams, H. E., Wright, L. W., & Lohr, B. A. (1996). Is homophobia associated with homosexual arousal? *Journal of Abnormal Psychology, 105*(3), 440–445.

American Psychiatric Association (APA). (2013). *Diagnostic and statistical manual of mental disorders* (5th ed.). Washington, DC: Author.

Angus, L., Watson, J. C., Elliott, R., Schneider, K., & Timulak, L. (2015). Humanistic psychotherapy research 1990–2015: From methodological innovation to evidence-supported treatment outcomes and beyond. *Psychotherapy Research, 25*(3), 330–347.

Appignanesi, L., & Forrester, J. (1992). *Freud's women.* New York, NY: Basic Books.

Association mondiale de psychanalyse. (1994). *Comment finissent les analyses.* [How analyses end.] Paris, France: Seuil.

Austin, J. L. (1962). *How to do things with words.* Oxford, UK: Clarendon Press.

Baldwin, Y. (2015). *Let's keep talking: Lacanian tales of love, sex, and other catastrophes.* London, UK: Karnac.

Bateman, A., & Fonagy, P. (2008). 8-year follow-up of patients treated for borderline personality disorder: Mentalization-based treatment versus treatment as usual. *American Journal of Psychiatry, 165*, 631–38.

Baumeister, R. F., Bratslavsky, E., Muraven, M., & Tice, D. M. (1998). Ego depletion: Is the active self a limited resource? *Journal of Personality and Social Psychology, 74*(5), 1252–1265.

Bernheimer, C. (1990). Introduction, Part 1. In C. Bernheimer & C. Kahane (Eds.), *In Dora's case* (pp. 1–18). New York, NY: Columbia University Press.

Bettelheim, B. (1950). *Love is not enough: The treatment of emotionally disturbed children.* Glencoe, IL: The Free Press.

———. (1961). *Paul and Mary.* New York, NY: Doubleday.

——. (1967). *The empty fortress*. New York, NY: The Free Press.

——. (1982). *Freud and man's soul*. New York, NY: Knopf.

——. (1990). *Freud's Vienna & other essays*. New York, NY: Knopf.

Blanton, M. G. (1971). *Diary of my analysis with Sigmund Freud*. New York, NY: Hawthorn Books.

Bloom, H. (1973). *The anxiety of influence: A theory of poetry*. Oxford, UK: Oxford University Press.

Blos, P. (1972). The epigenesis of the adult neurosis. *The Psychoanalytic Study of the Child* (Vol. 27; p. 130). New York, NY: Quadrangle Books.

Bollas, C. (1983). Expressive uses of the countertransference. *Contemporary Psychoanalysis, 19*, 1–34.

Borch-Jacobsen, M. (1996). *Remembering Anna O.: A century of mystification*. London, UK: Routledge.

Borch-Jacobsen, M., & Shamdasani, S. (2012). *The Freud files: An inquiry into the history of psychoanalysis*. Cambridge, UK: Cambridge University Press.

Canedo, A. (2006). L'expérience dans un cartel de la passe. [The experience of the pass in a cartel.] *WUNSCH Nouvelle Série, 5*, 6–7.

Cardinal, M. (1983). *The words to say it* (P. Goodheart, Trans.). Cambridge, MA: Van Vactor & Goodheart. (Original work published 1975)

Carpenter, S. (1999). Freud's dream theory gets boost from imaging work. *APA Monitor, 30*.

Cicero. (1923). *On old age, on friendship, on divination*. Cambridge, MA: Har- vard University Press.

Cixous, H. and Clément, C. (1990). The untenable. In C. Bernheimer & C. Kah- ane (Eds.), *In Dora's case* (pp. 276–325). New York, NY: Columbia University Press.

Consumer Reports Staff (1995, November). Does therapy help? *Consumer Reports*, 734–739.

Cosgrove, L., Krimsky, S., Vijayaraghavan, M., & Schneider, L. (2006). Financial ties between DSM-IV panel members and the pharmaceutical industry. *Psychotherapy and Psychosomatics, 75*, 154–160.

Crews, F. (1993, November 18). The unknown Freud. *The New York Review of Books*, 55.

David, C. (1974). A discussion of the paper by René Major on "The revolution of hysteria." *International Journal of Psychoanalysis, 55*, 393–395.

Decker, H. S. (1991). *Freud, Dora, and Vienna 1900*. New York, NY: The Free Press.

Deutsch, F. (1957). A footnote to Freud's "Fragment of an analysis of a case of hysteria." *Psychoanalytic Quarterly, 28*(2), 159–167.

Dominus, S. (2012, March 7). What happened to the girls in Le Roy? *The New York Times Magazine*. Retrieved from http://www.nytimes.com

Erikson, E. H. (1962), Reality and actuality. *Journal of the American Psychoanalytic Association, 10*, 451–474.

Fielding, H. (1979). *The history of Tom Jones, a foundling*. Norwalk, CT: The Easton Press. (Original work published 1749)

Fink, B. (1995). *The Lacanian subject: Between language and jouissance*. Princeton, NJ: Princeton University Press.

——. (1997). *A clinical introduction to Lacanian psychoanalysis: Theory and technique*. Cambridge, MA: Harvard University Press.

———. (2004). *Lacan to the letter: Reading Écrits closely*. Minneapolis, MN: University of Minnesota Press.

———. (2007). *Fundamentals of psychoanalytic technique: A Lacanian approach for practitioners*. New York, NY: Norton.

———. (2010). *The psychoanalytic adventures of Inspector Canal*. London, UK: Karnac.

———. (2013). *Death by analysis: Another adventure from Inspector Canal's New York agency*. London, UK: Karnac.

———. (2014a). *Against understanding: Vol. 1. Commentary and critique in a Lacanian key*. London, UK: Routledge.

———. (2014b). *Against understanding: Vol. 2. Cases and commentary in a Lacanian key*. London, UK: Routledge.

———. (2014c). *The purloined love*. London, UK: Karnac.

———. (2016). *Lacan on love: An exploration of Lacan's Seminar VIII, Transference*. Cambridge, UK: Polity.

Freud, A. (1966). *The writings of Anna Freud: Vol. 2. The ego and the mechanisms of defense* (Rev. ed.). New York, NY: International Universities Press. (Original work published 1936)

Freud, A., & Sandler, J. (Eds.). (1985). *The analysis of defense: The ego and the mechanisms of defense revisited*. New York, NY: International Universities Press.

Freud, E. L. (Ed.). (1960). *The letters of Sigmund Freud 1873–1939*. New York: Basic Books.

Freud, S. (1953–1974). *The standard edition of the complete psychological works of Sigmund Freud* (J. Strachey, Trans., Vols. I–XXIV). London, UK: Hogarth Press.

———. (1954). *The origins of psychoanalysis: Letters to Wilhelm Fliess, drafts and notes, 1887–1902* (M. Bonaparte, A. Freud, & E. Kris, Eds.; E. Mosbacher & J. Strachey, Trans.). New York, NY: Basic Books.

———. (1985). *The complete letters of Sigmund Freud to Wilhelm Fliess 1887–1904*. Cambridge, MA: Harvard University Press.

———. (2000). *L'homme aux rats : journal d'une analyse* [The Rat Man: Journal of an analysis] (6th ed.). Paris, France: PUF.

———. (2002). *The "Wolfman" and other cases* (L. A. Huish, Trans.). New York, NY: Penguin.

———. (2013). *A case of hysteria (Dora)* (A. Bell, Trans.). Oxford, UK: Oxford University Press.

Freud, S., & Breuer, J. (2004). *Studies in hysteria* (N. Luckhurst, Trans.). New York, NY: Penguin.

Freud, S., & Jung, C. G. (1974). In W. McGuire (Ed.), *The Freud/Jung letters: The correspondence between Sigmund Freud and C. G. Jung*. Princeton, NJ: Princeton University Press.

Friedman, R. A. (2015, July 18–19). Psychiatry's identity crisis. *The International New York Times*, p. 9.

Gallop, J. (1990). Keys to Dora. In C. Bernheimer & C. Kahane (Eds.), *In Dora's case* (pp. 200–220). New York, NY: Columbia University Press.

Gardiner, M. (Ed.). (1971). *The Wolf-Man by the Wolf-Man*. New York, NY: Basic Books.

Gearhart, S. (1990). The scene of psychoanalysis. In C. Bernheimer & C. Kahane (Eds.), *In Dora's case* (pp. 105–127). New York, NY: Columbia University Press.

Gherovici, P. (2003). *The Puerto Rican syndrome*. New York, NY: The Other Press.

Gill, M. M. (1982). *Analysis of transference: Vol. 1. Theory and technique*. New York, NY: International

Universities Press.

Gill, M. M., & Hoffman, I. Z. (1982). *Analysis of transference: Vol. 2. Studies of nine audio-recorded psychoanalytic sessions*. New York, NY: International Universities Press.

Groos, K. (2007). *The play of man* (E. L. Baldwin, Trans.). Whitefish, MT: Kessinger. (Original work published 1898)

Grose, A. (2016). Introduction: Reclaiming hysteria. In *Hysteria today* (Grose, A., Ed.). London, UK: Karnac.

Gunn, D. (2002). *Wool-gathering*. London, UK: Routledge.

Herbart, J. F. (1824). *Psychologie als Wissenschaft* [Psychology as science]. Königsberg, East Prussia: Unzer.

Hirschmüller, A. (1989). *The life and work of Josef Breuer: Physiology and psychoanalysis* (2nd ed.). New York, NY: New York University Press. (Original work published 1978)

Hobson, A. (2015). *Psychodynamic neurology: Dreams, consciousness, and virtual reality*. New York, NY: CRC Press.

Horney, K. (1942). *Self-analysis*. New York, NY: Norton.

Hua, C. (2008). *A society without fathers or husbands: The Na of China*. New York, NY: Zone Books.

IRMA. (2005a). *La psychose ordinaire* [Ordinary psychosis]. Paris, France: Agalma-Seuil.

IRMA. (2005b). *La conversation d'Arcachon* [The conversation in Arcachon]. Paris, France: Agalma-Seuil.

IRMA. (2005c). *Le conciliabule d'Angers* [The discussion in Angers]. Paris, France: Agalma-Seuil.

Jacoby, R. (1975). *Social amnesia: A critique of contemporary psychology from Adler to Laing*. Boston, MA: Beacon Press.

Jones, E. (1953). *The life and work of Sigmund Freud*, Vol. 1. New York, NY: Basic Books.

———. (1955). *The life and work of Sigmund Freud*, Vol. 2. New York, NY: Basic Books.

Jouvet, M. (1999). *The paradox of sleep: The story of dreaming* (L. Garey, Trans.). Cambridge, MA: MIT Press. (Original work published 1993)

Jouvet, M., Dechaume, J., & Michel, F. (1960). Etude des mécanismes du sommeil physiologique [Study of the mechanisms of physiological sleep]. *Lyon Médical, 38*(18).

Kahane, C. (1990). Introduction, Part 2. In C. Bernheimer & C. Kahane (Eds.), *In Dora's case* (pp. 19–32). New York, NY: Columbia University Press.

Kanzer, M. (1966). The motor sphere of the transference. *Psychoanalytic Quarterly, 35*, 522–539.

Kanzer, M., & Glenn, J. (Eds.). (1980). *Freud and his patients*. New York, NY: Jason Aronson.

Kardiner, A. (1977). *My analysis with Freud: Reminiscences*. New York, NY: Norton.

Koellreuter, A. (Ed.). 2016. *What is this Professor Freud like? A diary of an analysis with historical comments*. London, UK: Karnac.

Koestler, A. (1964). *The act of creation: A study of the conscious and unconscious in science and art*. New York, NY: Dell.

La passe de B. [B's pass.] (2005). *Psychanalyse, 3*(4), 113–118.

Lacan, J. (1967–1968). *Le séminaire de Jacques Lacan, livre XV: L'acte psychanalytique*. Unpublished.

——. (1974–1975). *Le séminaire de Jacques Lacan, livre XXI: R.S.I.* Unpublished.

——. (1976). Conférences et entretiens dans des universités nord-américaines. *Scilicet, 6-7,* 5–63.

——. (1976–1977). *Le séminaire de Jacques Lacan, livre XXIV : L'insu que sait de l'une-bévue s'aile à mourre.* Unpublished.

——. (1984). Préface à l'ouvrage de Robert Georgin. In R. Georgin, *Lacan* (2nd ed., pp. 9–17). Paris, France: L'Age d'homme. (Original work published 1977)

——. (1988a). *The seminar of Jacques Lacan, book I: Freud's papers on technique (1953-1954)* (J.-A. Miller, Ed., & J. Forrester, Trans.). New York, NY: Norton. (Original work published 1975)

——. (1988b). *The seminar of Jacques Lacan, book II: The ego in Freud's the- ory and in the technique of psychoanalysis (1954-1955)* (J.-A. Miller, Ed., & S. Tomaselli, Trans.). New York, NY: Norton. (Original work published 1978)

——. (1990). *Television: A challenge to the psychoanalytic establishment* (D. Hollier, R. Krauss, & A. Michelson, Trans.). New York, NY: Norton. (Original work published 1974)

——. (1992). *The seminar of Jacques Lacan, book VII: The ethics of psychoanalysis (1959-1960)* (J.-A. Miller, ed., & D. Porter, Trans.). New York, NY: Norton. (Original work published 1986)

——. (1993). *The seminar of Jacques Lacan, book III: The psychoses (1955- 1956)* (J.-A. Miller, ed., & R. Grigg, Trans.). New York, NY: Norton. (Original work published 1981)

——. (1998a). *The seminar of Jacques Lacan, book XX, Encore: On feminine sexuality, the limits of love and knowledge (1972-1973)* (J.-A. Miller, Ed., & B. Fink, Trans.). New York, NY: Norton. (Original work published 1975)

——. (1998b). *Le séminaire de Jacques Lacan, livre V: Les formations de l'inconscient (1957-1958)* [The seminar of Jacques Lacan, book V: Unconscious formations] (J.-A. Miller, Ed.). Paris, France: Seuil.

——. (2001). *Autres écrits.* Paris, France: Seuil.

——. (2006a). *Écrits: The first complete edition in English* (B. Fink, Trans.). New York, NY: Norton. (Original work published 1966)

——. (2006b). *Le séminaire de Jacques Lacan, livre XVI: D'un Autre à l'autre (1968-1969)* [The seminar of Jacques Lacan, book XVI: From one Other to another] (J.-A. Miller, Ed.). Paris, France: Seuil.

——. (2007). *The seminar of Jacques Lacan, book XVII: The other side of psychoanalysis (1969-1970).* (J.-A. Miller, Ed., & R. Grigg, Trans.). New York, NY: Norton.

——. (2013). *Le séminaire de Jacques Lacan, livre VI: Le désir et son interprétation (1958-1959)* [The seminar of Jacques Lacan, book VI: Desire and its interpretation] (J.-A. Miller, Ed.). Paris, France: La Martinière.

——. (2015). *The seminar of Jacques Lacan, book VIII: Transference (1960-1961)* (J.-A. Miller, Ed., & B. Fink, Trans.). Cambridge, UK: Polity. (Original work published 1991)

Leader, D. (2016). Hysteria today. In *Hysteria today* (Grose, A., Ed.). London, UK: Karnac.

Lear, J. (2005). Give Dora a break! A tale of eros and emotional disruption. In S. Bartsch & T. Bartscherer (Eds.), *Erotikon: Essays on eros, ancient and modern.* Chicago, IL: University of Chicago Press.

────. (2015). *Freud* (2nd ed.). London, UK: Routledge.

Leichsenring, F., & Rabung, S. (2008). Effectiveness of long-term psychodynamic psychotherapy: A meta-analysis. *Journal of the American Medical Association, 300*(13), 1551–1565.

────. (2011). Long-term psychodynamic psychotherapy in complex mental disorders: Update of a meta-analysis. *The British Journal of Psychiatry, 199*, 15–22.

Leray, P. (2008). L'expérience de la passe : De la décision aux conséquences. *L'en-je lacanien, 2*(11), 7–21.

Lewin, K. K. (1973). Dora revisited. *Psychoanalytic Review, 60*, 519–532.

Lindon, J. A. (1969). A psychoanalytic view of the family: A study of family member interactions. In *Psychoanalytic Forum, 3* (pp. 13–65). New York, NY: International Universities Press.

Loewenberg, P. (1983). *Decoding the past: The psychohistorical approach*. New York, NY: Knopf.

Lohser, B., & Newton, P. M. (1996). *Unorthodox Freud: The view from the couch*. New York, NY: Guilford.

Low, B. (1935). The psychological compensations of the analyst. *International Journal of Psychoanalysis, 16*, 1–8.

Mahony, P. J. (1986). *Freud and the Rat Man*. New Haven, CT: Yale University Press.

────. (1996). *Freud's Dora: A psychoanalytic, historical, and textual study*. New Haven, CT: Yale University Press.

Major, R. (1974). The revolution of hysteria. *International Journal of Psychoanalysis, 55*, 385–392.

Marcus, S. (1990). *Representations: Essays on literature and society*. New York, NY: Columbia University Press. (Original work published 1975)

Markowitz, J. C., Petkova, E., Neria, Y., Van Meter, P. E., Zhao, Y., Hembree, E., . . . Marshall, R. D. (2015). Is exposure necessary? A randomized clinical trial of interpersonal psychotherapy for PTSD. *American Journal of Psychiatry, 172*(5), 430–440.

Masson, J. (1984). *The assault on truth: Freud's suppression of the seduction theory*. London, UK: Faber & Faber.

Menand, L. (2010, March 1). Head case: Can psychiatry be a science? *The New Yorker*.

Miller, J.-A. (1985). Réflexions sur l'enveloppe formelle du symptôme. In *Actes de l'E.C.F., 9*, 67–71. [In English, see Reflections on the formal envelope of the symptom (J. Jauregui, Trans.). *Lacanian Ink, 4*(1991), 13–21.]

Miller, M. (2011). *Lacanian psychotherapy: Theory and practical applications*. London, UK: Routledge.

Mitchell, J. (2000). *Mad men and medusas: Reclaiming hysteria*. New York, NY: Basic Books.

Moi, T. (1990). Representation of patriarchy: Sexuality and epistemology in Freud's Dora. In C. Bernheimer & C. Kahane (Eds.), *In Dora's case* (pp. 181–199). New York, NY: Columbia University Press.

Muraven, M. & Baumeister, R. F. (2000). Self-regulation and depletion of limited resources: Does self-control resemble a muscle? *Psychological Bulletin, 126*(2), 247–259.

Muslin, H. & Gill, M. (1978). Transference in the Dora case. *Journal of the American Psychoanalytic Association, 26*, 311–328.

Newman, L. S., Duff, K. J., & Baumeister, R. F. (1997). A new look at defensive projection: Thought suppression, accessibility, and biased person perception. *Journal of Personality and Social Psychology, 72*(5), 980–1001.

Onfray, M. (2010). *Le Crépuscule d'une idole* [The dusk of an idol]. Paris, France: Bernard Grasset.

Paul, R. (2006). Purloining Freud: Dora's letter to posterity. *American Imago, 63*(2), 159–182.

Popper, K. R. (1959). *The logic of scientific discovery*. London, UK: Hutchinson.

Quinodoz, J.-M. (2005). *Reading Freud: A chronological exploration of Freud's writings*. London, UK: Routledge.

Rieff, P. (1971). Introduction. *Freud: Dora—An analysis of a case of hysteria*. New York, NY: Collier Books.

Roazen, P. (2001). *The historiography of psychoanalysis*. New Brunswick, NJ: Transaction Books.

Rogers, A. G. (2006). *The unsayable: The hidden language of trauma*. New York, NY: Random House.

Rogow, A. A. (1978). A further footnote to Freud's "Fragment of an analysis of a case of hysteria." *Journal of the American Psychoanalytic Association, 26*, 330–356.

—— (1979). Dora's brother. *International Review of Psychoanalysis, 6*, 239–259.

Rose, J., & Mitchell, J. (1982). *Feminine sexuality: Jacques Lacan and the Ecole freudienne*. New York, NY: Norton.

Rosner, S. (2000). On the place of involuntary restructuring in change. *Psychotherapy: Theory, Research, Practice, Training, 37*(2), 124–133.

Ross, D. A., Travis, M. J., & Arbuckle, M. R. (2015). The future of psychiatry as clinical neuroscience: Why not now? *JAMA Psychiatry, 72*(5), 413–414.

Satow, R. (1979). Where has all the hysteria gone? *Psychoanalytic Review, 66*, 463–477.

Saussure, F. de (1959). *Course in general linguistics* (W. Baskin, Trans.). New York, NY: McGraw-Hill. (Original work published 1916)

Schoenfeld, B. (2015, May 30–31). The wrath of grapes. *The International New York Times*, p. 2.

Searle, J. (1969). *Speech acts: An essay in the philosophy of language*. Cambridge, UK: Cambridge University Press.

Seidenberg, R., & Papathomopoulos, E. (1962). Daughters who tend their fathers. *The Psychoanalytic Study of Society, 2*, 135–160. New York, NY: International Universities Press.

Sharfstein, S. (2005). Big pharma and American psychiatry: The good, the bad, and the ugly. *Psychiatric News, 40*(16), 3–4.

Shedler, J. (2010). The efficacy of psychodynamic psychotherapy. *American Psychologist, 65*(2), 98–109.

Showalter, E. (1997). *Hystories: Hysterical epidemics and modern media*. New York, NY: Columbia University Press.

Soler, C. (1993). L'expérience énigmatique du psychotique, de Schreber à Joyce [The enigmatic experience of the psychotic, from Schreber to Joyce]. *La Cause Freudienne, 23*, 50–59.

——. (2006). *What Lacan said about women*. New York, NY: Other Press. (Original work published 2003)

——. (2015). *Lacanian affects: The function of affect in Lacan's work* (B. Fink, Trans.). London, UK: Routledge. (Original work published 2011)

Solms, M. (2015). *The feeling brain: Selected papers on neuropsychoanalysis*. London, UK: Karnac.

Solms, M. and Panksepp, J. (2012). The "id" knows more than the "ego" admits: Neuropsychoanalytic and primal consciousness perspectives on the interface between affective and cognitive neuroscience. *Brain Sciences, 2*(2), 147–175.

Solms, M. and Turnbull, O. (2002). *The brain and the inner world: An introduction to the neuroscience of subjective experience*. New York, NY: Other Press.

Spoto, D. (1993). *Marilyn Monroe: The biography*. New York, NY: HarperCollins.

Sprengnether, M. (1990). Enforcing Oedipus: Freud and Dora. In C. Bernheimer & C. Kahane (Eds.), *In Dora's case* (pp. 254–275). New York, NY: Columbia University Press.

Sterba, R. (1934). The fate of the ego in analytic therapy. *International Journal of Psychoanalysis, 15*, 2–3.

Sulloway, F. (1979). *Freud, biologist of the mind: Beyond the psychoanalytic legend*. Cambridge, MA: Harvard University Press.

Swales, S. S. (2012). *Perversion: A Lacanian psychoanalytic approach to the subject*. London, UK: Routledge.

Vanheule, S. (2014). *Diagnosis and the DSM: A critical review*. London, UK: Palgrave.

Veith, I. (1965). *Hysteria: The history of a disease*. Chicago, IL: University of Chicago Press.

Verhaeghe, P. (2004). *On being normal and other disorders: A manual for clinical psychodiagnostics*. New York, NY: Other Press.

Warner, S. L. (1994). Freud's analysis of Horace Frink, M.D.: A previously unexplained therapeutic disaster. *Journal of the American Academy of Psychoanalysis, 22*(1), 137–152.

Weber, S. (1982). *The legend of Freud*. Minneapolis, MN: University of Minnesota Press.

Webster, R. (1995). *Why Freud was wrong: Sin, science, and psychoanalysis*. New York, NY: Basic Books.

Whitaker, R. (2002). *Mad in America: Bad science, bad medicine, and the enduring mistreatment of the mentally ill*. New York, NY: Basic Books.

——. (2010). *Anatomy of an epidemic: Magic bullets, psychiatric drugs, and the astonishing rise of mental illness in America*. New York, NY: Random House.

Whitaker, R. and Cosgrove, L. (2015). *Psychiatry under the influence: Institutional corruption, social injury, and prescriptions for reform* (Rev. ed.). London, UK: Palgrave Macmillan.

Winnicott, D. W. (1960). The theory of the parent-infant relationship. In *The maturational processes and the facilitating environment* (pp. 37–55). London, UK: Hogarth.

——. (1978). *The Piggle: An account of the psychoanalytic treatment of a little girl*. London, UK: Hogarth.

Wittels, F. (1971). *Sigmund Freud: His personality, his teaching, and his school*. Freeport, NY: Books for Libraries Press. (Original work published 1924)

Wortis, J. (1954). *Fragments of an analysis with Freud*. New York, NY: Simon and Schuster.

重要名詞術語

陰莖羨嫉 penis envy

12畫

無意識 unconscious
焦慮型歇斯底里 anxiety hysteria
痛苦 unpleasure
結點 nodal point
絕爽 *jouissance*

13畫

催眠術 hypnosis
傳移 transference
意旨 signified
意志缺失 abulias
意符 signifier
暗示 suggestion
歇斯底里 hysteria
解離 dissociation

14畫

夢工 dreamwork
夢內容 dream-content
夢念 dream-thought
對抗拒的分析 the analysis of resistances
對防禦的分析 the analysis of defense
精神病 psychosis
精神裝置 mental apparatus
誘惑理論 seduction theory

15畫

潛在性 latency

16畫

凝縮 condensation
錯誤連結 false connection

17畫

檢禁作用 censorship
聯想 association
聯想鏈 chain of associations
隱內容 latent content

18畫

轉化症 conversion disorder
轉喻 metonymic
轉換 conversion
轉換型歇斯底里 conversion hysteria
轉撤詞 switch word
闖入性念頭 intrusive thought

19畫

願望 wish

20畫

釋放 discharge

21畫

辯證運動 dialectical movement

23畫

顯內容 manifest content

譯名對照

《坎特伯里故事集》*The Canterbury Tales*
坎澤爾，馬克 Kanzer, Mark
希波克拉底 Hippocrites
希波利特，尚 Hyppolite, Jean
希爾布朗特 Hildebrandt
《技法篇》*Papers on Technique*
〈抄寫員巴托比：一個華爾街的故事〉
　　Bartleby, the scrivener: A story of Wall Street
李，奧斯卡 Rie, Oscar
李厄保 Liébeault
李爾，強納森 Lear, Jonathan
李德 Leader
杜肯大學 Duquesne University
沃提斯，喬瑟夫 Wortis, Joseph
《狄奧多拉皇后》*Théodora*
〈男性歇斯底里〉On Male Hysteria
貝特爾漢姆，布魯諾 Bettelheim, Bruno
貝爾，安希雅 Bell, Anthea
〈防禦性神經精神病〉The Neuropsychoses of Defense

8畫

〈受虐狂之經濟論問題〉The Economic Problem of Masochism
奈姆柴克上尉 Captain Nemeczek
季漢 Ziehen
帕彭漢姆，貝塔 Pappenheim, Bertha
帕爾，拉杰 Parr, Raj
《性學三論》*Three Essays on the Theory of Sexuality*
拉瓦節 Lavoisier
拉克赫斯特，尼可拉 Luckhurst, Nicola
拉岡，雅克 Lacan, Jacques
《拉岡論愛》*Lacan on Love*
拉塞福 Rutherford, Ernest
拉德斯托克 Radestock

拉薩費爾德，保羅 Lazarsfeld, Paul
昆諾寶茲，尚・米歇爾 Quinodoz, Jean-Michel
林克斯 Lynkeus
法蘭奇 Ferenczi
波耳 Bohr, Niels
波普，卡爾 Popper, Karl
芬妮契爾，漢娜 Fenichel, Hannah
阿品恩納西 Appignanesi
阿德勒，吉莎 Adler, Gisa
阿德樂，恩斯特 Adler, Ernst

9畫

南錫 Nancy
威特爾斯，佛里茲 Wittels, Fritz
威爾尼克 Wernicke
施維爾斯，彼得・J Swales, Peter J.
《星艦迷航記》*Star Trek*
查爾摩斯，大衛 Chalmers, David
柯恩，費雪 Crane, Frasier
洛溫伯格 Loewenberg
《皇后的項鍊》*The Queen's Necklace*
「科學心理學計畫」Project for a Scientific Psychology
《美狄亞》*Medea*
美拉諾 Merano
《美國精神醫學期刊》*American Journal of Psychiatry*

10畫

修伊許，路易絲・艾蒂 Huish, Louise Adey
夏夫斯汀，史蒂芬 Sharfstein, Steven
夏科，尚-馬丁 Charcot, Jean-Martin
庫思勒，亞瑟 Koestler, Arthur

A CLINICAL INTRODUCTION to FREUD: Techniques for Everyday Practice by Bruce Fink

Copyright © 2017 by Bruce Fink

Published by arrangement with W. W. Norton & Company, Inc.

through Bardon-Chinese Media Agency

Complex Chinese translation copyright © 2024 by Rive Gauche Publishing House, an Imprint of Walkers Cultural Enterprise Ltd.

All rights reserved.

左岸｜心靈 384

在診間遇見佛洛伊德

從聆聽、對話，到理解

A Clinical Introduction to Freud:
Techniques for Everyday Practice

作　　者	布魯斯‧芬克 Bruce Fink
譯　　者	郭貞伶
審　　訂	彭榮邦

總 編 輯	黃秀如
責任編輯	孫德齡
企畫行銷	蔡竣宇
封面設計	陳恩安
電腦排版	宸遠彩藝

國家圖書館出版品預行編目資料

在診間遇見佛洛伊德：從聆聽、對話,到理解
布魯斯‧芬克（Bruce Fink）著；郭貞伶譯.
-- 初版. -- 新北市：左岸文化出版：遠足文化
事業股份有限公司發行，2024.11
488面；14.8 x 21公分. -- (左岸心靈；384)
譯自：A clinical introduction to Freud : techniques for
everyday practice
ISBN 978-626-7462-24-9(平裝)

1. CST：精神分析學

175.7　　　　　　　　　　　　　113015252

出　　版	左岸文化／遠足文化事業股份有限公司
發　　行	遠足文化事業股份有限公司（讀書共和國出版集團）
	231新北市新店區民權路108-2號9樓
電　　話	（02）2218-1417
傳　　真	（02）2218-8057
客服專線	0800-221-029
E - M a i l	rivegauche2002@gmail.com
左岸臉書	https://www.facebook.com/RiveGauchePublishingHouse/
團購專線	讀書共和國業務部　02-22181417分機1124

法律顧問	華洋法律事務所　蘇文生律師
印　　刷	成陽印刷股份有限公司
初　　版	2024年11月
定　　價	650元
I S B N	978-626-7462-24-9（平裝）
	978-626-7462-23-2（EPUB）
	978-626-7462-22-5（PDF）